KB275723

드라마 사전

김광요, 박진권, 황성근, 류용상, 김종대

도서출판
문예림

편저자 약력

김광요: 문학박사 한국외대, 드라마 전공

박진권: 문학박사 Uni. Bochum, 표현주의 드라마전공

황성근: 문학박사 한국외대, 기록극전공

류용상: 문학박사 Uni. Tübingen, 표현주의 드라마 전공

김종대: 문학박사 Uni. of Oulu, 라디오 방송극 전공

드라마 사전

초판 인쇄 | 2010년 6월 20일
초판 발행 | 2010년 6월 22일
지은이 | 김광요,박진권,황성근,류용상,김종대
발행인 | 서덕일
발행처 | 도서출판 문예림
등 록 | 1962.7.12 제2-110호
주 소 | 서울시 광진구 군자동 1-13문예하우스 101호
전 화 | 02-499-1281
팩 스 | 02-499-1283

정가 20,000원(한정부수)
ISBN 978-89-7482-544-7 (13790)
저자와 협의에 의해 인지를 생략합니다.
잘못된 책이나 파본은 구입처에서 교환해 드립니다.

머리말

　한 사람이 있어 외롭게 길을 간다. 길을 가다 그는 한눈을 팔던 중 돌부리에 채여 코가 깨진다. 피를 흘리며 그는 문득 잃어버린 줄 알았던 소중했던 어릴 적 기억을 되살려 낸다. 이윽고 그의 눈빛이 조금씩 달라지기 시작한다. 그는 현재를 통해 과거를 되돌이켜 보고, 그 과거에서 비로소 자신의 미래를 바라다 본 것이다. 마치 "안티고네"의 현인 테이레시아스처럼 그는 어둠 속에서 빛을 바라다 본다. 그 희미한 빛을 따라 그는 다시 뚜벅뚜벅 소리를 내며 그 삭막한 종로를 걷는다 …

　드라마는 극적인 이야기다. 단순한 이야기도 일단 드라마가 되면 사람들의 주의를 끌만한 사건으로 변모한다. '드라마틱'하면 거기에는 분명 무언가 들을 만하거나 볼 만한 이야기가 있다. 인생의 극적인 반전을 위해 지금도 우리 주변에서는 젊음의 패기를 되사리는 시도를 멈추지 않는 일들이 종종 벌어지고 있다. 도전과 응전 그리고 인간적 실수 등은 인생을 더욱 살 만하게 해준다. 누구든 그 가운데 비로소 인간의 '인간 다움'을 발견할 수 있기 때문이다.

　이러한 의외의 사건은 우리를 놀라게 하거나 때로는 실망을 던져주기도 한다. 현재는 현재일 뿐 결코 과거나 미래가 될 수 없다는 생각이 우선 들기 때문이다. 하지만 이러한 일들이 단순한 실망보다는 딴 생각을 할 여지를 남겨줄 때, 우리는 주어진 현실 속에서 드라마틱한 그 무언가를 찾아 나선다. 마치 고독한(?) 파우스트처럼 드라마의 주인공들은 비록 지쳐 실패할 지라도 '멈추어라 순간이여! 그대는 아름답도다'라는 말로 사람들을 위로하고 다시 세상을 향해 미소를 짓는다.

　이 사전은 드라마에 사용되는 많은 용어들을 설명했다. 익히 알려진 용어들로부터 최신용어들에 이르기까지 개념 하나하나에 울고 웃으며 세상을 살아나가는 현존재의 보편적인 시각이 반영되도록 애쓰면서 기술해 보았다. 들을 만하고, 볼 만하며 읽을 만 한 드라마를 감상하는데 도움이 되기를 바라면서 감히 세상에 내놓는다.

　드라마사전은 드라마에 관한 사전이다. 드라마 개념들을 정의내리고 드라마에 대한 이해를 돕기 위해 저술되었다. 익히 알려진 개념들 외에 새로운 개념들이 추가되어 관객과 독자들이 드라마와 드라마적 속성을 잘 알 수 있도록 길잡이 역할을 했다. 더 나아가 이 사전은 궁극적으로 관객과 독자의 '드라마적 사유'를 유도할 목적이 있다. 드라마적 사유란 드라마사전으로 드라마의 구조와 속성 등을 학습한 관객과 독자가 각각 드라마적 구조와 속성을 일상생활에서 경험하는 것을 말한다. 이것은 '드라마 다움'의 형태로 드러날 수 있을 것이다. 이것은 드라마사전이 가져다주는 최고의 독서 효과가 될 수 있을 것이다.

　'드라마적 사유'와 '드라마 다움'은 마치 헤겔의 '절대 정신'이 독자와 관객에게 변증법적 사유를 요청하고 교육학이 도덕적 인간을 양성하는 것을 최고의 가치로 설정하듯이, 다소 연역적인 독서를 요구한다. 망할 수밖에 없는 오이디푸스의 숙명처럼 이 드라마사전을 읽는 관객과 독자는 서서히 '드라마 다움'과 '드라마적 사유'를 경험하게 될 것이다. 혹자는 아리스토텔레스의 시학이나 레싱의 예술론, 브레히트의 서사시에 나타나는 드라마적 특징들에 나타난 구조나 리듬들을 내면화하여 개인과 사회의 적절한 관계를 이해하려는 시도를 할 수도 있을 것이다. 또한 셰익스피어의 성격극이 지니는 특징들을 현대극에 적용시켜보려는 시도로 이어질 수도 있을 것이다. 드라마의 일부에 나타난 '인간다움'을 찾아 나서려는 시도들에서 인류의 평화와 자유를 발견할 수도 있을 것이다. 혹은 길가는 이웃이나 가까운 친지들에게 드라마를 조금씩 풀어서 이야기하려는 시도로 이어질 수도 있다.

어쩌면 10년간 단 한 번도 가보지 못했던 가까운 극장이나 오페라하우스, 소극장 등을 구경나서는 정말 획기적이 '사건'이 발생할 수도 있다. 이 사전은 이와 같이 '드라마 다움'과 '드라마적 사유'를 경험하기를 원하는 지극히 선량한 시민들을 위해 저술되었다. 다만 헤겔이나 헤르바르트의 독자적 개념들처럼 도달하기 어려운 너무 높은 이상을 제시하기보다는, 독자나 관객들이 스스로 그리고 아주 서서히 당면 과제에 대한 해결책들을 찾아 나서는 창조적 과정들을 소개하려고 노력했다. 그 과정들은 물론 이 사전을 읽는 가운데 터득될 수 있을 것이다. 이것은 마치 '짜라투스트라'를 소개하는 고독한 철인 니체가 그런 것처럼, 독자나 관객에게 갑자기 너무 무리한 요구가 될 수도 있을 것이다. 그러나 이 사전은 헤겔이나 니체가 없어도 전혀 무리 없이 읽을 수 있는 일종의 가십거리로 받아들여지기를 원한다.

사전을 편찬하기까지 많은 시간들이 흘렀디. 긴혹 시긴의 덧없음을 탓하는 어리석음을 범하면서도 여전히 시간의 쳇바퀴 안에서 노는 인간의 '인간다운' 모습을 바라다보면서 때로는 반성하고 때로는 질책하면서, 지나간 정치적 및 문화적 사건들을 그저 맥없이 듣고 읽고 말하면서 드디어 이 사전을 편찬할 수 있게 되었다.

편찬팀의 노고가 헛되이 되지 않도록 문장들과 의미를 되새겨보기를, 마치 험난한 산을 넘고 망망대해를 건너는 심정으로 다가서려고 노력했다. 그럼에도 불구하고 미진한 부분들이 많이 있을 것으로 본다. 관객과 독자들의 조언과 질책을 바라면서 우리 드라마사전 팀원들은 더욱 완성도 높은 사전을 위해 언제든 귀 기울이고 토론할 준비가 되어있다. 이 사전이 완성되도록 격려해주시고 출판해주신 문예림 출판사 사장님과 직원들께 깊은 감사를 드립니다.

드라마사전 편찬팀
2010년 5월
서울 이문동 캠퍼스에서

이 사전을 학계의 빛으로 존재하시는
      우리의 영원한 스승 고(故) 김광요 교수님께 바칩니다.

일러두기

1. 작품명은 『 』로 표시했다.
2. 강조는 ' '로 인용은 " "로 표시했다.
3. 인물명과 지명은 영문식 표기와 로마식 표기를 병기했다.
4. 개념들의 원어 표기는 영어, 독일어, 불어, 한자 등을 사용하거나
   우리말 표기만을 한 곳도 있다.
5. 참고 문헌과 인명 색인을 두어 개념 설명 및 색인에 활용할 수 있도록 했다.

ㄱ

가든 극장garden theatre

바로크 극장의 특별한 형태로 여름 축제 기간 중에 즉흥적으로 가설한 무대이다. 궁전이나 대지주의 저택 마당에 상설 객석이 설치되었고 정원수를 무대장치로 활용하기도 했다. 독일 하노버 근교, 드레스덴, 님펜부르그 등에 가든 극장들이 설치되었다.

가면극mask / masque / Maske

반극적인 궁정 오락양식으로 극적 요소보다는 오히려 우화적·신화적 색채가 강하다. 줄거리의 전개나 성격 묘사보다는 배경 음악과 스펙터클한 요소들을 중시한다. 가면극의 기원은 르네상스시기에 가면을 쓰고서 긴 헌사를 하던 궁정오락에서 찾아볼 수 있다. 그 후 시극詩劇, 노래, 음악, 무용, 화려한 의상, 스펙터클한 장면을 이루는 무대 등으로 발전된다. 이탈리아의 가면극은 그 후 영국에서 더욱 발전했고 1512년 영국의 국왕 헨리 8세가 이탈리아식으로 분장을 하고서 궁정가면극을 개최했다. 당시 궁중의 귀족들도 가면을 쓰고 가면극에 참여하기도 했다. 가면극은 배우에게 황홀경이나 엑스터시를 경험할 수 있는 기회를 주기도 하고 자신감을 부여해 준다. 영국에서 가면극은 브루넬레스키나 레오나르도 다빈치와 같은 예술가가 설계한 정교한 무대장치를 활용하였다. 당시 가면극은 넵튠, 다이애나, 이성, 사랑 등 신화나 우화에서 전래된 소재들을 사용했다. 구름, 달, 하늘, 불 등을 무대 배경으로 어릿광대, 야만인, 고대인, 에티오피아인, 피그미인이나 짐승들이 등장했다.

가면극에 희극적 요소를 도입한 벤 존슨의 『왕비들의 가면극』, 『흙의

가면극The masque of blackness(1605)』, 『오베론』, 『크리스마스 가면극』등이 그 시대를 대표했으며, 존스는 무대장치에 획기적인 변화를 가져왔다. 이러한 가면극의 요소들은 셰익스피어의 『한여름 밤의 꿈』, 『심벨린』, 『가을 이야기』그리고『템페스트』에 내포되어 있다. 영국의 극작가인 미들턴의 『여자여, 여자를 조심하오Women Beware Wonen(1621)』의 마지막 막幕에도 호화롭고 복잡한 가면극이 삽입되어 있다. 영국에서는 대중극장과 궁정극장이 1642년에 폐쇄되어 가면극은 '오페라'나 '발레'같은 다른 연극 형태와 혼합되어 갔으며 왕정 복고시대 이후 무대장치의 일부를 구성했다.

문헌상에 나타난 한국 최초의 가면극은『삼국사기』에 수록되어 있는 최치원의 향악오수鄕樂五首 중 대면大面, 속독束毒, 산예狻猊이다. 형태를 갖춘 한국의 가면극에는 네 가지가 있는데 그것은 산대가면극山臺仮面劇, 해서가면극海西仮面劇, 오광대가면극五廣大仮面劇, 성황신제가면극城隍神祭仮面劇이다. 한국의 가면극은 종류에 따라 5막, 7막, 12막 등으로 구성되어 있으나, 몇 막을 제외하고는 한국의 인형극처럼 각 막이 독립적이다. 한국의 가면극은 신사가면무神事仮面舞를 제외하고 대부분 파계승에 대한 조롱과 모욕, 가정의 비극인 처첩妻妾의 삼각관계, 늙은이의 무상관無常觀 등을 나타낸다. 해학극으로 무용과 음악반주가 있고, 연출시간이 길며 대부분 남자 광대들이었다. 무료로 막과 최소한의 공연 시설물도 없이 공연되기도 했다. 한국 가면극은 1960년대까지 지방에서 간혹 행해졌고 1970년대 대학가에서 성행했다.

가부끼

일본의 대표적인 연극 형태이고, 17세기 초 일본의 각 지방을 떠돌던 여성 연예인들이 일반 가정을 돌면서 시주를 하면서 탄생했다. 염불 춤과 야야고 춤은 가부끼의 기원이다. 일반인들의 관심이 높아지자 경도의 기녀들도 단체를 만들어 각 지방으로 순회공연을 다니기도 했다. 한 때 일본 막부에서는 미풍양속을 해친다는 이유로 이의 상연을 금지하기도 했다. 가부끼의 연극을 공연하는 성년배우들이 등장하면서 가부끼는 기존의 놀이형태를 벗어나 하나의 극적인 구성을 갖춘 연극형태로 자리를 잡았다.

일본의 원록시대에 이르러 완숙한 연극예술로 자리를 잡았으며 명신유신과 함께 막부시대의 극장제도를 개선하게 되자 가부끼의 공연이 예술적인 공연으로 발전하였으며 20세기 초 일본에서 신파극이 연극예술에서 자리를 잡아가면서 가부끼는 서민층으로부터 점차 멀어지게 되었다.

가설 이동무대

중세 시대 유랑 배우들이 간단한 목재를 무대로 사용한 데서 유래한다. 무대의 맨 뒤쪽에 장막을 설치하여 배우들이 등장하고 퇴장하는 역할을 했다. 관객은 무대의 나머지 3면에서 연극을 관람할 수가 있었다. 때에 따라서는 배우가 관객들에게 극적 효과를 높이기 위해 무대의 아래쪽이나 무대 저 위쪽으로도 움직이며 등장했다. 이러한 공간적 이동은 장막을 이용하거나 장막 뒤에 감추어 놓은 사다리를 사용함으로서 가능했다.

가정극家庭劇 / domestic drama

가정 문제에 관한 극을 가리키는 일반적인 용어로 이탈리아의 가정소설에서 출발한다. 가정극은 18세기 초기에 중산 계급의 관객이 증가함에 따라 발전했다. 가정극의 발전은 19세기 후기 자연주의 연극에서 가정의 실내 장면에서 절정에 이르렀다. 최근에 그 범위는 중산 계급이나 노동자 계급의 생활을 반영하는 라디오와 텔레비전의 연속 프로그램에까지 확대되고 있다. 이 장르의 문제점의 하나는 극의 설정이 가정의 거실에 한정되어 있다는 것이다. 그래서 가족을 더욱 넓은 세계와 관련시키는 방법이 필요하다. 물론 일에 관계된 것은 적어도 식사 중에 논할 수가 있고, 이웃이나 친척은 새로운 제재를 도입할 수가 있으며, 낯선 인물의 등장은 흥미나 불안을 초래할 수도 있다. 신문과 같은 소도구에 의해서 동시대의 사건이 언급될 것이며, 극의 과거의 사건이나 미래에 일어날 사건이 설정된 장면도 포함할 수가 있다. 이 장르의 폭은 좁으나, 입센, 체호프나 그 밖의 중요한 자연주의 작가들은 가정극에서 무엇이 성취되는가를 보여주었다. 이 장르의 강점을 발휘한 영국의 작품은 D. H. 로렌스의 『의리의 딸』이다. 이 극은 가정과 계급 사회의 긴장을 안고 있는 두 가정을 비교하여 선명하게 노동자의 세계를 묘사하며 극에서 구현되는 탄광파업 사건으로 사회문제를 부각시키고 있다. 그렇지만 이 극을 두드러지게 하는 것은 이 작품과 밀접한 관련이 있는 로렌스의 소설인 『아들과 연인』의 경우와 마찬가지로 가족 간의 강한 긴장관계이다.

각본

연극이나 영화, TV 방송에서 배우들의 대사나 동작, 무대 구성 등에 관해 상세히 적어 작품을 만들어 내거나 제작할 수 있는 조건을 갖춘 글을 말한다. 일반적으로 각본이라고 하면 작품 상연에 필요한 드라마의 대본을 말한다. 그러나 각본은 드라마뿐만 아니라 영화와 방송 프로그램에까지 적용시키고 있다. 각본은 흔히 영화에서는 시나리오scenario를 말하고 무대 연극에서는 극본play이라고 칭한다. 그리고 가극歌劇에서는 리브레토
가극각본 / Libretto 텔레비젼 방송의 경우에는 스크립터 또는 대본으로 칭해지는 경우가 많다. 특히 방송에서 각본이라고 하면 방송 드라마의 대본뿐만 아니라 일반 시청자들이 즐겨보는 오락프로그램, 뉴스, 스포츠 중계, 심지어 생활정보의 프로그램에까지 사용된다. 그러므로 방송에서의 각본은 사회자의 멘트에서부터 무대의 세팅, 출연자들의 대사 등에 이르기까지 하나의 방송 프로그램을 만드는데 있어서 필요한 글을 적은 것을 말한다. 방송 대본은 프로그램 제작의 단계에 따라 다양하게 불려진다.

TV 드라마에서 방송 대본은 연습대본과 수정대본, 녹화대본으로 구분된다. 연습대본은 드라마를 제작하기 위해 제일 먼저 배우들이 연습을 하도록 주어지는 대본을 말하고 수정대본은 연습대본에서 다소 대사가 서툴거나 어색한 표현을 수정하는 대본을 말한다. 그리고 녹화대본은 최종적으로 촬영할 때 주어지는 대본을 일컫는다. 그러므로 방송 드라마의 경우 하나의 작품을 완성하기 위해서는 대본이 여러 단계에 걸쳐 수정되고 있음을 알 수 있다. 방송 대본이 이렇게 다양하게 일컬어지는 것은 무엇보다 텔레비젼 프로그램이 일반적으로 우리가 생각하는 것과는 달리 복잡하게 제작되어 있기 때문이다.

각본가 screen writer

　각본을 직접 쓰는 사람이다. 영화에서는 시나리오를 쓰는 사람을 말하고 방송에서는 대본을 직접 쓰는 사람을 일컫고 희곡에서는 극본을 직접 쓰는 사람이다. 인물들의 대사와 동작, 무대구성, 배경, 조명 등에 관해 구체적으로 기술한다. 영화에서는 각본가를 일명 시나리오 작가라고도 일컫기도 하고 방송에서는 대본 작가, 희곡에서는 극본가로 불리기도 한다.

각색 adaptation / Dramatisierung / Bearbeitung

　소설이나 논픽션 등 어떤 원작을 드라마로 무대에 올리거나 영화로 상연하기 위해 대본으로 바꿔 쓰는 것을 말한다. 아울러 대사를 삭제하거나 배우의 동작을 바꾸고 각본을 개조하는 일을 일컫는 말이다. 일반적으로 각색은 관객의 기호를 고려하거나 극장의 예산 및 작품에 대한 검열 등 극장의 형편에 따라 다르다. 예를 들어 외국 작품같이 풍습과 언어가 다른 작품들에 대해서는 주로 각색을 한다. 프랑스의 소극이나 멜로드라마의 각색을 잘하는 슈웰 콜린스는 <프랑스 이외의 품위 높은 나라에서 수용되기 위해서는 프랑스의 극에 은유적인 성수聖水를 뿌릴 필요>가 있다고 언급한다. 콜린스는 바로 이런 과정을 <드라이클리닝>이라고 일컫는다. 이것은 극을 지나치게 고치지 말도록 경고하는 것이다. 각색에 필요한 것은 관객이 이해할 수 있도록 하는 외견상의 문제이다. 그러므로 각색자는 원작품의 의도를 무시한 채 작품에 손을 대서는 위험을 초래하게 된다.

각색료

　작품을 각색을 할 때 지불되는 비용을 말한다. 각색이 원작을 무대연극이나 영화, 방송 드라마의 제작에 맞게 다시 고쳐 쓰는 작업을 말하므로 각색료는 이러한 작업을 할 때 주어지는 비용을 뜻한다. 일명 흔히 개런티라고 일컫는다. 각색료는 각색자에게 지불되는 일종의 사례비로서 지불비용은 각색자의 능력이나 인지도 또는 각색의 범위에 따라 달리 지급된다. 일반적으로 각색은 원작의 내용을 벗어나지 않은 상태에서 부분적으로 이루어진다. 그런 까닭에 각색료는 대개 각색자의 지명도에 따라

비용이 정해지는 경우가 많다. 그러나 각색은 심할 경우 독창적으로 구성되어지는 경우가 없지 않아 각색료가 원작의 수정 범위에 따라 정해지는 것이 바람직하다. 그러나 현실적으로 그렇지 못한 경우가 태반이다.

각설이 타령

우리나라의 전통적인 놀이형태에서 행해지는 노래를 일컫는다. 일반적으로 각설이 타령은 허름하고 남루한 옷을 입은 각설이들이 일반 가정의 대문 앞에서 문전걸식을 할 때 부르는 합창이다. 대개 각설이 타령은 문장식으로 구성되어 있으며, 아라비아 숫자의 일자에서부터 시작하여 십자 또는 만자에 이르기까지 올라가면서 자음에 맞추어서 불려진다. 일각설이 타령의 가사는 주로 구걸을 청하는 내용이지만 리듬과 박자가 명랑하고 쾌활한 것이 특징이다. 물론 가사의 템포는 일반 노래와는 달리 경쾌하고 빠르다. 이는 무엇보다 문전걸식하는 것을 비참하고 애처롭게 만들기보다는 해학적으로 만들기 위한 것이기도 하다. 그러나 각설이 타령이 옛날 경제적으로 어려운 시대에 많이 행해졌으나 문전걸식하는 일이 점차 없어지자 사라지고 있는 실정이다. 다만 연극인들이 옛날의 향수를 불러일으키는 의미에서 연극무대에 올려 공연하기도 한다.

각인극各人劇 / Jedermann

중세부터 현대까지 계속해서 개작되어 오는 교육극Schultheater이다. 각계각층의 모든 인간들이 죽음의 세계로 들어갈 때에는 모든 것을 이 세상에 버리고 가야하며, 인간의 모든 행위는 신의 심판을 받게 된다는 것이 중심 내용이다. 이러한 것을 내용으로 한 대표적 각인극으로는 네덜란드어판 『각인Elckerlijk(1495)』, 영국판 『각인Everyman(1509)』이 있고, 독일의 것으로는 한스 작스의 『세상을 떠나는 어느 부자의 희극Comödie vom reichen sterbenden Menschen(1549)』이 있으며, 각인극의 대표작으로는 후고 폰 호프만슈탈의 『각인Jedermann(1911)』이 있다. 호프만슈탈은 중세의 각인상各人像을 현대 개념의 각인상으로 바꾸어 놓음으로써 예술성을 인정받게 되었다. 그의 '각인극'은 1920년부터 오늘날까지 매년 잘쯔부르크Salzburg 대성당 앞에서 공연되고 있다.

간계희극Comédie d'Intrique / comedy of intrique / Intrigenkomödie

일명 계략희극計略喜劇이라고도 한다. 간계라는 단어인 'Intrique/ Intrige'
는 라틴어 'intricare'에서 유래한 말로 '혼란에 빠트리다'라는 뜻을 지닌
다. 어떤 인물 또는 인물들의 계략이 줄거리Plot / Handlung에 혼란스럽게 얽
혀 주된 관심을 불러일으키는 희극으로, 계략으로 인해 생긴 사건 등이
플롯을 구성한다. 영국의 극작가인 윌리암 콩그리브의 풍속희극『사랑에
는 사랑Love for Love』과 『세상풍습The Way of the World』 등이 대표적인 간계희
극이다.

감독director

영화를 만들 때 작품의 제작과정을 총 지휘하는 사람을 일컫는다. 감
독은 일반적으로 영화를 제작하기에 앞서 전체적인 작품의 분석과 더불
어 배우들의 선정과 연기, 표정연출은 물론 무대조명, 음악, 카메라의 위
치와 각도 등을 총괄적으로 지휘한다.

감독은 영화에서 뿐만 아니라 TV방송의 영역에서도 사용된다. TV방
송에서의 감독도 영화에서와 마찬가지로 방송 프로그램의 제작을 총괄하
는 사람도 지칭한다. 방송의 프로그램을 제작하는데 있어서 프로그램의
내용을 선정해 제작 일정을 잡는 것은 물론 대본을 검토하고 녹화, 편집
등의 모든 작업을 총괄적으로 지휘하게 된다. 물론 영화에서와 마찬가지
로 방송에서의 감독도 작가의 선정과 배우들의 연기에서부터 의상, 분장,
무대조명 등에까지 일일이 체크하게 된다. 그러므로 TV방송에서의 감독
은 프로그램의 행정적인 책임을 총괄하는 프로듀서와는 달리 프로그램의
실무적인 책임을 총괄한다고 할 수 있다. 그러나 우리나라에서는 감독과
프로듀스의 영역이 모호할 뿐만 아니라 오히려 방송의 프로듀스가 원래
의 감독의 의미에서 사용되고 있는 실정이다.

감상주의Sentimentalismus

등장인물들의 감정묘사에 치우쳐 관객과 독자에게 동정과 연민의 감
정을 전달한다. 감상주의는 극중 비애감이나 애상 등의 감정을 불러일으
키는 장면묘사를 통해 가능하고, 특히 감상적 사고를 경계한 계몽주의와

연관된다. 감상주의의 과도한 감정예찬이 계몽주의의 오성 중심적 사유에 의해 극복된다. 인간의 열정이나 비탄이 인간의 이성을 통하여 동정, 연민, 인간애, 우정, 조국애 등의 도덕적 감정으로 승화되어 도덕적 만족에 이르게 한다.

독일의 경우 경건주의Pietismus에서 감상주의가 비롯되는데, 내세에 대한 구원 신앙보다 현세에 대해서 긍정적인 신념을 갖는 것을 중요시하였다. 개인적인 내면세계의 감정이나 영혼세계의 체험을 문학에서 추구하였다. 영국의 경우 그레이Th. Gray와 영E. Young의 감상적인 묘지문학, 톰슨J. Thomson의 자연문학이 감상주의 문학의 모범이었다. 영국의 스턴L. Sterne의 여행소설인 『감상적인 여행』, 리처드슨S. Richardson의 『패밀러 또는 보상받은 부덕』과 관련하여 독일에서는 새로운 문학적 사회적 조류가 형성되었다. 그래서 레싱도 이러한 영향을 받았다. 이 사조는 시민비극의 감상적인 경향과 질풍노도Sturm und Drang 사조의 감정예찬에도 유입되었다. 감상주의는 개인이 무시당하거나 억압받는 감정영역에서 문학의 내용적, 형식적 가능성을 드러냈다. 이것은 괴테의 『젊은 베르테르의 슬픔』에서 부각된다. 괴테의 이러한 소설이 나오도록 한 것은 위에서 언급한 영국의 리처드슨의 서간체 소설이며 프랑스의 쁘레보A. Prévost, 루소J. J. Rousseau의 감상소설인 『신 엘로이즈Julie ou la Nouvelle Helose』 등도 사랑과 자연감정이 풍부한 감상주의 소설의 모범이었다. 더구나 프랑스의 희비극은 독일의 거장인 레싱의 희비극이 나오게 된 계기가 되었다. 이처럼 영국과 프랑스의 몇 몇 모범이 독일에 수용되어 시민들의 호응을 받는 민중문학으로 확대되었다.

서정시 분야에서는 클롭슈토크Klopstock의 『구세주』와 『송가집』이 감정유입에 동요되지 않고 경건한 감정언어에 나타났다. 감상주의 운동의 독일 서정시는 특히 맥퍼슨의 시詩언어에서 영향을 받았다.

감상희극sentimental comedy

영국에서 18세기 전반에 성행한 희극 양식이다. 왕정회복기 희극의 방탕한 도회적, 풍자적, 몰도덕한 경향에 대한 반동으로서 생겨난 것으로, 감상적이고 방종한 주인공이 도덕적으로 개과천선하는 모습을 묘사하고

있다. 대표작으로는 영국의 저널리스트이자 문인이었던 리차드 스틸Sir
Richard Steele의『거짓말쟁이 연인』이 있다.

감수성感受性 / sensibility / Sensibilität

　민감성을 일컫는다. 인간이 느끼고 반응하는 능력으로서 초연함과 기
술적인 제어보다는 인간의 감성에 호소한다. 디드로는『배우의 역설』에
서 감수성을 인간 속성의 나약함이라고 보고 '감수성은 사람이 냉정함을
필요로 하는 그 순간에 지성을 해롭게 한다'고 역설했다. 디드로가 역설
한 이 말은 '감상이나 감정의 토로와 밀접한 관계가 있다.
　T.S 엘리엇은 사고와 감정의 상호작용이라는 한층 긍정적인 의미로 사
용했다. 감수성이라는 용어는 연극보다 문학에서 더 자주 등장한다. 존
던은 감수성이 연기와 연극적 표현에 더욱 적합한 것으로 본다.

감수성의 문학Literature of Sensibility

　시인의 감수성sensibility / sensibilite / Empfindsamkeit에 대해 이야기할 때 현대
비평가는 감각, 사고 및 감정에 있어서 경험에 반응하는 특징들을 가리킨
다. T. S. 엘리어트Eliot가 감수성의 분열dissociation of sensibility이 17세기에 가
장 영향력이 있었던 두 시인인 밀튼Milton과 드라이든Dryden의 시에서 시작
했다고 주장했을 때, 그는 시인의 감각적, 지적, 정서적 경험 양식들 사이
에 분열이 생겼다는 것을 강조한다.
　문학사가가 감수성의 문학literature of sensibility에 관한 이야기를 할 때, 그
가 가리키고 있는 것은 18세기의 한 독특한 문화 현상이다. 그 배경은 17
세기 스토아주의Stoicis M: 덕을 행하는 유일한 동기로서 이성과 비정서적인 의지를 강조
했다에 대한 반동으로서, 그리고 보다 중요한 것은, 인간은 태어날 때부터
이기적이며, 그의 행동 밑천은 자기 이익과 권력 및 지식욕이라는 토머스
홉스Thomas Hobbes의 이론에 대한 반동으로서 발전된 도덕론이었다. 많은
설교와 철학 논리와 대중적인 소책자들과 논문들은 "자비심" - 다른 사람
들이 잘 되기를 바라는 것 - 은 인간의 선천적인 정조sentiment이며, 도덕적
경험의 핵심은 동정과 "감수성", 즉 타인의 고락에 아주 민감한 즉각적인
반응이라고 선언한다.

“감수성”이란 말에는 자연이나 예술의 미와 숭고함에 대한 맹렬한 정서적 반응이라는 뜻도 숨어 있다. 동정의 눈물을 흘릴 마음의 자세가 언제나 되어 있는 것은 교양 교육을 받았고 착한 마음을 지녔다는 표시이며 또한 다른 사람의 슬픔에 대한 동정은 자기 개인의 슬픔과는 달리 그 자체로서 기분 좋은 정서라는 것이 대중 도덕의 상식이 되었던 것이다. 감수성 숭배에서 흔히 찾게 되는 문구는 “슬픔의 사치luxury of grief”, “기분 좋은 슬픔pleasurable sorrows”, “슬프게 기분 좋은 눈물tile sadly pleasing tear”이었다. 18세기말의 도체스터 사원의 한 영안실에 붙어 있는 글귀는 다음과 같다:

독자여 ! 만약 그대가 인정과 연민으로 이름난 가슴을 지니고 있다면 이곳을 응시하라. 여기에는 한 건은 규수의 유해가 안치되어 있으니…… 신경이 너무 약하여 우리가 이 무쌍한 세상에서 당하는 거친 환난풍파를 감당할 수 없을 때, 자연이 굴복하는 법. 그 여인은 과도한 감수성으로 쓰러져 죽었느니라.

그 시대에 “감수성”이라는 힐난하는 말로 들렸던 것을 우리는 지금 감상주의라고 비난하는 말로 부르고 있음이 분명하다. 문학에서는 이런 경향이 감수성의 희곡drama of sensibility, 또는 감상 희극sentimental comedy에 반영되었다. 그러나 그것은 왕정복고 시기의 희극restoration comedy의 귀족적인 성적 방종의 강인한 초도덕성과 그 희극적 또는 풍자적 묘사를 대치한 것이었다. 이 감수성의 희곡에서 올리버 골드스미스Oliver Goldsmith는 『감상적 희극과 웃는 희극의 비교Comparison between Sentimental Comedy and Laughing Comedy(1773)』에서 이렇게 썼다:

사생활의 악덕이 폭로된다기보다 그 덕행이 과시되고, 인류의 결점이라기보다 그 고통이 작품의 흥미 거리가 된다.” 등장 인물들은 “유머를 익히지만 풍부한 정조와 감성을 지니고 있다”. “그래서 관객은 마치 성전에서처럼 연극에서도 침울하게 앉아 있다

감상주의 작가들의 언어에는 숭고한 정조가 담겨있다. 그들은 또한 행복한 결말에 도달하기 이전에 관객으로 하여금 최대한 눈물을 자아내도록 유도한다. 18세기 후반의 감수성 소설novel of sensibility 이나 감상 소설sentimental novel도 이와 유사하게 덕 있는 사람들이 자기 자신의 슬픔이나

친구들의 슬픔에 대해 눈물어린 고통과 눈물로 표현되는 아름다움이나 숭고함에 직면하여 일어나는 강한 반응에 역점을 두었다. 리처드슨의 『패밀러: 보상받은 부덕』은 그 몇 장면에서 감수성을 이용하고 있다. 또한 로렌스 스턴Lawrence Sterna의 『트리스트럼 샌디Tristam Shandy』와 『감상적 여행A Sentimental Journey』은 감수성과 아이러니와 풍자를 남이 모방할 수 없을만큼 훌륭하게 혼합하여 전달하고 있다.

감수성이라는 유행은 국제적이었다. 루소의 장편 소설인 『쥘리: 신 엘로이즈』는 감수성이 있는 연인들을 다루었다. 그의 위대한 자서전인 『참회록Les Confessions』에서 루소는 어떤 상황과 기분에서 자기 자신을 지나친 감수성을 지닌 사람으로 묘사했다. 괴테의 장편소실 『젊은 베르테르의 슬픔』은 다른 남자와 약혼한 여인에 대한 사랑에 실패하고, 자기의 감수성을 일상생활의 요구에 적응시키지 못하고 권총으로 자살하는 한 젊은이의 심미적 감수성과 복잡한 정서적 고뇌를 제시한 작품이다.

감수성의 분리dissociation of sensibility

엘리엇이 형이상학파 시인에 관한 비평1921 속에서 창안한 용어이다. 17세기 초기의 <형이상학적> 시대 이후에 일어난 감수성의 변화를 포착하기 위해서 문예 비평가들이 사용해 왔다. 엘리엇은 이 변화를 어떠한 경험도 삼켜 버리는 감수성의 장치의 상실과 같은 것으로 받아들이고 있다. 이 분리는 17세기의 가장 영향력이 있는 두 시인, 밀턴과 드라이든의 영향력에 의해서 약화되었다. 그 결과 '말'은 세련되었으나 '감정이 더욱 조잡한 것이 되었다'고 엘리엇은 주장했다.

엘리엇이 말한 쇠퇴란 퓨리터니즘의 발생, 홉즈나 로크에 의한 경험론의 발전, 자연의 시적이고 신화적인 이미지의 붕괴, 갈릴레이나 케플러에 의한 발견, 중상주의의 성장, 신흥 중산계급의 지배에 원인이 있다. 이러한 것들과 결부되어 있는 것이 제임스 왕 시대의 연극과 그 후의 왕정복고기 연극 사이의 감수성의 변화이다. 제기된 문제가 복잡하긴 하지만 엘리엇이 느끼는 것은 '연극성'의 부재, 즉 풍자적인 농담의 결여, 반대 의견에 대해 활기를 띠고서 놀이로 즐기는 역량의 부족이라고 말할 수 있다. 엘리엇이 보여 주고자 했던 것은 17세기 초엽의 특징인 논쟁에서 생긴 극적 역동성에서 더욱 안정된 독단적인 풍조로의 변화이며, 이 풍조는 19세기 후반의 연극의 부흥까지 지속되었다. 이 연극의 부흥은 17세기 초엽을 방불케 하는 19세기 후반의 문화의 변화에서 생겼다고도 말할 수 있다. 제국들의 발흥과 신앙의 쇠퇴는 의심, 갈등, 새로운 희비극, 모더니즘 운동, 엘리엇의 초기의 극시劇詩나 냉소적 유머를 낳는 데 도움이 되었다. 엘리엇은 자신의 작품 속에서 형이상학파 시인과 제임스조 작가들과의 친근성을 주장하고 있다.

스위프트, 포프, 스턴, 콩그리브, 세리든의 특징인 패러디적이고 풍자적이고 냉소적인 요소를 생각한다면 위에서와 같은 분리가 단순하다는 것은 분명하며, 그 때문에 엘리엇은 나중에 이 용어가 유포된 것에 대해 당혹했다. 즉 콜리지나 키츠의 감수성은 '분리되어 있다'고는 말하기 어렵다. 그리고 밀턴이나 드라이든에게는 사고와 감정의 분리를 촉진시킨 죄가 있다고 한 엘리엇의 당초의 주장에는 이의도 나올 것이다.

이 용어는 '계몽운동이나 낭만주의의 주요 작가가 아니라 이류 작가나 일반적인 문화의 변화에 관련을 지어서 생각하는 것이 가장 현명할 것이다. 그러나 주요 작가들에게서도 감수성의 변화가 보이고 광범위한 경험을 다루는 역량이 일반적으로 떨어지게 되었다는 것영국의 공화정 시대 1649 1660의 수년 전에 일어났다을 생각하면 엘리엇이 주창하는 <감수성의 분리>가 현실 문화의 전환을 나타내는 적절한 말이며 또 그것이 극의 상연과 관계가 있음을 알 수 있다.

감정이입empathy / **Einfühlung**

동일화 혹은 공감과 같은 의미로 사용되지만 구별해 사용할 필요가 있다. 독일어에서 유래한 이 용어의 쓰임을 보면 1858년에 로체가 발전시킨 바와 같이 사물이나 짐승과 인간의 신체적 활동에 대한 신체적인 반응, 즉 동적 반응을 나타내는 용어였다. 그러므로 감정이입이란 용어를 극에 적용하면 감정이입은 무대장치와 극적 활동을 사용한 일종의 신체적인 공감을 의미한다.

감정이입이라는 용어가 다른 사람의 감정에 대한 관여를 나타내는 일반적 의미에서는 이 신체적 요소를 간과하기 쉽다. 『옥스포드 영어 소사

전』에서는 감정이입을 <숙고하는 대상에 자기의 개성을 투사하고, 그것을 충분히 이해하는 힘>이라고 정의하고 있다. 이것은 어떤 대상을 향한 정신적 또는 신체적 움직임과 그것으로부터의 분리, 즉 이해의 과정으로 이끌어 내는 숙고를 의미한다. 이러한 이중의 과정 속에 '공감'과 '분리'가 둘 다 존재한다.

관객의 극적 상황에 대한 반응은 언제나 등장인물과의 단순한 동일화 이상의 것이 되기 쉽다. 브레히트는 <그들이 울 때 나도 울고, 그들이 웃을 때 나도 웃는다>와 같은 극적 반응을 단순한 것으로 보고, 그것을 '서사적 반응'으로 변경한다. <그들이 웃을 때 나는 울고, 그들이 울 때 나는 웃는다>와 같은 서사적 반응은 실지로 <극적> 반응과 복잡하게 연관된다. 관객은 극의 전체 맥락에서 등장인물들의 반응을 각기 비교한다. 관객은 어느 인물이 공감을 받기에 알맞은지 구분하고, 동정과 공감을 불러일으키는 등장인물을 기대한다. 감정이입은 개인의 고통을 넘어서는 외적 환경에 대한 인식으로 이어질 수 있다.

개그

TV 쇼, 연극, 영화 등에서 개그 연기를 하는 사람이 웃음을 연발하는 말이나 몸짓, 광경 등을 보여주는 것이다. 일반적으로 익살스럽고 해학적인 행위와 순간적인 재치들로 구성된다. 사회의 모순, 부정, 비리 등을 패러디하기도 한다. 개그나 코미디의 원조는 희극(고대 그리스의 아리스토파네스)이다.

개그맨

개그를 하는 사람이다. 농담 섞인 대사를 하거나 익살스럽고 능청스러운 연기를 한다. 일반 연기자들과 달리 재치와 해학을 보여준다. 코미디언으로 부르기도 한다.

개런티

사전적 의미로는 보증을 뜻한다. 개런티는 실지로 배우나 연기자들이 영화나 방송, 비디오, CM, CF, 연극 등 작품에 출연하게 될 때 받는 출연

료를 의미한다. 배우나 연기자의 경력과 인기, 지명도에 따라 차등 지불
되기도 한다. 영화는 인기배우의 출연이 작품의 흥행과 직결되는 경우가
많기 때문에 경력보다는 인기에 따라 더 많은 개런티를 지불하는 것이
일반적이다. TV방송은 인기보다는 배우들의 경력에 따라 개런티가 결정
되는 경우가 많다. 방송사별로 출연자들을 구분해 출연료를 지불한다.

개막극 curtain raiser / Lever de Rideau / Vorspiel

본 극이 시작되기 전 상영되는 단막극이다. 이 극은 개막 전에 분위기
를 고양시키기 위해 상연되는 극으로서 19세기 말과 20세기 초에는 배우
들이나 기획자들이 본 공연을 준비하는 동안에 극장이나 공연행사장에서
이미 와 있는 관객들이나 늦게 도착하는 관객들에게 흥미를 주고 그들의
여흥을 돋우었다. 개막극을 공연함으로서 관객들의 흐트러진 분위기를
사로잡아 본 연극에 대한 관객들의 주의를 끌 수가 있다.

개막 음악 curtain music

막이 오르기 전에 연주되는 도입 음악을 일컫는 용어이다. 막이 시작
될 때와 막간에 개막음악을 연주하는 관례는 영국 엘리자베스 시대의 연
극으로 거슬러 올라간다.

개막전 등장 discovery scene

막이 오르기 전 등장인물이 미리 무대 위에 있는 장면이다. 이런 장면
에서 배우는 마치 이전 동작을 계속 이어서 연기하고 있다는 인상을 주
어야 한다. 투르게네프의 『시골에서의 한 달』에서는 등장인물들이 한참
카드놀이를 하고 있는 중에 막이 오른다.

개방무대 open stage

객석이 3면으로 둘러싸인 무대이다. 흔히 '돌출무대' 또는 '원형무대'
라고도 불린다. 무대 3면에 관객이 있고 '막'이나 '프로시니엄 아치'도 없
다는 점에서 셰익스피어의 '에이프런 스테이지'와 비슷하다. 치체스터 페
스티벌 극장이 그 일례이다. 개방무대는 엘리자베스 시대의 덧무대에서

유래한 것이고, 배우의 위치를 적절히 선정하고 목소리가 잘 들리도록 조절해야 한다. 무대 특성상 관객은 일부 배우들을 보지 않고 단지 목소리만 듣는 경우도 있다. 뛰어난 음향효과, 배우의 정확한 동작 및 발성법 등이 필요하다. 개방 무대의 영향을 받은 윌리엄 포우엘과 할리 그랜빌-바커는 셰익스피어 극의 유연성을 제창했다. 내셔널 시어터와 로얄 셰익스피어 극단은 개방무대를 사용하였고, 무대와 객석간의 거리가 가까워 무대 장치 등 외적 요인보다 배우의 세심한 연기력이 요구된다.

객관적 상관물objective correlative

엘리엇이 평론『햄릿과 그의 문제들』에서 처음으로 사용했다. 엘리엇은 "예술의 형식으로 정서를 표현하는 유일한 방법은 객관적 상관물, 다시 말해서 어떤 특정한 감정과 공식이 되는 대상물, 일련의 사건, 하나의 상황을 발견하는 일이다"라면서 극이 어떻게 감정을 전하는가에 관해 간결하게 말했다. 이것은 독자나 관객이 일련의 연속적 사건에 휩싸여 있는 등장인물과 자기 자신을 동일화함으로써 하나의 감정이 전달되는 것을 의미한다. 만약 작가가 연민과 분노의 기분을 표현하고 싶다면 젊은이가 늙은 여자를 습격하는 상황을 만들어 낼 수도 있다. 연민의 정은 희생자에 대한 동정심에서 그리고 분노는 습격자를 부당한 것으로 부인하는 기분에서 생긴다.

감정을 전하는 데에는 다른 방법, 이를테면 리듬, 묘사, 은유 또는 직유의 방법을 사용할 수도 있다. 이러한 것들도 <객관적 상관물>이라고 간주할 수 있다. 감정의 전달 방식이 한 덩어리의 음성, 특정한 장면 또는 비교된 대상물일 수도 있기 때문이다. 이를테면, 행복은 쾌활한 선율에 의해서 리드미컬하고 양지바른 풍경에 의해서 묘사적으로 <대단히 쾌활하고 즐겁다>는 어법으로 비유적으로 전달 할 수도 있다.

극에서의 객관적 상관물은 이를테면 오랫동안 헤어졌다가 서로 다시 만난 두 연인일 수도 있다. 실제로 엘리어트 <객관적 상관물>은 어떤 극적인 상황을 일종의 직유 또는 은유로 보고 있다. 직유 또는 은유는 감정이나 취지를 전달하는 매체이기 때문이다. 어떤 감정을 전달하고 싶은 작가가 그 감정을 전달하는 과정에서 그것과는 다른 감정을 경험하기도 한

다. 감정을 전달하는 매체는 그 전달 과정의 기쁨도 포함해서 의도한 감
정 이외의 감정을 필연적으로 일으키기 마련이다. 객관적 상관물 자체,
즉 창작한 등장인물이나 발전해 나가는 이야기 등등 작가의 상상을 대신
하는 경우가 생기게 된다.

극에서는 그 전달 과정에 더욱 다른 여러 가지 창조 활동들이 포함된
다. 작가의 본래의 착상을 다시 변형시키는 것은 작가에 의한 연극이라는
매체의 선택뿐만 아니라 배우, 연출가, 무대미술가의 공로를 무시할 수는
없다. <객관적 상관물>은 극작가의 완전한 지배를 벗어난다. 결과적으로
극작가만이 극작품을 창작할 때 어떠한 감정이 존재했고 극작 과정이나
상연 과정에서 무엇이 나타났는지를 알고 있을 뿐이다. 따라서 관객이나
독자는 <객관적 상관물>을 알아내려고 시도할 필요가 없다.

엘리어트는 독자를 납득시키지 못하는 햄릿의 말과 행동을 맥베스가
아내의 죽음 소식을 접했을 때의 반응과 대비하고 있다. 엘리어트는 맥베
스의 말과 반응은 '마음의 상태에 아주 걸맞게 보인다'고 말한다. 즉 그
의 <객관적 상관물>은 흠이 없다. 그렇지만 여기에 언급된 마음의 상태
는 작가의 것이 아니라 등장인물의 것이다. 등장인물의 심상의 상태를 의
미하는 실질적 방법은 존재하지 않는다. 그 이유는 등장인물의 마음 상태
는 작가를 반영한 것이고 관객이나 독자 그리고 배우의 마음속에 작가의
말로 만들어 내는 인상이 되기 때문이다.

객석auditorium

극장은 무대와 관객석으로 구분된다. 무대는 단지 객석을 위해 존재하
고, 객석은 또한 무대를 필요로 한다. 현대극은 미리 정해진 무대 위에서
공연하기보다는 관객의 요구사항들을 수용해 무대의 위치 및 규모, 장치
등을 자유롭게 변형한다. 무대 중심적 사유보다는 객석 중심적 사유가 반
영된 것이다. 객석은 관객들이 앉거나 서서 극이나 영화를 관람할 수 있도
록 마련된 좌석이다. 1727년 이후부터 사용된 용어이고 청중석auditory 혹은
관중석spectatory이라고도 부른다. 관객을 연극 영역의 정면에 두고 일부는 둥
글게 배치하거나 원형으로 배치하는 등 크기, 형태면에서 매우 다양하다.
객석을 하나로 통일하거나 상부에 갤러리 석을 두어 분리할 수도 있다.

객실 희극drawing room comedy

가정극으로 소극笑劇과 비슷하지만 소극보다 성격묘사가 풍부하다. 객실 희극은 주로 중산 계급의 오락으로서 웨스트엔드에서 상업적으로 성황을 이룬다. 노엘 카워드의 『건초열』이나 윌리엄 더글러스 『홈』 등이 있다.

갤러리gallery

극장에서 값이 가장 저렴한 좌석. 보통 2층 발코니에 해당하지만 때때로 이들 발코니 가운데 하나를 지칭하기도 한다. 무대 가장자리나 후면에 돋우어 올린 작업. 덧마루 또는 프라이 갤러리. 이곳부터 무대의 지정된 위치로 무대장치를 내려뜨리게 한다. 독일의 경우 바이마르공화국 시절에 피스카토르1893-1966처럼 극장에서 의도적인 정치적 긴장을 창출하기도 했다. 무대 위의 배우가 관객의 반응을 파악하는 것은 중요하다.

거품드라마

드라마와 달리 일종의 사회적인 현상을 반영한 드라마이다. 거품드라마는 무엇보다 근래 들어 일반인들이 과거 소득을 위주로 생활한 것과는 달리 소비를 위주로 생활하게 되다 보니 사회 전반적으로 거품현상이 두드러지게 나타남으로 인하여 생겨난 드라마이다. 그런 탓에 거품드라마는 기존의 드라마에서 나타나는 진지한 스토리 위주의 내용이 전개되는 것이 아니라 주로 자극적인 내용을 위주로 가볍고 감각적으로 전개된다. 심지어 거품드라마는 사회적인 비판의 대상이 되는 불륜이나 무분별한 섹스, 방탕한 생활 등을 다룬다. 거품드라마는 기존의 드라마처럼 줄거리의 구성이 주도면밀하고 짜임새 있기보다는 뭔가 흐트러진 느낌을 준다. 내용 또한 충실하지 못하고 매우 빈약하다. 더구나 거품드라마는 무대공간의 연출을 돋보이게 하기 위해 배우들의 뛰어난 연기보다는 잘생긴 배우를 선정해 이들의 의상을 화려하게 구성해 만드는 경우가 많다. 이는 무엇보다 최근 들어 X세대로 불리는 젊은 층을 겨냥해 이들의 심리적인 경향을 쫓아가기 위해 만들어지기 때문이다. 그래서 일부에서는 일명 트렌디 드라마라고 불리기도 한다. 일본에서는 1960년대 경제적인 거품현상을 심하게 겪으면서 거품 드라마에 대한 관심이 확산되었다. 일본 못지않은 경제적인 거품현상을 겪은 우리나라에서도 거품드라마가 유행했었다.

검열 Zensur

사전적 의미로는 국가가 정치 및 사회비판적 표현이 담긴 출판물이나 연극, 영화 등이 안녕 질서나 미풍양속을 문란하게 할 염려가 있는지를 미리 검사하는 행정사무를 말한다. 서양에서는 국가는 물론 교회의 기관이 감독하는 것을 말하기도 한다. 이 검열제도는 로마시대까지 거슬러 올라가는데, 그 당시 검열관은 불온서적과 공직가 비판을 감독했다. 중세에는 주로 카톨릭 교회가 반反 교회적인 서적과 행위를 검열했다. 중세말 구텐베르크의 서적인쇄술이 발명됨에 따라서 검열은 체계화되었다. 1569년 독일에서는 기존해있던 교회의 검열 외에 프랑크푸르트 왕실 도서위원회가 설치되어 최초의 국가 검열기관이 되었다. 독일 혁명이 일어난 1848년에는 검열이 다소 완화되는 듯 했으나 메테르니히Metternich 통치시대에는 다시 강화되었다. 그 후 자연주의 시대 하우프트만의 『직조공Die Weber(1892)』과 인상주의시대 슈니츨러의 『윤무Der Reigen(1897)』에도 계속 강화되었다. 오늘날 서방세계에서 국가검열은 거의 사라졌다. 우리나라의 경우 '외설시비'를 제외하고는 대부분 정부의 검열은 없는 셈이다.

게슈탈트 Gestalt / 형태

전체는 부분들의 단순한 합合 이상의 특성들로 구성되어 있고 물리적, 생물학적 또는 심리학적 현상들이 통합되어 있다configure. 허버트 리드Herbert Read의 이러한 이론은 콜리지S. T. Coleridge의 예술작품론과 상응한다.

게슈탈트는 형태 심리학Gestaltpsychology에서 유래했다. 허버트 J. 뮐러Herbert J. Müller등의 비평가들은 구체적 경험이 논리적 분석에 선행한다고 본다. 게슈탈트 비평가는 모든 예술 또는 문학 작품의 모든 요소를 <형태> 속의 위치와 전체 효과에 의존하는 변수들로 본다. 극에서 종합적인 형식은 대사나 장면들을 총체적으로 합해 놓은 것 이상의 의미를 띤다.

게시투스Gestus

레싱이 이미 1767년에 사용한 용어인데, 1910년경 브레히트가 차용했다. 브레히트는 서사극에서 극적 인물이 등장하는 상황에 관해 논의한다. 극적 상황에서 극의 본질을 제시하기 위해 등장인물의 개별적 정서와 사회 환경을 명확히 분리하는 냉정하고 객관적인 연기 스타일을 탐구했다. 브레히트는 배우가 주어진 역할에만 집중하기 보다는 오히려 자신이 연기하고 있는 작품 속 특정 등장인물의 비판적 역할을 관객에게 명확히 제시하기를 원했다. 이 목적을 위해서 배우에게 사회에 대한 태도, 즉 겸손하거나 혹은 위압적이거나, 온화하거나 혹은 공격적인 태도 등을 몸짓을 통해 관객에게 명시하도록 권했다. 브레히트는 유명한 중국인 경극 배우 매란빙1894-1961의 연기 스타일들을 차용하고, 존 게이의 발라드 오페라에 내재된 회화적 요소들을 덧붙였다. 또한 당시 스트라빈스키의 작품러시아 연극에 있어서는 메이에르홀트의 생역학에서 볼 수 있는 새로운 반낭만주의적인 바로크 요소들이 강조된다. 스트라빈스키의 작품에서 게시투스는 저마다의 음계·악기·리듬이 특별한 효과를 내서 한꺼번에 하나의 열정을 강조한다. 브레히트는 자신의 극에서 각각의 대사와 장면들이 그와 같은 작용을 하기를 기대했다.

게시투스는 재현된 몸짓들 그 이상의 의미가 있고, 배우의 대사와 단순한 동작으로 기본적인 태도들을 표현한다. 게시투스는 단순화된 관계를 표출하고, 군더더기 없는 방식으로 그 관계를 제시한다. 이 양식은 캐리커처로 향하거나 장면을 고립시켜 정지 효과를 낸다. 브레히트는 그것을 <게시투스> 연기라고 부른다.

계략희극計略喜劇 / Comedy of Intrigue / Comédie d'Intrigue / Intrigenkomödie

인물들의 계략에서 생기는 복잡한 플롯Plot으로 구성된 희극이다. '계략'은 극의 플롯을 구성하는 사건들이다. 콩그리브Congreve의 『사랑에는 사랑Love for Love』과 『세상 풍습The Way of the World』과 같은 구성이 복잡한 "계략희극"들이 있다.

계몽주의시대의 희곡

독일에서는 종교개혁 이후 신교에서 구교에 대한 논쟁 목적으로 내세운 '학교극學校劇 / Schuldrama'과 이에 대한 반사작용으로 등장된 예수회의 '예수회극Jesuiten Drama'이 대립되고, 유랑극단에 의해 상연된 정치적 음모, 살인, 처형이 주제가 되어 있는 유치한 즉흥극인 '역사(歷史) 및 시대극', 중세의 잔재물로서 저속한 취미에 영합한 '한스부르스트Hanswurst극', 어릿광대가 활약하는 '골계滑稽극' 등이 판을 치며 혼란을 일으키고 있을 때, 외국에서 전혀 색다른 연극들이 물밀 듯 유입되었다. 이탈리아에서는 연극제인 '코메디아 델 아르테 Commedia dell' Arte', 영국에서는 '영국 순회극단', 셰익스피어극, 프랑스의 꼬르네이유Corneille, 라신느Racine, 몰리에르Moli 'ere 등의 희곡 작품이 희곡의 황무지인 독일 땅을 홍수처럼 뒤덮었다. 외국 작품이 범람하는 혼란 상황에서 독일인들은 외국 작품들을 이해하는 데 어려움을 겪었다.

볼프Wolf의 제자이며 라이프찌히 대학교의 형이상학形而上學 교수인 고트셰트Johann Christoph Gottsched, 1700-1766가 나타나 독일극의 근본적인 혁신을 부르짖으면서 한스부르스트 극단을 비롯한 저질적 독일통속극단獨逸通俗劇團을 추방하는 데 선봉적인 역할을 한다. 고트셰트는 프랑스 고전주의 시대의 이성적 문학평론가인 부왈로Nicolas Boileau의 『시법詩法/ L'art Poetique』을 모방하여 집필한 그의 『비판적 문학시론Versuch einer kritischen Dichtkunst(1730)』에서 프랑스 시학詩學과 관련시켜 새로운 합리주의의 법칙을 설정했다. 문학의 사명은 계몽하고 교육하는 일이고, 감정이나 공상에 치우치지 않는 명석한 오성悟性에 기초해야 한다고 말한다. 문학을 학문으로 배우고 교수할 수 있는 세부적인 규칙들이 제시된다. 희곡에서 시간·장소·줄거리의 '삼일치법三一致法 / Dreieinheiten'이 절대적으로 필요하며 '알렉산드리나Alexandrina'의 시형詩形을 적용해야 한다고 말한다. 극의 막은 5막물幕物로서 엄밀히 시대의 고증을 거쳐야 하고, 대화Dialog는 숭고하고 장중한 맛을 부여해 도덕적 교훈을 통해 일반 대중을 교화敎化할 목적을 갖는다. 그는 프랑스 고전극의 번역과 모방을 통해 독일극의 혁신을 이룩함으로써 라신느Racine의 희곡 『이피게니Iphigenie』를 선두로 꼬르네이유Corneille 등의 프랑스 고전주의 작가의 비극을 그 자신이 몸소 번역해 카롤리네Karoline

극단과 노이버Neuber극단을 통해 라이프찌히에서 상연했다. 이때부터 배우들은 시구詩句를 주고받으며 대화Dialog를 나누었다.

고트셰트의 완고함은 레싱 이후 비판의 대상이 되었지만, 비극을 통해 진정한 도덕적 세계 질서를 이룩해 수준 낮은 연극을 무대에서 추방하고 독일무대가 문학 발전의 초석이 되는데 기여했고, 훗날 레싱, 쉴러, 괴테에게 영향을 미쳤다. 그는 독일 국민극의 기초 작업을 한 것이다. 또 '독일학회Deutsche Gesellschaft'를 만들어 독일어를 정화해 무대 용어로 사용된 독일어를 세련시켰다. 고트셰트가 프랑스 고전극을 독일 땅에 들여올 때 레싱G. E. Lessing 역시 독일 국민극의 탄생을 위해 노력했다. 고트셰트가 과도하게 프랑스에 의존했던 반면, 레싱은 고대 문화 및 고전극, 근대 계몽주의 정신을 고루 갖춘 위대한 사상가로서 민족시인 클롭슈토크Klopstock처럼 프랑스 사상 등 외래 사상을 추방하려고 노력했다.

레싱에 이르러 독일 연극은 비로소 진정한 의미의 연극으로서 국민을 계몽하고 독일적인 본질을 구현하는 국민극으로 상승하게 된다. 고트셰트가 저서와 비평 및 번역물들을 통해 독일 국민극을 기초했다면, 레싱은 계몽주의와 신비주의 및 경건주의를 밑받침으로 독일 연극의 고전들을 저술했다. 레싱은 1754년 『최근 문학에 관한 서간문Briefe, die neueste Literatur betreffend』에서 고트셰트가 독일 연극계에 도입했던 프랑스 고전극의 삼일치법을 과감하게 배격하고, 파우스트 전설과 아리스토텔레스의 『시학이론詩學理論 / arts poetica』에 대한 새로운 해석을 시도했고, 아울러 셰익스피어 극을 모범으로 삼았다. 이것은 연극의 형식적인 면에서뿐만 아니라 내용적인 면에서 혁신적인 착안이었고, 독일 연극은 민중 계몽적 성격을 지닌 고전극으로 발전했다.

고트셰트 시대에는 독일 배우들이 외국 극단에 찬조 출연하는 엑스트라에 불과했고, 대규모의 극장도 없어서 이탈리아극단의 오페라 객연客演/Gastspiel이 불가능하기도 했다. 1767년 쉐너만 극단Schönemansche Truppe과 당대의 독일극단의 아버지로 불려진 에드호프Konrad Ekhof에 힘입어 드디어 함부르크에 국민 극장National Theater이 창설 되었다. 레싱은 이곳에 고문으로 취임해 독일 최초의 연극 및 희곡 이론서인 『함부르크 희곡론Hamburgische Dramaturgie(1767-1769)』이라는 귀중한 문헌을 남겼다.

레싱 이전에는 대체로 성직자나 왕족, 그리고 귀족의 비호 아래 영위

되었던 독일 연극이 레싱 이후부터는 이들의 속박을 벗어나 시민들 스스로 연극 운동을 전개하였다. 연극 언어를 정화하고 극단의 순회공연을 지양해 결국 수준 높은 문학으로 발전했고 더불어 배우의 사회적 지위가 향상되었다. 독일 연극에 새로운 풍토가 조성되면서 새로운 민족이념이 헤르더, 괴테 등으로 이어져 독일 정신이 탄생된다.

독일인들은 문학을 통해 인간 존재를 내면으로부터 조명했다. 계몽주의 이후에 나타난 '슈투름 운트 드랑Sturm und Drang'을 기점으로 이런 독일적 휴머니즘 정신은 고전주의와 낭만주의에서 최고 절정에 다다른다. 레싱은 독일 희곡의 고전을 집필했던 독일 희곡의 선조라고 할 수 있으며, 독일 연극은 레싱에 이르러 국민을 계몽하고 독일적인 본질을 구현한 국민극으로 발전한다. 레싱은 그 당시 스위스의 보드머Bodmer, 브라이팅거Breitinger, 브레멘의 겔러르트Gellert 그리고 클롭슈토크Klopstock의 영향을 받았다.

계몽주의

신교와 구교가 대립으로 치닫는 종교개혁의 변혁기를 거쳐 점진적으로 회복 단계에 들어간 독일은 18세기에 프러시아의 프리드리히 빌헬름 1세Friedrich Wilhelm Ⅰ, 1713-1740와 프리드리히 대왕Friedrich der Große의 통치하에서 처음으로 유럽 열강의 대열에 참여하게 된다. 이 시기에 미국에서는 영국과의 독립전쟁 후 처음으로 그리스의 고대적 민주주의와는 다른 현대적 민주주의가 탄생되었다.

문화적인 면에서는 르네상스적 합리주의 사상과 바로크의 유산인 비非합리주의적 사상의 대립으로 인해 1세기 간의 혼란기를 거쳐 계몽주의 시대로 접어들었다. 독일의 계몽주의는 다른 나라와 비교해 지극히 퇴보적 성격을 띠었고, 영국과 프랑스의 영향이 지대했다. 영국에서는 뉴턴, 베이컨, 홉스, 로크 그리고 흄 등의 이성理性/ ratio을 밑받침으로 한 경험적 계몽철학 및 프랑스의 데카르트 철학, 몽테스키외의 입헌국가 체제를 위한 정치사상, 달랑베르나 디드로 등의 백과사전학파 그리고 볼테르 등의 계몽주의 문화 정신이 물밀듯이 흘러 들어왔다. 라이프니쯔와 볼프, 레싱은 그들의 영향을 직접 받아들였다.

중세 말기에 탄생된 독일 신비주의 사상이 르네상스와 바로크 시대를 거쳐 계몽주의 시대에 이르러 경건주의敬虔主義 / Pietismus를 낳았고, 이 경건주의가 외국에서 들어온 계몽주의와 대립 내지 조화를 이루어 나갔다. 합리주의 정신에 입각해 재래적 종교와 내세를 샤머니즘적 미신으로 단정짓는 계몽주의가 경건주의와 대립되는 것처럼 보이나, 일면 경건주의가 교회의 교리를 탈피해 교회와 승려의 권위를 인정치 않고, 각 개인이 신과 직접 대화한다는 자유주의적 인권 사상을 전경前景에 내세우고 있다는 점에서 계몽주의의 본질과 동일하다고 볼 수 있다. 다만 계몽주의에서는 합리주의에 입각해 일체의 인식이 개인의 이성과 사유에서 나타나는 데 반하여, 경건주의에서는 그것이 개인의 체험에서 감득된다고 본다. 독일 계몽주의에서는 또한 비합리적 감정 상태를 합리적 사유에 도달하기 위한 과정으로 인식한다.

볼프가 계몽주의 정신에서 도덕적인 개선을 내세운 것이나, 레싱이 『현자 나탄』에서 전통적 종교관과는 변질된 종교관을 표현한 점을 들 수 있다. 독일 계몽주의 시대의 대표적 사상가인 칸트도 경건주의의 영향을 받았다. 이러한 독일 경건주의 사상은 영국과 프랑스에 영향을 끼쳤고, 영국에서는 감정을 주창하는 운동이 일어났으며, 프랑스에서는 루소가 감성을 중요시하면서 자연으로 회귀할 것을 요구했다. 이 운동은 프랑스 혁명의 밑받침이 되었고, 독일에서는 '슈투름 운트 드랑'의 문화 혁명을 일으켜 독일적인 생명과 개성을 해방한다.

계층조건 Ständeklausel

고대 아리스토텔레스의 『시학』에서 그 근원을 찾을 수 있지만 로마 시대 호라스Horax의 『詩學ars poetica』에서 그 형태가 이루어졌다. 18세기 계몽주의 시대에 들어와 고트셰트가 이 '계층 조건'을 비극과 희극에 적용시키면서 그 조건을 선명하게 규정했다. 비극에 등장하는 인물들은 제왕, 영주 및 기타 고위층 계열의 사회적으로 높은 계층이어야 하고, 반대로 희극의 등장인물들은 낮은 계층에 속하는 고상하지 못한 시민 계급이어야 한다는 것이다. 이와 같은 전통적 개념은 안드레아스 그리피우스의 시민 희극인 『카르데니오와 쎌린데Cardenio und Celinde』에서 점차 다른 시각으로 이해된다. 레싱의 '시민 비극'에서는 시민 계급 출신 배우들의 운명도 품위 있고 고결한 모습으로 부상된다.

경구시Epigram / Epigramme

그리스어로는 '새긴 문자'란 뜻이었다. 이 용어는 그것이 비록 연애시, 엘리지elegy, 명상시, 송시, 에피소드적인 시詩든지 풍자시든지 간에 다듬어지고 압축되고 날카로운 아주 짧은 시를 포함한다. 경구시는 흔히 감동을 주고, 사상을 위트 있게 표현한다. 로마의 경구시인인 마르티알리스는 신랄할 정도로 풍자적인 경구시의 모델을 확립했다.

경구시는 16세기 말과 17세기에 돈, 존슨, 헤릭과 같은 시인들이 영국에서 많이 갈고 닦던 시의 일종이다. 이 형식은 오스틴 돕슨이 "위트와 탁마polish와 포프pope의" 시대라고 평한 다음 세기에 특히 발전했다. 매슈 프라이어는 가장 훌륭한 영국 경구시인 중의 한 사람이며 알렉산더 포프의 닫힌 2행 연구closed couplets 중에는 떼어 낼 수 있는 경구시가 많다.

경극

중국의 북경을 중심으로 발달한 중국 고전극 가운데 하나이다. 일반적으로 중국의 연극은 지리적으로 크게 두 부분으로 나뉜다. 하나는 중국의 북쪽지방을 중심으로 한 북곡이고 다른 하나는 남쪽지방을 중심으로 한 남곡이다. 북곡은 역동적이고 격렬하지만 남곡은 부드럽고 유연한 것이 특징이다. 경극은 유연한 흐름을 지닌 남곡계통에 속한다. 그러나 북경에서 발달하게 되어 경극이라고 불린다.

경극의 소재는 중국의 연극이 주로 그렇듯이 고대소설에서 소재를 구하고 있다. 그리고 노래와 춤과 극적인 요소가 혼합되어 있는 만큼 화려하고 다채로운 것이 특징이다. 그러므로 경극은 한마디로 가극적인 구성을 추구하고 있다고 할 수 있다. 대사에는 일정한 리듬과 멜로디가 가미되어 있으며 배우들의 연기는 무용적인 동작을 주로 행하는 경우가 많다. 브레히트에게 많은 영향을 끼쳤다.

경묘시輕妙詩 / light verse

　희시戲詩 또는 오락시라고도 일컬어진다. 사람의 보통 목소리와 느긋한 태도로 시의 주제를 유쾌하고 희극적으로 풍자하거나, 온화하고 변덕스럽게 풍자하기도 한다. 따라서 경묘시의 주제는 가볍지만 때론 진지하다. 이 시詩가 다른 시들과 구별되는 점은 화자의 어조語調에 있고, 주제에 대해 취하는 화자의 태도는 주의를 끈다.

고딕gothic / Gothique / Gotik

　고트 족Goths을 가리키는 말에서 유래했다. 고트족은 고대와 중세 초기까지만 해도 게르만 부족이었다. '고딕'이란 의미는 튜튼적, 게르만적 혹은 '중세적'이란 뜻을 지닌다. 건축에서 고딕이란 용어는 12세기에서 16세기까지 융성했던 서유럽의 로마네스크 양식을 지칭한다. 고딕 건축 양식은 뾰족한 아치와 천정, 열망을 상징하는 수직미垂直美, 신비를 자아내는 스테인드글라스 창문, 예리한 촉탑, 날개같은 버팀벽, 창 윗부분을 꾸민 복잡한 장식 격자 그리고 풍부하고 다양한 세부묘사와 정신의 유연성이 그 특징이다.

　문학에서 이 용어는 18세기 신고전주의자들이 그들의 고전적 심미안taste에 거슬리는 모든 것을 가리키기 위하여 "야만적"이란 말과 같은 뜻으로 사용하였다. 애디슨은 건축과 문학에서 단순성, 위엄, 통일성이란 고전적인 우미優美를 성취할 능력이 없는 사람들이 낯선 장식들, 다시 말해서 "온갖 불규칙한 공상력의 무절제"에 호소한다고 말하였다. 그러나 낭만주의자들은 고딕에 호의를 보였다. 낭만주의자들은 고딕으로 중세적인 것, 원시적인 것, 야생적인 것, 자유로운 것, 진정한 것, 낭만적인 것은 무엇이든 보여주려고 했다. 그들은 셰익스피어와 스펜서 같은 작가들을 찬양했다. 왜냐하면 그들이 다양성, 풍요성, 신비성 그리고 열망이라는 고딕 요소를 지니고 있었기 때문이다. 후에 고딕을 극구 찬양한 사람은 존 러스킨과 월터 페이터였다.

고딕 소설gothic novel

"고딕gothic"이란 원래 게르만 일족인 고트족을 지칭하거나 "게르만적" 혹은 "중세적"이란 뜻을 지닌다. "고딕식 건축"이란 말은 12세기와 16세기 사이 서유럽 전역에 퍼진 뾰족한 천장을 사용한 것이 특색인 중세적 건축을 뜻한다. "고딕"이란 용어는 또한 중세적 배경이 없지만 어둠이나 공포가 깔린 분위기를 자아내고 무시무시하고 섬뜩하며 멜로드라마처럼 격렬한 사건들을 묘사하기도 하고 이상 심리 상태를 다루는 소설 유형으로도 확대되었다. 고딕소설Gothic novel 또는 "고딕 로만스"는 허러스 월폴의 『오트랜토 성- 한가지 고딕 이야기Castle of Otranto, a Gothic Story(1764)』에 의해 시작되었다. 이후 고딕소설은 19세기 초까지 유행한 소설의 한 유형이다. 월폴의 작품에 따라서 고딕소설가들은 작품의 배경으로 중세, 어두운 감옥, 지하통로와 미닫이문이 달린 어두운 성城을 정해 놓고 유령, 갑자기 사람이 사라지는 신비한 사건, 에로틱하고 가학적인 내용과 초자연적인 사건들을 다루었다. 이와 같이 작가들은 신비, 잔인함 그리고 무시무시한 사건을 전개시켜 소름끼치는 공포와 악몽 그리고 사악한 충동을 불러일으키는 것을 고딕소설의 목적으로 삼았다.

고딕 소설로는 중세적이며 선정적인 내용을 담은 윌피엄 벡퍼드의 『배섹Vathek(1786)』, 앤 래드클리프의 『유돌포의 괴기The Mysteries of Udolpho (1794)』와 매슈 그레고리 루이스의 『승려The Monk(1797)』가 있다. 고딕소설은 윌리엄 고드윈의 『케일럽 윌리엄즈Caleb Williams(1794)』와 메어리 셀리의 『프랑켄슈타인Frankenstein(1817)』과 독일의 E. T. A. 호프만이 쓴 공포 소설들과 디킨즈의 『황량한 집Bleak House』과 『유산 상속의 큰 기대Great Expectations』같은 후세 작품들에까지도 적용된다. 미국의 경우 찰스 브록든 브라운의 소설들과 에드거 앨런 포의 공포 이야기들로부터 윌리엄 포크너의 『성역Sanctuary』과 『압살롬, 압살롬Absalom, Absalom』 그리고 트루먼 커포티의 소설에 이르기까지 고딕 소설이 자아내는 공포는 매우 다양하고 풍부하다.

고문체archaism / archaisme / Archaismus

일반 언어에서 안 쓰이게 된 단어와 어귀를 문학에서 사용하는 것이

다. 스펜서는 요정 여왕The Faerie Queene에서 일부러 고문체초서의 영어에서 유래
한 것이 많다를 사용하여 특수화된 시적詩的 문체이다. 그의 중세『기사도
로만스Chivalric Romance』의 부활에 특히 알맞은 문체를 이루려 시도했다.
『흠정역欽定譯 성서Authorized Version of the Bible(1611)』의 번역자들은 고문체를
부활시킴으로써 그들의 산문에 무게와 위엄과 높은 격조를 주었다. 스펜
서와 흠정역 둘 다 다시 밀튼과 그 후 많은 시인들의 고문체의 주요 원천
이 되어 왔다. 가령 키츠가 희랍 자기Grecian Urn를 "대리석 총각 처녀들이
그려진 무의로 수 놓였다"라고 묘사할 때, 그는 "braid"와 "worked(즉, 장식
된) all over" 대신에 고어들을 사용했다. 최근까지도 "I ween(:I think)",
"methought(=it seemed tome)", "steed(=horse)", "taper (=candle)", "morn
(=morning)"이라고 계속 말 해 온 시인들이 많았다. 단지 운문에서만 사
용된다.

고백시 confessional poetry

시인의 삶과 은밀한 경험을 취급한다. 이 용어는 로버트 로웰의 『삶의
연구Life Studies(1959)』 에서 자극받았는데 그것은 설화체적인 서정시의 한
가지 유형을 가리키는 말이다. 고백시는 시인 자신의 상황이나 감정을 취
급한 낭만시와는 그 소재가 다르다. 고백시 시인은 자기 자신에 관한 충
격적이거나 쉬운 말로 세부사항을 부끄러움 없이 진솔하게 털어놓는다.
이러한 시는 주로 최근의 미국 시인들과 앨런 긴즈버그, 실비어 플라스,
앤 섹스톤, 존 베리먼같은 영국의 시인들이 써 왔다.

고전古典 / Classic / Klassik

옛날 문헌이란 뜻이다. 문학의 역사에서 그 위치가 인정되는 작품을
고전이라고 한다. 또한 참된 의미의 고전이란 그 질적인 가치가 인정될
뿐만 아니라 후세 사람들에게 끊임없이 영향력을 행사할 수 있는 작품이
다. 원래 이 용어는 서구에서 라틴어의 classicus에서 유래하였다. 이 말은
'일류의' '규범에 알맞은'이라는 뜻을 지니고 있다. 여기서 '일류'라는 의
미는 가치개념에 관계된다. 그리고 '규범'은 형식적인 그물망을 뜻하는
동시에 그것이 후세의 문학을 위해 모범이 될 수 있음을 말해 준다.

서구에서 형성된 고전의 개념은 그리스 문학이 근거가 된 것이다. 알렉산드리아의 학자들은 그리스 문학을 근거로 하여 자신들의 작품을 평가하고자 했다. 그런데 그들이 그리스 문학에서 발견한 것은 형식적인 규율이라는 정교한 그물망이었다. 그래서 고전이라고 하는 안정된 가치관을 지니게 하는 작품을 뜻하기에 이르게 된다. 결국 고전의 구성요소는 세 가지이다. 첫째, 고전은 과거의 작품이어야 한다. 둘째로 고전은 질적으로 높은 수준의 작품이어야 한다. 셋째로 고전은 후세에 모범이 되어 있는 작품이 되어 하나의 전통을 수립하고 그것을 지속시키는 데 뚜렷이 기여하는 작품이어야 한다. T. S. 엘리어트는 『고전이란 무엇인가?』에서 고전의 조건으로 정신의 원숙, 언어의 원숙 그리고 보편적 문장의 완전성 등을 손꼽고 있다.

고전주의 희곡

고전적이라는 개념은 르네상스 시대의 인문주의자들이 로마와 그리스의 고대 예술을 칭송하면서 나온 말이고, 독일 문학상에서의 고전주의는 1200년경 중고지독일어中古地獨逸語 시대에 처음 등장했다. 1788년 괴테의 이탈리아 여행과 함께 시작되고, 그가 이탈리아에서 1년 9개월간의 고대 문화 연구 후 바이마르에 도착함으로써 그 전성기를 이룬다. 바이마르에서는 쉴러가 가세됨으로써 '바이마르 고전주의'를 탄생시켰다. 칸트는 『순수純粹이성비판Kritik der reinen Vernunft(1781)』, 『실천이성비판Kritik der praktischen Vernunft(1790)』을 발표하면서 인간만능주의를 철저히 배격했다. 그는 인간 인식의 한계를 규정지으면서 소위 지상 명령인, 다시 말해서 "너는 동시에 보편적 법칙으로 통용될 수 있는 준칙에 따라 행동하라Handle nur nach derjenigen Maxime, durch die du zugleich wollen kannst, daß sie ein allgemeines Gesetz werde"라는 간단명료한 이론을 주장하면서 독일 국민에게 숭고한 윤리를 가르쳤다.

이성을 존중한 계몽주의 시대와 감성을 주장한 '슈투름 운트 드랑' 시대의 감상적인 경향의 단점을 일소하게 된 것은 칸트 철학의 절대적인 영향으로 독자적인 예술 분야를 개척하여 고전주의를 완성하기에 이른다. 칸트, 빙켈만 뿐만아니라 클롭슈토크는 고전주의 문학의 존엄성을, 레싱은 개념적인 명료성을, 헤르더는 표현의 힘을 첨가했다. 이러한 상이

한 장점들을 통합하고 엄격한 형태 의지를 종속시키려는 노력은 미학적인 조화와 완성을 목표로 하게 되었다. 다시 말해서, 고전주의에서는 균형된 조화와 형식미를 추구하는 가운데, 천재 시대의 경향적인 문학은 사라지고 지속적이며 합리적인 것을 추구하게 된다. 이러한 조화와 형식미의 추구는 극예술에서도 이루어졌고, 세계상世界像과 인생관 형성에 기여했다. 고전극의 목적은 조화와 형식을 통한 인간 교육의 도덕적 완성에 있으며, 이때 인간은 민족의 차원을 넘어서 인류애를 지향한다.

새로 탄생된 고전주의 극은 새로운 이상理想인 진眞, 선善, 미美의 조화를 목표로 하면서, 그리스적인 것과 독일적인 것의 혼합을 목표로 했다. 고전주의 극의 주인공은 전통적인 인습과 문화의 가치를 인정했으며, 교회의 독단에서 벗어나 철학적인 태도를 취하면서도, 결코 교회와 정반대의 길을 걷지는 않고 자유주의 사상에 입각한 인도주의적인 중용의 길을 택했다. 자연은 '슈투름 운트 드랑 Strum und Drang'에서와는 달리 자아와 폭력이 없는 질서의 영역으로 나타났다. 루소의 문명 비판과 자연 복귀 사상은 그 맥락을 잃게 되었고, 셰익스피어에 경도되는 것도 피하고, 각 국의 희곡을 폭넓게 수용하고, 프랑스 고전극에도 관심을 보였다.

'슈투름 운트 드랑'에서 부상되었던 폭풍적인 성격의 소유자는 자연의 고차원적인 법칙과 규범에 더욱 순응하게 되었다. 괴테의 '슈투름 운트 드랑' 시대에 나온 『괴쯔Götz von Berlichingen(1773)』의 주인공 괴쯔가 고전주의 시대에 들어와서는 파우스트로 승화되었다. 여기에 호머·아이스킬로스·유리피데스·소포클레스·버질·호라스의 조화와 간결의 미, 헤르더와 빙켈만의 문예학적 영향 또한 크다. 괴테와 함께 독일 고전주의 문학의 황금기를 창조한 쉴러도 칸트의 영향을 받았고, 라이프니쯔의 『예정조화설豫定調和設/ Prädestinierte Harmonie』에서 조화의 개념을 수용했다. 쉴러는 칸트가 말하는 '이상과 도덕'이라는 대립개념을 미학적으로 조화시킬 수 있다고 생각했다. 다시 말하면, 쉴러는 자연에 있어서의 조화는 이미 주어진 것으로 인간의 문화가 그 조화를 깨뜨렸는데, 그 깨뜨려진 조화를 다시 새로운 조화로 이끌어 나가야 하며, 이 새로운 조화는 다시 자연으로 환원되어야 한다고 했다. 이와 같은 문화사적 고찰은 『우아와 위엄Über Anmut und Würde(1793)』, 『인간의 미학교육에 대한 편지Briefe über die ästhetische Erziehung des Menschen(1795)』 등의 미학에서 찾아볼 수 있다. 미학이론은 쉴러의 자유주의 사상과 함께 쉴러 희곡의 기조가 된다. 쉴러의 고전주의적 극예술은 그의 대표작 『마리아 슈트아르트Maria Stuart』에서 그 절정에 다다른다. '연극 분야'에서도 지난날의 계몽주의와 '슈투름 운트 드랑'과는 다른 현상이 일어났으니, 고전주의 연극의 일반적 특징들을 살펴보면 다음과 같다.

(1) 모든 연극의 소재는 질서를 확립시키기 위한다는 확고한 면에서 취사·선택되었다.
(2) 주인공의 성격은 다양하고 복잡한 것이 아니라 뚜렷하고 파악하기가 쉬웠다. 지극히 단순하며 기본적인 성격만을 부각시켰다. 마치 원시 조각이 보여주는 직선적인 위엄을 보여주고 있는 것 같다. 또한 주인공의 모습에서 그의 성격 이외에 취미와 교육 정도를 알 수 있다.
(3) 주인공의 행동이 투명하고 명확하게 전달된다. 이러한 모습은 그 당시 인간들의 이상형이기도 하다.
(4) 주인공은 일상생활에서 사소한 일은 배제하고 거대한 자연만을 추구하는 인물이다. 따라서 그의 태도는 고상하고 진지하다.
(5) 고전주의 연극에서는 세부적 장식도, 화려한 장면의 전개도 없다. 인간의 자유스러운 상상도 없으며, 다만 완성을 기하는 데 필요한 엄격성만이 존재한다.
(6) 무대 지시Bühnenanweisung가 거의 없다.
(7) 어떤 다른 형식의 연극에서도 찾아 볼 수 없을 정도의 명확하고 존엄한 감동적인 인물과 그 인물이 겪는 비극을 우리에게 남겨준다.

고전 비극

소포클레스의 『안티고네Antigone』에서처럼 고대 그리스인들과 로마인들의 비극이나, 셰익스피어의 『코리얼레이너스Coriolanus(1607)』처럼 그리스나 로마의 주제에 바탕을 둔 비극이거나 그리스나 로마 비극을 본떴거나, 고전주의의 비평적 교설의 영향 밑에 탄생된 현대 비극을 가리킨다. 남아 있는 최초의 영국 비극인 색빌과 노튼의 『고버 덕Gorboduc(1560)』은 세네카의 비극 양식에 따라 쓰였기 때문에 고전적이라 불릴 때도 있다. 벤 존슨의 비극인 『시제이너스Sejanus(1605)』와 『캐틸라인Catiline(1611)』은 로마적인 테마들에 바탕을 두었을 뿐만 아니라, 아리스토텔레스와 호라츠에게서 유래된 비극 창작의 법칙들을 대부분 적용하려고 의식적으로 노력한 점에서 대표적 고전적 비극이라 할 수 있다.

왕정복고기Restoration에 드라이든은 라신의 프랑스 고전 비극들의 영향을 받아 고전 법칙들을 옹호하고 그 법칙들을 부분적으로 그의 비극『사랑을 위해 모든 것을All for Love(1678)』에 적용시켰다. 이 작품은 셰익스피어가『안토니와 클레오파트라Antony and Cleopatra(1606)』에서 똑같은 이야기를 낭만적으로 취급한 것과 대조된다. 애디슨의『케이토Cato(1713)』는 "고전 비극의 승리"로 언급되어 왔다.

골계극Schwank

중고지독일어로 'Swanc'라는 단어는 원래 '타격', '일격' 또는 '비난'이란 의미를 지니지만, 해학이란 뜻도 포함한다. 골계극은 가벼운 희극 형태로서 유머가 섞여 있지만 익살스러운 거짓말과 터무니없는 과장이 많다. 일화나 전설에서처럼 특정 인물들을 중심으로 구성된다. 중세 후기, 즉 14세기 장난꾼의 대명사인 틸 오이렌슈피겔Till Eurenspiegel에 관한 통속 서적이 출간된다. 존재의 문제라든가 심각한 인과 문제는 피하고 있지만 도덕적이고 교훈적인 경향을 보여준다.

골계극은 9세기 내지 10세기에 프랑스에 뿌리를 박고 있었고, 전통적으로 구전문학에 속했고, 16세기에는 전집 형태로 출간 되었다. 독일에서는 로젠플뤼트, 폴츠 그리고 작스에 의해 골계극이 황금기를 맞았다. 17세기에는 이 장르가 쇠퇴하기 시작하다가, 18세기에 뷔르거, 보스 그리고 헤벨 등의 작가들이 소위 '꾸민 이야기Lügendichtung와 '허풍스러운 모험담 Münchhausiaden' 풍의 작품을 통해 골계극은 다시 제 2의 부흥기를 맞이했다. 현대에는 빈클러가 순전히 골계로 구성된 악동 소설『미친 봄베르크Der tolle Bomberg(1922)』를 통해서 골계를 문학적인 수준으로 부상시켰다.

골든 님프 상golden nymphs prize

유럽의 소왕국인 모나코에서 수여하는 텔레비전 방송상이다. 모나코에서 매년 텔레비전의 방송 프로그램을 대상으로 수여하는 상으로서 1961년에 시작되었다. 그 후 모나코 당국의 정책적인 지원과 배려로 인해 국제적인 텔레비전 페스티벌로 발전되었다. 뉴스부분 뿐만 아니라 드라마

부분의 작가와 연기자, 감독, 연출자 등에 수여된다.

골든 글로브 상Golden Glove Prize

미국의 할리우드에서 수여하는 영화인상이다. 미국의 로스앤젤레스에 있는 할리우드에서 한 해 동안 상영된 영화들을 대상으로 최우수 영화의 각 부분을 비롯하여 남녀 주연, 조연배우들을 선정해 수여하는 상이다. 할리우드에서 활동하고 있는 전 세계 84개국의 신문 및 잡지기자로 구성된 할리우드 외국인 기자협회Hollywood Foreign Press Association, 1943년 설립가 선정해 수여하며, 그 영향력이 아카데미상까지 이어지기 때문에 아카데미상의 전초전이라고 불린다.

공간무대space stage

입체적인 무대 형성이 가능한 무대이다. 개방무대의 다른 명칭이다. (☞개방무대)

공감각synesthesia

어떤 자극에 의하여 일어나는 감각이 동시에 다른 영역의 감각을 일으키는 일을 가리킨다. 예를 들면 소리를 듣고 빛깔을 느끼는 경우의 감각을 공감각共感覺이라 한다. 한 가지의 감각이 자극되어 두 개 혹은 그 이상의 감각을 경험하는 것이다. 문학에서 이 용어는 다른 종류의 감각을 기술하는 데 쓰인다. 예를 들면 색채가 소리의 속성을 지니거나 향기가 색채의 속성을 지니는 것으로 간주된다. 특히 18세기 중엽과 후반의 프랑스 상징주의자들이 그 개념을 이용하였다. 보들레르의 소네트 『조응照應, Correspondances』과 랭보가 모음의 색에 관하여 언급한 소네트 『A는 흑색, E는 백색, I는 적색, U는 초록색, O는 푸른색A noir, E blanc, I rouge, U vert, O bleu』에 공감각의 특성이 잘 나타나 있다.

공격 개시점point of attack

희곡 용어로서 작가가 행위를 시작하는 점을 지칭한다. 극작가는 대개 공격 개시점을 이야기의 시작과 일치시키지 않기 때문에 전에 일어났던 사건들은 설명을 통해서 제시한다. 작가는 장면을 쉽게 바꿀 수 있기 때문에 대부분의 사건들을 직접 극화시킬 수 있다. 가령 셰익스피어의 『맥베스Macbeth』에서 공격 개시점은 줄거리의 전개부에 있다. 그러나 입센의 『유령Ghosts』과 같은 현대 희곡에서는 사실주의 극의 관례상 극작가는 공격 개시점을 플롯의 마지막 부분에 놓는다.

공연performance

극장이나 야외 공간에서 관객에게 연극·무용·음악 따위를 연출하고 공개하는 행위를 말한다.

공연법

예술의 자유를 보장하고, 건전한 공연활동의 진흥을 위하여 공연에 관한 사항을 보장하는 법률이다.

공연예술performing arts

여러 사람들 앞의 무대상에서 공개적으로 행해지는 모든 예술의 형태를 말한다. 연극뿐만 아니라 음악·무용·뮤지컬·행위예술 등이 이에 해당된다. 공연예술은 인쇄할 수 있는 문학과는 달리 무대 위의 공연자를 통해 공연되는 동안만 존재하다가 공연이 끝나면 없어져버리는 일회적인 예술이라 할 수 있다. 무대라는 공간적 제약과 공연시간이라는 시간적 제약 그리고 제작상의 여러 가지 제약 때문에 그대로의 재현은 불가능하므로 가장 적합하고 적절한 표현기법이 요구되는 예술이다.

관념론idealism

유물론materialism 및 실재론實在論, realism과 대조된다. 옥스퍼드가 케임브리지 오른편에 있느냐 그렇지 않느냐 하는 것은 그것을 보는 각도에 따라 달라지듯이, 실용주의pragmatism와 약속설conventionalism과 같은 견해들도 때로는 관념론적이다. 칸트는 실재가 독립적으로 존재하지만, 그것이 우리에게 어떻게 나타나는 가는 인간 정신의 구조에 의해 결정된다고 보았다. 즉 '현상들'의 보편적인 경험적 인식만이 가능하다. 그는 자기 자신을 경험론적 실재론자이지만 선험적 관념론자transcendental idealist라고 불렀다.

영국의 철학자 버클리가 말한 바와 같이 "존재하는 것은 지각되는 것이다esse est percipi". 물질은 정신 속에 있는 관념들ideas의 형태 또는 정신 활동의 표현으로 존재한다. 문제되는 정신은 자기 자신의 마음일 수도 있고, 정신 일반 또는 신의 정신(버클리)일 수도 있다.

절대적 관념론absolute idealism은 칸트 이후 특히 헤겔과 함께 발전했으며, 1865년에서 1925년경까지 영국에서 유행했다. 그것은 많은 형태를 취하지만, 그 핵심은 정신의 힘에 의한 오직 하나의 궁극적이고 실재적인 것, 즉 절대자가 존재한다는 것이다. 다른 것들은 이것의 부분적인 양상들이거나 그것에 의해 생성된 환상적인 현상들일뿐이며, 여기에서 관념론은 일원론monism의 한 형태가 된다.

관례convention

작가와 관객간의 일종의 묵계에 의해 받아들여지는 필요하거나 편리한 예술적 장치이다. 그 목적은 실재를 모사模寫하면서 어떤 특정 예술 매체에 의해 부과된 문제들을 해결하기 위함이다. 셰익스피어의 희곡이 상연되는 것을 관람할 때 관객들은 3개의 벽을 지닌 무대장치가 벽이 4개인 방을 묘사하는 관례를 묻지 않고 그대로 수용한다. 관객은 3시간 이내에 오로지 한 무대에서 제시된 행위가 여러 장소에서 다년간에 걸쳐 일어난 사건들을 묘사할 수 있는 관례는 물론 등장인물들이 산문 대신에 무운시無韻詩, blank verse로 말하며, 그 외에도 독백soliloquy과 방백aside을 하는 등장인물들의 관례도 받아들인다.

관례는 문학 작품에 되풀이되어 나타나는 주제나 형식 또는 테크닉의 뚜렷한 특징이다. 이런 의미의 관례는 반복하여 나타나는 인물 유형, 플롯의 변화, 운율 형식 또는 어법과 문체의 종류일 수 있다. 엘리자베스 시대 풍의 허풍쟁이 군인이나, 빅토리아 시대 풍의 소설에 나오는 쇠약하고 자주 기절하는 여주인공이나, 1920년대의 길 잃은 세대lost generation 소설에 나오는 구슬픈 젊은이들 같은 판에 박힌 전형적 인물들은 자기들의 시대의 관례들이었다. 그 외에도 마지막 막의 끝에 가서 악한이 갑자기 회개하는 것은 멜로드라마의 흔한 관례였다. 산문의 미문체美文體, Euphuism,

운문에 있어 페트라르카 풍의 기상petrarchan conceit 및 형이상학적 기상 metaphysical conceit은 관례적 문체 양식들이었다.

디킨즈의 시대에는 성性 문제에는 침묵을 지키는 것이 문학상의 관례였듯이, 오늘날에는 노골적으로 말하는 것이 관례이다. 그리고 구조주의 비평에서 흔히 볼 수 있는 가장 포괄적인 의미에서 모든 문학 작품은 그 것이 겉으로 보기에는 아무리 사실적일지라도, 순전히 문학적인 관례들 내지 규약들codes, 즉 장르·플롯·인물·언어 등으로서 완전히 구성되어 있으며, 그 관례들을 독자의 문화가 사실이라고 간주하거나 "자연스럽다'고 보는 말과 글discourse과 경험의 세계에 관련지음으로써 유능한 독자가 자연화naturalization시키는 것이라 생각되고 있다.

관습convention

문학에서 오랫동안 사용되어 하나의 독자적인 규칙이나 관례가 되어 버린 것이다. 작품에서 자주 드러나는 유사성이 분류되어 지칭되는 용어이다. 모든 문학작품들은 제각기 다른 형태의 관습을 구현한다. 시, 소설, 희곡 등의 문학상의 장르도 그 자체의 관습을 가지고 있으며 문인들의 작품 활동도 이런 확고한 관습의 범위 내에서 가능한 것이다. 다시 말해서 우리가 시를 시로서 읽을 수 있는 것은 시詩라는 장르가 요구하는 관습을 작가가 따른 까닭이고, 독자인 우리가 그 관습을 알고 있고 또한 작가가 그렇게 써 주기를 바라고 있었기 때문이다.

관습적인 양식이나 형식은 그것이 획득해 온 함축과 반향의 덕택으로 매우 간결하게 의미를 제시할 수 있다. 풍자작가들은 이러한 문학적 관습을 교묘히 다루어 강력한 무기로 사용한다. 이와 마찬가지로 작품이 내용적인 관습에 묶여있을 때는 형식이나 문체의 우수성을 기대할 수 있다. 우리가 늘 들어서 알고 있는 친숙한 의미가 전달될 때에는 주제를 다양하게 변형시킨다던가, 정교한 뉘앙스를 살린다던가 하는 미학적인 시도가 가능해지는 것이다. 이는 관습이 독자와 작자 사이에 은연중에 인정된 공동의 규칙인 것과 연관된다.

관습은 역사적 산물이다. 이때 '역사적'이란 단어는 기술적인 문학 내적인 요인과 사회적인 문학외적인 요인들의 작용으로 관습이 생겼다가 소멸되고 대치되었다가 다시 부활하는 등의 변모를 겪는 것을 의미한다. 가령 이제까지 인정되어 어떤 관습이 일군의 독자에 의해서 무시되거나 동의 받지 못할 때 그러한 관습의 테두리 안에서 제작된 작품은 오독되며 인정을 받지 못하게 된다. 그래서 점차 그러한 일군의 독자의 수효가 늘어나 일반적인 경향이 되어 버린다면, 작가는 이때까지의 관습을 버리고 새로운 방식을 택하는 것이며, 여기서 새로운 관습이 정착된다.

문학적 전통이 성장하게 되는 데에는 항상 두 가지 상호보완적 요인이 작용한다. 관습과 반항이 그것이다. 관습은 사회의 문학적 틀을 형성해서 확고한 불변의 형태를 확립하려는 반면, 개성적인 작가는 독창성을 가지고 저항함으로써 관습에 도전한다. 그러나 기존의 관습이 깨어진다는 것은 모든 관습 자체가 없어지는 것이 아니라 새로운 관습으로 대치된다는 것을 의미한다. 그러므로 문학은 항상 관습의 테두리 안에 있는 것이며, 결코 관습에서 자유로울 수 없다. 이는 헤리 케빈이 문학이 역사성을 갖도록 해 주는 내적 요인을 문학적 관습이라 지적하면서 다음과 같이 설명한 것과 무관하지 않다.

작품을 오독하지 않기 위해서는 그 작품 자체가 따르고 있는 관습, 즉 언어학적 관습뿐만 아니라 문학적 스타일, 구문, 주제의 관습까지도 이해해야만 한다. 관습이 부정적 의미로 쓰일 때 흔히 우리는 인습이란 용어를 쓴다. 이것은 '독창적'이란 단어의 대립개념으로 놓을 수 있는 것으로서 언어와 형식이 너무 판에 박혀 버린 데서 오는 부정적 측면이 동반된다.

교감 communion

러시아의 연극이론가 스타니슬라프스키의 이론에서 유래한다. 배우가 연기하는 인물과 상황을 관객에게 전하기 위해서 배우 혼자 또는 그룹으로 이루어 내야 하는 수용능력과 감수성을 가리킨다. 무대에서는 관객에게 현실감을 느끼게 하기 위해서 배우들 각자 자기 자신은 물론 다른 배우와 교감하고 자기가 사용하는 소도구와 직접 교감하지 않으면 안 된다. 연기 환경이 수시로 변화하기 때문에 적절한 적응이 요구된다. 억양의 변화, 성급하게 대사하기, 대사 잊기, 잘못 웃기, 조명 큐의 늦음, 또는 엉뚱한 동작이나 얼굴 표정 등 모든 것이 배우의 집중력을 위협한다.

교감적 언어사용 phatic communion

생각을 전하기보다는 대화를 통해 상대의 존재를 인정한다거나 인간 관계의 기초를 성립시킬 목적으로 언어를 사용하는 것으로 말리노프스키가 사용한 용어이다. 일반적으로 처음에 사용하는 인사말이나 날씨에 관한 발언이 이 범주에 포함된다. 극의 대사에 적합하지 않는 것 같지만, 최근의 연극, 특히 부조리 연극은 의도적으로 교감적 언어를 사용한다. 극적인 템포를 부여하거나, 갑자기 침묵하는 장면을 연출해 베케트, 핀터, 이오네스코 등은 극에서 일종의 시적인 세계를 보여준다. 교감적 언어 사용은 청자에게 극의 이면에 놓여 있는 것을 탐색하도록 유도 한다. 아이러닉하고 기묘하게 진행되기 때문에 희비극적 요소도 있다.

교양문학 敎養文學

문학을 통해 교양있는 개인과 사회를 이루어 보려는 시도이다. 고대 전설, 신화, 철학은 물론이고 역사, 문학, 조형 예술, 자연과학 등에 근거한 학식과 교양이 풍자, 비유, 인용 등의 문학적 수단들은 작가의 교양을 통해 문학 작품화 될 수 있다. 릴케의 『두이노의 비가 Dunineser Elegien(1912)』, 엘리엇의 『칵테일파티 The Cocktail Party(1949)』, 브로흐의 『베르길리우스의 죽음 Der Tod des Vergil(1945)』 등의 작품들이 여기에 속한다.

독자에게 교훈을 주는 것만을 목적으로 한 교양문학도 있을 수 있으며, 애초에는 광범위한 독자층에 의해 이해될 수 있던 작품이 시간이 경과하면서 교양의 조건이 달라짐에 따라 아주 어려운 교양문학이 되기도 한다. 이것에 대한 본보기로는 대부분의 고대 문학 작품과 독일 계몽주의를 대표하는 작가 빌란트의 신화적인 운문소설을 예로 들 수가 있다.

교양소설 敎養小說 / Bildungsroman

성장소설 또는 발전소설이라고 불리며, 독일의 장편소설은 대개 교양소설에 속하는 것이 많다. 외부적 힘에 의한 자기형성 과정을 서술하는 경우에는 교육소설이라고도 한다. 교양 'Bildung'은 형성 'bilden'이라는 동사를 명사화한 것으로 자기형성을 의미한다. 교양이란 단순히 지식이나 기술을 익히거나 기성사회의 질서나 규범을 습득하는 것이 아니라, 인간 스스로 갖추어야 할 모습을 형성해 나가는 것을 말한다.

교양소설이란 용어는 1803년 모르겐슈테른에 의해 처음으로 문예학 용어로 사용되었다. 그 후 딜타이에 의해 일반화되었는데, 그는 교양이란 인간이 지양해야 할 목표로서 완성된 인성과 그 과정을 포함한다고 정의하였다. 교양소설은 독일에서 발생하고 발달한 장르이며, 시민계급의 사회적 지위 향상과 밀접한 연관관계에 있다. 18세기와 19세기에는 시민계급이 사회에 참여하거나 정치에 참여할 기회가 제한되어 있었다. 이후 점차 시민계급에서 생성된 무력감이 교양소설을 탄생시키는 계기가 되었다. 교양소설의 주인공은 예외 없이 남자인데, 왜냐하면 그 당시에는 여성의 사회적 지위가 높지 않았고, 여성들에게는 편력 생활이 불가능했으며 교양의 정도와 목표가 제한되어 있었기 때문이다.

게르하르트와 같은 학자는 교양소설을 교육소설과 더불어 발전소설의 하위개념으로 보는 반면, 호프만 같은 학자는 교양소설을 상위개념으로 보고 발전소설을 하위개념으로 규정한다. 대체로 독일 문예학은 세 가지를 구별하여 각기 다르게 사용하며 발전소설을 다른 두 가지 상위개념으로 보는 경향이 강하다. "교양소설은 자기 자신과 세계를 분명히 알고 도전적으로 현실 체험을 감수하는 젊은이를 중심에 둔다." 교양소설은 한 인물이 겪는 상이한 현실과의 대결을 주제로 하고 주체와 현실 사이의 갈등 및 긴장을 나타낸다.

독일의 거장인 괴테의 『빌헬름 마이스터Wilhelm Meister, 1795-1796, 1821-1829』는 이와 같은 교양의 이념을 추구한 대표적인 작품이다. 교양소설로 간주되는 작품들로는 장 파울의 『티탄Titan, 1800- 1803』과 『악동시절 Flegeljahre, 1804-1805』, 노발리스의 『하인리히 폰 오프터딩엔Heinrich von Ofterdingen, 1802』 그리고 횔덜린의 『히페리온Hyperion, 1797-1799』 등을 꼽을 수 있다. 그러나 문예학은 점차 발달하여 딜타이가 정의 내린 것보다 더 넓은 개념으로 교양소설을 파악하여 일반적으로 독일 교양소설의 출발을 빌란트의 『아가톤Agathon(1773-1794)』으로 보고 있다. 이처럼 넓은 개념으로 파악하면 모리츠의 『안톤 라이저Anton Reiser(1785-90)』, 뫼리케의 『화가 놀텐 Maler Nolten(1832)』, 프라이타크의 『대변과 차변Soll und Haben(1855)』, 슈티프터의 『늦여름Der Nachsommer(1857)』, 켈러의 『녹색의 하인리히Der grüne Heinrich(1854-1855)』, 라베의 『배고픈 목사Hungerpastor(1864)』 등이 교양소설의 범주에 속한다. 20세기에 들어서는 헤르만 헤세의 『유리알 유희Glasperlenspiel(1943)』, 무질의 『특성 없는 남자Der Mann ohne Eigenschaften(1930-33)』, 토마스 만의 『마의 산Der Zauaberberg(1924)』 과 『파우스트 박사Doktor Faustus(1947)』 그리고 그라스의 『양철북Die Blechtrommel(1959)』 등이 교양소설에 속한다.

교육연극theatre in education

교육용으로 이용되는 연극이다. 플라톤이 말한 것처럼 극의 수법에는 교육 효과가 있다. 교육법이나 수업 계획이 보수적이기 때문에 전통적인 학교극을 상연하는 것 이외에 학교에서 효과적으로 극의 수법을 이용할 수 있는 교사의 수는 한정되어 있다. 교실에서 이루어지는 극은 폭넓은 교육적 가치가 있으므로, 극을 잘 활용하면 사회적 역할을 수행하는 기술, 관찰력, 사회적 자신감, 감수성, 인간과 사회의 상호작용에 대한 관심 등을 높일 수 있다. 즉흥적 기술, 가장, 역할놀이는 인간의 과거와 현재, 미래의 상태를 탐구할 수 있으며, 역사, 심리학, 인문지리학, 문학, 정치학, 사회과학의 연구에도 극의 기법을 선택함으로써 연구효과를 높일 수 있다.

교회극church drama

종교적 내용을 다룬 극으로 신도들에게 신앙심을 고취시키기 위해 교회에서 제작한 극이다.

교훈극Lehrstück

교육극 내지 교술극이라고 하며, 그 근원은 '교훈 문학Lehrdichtung'에서 찾을 수 있다. '교훈극'은 문학에 있어서의 교훈이 문학의 임무로 생각된 고대부터 중세, 르네상스, 바로크, 계몽주의 시대에 이르기까지 중요한 장르로서 그 위치를 굳혀 왔으나, 고전주의 시대에 들어오면서부터 그 영향력이 점점 퇴색되기 시작했다. 1930년대 초기 독일파시즘의 위협에 저항하기위한 수단으로 브레히트는 이것을 확고부동한 문학 장르로 수용했고, 대표작으로 『긍정하는 사람, 부정하는 사람Der Jasager, Der Neinsager(1930)』, 『조처Die Maßnahme(1930)』 그리고 『예외와 규칙Die Ausnahme und die Regel(1930)』 등이 있다.

이 교훈극들은 추상적인 비유적(우의적) 양식을 취하기 때문에 '비유극Parabelstück'이라고도 한다. 이 극들은 경향성을 띠고 있으며, 그 목적은 이념 교육을 시키는 데 있다. 어느 일정한 정치적, 사회적인 이념을 위해 어떻게 처신할 것인가 하는 문제를 제기하고, 개인이 사회의 이익을 위해서 희생되어야 하느냐 그렇지 않느냐를 선택해야만 하는 상황이 자세히 그려져 있다. 이 극은 '서사극Episches Theater'의 요소들인 기이화 효과 Verfremdungseffekt, 영상 투사, 현수막, 노래 등이 적절하게 사용된다.

영국의 교훈극은 중세의 기적극보다 뒤늦게 생겨났고, 15 · 16세기에는 양자가 서로 병행, 발전하면서 사람들을 교화시켰다. 영국의 교훈극은 일종의 우의극으로 종교적 색채는 희박하나 교화를 목적으로 한 것으로 등장인물들도 종교적인 교훈을 목적으로 하고 있으며, 우의의 인물들이 자주 등장되었다. 이것은 16세기 중엽까지 성행되었고, 신·구교 양진영의 격렬한 논쟁에도 이용되기도도 했다.

교훈문학didactic literature

교훈을 줄 목적으로 기술된 문학이다. 교훈적 작품은 이론적, 도덕적 또는 실제적 지식의 한 분야를 자세히 설명하거나, 인상적이고 상상적인 또는 허구적인 형식으로 도덕, 종교 그리고 철학을 주제로 한 교훈을 예시할 목적으로 고안된 것이다. 로마시대의 시인이며 철학자인 루크레티우스는 그의 자연주의 철학과 윤리학을 서술하고 설득력 있게 보이기 위해 『만물의 본성에 대해서De rerum natura』라는 교훈시를 썼다. 베르길리우스는 농장을 경영하는 방법에 관한 실제적 주제에 대하여 『농경시農耕詩, Georgicia』를 썼다. 중세 최고의 서정시인인 발터 폰 데어 포겔바이데는 격언의 형식을 통해 처세법을 가르치거나 풍습이나 고귀한 것을 일러주었다.

중세에는 하나의 작품 속에 여러 가지의 교훈을 포함시키기를 좋아했다. 대부분의 중세문학과 다수의 르네상스 문학은 그 의도에 있어서 다분히 교훈적이었다. 18세기에 많은 시인들이 양 사육, 설탕농장 경영, 과일주 제조와 같은 공리적 기술에 관한 농경시를 지었다. 포프의 『비평론 Essay on Criticism(1711)』과 『인간론Essay on Man(1733)』도 역시 교훈시들이다. 이런 작품들은 대개 지식이나 기술의 한 분야를 직접 상술하거나 증거와 예로서 어떤 명백한 교설敎說을 주장한다. 그렇지만 교훈 문학은 또한 심미적 쾌락의 차원을 덧붙이고 그 흥미와 박력을 고양시키기 위해 설화체나 드라마 형식으로 그 교설을 형상화함으로써 상상력에 의해 생산된 작품들의 특성을 지니기도 한다.

구극舊劇

조선시대 순조 때 생겨 광무 이래 극장 원각사와 광무대에서 연출한 연극을 말하며 창극과 비슷하다. 수명의 배우가 분장하고 나와 창극의 요소를 표현한 점으로 미루어 보아 현대의 가극과 비슷하다. 그 후 시대극으로 변형되었으나 곧 쇠퇴하기 시작했다.

구름무늬cloudings

구름 보더border를 지칭하던 용어다. 1743년까지 장치된 것으로 보인다. 1640년 존슨의 최후의 가면극인 『살마시다 스폴리아Samacida Spolia(1640)』에 장치된 것에서 이 용어를 찾아볼 수 있다. 당시 무대 단면도가 영국 박물관에 보관되어 있다. 이것들을 양쪽 끝으로 처리하고 배후의 장치를 나타냄으로써 폭풍우 치는 하늘에서 평온한 하늘로 변환이 가능해진다.

구름 보더cloud border

무대장치의 상부를 덮어 가리기 위한 일종의 구름 모습의 테두리이다. 플라이즈에서 늘어뜨린 보더border는 장면전환 때에 윙wing을 끌어들이거나 내리는 데 맞추어서 아래위로 움직일 수 있다.

구변극Sprechstück

브레히트의 서사극에서 영향을 받아 페터 한트케가 중심이 되어 만들어진 실험적인 연극 형태로서 사건 진행이 결여되어 오직 언어로만 구성된 무대용 텍스트로 구성된 극을 말한다. 또한 언어 반복과 언어 리듬을

통해 극을 일종의 오케스트라처럼 전개한다. 구변극은 배우들 간의 대화
가 아니라, 배우 혹은 배우들이 관객을 향해 일방적으로 욕설을 퍼붓는
듯한 형식을 통해 진행된다. 한트케의 『관객모독Publikumsbeschimpfung(1966)』
은 종래의 전통극을 부정하고 구변극이라는 새로운 장르를 개척한 선구
자적 작품으로 꼽을 수 있다.

구상시 concrete poetry

본문이 페이지에 제시되는 시각적 형태의 실천인 옛 유형인 모형시模
型詩, pattern poems의 최근 용어이다. 구상시는 구체시 내지 형태시形態詩, figure
poem라고도 불린다. 일부 그리스 시인들은 기원전 3세기부터 본문이 의미
하거나 시사하는 사물을 묘사하기 위하여 그들의 시에 형태를 부여했다.
그 후 르네상스와 17세기에 도형시圖形詩, emblem poems라 불린 이러한 모형
을 이룬 형태들이 상당히 유행했는데, 그 시에서는 시행들의 인쇄된 형태
가 그 시의 주제의 윤곽 속에 들어가도록 시행들의 길이가 달랐다. 영국
에서 대표적의 구상시의 예로서는 조지 허버트의 『부활절 날개Easter Wing
s』와 『제단The Altar』이 있다. 회화적 내지 시사적 구상시로 말라르메의
『던져진 주사위Un Coup de des(1897)』와 아폴리네르Guillaume Appollinaire,
1880-1918의 『칼리그람Calligrammes(1918)』 등이 있다.
구상시는 지금 세계적인 운동이다. 그 운동은 주로 1953년 스위스 시
인인 오이겐 곰링거에 의해 창시되었다. 이러한 시의 실제는 시마다 크
게 다르지만, 공통적 특징은 철저하게 축소된 언어를 사용한다는 점이다.
그런데 이 축소된 언어를 특수한 형태로 타자기로 치거나 인쇄하여 한
편의 시가 시각적인 통일체로 인식될 수 있는 하나의 사물로 독자의 주
의를 끌 수 있도록 한다.
구상시 중에는 사실상 재래식 방법으로는 도저히 읽을 수 없는 것이
많이 있다. 그 까닭은 그 시들이 단 한 개의 단어 또는 구로 되어 있는데,
그 구성 요소인 글자들의 순서와 위치가 조직적으로 바뀌거나 단어 조각
들이나 의미 없는 음절들, 심지어는 글자 하나, 숫자 그리고 구두점들로
이루어져 있기 때문이다. 모양을 이룬 패턴들 속에서 구상 시인들은 자주
여러 가지 활자형과 크기와 다른 활자색을 쓰며 가끔 그림이나 사진을

가지고 본문을 보충하기도 한다. 구상시의 모양 중에도 '동적動的'이라 일컬어지는 것도 있는데, 그것은 우리가 한 페이지 한 페이지 넘겨 감에 따라 그 모양이 서서히 전개되기 때문이다.

미국의 파운드와 특히 커밍즈가 택한 인쇄 체재상의 실험에 모형시의 자생적 전통을 지니고 있었다. 예컨대, 커밍즈의 『rpophessagr』이란 시가 구상시이다. 이 시 속에는 우리가 그 곤충(메뚜기)을 희미하게 지각한 다음 그것을 식별하는 방식을 묘사함으로써 일련의 글자들이 점차 스스로 모양을 이루어 나중에는 메뚜기grasshopper라는 단어가 된다. 근래에 미국인들 중에는 구상시의 국제적 유형에 영향을 받은 사람들이 있는데, 윌리엄즈, 솔트 등이 그 중에 포함되어 있다.

구성주의constructivism

1920년대 소련의 예술 운동으로 입체파나 조각, 산업혁명의 형태와 그 과정에서 촉발되어 일어났으며, 추상으로 기울어지는 한편 사회적 유용성도 중요시되고 있다. 러시아의 배우이자 감독이었던 메이에르홀트는 이 운동에서 강한 자극을 받아 배우 훈련에 생역학Biomechanik을 응용하기도 했다. 구성주의는 극장과 무대미술에도 큰 영향을 끼쳐 주었는데, 예를 들면 타이로프는 베스닌의 구성주의 무대장치를 사용하고, 구성주의 예술가의 작품도 첨가해서 혁명을 축복하는 등 그것을 재구축하는 대대적인 상연을 행했다. 러시아 이외에 이 운동은 독일 바이마르 공화국에서 받아들여졌으며, 피스카토어의 야심적인 연출이나 브레히트의 실험적 작품의 상연에 큰 영향을 주었다.

구조structure

어떤 것을 이루고 있는 부분들의 상호관계 또는 내부 형태를 의미한다. 연극에서는 극 및 공연의 구조에 대해 논의한다. 1막극, 5막극, 서사극, 연대기극 등 다양한 극의 장르를 구분할 때 '○○구조'라고 말한다. 또한 등장인물들, 사건들, 언어적 이미지들 그리고 연극적 이미지들 사이에서, 또는 이 모든 것들 사이에서 확립되는 모든 관계들의 조직을 의미한다. 더 나아가 연극의 코드들이나 관들을 가리킬 수도 있다. 이렇게 복

잡하게 연관된 요소들은 역사적, 심리적, 언어적 패턴들이나 과정들로부
터 비롯된다.

구조주의 structuralism

　1912년 러시아를 중심으로 일어난 예술운동으로 특히 건축과 인쇄술
에 큰 영향을 미쳤다. 구조주의는 생물학과 문학 비평처럼 인접 학문분야
에 방법론을 제시해 준다. 구조주의는 본질적으로 의사전달 이론에 근거
를 둔다. 모든 종種들은 생존을 위해 효과적인 의사 교환을 할 수 있도록
생리학상으로 만들어졌다고 가정하며, 컴퓨터를 분석의 한 방법으로 택
하기도 한다. 구조주의는 페르디낭 드 소쉬르의 언어학 이론과 레비스트
로스의 사회인류학 이론 등에 기초한다. 구조주의자들은 의사전달이 이
원적 구조에 의해 통합된 다양한 언어나 상징체계를 통하여 완수되어진
다고 본다. 이원적 체계는 애매모호함을 피하도록 도움을 주는데, 즉 붉
은 색은 정지를 의미하고 초록색은 통행을 뜻한다. 구조주의는 기호sign
그 자체가 지니는 본질적이고 독단적인 성격을 언어학에 의지해 이해한
다. 구조주의적 시각에 의하면 붉은 색은 '본래부터' 위험을 상징하지 않
고, 초록색 또한 안전과 풍요를 연상시키는 색이 아니다. 이들은 대립 체
계 속에서 대조가 두드러진 한 쌍의 상징적 기호에 불과하다. 작가와 주
어진 환경에 따라 흰색이 애도의 색깔이 될 수도 있고 생명의 색깔이 될
수도 있다.

　구조주의자들에 의해 주장되는 '언어'의 범위는 다음과 같은 몇 가지
예들에서 설명될 수 있다. 레비스트로스는 결혼상의 규칙을 결혼 당사자
들의 처남, 매부들 사이에 이루어지는 메시지로서 사회적 질서를 재확인
해주는 것이라고 생각했는데, 이 경우 여자는 메시지의 상징이 된다. 바르
트는 색깔이라든가 옷감 그리고 노출된 몸의 정도 등의 요소를 통하여 옷
을 입고 있는 사람이 전달하는 메시지의 체계 속에서 전달되는 레슬링 경
기의 언어를 연구하였다. 메리 더글러스는 유대인 분리의 세목의 하나로
서 레위기에 나오는 식사 규정을 분석한다. 레위기 11장에 조개류는 먹지
못하도록 규정되어 있는데, 이는 그 조개류의 불결함 때문이 아니라, 기호
의 애매성, 즉 바다에 살면서도 헤엄을 치지 못하는 동물이기 때문이다.

　구조주의자들이 해명하고자 하는 것은 첫째로 극의 각 부분 사이의 구조적 관계이며, 둘째로 극과 관객의 관계, 셋째로 극을 연출하는 다이내믹한 사회적, 역사적 구조이다. 이러한 구조들은 공시적 및 통시적으로 존재한다. 하나의 극을 어떤 패턴 그 자체로 간주하거나, 혹은 극을 어떤 패턴의 일부분으로 간주해서 그 일부를 패턴 전체 또는 관객의 현재와 결부시킨다. 한편 역사적 구조주의는 극을 과거에서 미래로 향하는 흐름의 일부분으로 본다. 언어학적 구조주의는 러시아 형식주의에 근원이 있으며, 언어학의 모델을 극의 구조에 적용시키려고 시도했다. 언어, 역사 그리고 자연의 구조 사이의 상호관계는 복잡한 논의의 대상이며, 최근의 이론인 <포스트구조주의>에서는 텍스트 '안'의 구조 분석보다는 텍스트 자체를 인지하는 방식으로 전환된다.

　구조주의는 마이클 커비의 '구조주의 워크숍'에서처럼 미국에서 연극의 관객 참여를 유도했다. 커비의 형식주의적 작품『포토아날리시스』와『더블 고딕』에서는 아직 완성되지 않은 이야기를 설명해 가는 것으로 보이는 어구와 액션의 배치와 동작을 주의 깊게 되풀이해 관객의 주의를 그 구조로 향하게 만든다.『더블 고딕』에서 관객은 두 조로 나뉘어져 중앙 무대를 가운데 놓고 서로 보이지 않도록 앉는다. 두 조의 관객 각각을 위해 두 개의 이야기를 각기 다른 거리에서 별도의 조명하에 동시에 연기한다. 공연이 진행하면서 이야기가 서로 섞이고 발전했다가 쇠퇴하기를 되풀이하면서 미완성으로 끝난다.

　중세 스콜라 철학을 체계화시킨 구조주의는 체계와 종속을 구분할 필요성을 제기한다. 기호가 지니는 단순한 위치상의 지위에 대한 구조주의자의 관심은 그 기호를 수신하는 자와 전달하는 자에게도 전달되며, 이러한 관심은 몇몇 분야에서 나타나는 상호 주관성의 강조에 기여한다. 문학 비평에서 구조주의는 문학적 의사전달의 조작과 대응기능, 즉 원본 텍스트Text와 콘텍스트Context를 비교하는 방법을 가능케 한다.

구체적 보편concrete universal

　헤겔은 보편의 성격과 실재에 관한 옛 철학적 문제에 대한 해결책으로서 구체적 보편 이론을 제안하였다. 후세 관념론자들(☞관념론)은 이 이론이 논리와 형이상학에 관한 연구에 혁명을 일으켰다고 보았고, 헤겔처럼 그것이 윤리학, 정치학 및 미학에 지닌 함의含意를 끌어냈다. 구체적 보편 또는 유기적 보편organic universal은 과학과 아리스토텔레스의 논리학의 추상적 보편abstract universal인 일반적 관념과는 반대된다. 추상적 보편은 그것이 속성의 개념·'푸른', '둥근'이거나 속성들의 종합의 개념·'개', '사람'이거나 정신의 창조물에 불과하며, 그것은 정신의 창조물로서 '실재' 존재하지 않는다. 철학은 과학의 추상적 보편을 넘어서 '개체', 즉 '진정한' 또는 '구체적'인 보편의 연구에 방향을 돌려야 한다. 어떤 대상이 구체적 보편이냐 아니냐를 결정하는 기준은 부분들의 다양성, 상호 관계, 완전성, 통일성, 독립성 그리고 자기 유지성이다. 이 기준들에 의하면 진정한 구체적 보편은 '절대자' 또는 '세계 전체worldwhole' 밖에 없다. 그러나 이 문구는 이차적인 의미로 이 대우주 안에 있는 소우주를 가리키는 데 쓰이기도 한다. 한 인간이나 한 작품이나 하나의 통합된 사회는 이러한 '유한한' 구체적 보편의 예들이다.

반면 시인이자 비평가인 랜섬은 오랫동안 미학과 문학 비평에 있어서 전체론Holism에 대한 반대자였다. 1930년대와 1940년대에 그는 구체적 보편이라는 관념론적인 개념과 '유기적 전체organic whole', '기능적 통일', '융합fusion'이라는 용어에 표현된 전체론적 시각들을 되풀이하여 공격했다. 구체적 보편론자들은 하나의 문학 작품은 하나의 유기적 통일체☞유기적 통일로 보아야 하며, 그것에서 하나라도 빼거나 더하면 전체에 해를 끼친다고 주장한다. 윔셋 주니어는 『문학에 있어서 '구체적 보편'의 구조The Structure of the 'Concrete Universal' in Literature, 1947』에서 '구체적 보편'을 '객관적이고 절대적'인 전체론적 시학의 핵심 용어로 본다. 그는 어떤 인물이나 사물이 "최고도로 개별적"으로 보이게 할 만큼 큰 복합성을 지닌 '조직된 이질성organized heterogeneity'을 보이는 자연적이거나 인공적인 어떠한 인물이나 사물이라도 구체적 보편으로 분류했다. 시학에서 그는 전체로서의 시뿐만 아니라 인물들 또는 은유들처럼 그 큰 전체 안에 있는 작은 전체들로 간주될 수 있는 구별 가능한 모든 부분들을 가리키는 데 이 용어를 사용하라고 권장하고 있다. 아마도 윔셋이 '구체적 보편'을 좋아하는 주된 이유는 이 용어가 시의 유기적 통일의 구조를 시사하는 한 쌍의 정반대되는 용어들을 그에게 제공하기 때문일 것이다. 그는 하나의 문학 작품은 '의미', '가치', '관념', '개념' 또는 '추상'보편을 시의 내용을 구성하는 특정한 세부들구체에 의하여 표현하는 글이라고 생각한다. 따라서 의미는 형식 또는 통일 원리이다. 그리고 시의 인물들, 행위들, 운율적 장치들, 단어들 및 은유들이 결합하여 이 보편을 형상화하면 그 시는 하나의 유기적 통일체인 것이다. 구체적 보편은 너무나 미묘하고 개별적이어서 일상 언어가 거기에 실체적인 종명種名을 제공할 수 없는 보편을 표현하는 유일한 방법이다. 가령 키츠의 『채프먼의 호메로스를 처음 읽고서On First Looking into Chapman's Homer』에서 표현된 독특한 경이감은 이 시에 나타나는 일련의 특수한 은유들로써만 전달될 수가 있다는 것이다.

구희극舊喜劇 / old comedy

아리스토파네스의 초기의 극을 그리스 중기 희극이나 특히 그리스 신희극과 구별하기 위해서 쓰이는 용어다. 이에 속하는 작품으로는『벌(B.C. 422)』, 『구름(B.C. 423)』, 『개구리(B.C. 405)』가 있다. 축제적인 합창대적 요소가 현저하며 등장인물로는 신과 영웅들이 포함되어 있고, 플롯은 거의 없다. 주로 소극, 개인 공격, 패러디와 정치적 선전이 많다. 도시적인 그리스 신희극에 비하면 자연계의 분위기가 더 강하다.

국민극장national theater

국민문학과 국민연극을 보호 및 장려할 목적으로 세워진 극장이다. 레싱이 관련된 함부르크 국립극장1767년에 설립이 최초의 것이다. 쉴러의 작품을 상연으로 유명해진 만하임극장은 1779년 이래, 베를린 궁정극장은 1786년 이래로 모두 <국민극장>으로 불렸다. 제3제국 시대에는 민족적 통일 및 국민교육의 보급·선전을 목적으로 정치적 의도를 가진 대규모 국민극장이 각 지역에 설립되었다.

국민문학national literature

국민을 계몽할 목적으로 저술된 문학 작품이다. 나라의 정기, 정신, 국민성, 생활양식 그리고 문화를 잘 나타낸다. 국민문학의 개념은 1780년 마이스터의 『독일 언어서와 국민문학사에 대한 기고Beiträge zur Geschichte der deutschen Sprache und Nationalliteratur』에서 최초로 나타난다. 이 개념은 18세기 독일을 정신적으로 지배하던 외국문학과 어학을 배척하고 고유한 역사를 이해하고 자각하려는 독일국민의 노력 가운데 애용되어 오다가 헤르더에 의해 더욱 발전되었다. 국민문학이란 말을 세계문학과 함께 대응시켜서 처음 사용한 사람은 괴테인데, 그는 국민 속에 들어있는 가능성을 표현한 문학을 국민문학이라 불렀다. 국민문학은 세계문학의 한 단위지만 그와 동시에 진정으로 우수한 국민문학이라야 우수한 세계문학이 될 수 있다는 것이다.

괴테 이후 19세기에 본격적으로 민족주의가 일어나고, 국민의식이 강화되면서부터 이 국민문학은 '국어'로 쓰인 문학에 나타나는 '국민성'의 전형적인 특성에 관계되고 제한된다.

국사극Haupt- und Staatsaktionen

17세기와 18세기에 독일과 오스트리아에서 영국 희극단이나 토착 유랑극단에 의해서 독일어로 연기된 역사적 멜로드라마의 형식이다. 진지한 연기와 교차하는 픽케를헤링이나 나중의 한스부어스트Hanswurst의 어릿광대 풍에는 강하고 코믹한 매력이 있었다. 그러나 요한 고트세트와 같은 신고전주의 극작가들은 국사극이 소극이라는 점과 여러 장르가 혼합되어 있다는 점을 비난했다.

궁내장관 극단chamberlain's men

엘리자베스 시대의 가장 유명하고 번영했던 극단이며, 셰익스피어가 여기에 속해 있었다. 1594년에 그 칭호를 얻어서 제임즈 버비티와씨어터 극장에서 상연을 하다가 1599년에 템스 강 남쪽에 설립된 글로브 극장으로 옮겼다. 1603년에 제임스 1세가 후원자가 된 것을 즈음해서 국왕 극단으로 알려져 있었고, 공화제 시대인 1642년에 모든 극장이 폐쇄될 때까지 이 극단은 계속 번영했다.

궁정극장Hoftheater

성극장城劇場의 후신으로 황제나 왕이 기거하는 궁성에 세워진 독일 최초의 상설 극장으로 귀족 출신의 아마추어 궁정 배우들Heinrich Julius von Braunschweig 공작과 Moritz von Hessen 방백 등이 궁정극장 배우들을 관리했다이나 순회 극단에 의해 공연되었다. 이들 궁정 배우들은 궁내 관리 신분으로서 황제나 왕으로부터 고정 수입을 받았다. 이때부터 일반 시민들도 입장할 수 있어서 본격적인 연극 시대가 시작되었다.

독일어권에서 최초로 창설된 궁정극장으로는 오스트리아의 마리아 테레지아 여황제에 의해 1741년에 비엔나에 세워진 황실극장Burgtheater이 있다. 궁정 극장의 전성기는 괴테의 바이마르 궁정 극장 시대와 슈레이포겔, 라우베, 딩겔슈테트의 빈 궁정 극장 시대에서 이루어졌다. 20세기의 궁정 극장은 시립 혹은 국립 극장의 형태로 이어진다.

궁정 연애courtly love / Minnesang

중세 서유럽의 서정시와 기사도 로맨스Chivalric Romance에 널리 표현된 연애 철학을 말한다. 이 철학 속에는 귀족 연인들의 관계를 결정하는 순수한 사랑들이 포함되어 있다. 궁정 연애 관례의 발전은 11세기 후반에서 12세기에 걸친 기간에 트루바두르Troubadour: 12세기 초 남 프랑스의 프로방스 출신의 음유시인들의 공로로 돌려지는 것이 통례이다. 색욕色慾적인 면이 영성靈性화된 고상한 연애 감정이다. 궁정 연애에서 사랑하는 남자는 그의 애인을 이상화 내지 우상화하며, 그녀의 온갖 변덕에 완전히 굴종한다. 이 연애는 트리스탄과 이졸데Tristan and Isolde, 란셀롯Lancelot과 귀니비어Guinevere의 스토리에서처럼 흔히 총각 기사와 유부녀간의 사랑이다. 중세의 상류 계급들 사이의 결혼은 흔히 공리적, 정치적 목적을 위한 일종의 사업 계약이었다는 점을 기억해야 한다. 사랑하는 남자는 그의 오만한 애인의 변덕으로 몸과 마음의 고뇌와 병에 시달리며, 기사도적 전투와 궁정의 말씨와 행동거지의 복잡한 예식을 통해 변함없는 충성을 받치고 고수함으로써 자기 명예를 과시한다.

궁정 연애는 오비디우스의 우리 식으로 『연애 요법Remedia Amoris』을 진지하게 해석한 데서 부분적으로 그 연원淵源을 찾아 왔다. 또한 사랑하는 남녀들의 관계에 있어서 봉건주의 정치를 모방한 데서사랑하는 남자는 신하이고, 그의 마님과 사랑의 신은 모두 그의 영주들이다, 그리고 특히 동정녀 마리아 숭배에서 기독교직 감정과 의식을 일종의 진지한 패러디에 의하여 성적 연애의 상황으로 끌어들인 데서 그 연원을 찾아 왔다. 사랑이 변함없이 굳세면 애인의 '은총의 선물'을 통해 나중에는 연인의 천국에 들어갈 수 있다.

남 프랑스에서 번성한 궁정 연애 문학이 중세 북 프랑스 출신 크레티앙 드 트르와Chrétien de Troyes 및 기타 시인들과 기사 출신의 소설 작가들에게 보급되었다. 그 후 단테와 페트라르카 및 기타 이탈리아 작가들과 독일과 북 유럽의 연애시에 퍼져 나갔다. 영문학 독자에게 이 관례들은 『가웨인과 녹색 기사Gawain and the Green Knight』라는 중세의 소설에서 그리고 초서의 『트로일로스와 크리세이다Troilus and Criseyde(1385)』에서 또한 엘리자베스 시대 소네트 시인들의 페트라르카 풍의 주제에서 가장 잘 알려져 있다. 중세의 궁정 연애가 단순히 궁정의 문학적 관례 및 우아한 대화의 화제 거리에 불과한지, 그렇지 않으면 그 당시의 귀족 생활의 현상을 어느 정도 반영했는가에 대하여 오랫동안 논란이 있어 왔다. '위대한 정열'로 사랑이 강렬하고 도덕적으로 고상하게 하는 힘을 지녔고, 여성이 특별한 감수성과 영적 우월성을 지녔다는 견해가 19세기에 걸쳐, 그리고 완전한 남녀평등이 추구되고 있는 오늘날에 이르기까지 서양에서 문학 및 감정과 행동 양식에 큰 영향력을 행사한다.

그라시오소gracioso

스페인 연극에 등장하는 희극적인 어릿광대나 프랑스 희극의 하인 또는 영국 엘리자베스 시대극의 바보에 해당된다. 이 인물은 로페 데 베가의 막간극에서 최초로 등장했으며, 또한 베가는 자신의 작품 속에 서 주인공을 풍자적으로 비판하는 하인을 자주 등장시켰다. 칼데론의 작품에 등장하는 그라시오소는 도덕적 교훈을 이야기하면서 모레토의 희극에서는 여자 상대역과 함께 극의 복잡한 줄거리를 전개한다.

그로테스크grotesque

로마시대 폐허의 지하 동굴인 '그로테grotte'에서 발견된 큰 메달, 스핑크스, 나뭇잎, 바위, 자갈 등으로 구성된 일종의 장식을 의미했다. 인간, 동물, 식물의 테마와 형태의 혼합을 묘사한 그림에 사용 되었으며, 아울러 연극, 음악 그리고 조형미술의 장르 중 하나로 발전되었다. 그로테스크는 의도적으로 기괴하고 섬뜩한 장면을 연출해 세상의 부조화를 풍자한다. 라파엘과 아르킴볼도의 일부 작품은 전형적인 그로테스크들이다. 그것은 또한 고딕 건축에서 괴수怪獸 모양을 따서 만든 지붕에서 물 떨어지는 홈통, 주둥이들, 소름끼치는 악마 모양 그리고 테마들의 복잡한 혼합을 묘사하는 데에도 쓰여 왔다.

이 용어를 문학적인 맥락에 사용하기 시작한 때는 16세기였다고 추정되는데, 예컨대 라블레는 그것을 육체의 부분들에 대해 사용했다. 그러나 이 말은 이성과 신고전주의 시대인 18세기까지 문학적 맥락에서 정식으로 사용된 것 같지는 않다. 18세기에 이 용어는 우스꽝스럽고, 괴상하고, 엉뚱하고, 기형적이고, 부자연스러운 것을 지시하는 데 흔히 사용되었다. 간단히 말하면 이 용어는 조화, 균형, 부분과 전체와의 올바른 관계라는 바람직한 규범들로부터의 일탈을 의미했다.

미술에서 그로테스크 효과를 빈번히 사용해 왔다. 유명한 실례로 네덜란드 출신의 화가 히에로니무스 보쉬, 스페인 화가 고야, 독일 출신 초현실주의 화가 막스 에른스트, 스페인 초현실주의 지도자 살바도르 달리 그리고 플란더즈의 브뤼겔 가家의 화가들의 작품들에서 흔히 찾을 수 있다. 이 화가들은 희극적, 냉소적 그리고 과장된 풍자적 효과를 내기 위하여 그로테스크를 사용했다.

문학 분야에서도 희극적이고 풍자적인 목적으로 그로테스크를 사용했다. 문학에서 그로테스크적 요소를 가장 발견하기 쉬운 곳은 희화Caricature, 패러디Parody, 풍자Satire, 욕설Invective, 벌레스크Burlesque, 블랙 코미디Black Comedy, 소름끼치는 것the macabre 그리고 부조리 연극 등이다. 그로테스크는 희극적 긴장 완화Comic relief, 병적인 농담과 시 그리고 외설 문학Pornography의 구성 요소일 경우가 많다.

20세기에 그로테스크는 특별한 문학적 의미를 지니게 되었다. 그로테스크에 대한 관심은 비합리적인 것, 우주 질서에 대한 불신, 우주에 있어서의 인간 운명의 좌절에 대한 우리 시대의 관심에서 생겨난 것으로 흔히 생각된다. 이런 의미에서 그로테스크는 비극의 본질이었던 도덕적 세계와 희극의 본질이었던 합리적 사회 질서에 대한 인간적 믿음의 상실 등 에서 초래된 비극과 희극의 혼합물이다. 독일의 토마스 만은 그로테스크가 개탄할 만한 비정상이 아니라, 현대 세계의 "가장 진정한 문체"이며 오늘날에 "숭고함이 나타날 수 있는 유일한 위장"이라고 보았다. 그로테 스크의 훌륭한 실례는 라블레, 스켈톤, 웹스터, 터너, 스위프트, 바이런, 포, 졸라, 디킨즈, 로버트 브라우닝 그리고 20세기에는 토마스 만, 프란츠 카프카, 귄터 그라스, 베켓, 주네, 워, 오코너, 포크너 등이다. 연극에서는 미하일 바흐친이 『프랑소와 라블레의 작품과 중세 및 르네상스의 민중문 화』에서 정의한 바와 같이 중세의 카니발적인 정신과 명백히 결부되어 있으며, 인형극이나 코메디아 델라르테와 같은 대중연극을 거쳐 20세기 의 풍자적 희화적인 연극으로 발전하였다.

그루브groove

사전적 의미는 문지방이다. 연극에서의 그루브는 관객이 보는 상태에 서 윙이나 플랫을 바꿀 수 있는 무대기계를 말한다. 지나간 장면의 윙은 오른쪽과 왼쪽으로 들어가고, 새 윙이 나오며 뒷 배경은 중앙에서 갈라져 반씩 교환된다. 장치의 부분품들을 지탱하기 위하여 여러 가지 그루브 목 재를 쓰는데 개수, 위치, 디자인 등은 시대에 따라 다르고 다양하다.

그룹 시어터group theater

미국의 대표적 극단이다. 이 극단은 1931년에서 1941년 사이에 예술 면에서 활약했으나 재정적인 어려움을 겪었다. 이 극단을 이끈 사람들은 해럴드 클루만, 리 스트라스버그, 체릴, 크로퍼드이며, 나중에 뉴욕의 액 터즈 스튜디오 그리고 유명한 <메소드>파와 결합했다. 후속의 극단과 마 찬가지로 스타니슬라프스키 시스템이 그룹 시어터의 배후에 있었다. 그 룹 시어터는 높은 수준의 앙상블 연기에 관심을 보였다. 브레히트 극의 음악을 담당했던 쿠르트 바일은 1935년 뉴욕에 정착한 후 이 그룹 시어 터에 가입하여 폴 그린의 『코렐리 일가』와 『조니 존슨』의 상연에 참가 했다. 이 극단의 전속 작가인 오데츠의 『레프티를 기다리며Waiting for Lefty(1935)』가 그룹 시어터의 공연 중에서 가장 유명한 것이다.

그리스극의 구성

세익스피어 극이나 근대극의 원형이 되는 그리스극의 구성은 다음과 같은 특징이 있다.

(1) Prologos: 합창단이 입장하기에 앞서 한 사람의 인물(합창 지휘자[배우]로서 신을 대변할 경우가 많다)이 나타나서 극의 분위기를 조성시키는 부분으로 극의 주제와 내용에 대해 전반적으로 설명한다. 이것은 극의 준비 장면으로 독백이나 대화 형식을 취하고 있으며, 근대극으로 말하면 서곡이나 서막에 해당된다. 괴테의 『파우스트』에 나오는 "천상의 서곡"이 여기에 속하며, 우리나라의 『양주산대가면극』의 제1장도 여기에 해당된다.

(2) Parodos: 합창단이 입장하여 합창대석Orchestra에 자리를 잡을 때까지 합창부에서 독창이나 합창을 부르는 부분이다. 합창단원들의 의상을 통해 배경과 장소를 알 수 있다.

(3) Episodion: 사건의 전개를 진행하는 부분이자 극의 실제적인 부분으로 무대에서 연출된다. 현대극에서 '막'과 같은 부분이다. 극중 인물(배우)이 합창단 또는 다른 인물과 대사를 주고받는 부분이다.

(4) Stasimon: 그 자리에 서서 부르는 노래라는 뜻. 등장인물이 어느 장면에서 퇴장하면 그 시간을 메우기 위하여 이미 전개된 또는 앞으로 있을 사건과 관련 있는 노래를 부르는 장면으로 무용을 동반할 때가 있다. 그러나 나중에는 극과는 전혀 관계없는 간주악으로 변질되었다.

(5) Exodos: 극이 끝나면 합창단이 노래하면서 퇴장할 때 부르는 최후의 합창가를 말한다.

또한 그리스극의 대표작인 소포클레스의 『안티고네Antigone』와 『오이디푸스 왕』의 구성을 비교 분석해 보면/

『Antigone』: ① Prologos ② Parodos ③ Episodos 1 ④ Stasimon 1 ⑤ Episodos 2 ⑥ Stasimon 2 ⑦ Episodos 3 ⑧ Stasimon 3 ⑨ Episodos 4 ⑩ Stasimon 4 ⑪ Episodos 5 ⑫ Exodos

『Oedipus』: ① Prologos ② Parodos ③ Episodos 1 ④ Stasimon 1 ⑤ Episodos 2 ⑥ Stasimon 2 ⑦Episodos 3 ⑧ Stasimon 3 ⑨ Episodos 4 ⑩ Stasimon 4 ⑪ Exodos

위에서의 구성을 도표로 이용하여 그 긴장도를 선으로 표시하면/

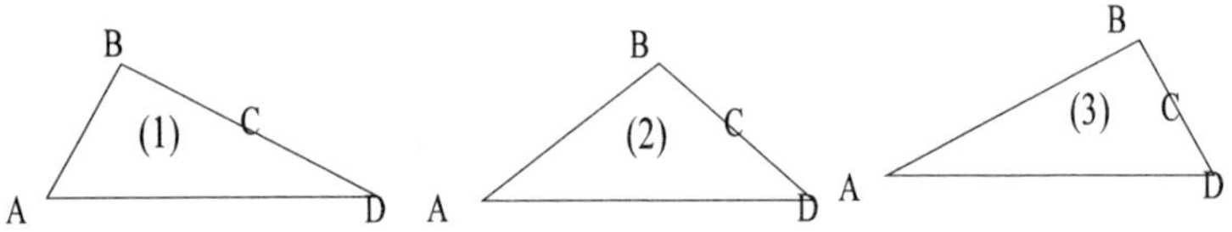

<A:도입.　　A–B:전개.　B:정점(전환점),　B–C:반전.　D:대단원>

(1) 그리스극: 전개는 짧고 반전 과정이 길다.
(2) 셰익스피어 극: 정삼각형으로 전개 과정과 반전 과정이 거의 같은 시간을 차지한다.
(3) 근대극: 전개 과정에서 대부분의 시간을 보내기 때문에 반전 과정은 매우 짧다.

그리스도 수난극passion play

성 금요일(부활제 전의 금요일)이나 부활절 사건, 즉 예루살렘 입성, 헤롯이나 빌라도 면전에서의 심문, 십자가 형, 십자가에서 내림 그리고 부활을 다루었던 종교극이다. 그리스도 수난에 관한 여러 가지 극들은 『성묘聖墓 방문』과 『유월절逾月節 희생』의 전례적인 취급 방식을 기초로 13세기에 라틴어와 각국의 언어로 씌어졌다. 이것들은 성체축일 축제의 일부가 되었으며, 영국의 성사극을 중심으로 발전한다. 프랑스와 독일에서는 세련된 별개의 극들이 생겨났다. <이 세계는 모두 하나의 무대>라는 중세의 개념은 발랑시엔느 수난극1147을 그린 유명한 삽화처럼 프랑스나 독일의 그리스도 수난극의 스펙터클한 스테이징과 로아의 사용에 확실히 나타나 있다.

그리스 연극greek theatre

넓은 의미에서는 기원전 6세기 로마 제국 전성기 사이에 그리스의 아테네 등지에서 상연된 다양한 형식의 희극과 비극을 지칭한다. 일반적으로는 디오니소스를 찬양한 종교 축제에서 상연된 기원전 5세기의 현존하는 희곡들을 가리킨다. 그리스의 극장은 최대 1만 8천 명의 관객을 수용할 수 있는 큰 반원형 극장이며, 관객은 원형의 무용장, 즉 오케스트라와 스케네skene를 뒤로 한 길고 좁은 무대를 내려다보았다. 음악, 무용, 노래와 같은 집단에 의한 연출은 수많은 관객을 동원하기에 중요한 조건이었으므로 합창대가 대단히 중요한 기능을 했다. 텍스트의 운율 이외에 그리스 연극이 오페라와 같은 공연이었다는 증거는 거의 남아 있지 않다. 게다가 아이스킬로스, 소포클레스, 에우리피데스 등과 같은 작가에 의해 탄생된 극들은 십분의 일 정도밖에는 현존하지 않으며, 아리스토파네스의 극은 약 4분의 1만이 남아 있다.

그림자극shadow show

스크린 조명을 이용해 스크린 뒤에서 인형을 움직여 그림자놀이를 하는 인형극이다. 중국·자바·발리에서 기원했고, 터키와 그리스를 걸쳐 18세기에 서구 유럽으로 전해졌다. 파리에서는 '중국의 그림자놀이Ombres chinoises'로, 런던에서는 '그림자 쇼'로 소개되어 19세기에 유행했다. 현재 한국의 호반도시 춘천에 있는 인형극장에서는 매년 국제 인형극 축제가 벌어지고 있고, 인형극 박물관에는 그림자극이 잘 전시되어 있다.(☞인형극)

극가劇歌

판소리의 별칭으로 시조작가이자 국문학자인 가람 이병기 선생이 판소리를 극가라 처음 지어 불렀다. 같은 개념을 타령, 창가唱歌, 광대소리, 잡가雜歌, 판놀음, 가곡歌曲, 창극조唱劇調, 창조唱調, 창사唱詞, 창악唱樂, 구극舊劇, 창극가唱劇歌, 본사가本事歌라고도 한다. 극가의 특색은 내용에 극적 요소가 많고 체제가 희곡적이고, 시가체이다.

극 / 드라마drama

드라마는 '행하다'를 의미하는 그리스의 도리아 방언인 'draw'에서 유래했고, 대사가 없는 경우도 있다. 드라마는 발레, 오페라, 음악, 회화, 건축, 시, 소설, 영화 등과 공통의 표현 형태를 갖고 있다. 전통극은 배우와 배우의 관계를 중심으로 스토리가 진행되지만, 현대극은 더 나아가 배우와 관객의 관계 역시 중시한다. 극을 상연하기 위해서는 상연 공간(장소),

극을 관람하는 관객들 및 연기하는 배우가 있어야 한다.

극본劇本

　TV방송 드라마의 대본을 말한다. 극본은 작가가 방송 드라마의 제작에 필요한 드라마의 형식에서부터 주제, 줄거리, 인물구성 등 모든 드라마적인 요소를 언어로 적은 글을 말한다. 극본에는 일반적인 희곡과는 달리 주제와 줄거리는 물론 인물과 무대조명, 무대배경, 화면의 효과까지 상세히 언급되며, 심지어 배우의 의상이나 동작이나 표정 등이 하나하나 세밀하게 서술되기도 한다. 이는 무엇보다 작가의 의도와 방송 드라마의 효과적인 제작을 위한 것이다. 그러므로 극본은 드라마 연출자는 물론 배우, 촬영기사, 미술감독, 조명기사 등 드라마의 제작에 동원되는 각종 스텝들에게까지 읽혀지며 종합적으로 검토되어진다.

　영화의 시나리오와 동일한 의미로 사용되는 극본은 일반 희곡과는 표현방식이 조금은 다르지만 문학의 한 형식으로 간주된다. 물론 극본은 초기에 방송 화면의 기록형식에 불과하였다. 그러나 최근 들어 영상문화가 급속히 발달함으로 인해 하나의 독자적인 문학적 영역을 확보하게 되었다.

극사실주의

　예술의 신경향으로 구상과 비구상으로 구분하던 과거의 경향과 달리 극사실주의와 반극사실주의로 구분한다. 구상은 전통 회화의 아날로그적 사유를 반영했지만, 극사실주의는 사진의 복제 기술을 응용해 사진과 회화를 결합한다. 단순한 사진 복제 기술이 아니고 디지털과 아날로그의 결합 가능성에 무게를 둔다. 현상의 경박함과 재현의 진지함 간의 긴장을 조화시켜 현상 세계를 이해하고 미래 지향적 사유를 공유하려는 시도를 한다.

극시劇詩 / dramatic poetry

　희곡과 같은 뜻으로 서정시, 서사시와 함께 광의에 있어서 시의 3대 장르의 하나이다. 극시는 논리적으로는 시적 목적을 달성하는 수단으로 극적 형식이나 극적 기교의 어떤 요소 또는 요소들을 사용하는 시Poetry에만 한정된 용어이며, 극적 독백Dramatic Monologue은 그 한 실례이다. 극적 특성은 대화Dialogue, 독백Monologue, 어법Diction, 무운시Blank verse 또는 긴장된 상황과 정서적 갈등의 강조에서 생길 수 있다. 브라우닝은 시집에 포함시킬 시들 속에 극적인 요소들이 있기 때문에 『종과 석류Bells and Pomegranates(1841-46)』의 세 번째 부제로 "극적 서정시Dramatic Lyrics"라는 문구를 사용했다. 또한 셰익스피어의 『폭풍우The Tempest(1611)』처럼 시극Poetic drama으로 분류해야 더 적합한 작품들이나, 브라우닝의 『파파 지나가다Pappa Passes(1841)』처럼 서재극書齋劇, Closet Drama들이 극시로 불려지기도 한다.

극영화action film

실제의 인물과 사건을 배경으로 구성되는 것이 아니라, 가상의 인물과 사건을 토대로 하여 만들어진 영화를 말한다. 극영화는 사건에 대한 관객의 객관적인 이해를 추구하는 기록영화와는 달리 단순히 극적인 구성을 통해 관객으로 하여금 즐거움을 제공하는 것을 목표로 한다. 극영화는 간혹 허구적인 황당한 이야기가 줄거리가 되기도 하지만, 현실과 동떨어진 상황에서 제작되지는 않는다. 일부에서는 사건에 대한 현실감을 살리기 위해 기록영화의 형식을 사용하기도 하지만 극영화에서는 기록적인 사실은 거의 사용하지 않는 것이 원칙이다. 우리가 극장에서 흔히 보는 영화는 대부분 극영화에 가깝다고 할 수 있다.

극예술연구회

1931년 홍해성, 유치진, 서항석 등을 중심으로 구성된 연극단체이다. 처음에는 연극 강좌를 개설했다. 그 후에는 연구회의 직속으로 실험무대를 조직하여 고골리의 『검찰관』 등의 작품을 상연하는 등 한국의 신극발전에 이바지한 바가 크다. 이 연구회는 후일 극연좌로 개편되었다.

극예술협회

1921년 일본 동경에서 유학한 홍해성, 김수산, 조포석, 마해송 등이 중심이 되어 전국을 순회한 연극단체이다. 신극운동에 있어서 지식인들이 대거 연극운동에 참가한 최초의 단체로서 당시의 상연목록은 『김영일의 죽음』과 『최후의 악수』 등이 있다.

극작가dramatist / playwright

희곡을 창작하는 사람을 일컫는다. 일부 비평가들은 'dramatist'라는 용어를 더 좋아한다. 'playwright'라는 용어가 조선공, 수레목수, 쟁기공 등의 용어와 같이 숙련기술을 강조하기 때문에 영미 비평가 중에는 'dramatist'보다 오히려 'playwright'라는 용어를 선호하는 사람도 있다. '플레이라이트'는 쉽라이트배 만드는 목수, 휠라이트바퀴 제조공, 플로라이트쟁기 제작공처럼 기능을 강조하고 있다.

극장theater

그리스어인 Theater의 어원은 '보다/ theasttai/ schauen'에서 '무대/ theatron/ Schauplatz'로 변천했다. 최초의 극장은 노천극장으로서 주신酒神인 디오니소스를 찬양하기 위해 설립된 '디오니소스 극장'이었다. 세워진 시기는 기원전 5세기로 추정된다. 로마의 투기 극장, 중세의 극장을 대신한 성당과 그 앞마당, 장터 그리고 셰익스피어의 투시 극장을 거쳐 17세기까지는 연극뿐 아니라 인형극Marionettentheater / Puppentheater, 그림자극Schattenspiel과 무언극Pantomime 등을 상연한 중소형 극장들이 있다. 18세기부터 독일은 물론 유럽의 극장 규모가 대형화되기 시작했고, 여기에서 연극, 오페라, 발레로 총칭되는 무대 예술작품이 본격적으로 상연되기 시작했다. 대형 극장이 버티고 있는 도시는 문화의 도시로 선망의 도시가 되었는데, 유럽 사람들이 인정하는 문화의 도시로는 아테네, 로마, 비엔나, 파리, 런던 그리고 레닌그라드 등이 손꼽힌다. 독일의 도시들은 봉건 영주국에서 출발하여 지방 도시적 면모를 벗어나지 못했다. 19세기말부터 독일이 통일되어 베를린이 수도로 정해져서 문화의 도시 계열에 끼기 시작하면서 라인하르트 등과 같은 천재적 연출가들이 새로운 감각의 무대 예술을 이끌어 나갔으나, 세계대전의 발발과 동서 베를린의 분단으로 인해 비정상적인 '섬의 도시Inselstadt'로 낙후되어 버렸다. 동베를린에서 브레히트가 '독일 극장Deutsches Theater'에서 『베를린 앙상블Berliner Ensemble』을 통해 연극 발전에 기여했다.

극장 건축theatre architecture

극장 건물은 크기, 외양, 입지 조건 등에서 변화해 왔다. 극장 건축에
있어서 새로운 건축 기술이 발전되고, 새로운 재질의 이용이 가능하게 되
고 문화적 전통이 발전하며 사회의 태도가 변화되고 경제적 수요도 끊임
없이 변화한다. 그런 변화에 따라 극장 공간의 성질, 무대의 위치, 관객의
취향, 관객과 배우 사이의 거리, 관객석의 구조 등은 모두 상연되는 연극
의 형식에 영향을 끼친다.

극적 아이러니

극적인 익살을 말한다. 그리스 비극의 특징인 아이러니는 등장인물과
관객과의 긴장관계를 통해 더 한 층 극적 효과를 알린다. 셰익스피어의
『맥베스』와 『헨리 5세』에서 극적 아이러니를 발견할 수 있다.

극적 운문dramatic verse

극적 상황에서 고조된 감정을 표현하는 운율 있는 언어이다. 제의祭儀
를 기원으로 하는 태반의 유럽의 극은 17세기 후반까지 운문으로 씌어
있었다. 그러나 극적 산문이 제임스 왕 시대, 특히 희극에서 차츰 사용되
기에 이르렀다. 운문은 19세기의 낭만주의 연극에서 자주 애용되었고, 워
즈워스, 콜리지, 키츠, 셸리, 바이런, 테니슨, 브라우닝 등도 운문에 매료
되어서 그것을 사용했으며, 독일의 쉴러, 괴테, 프랑스의 위고, 노르웨이
의 입센도 마찬가지였다. 한편 산문은 대중연극인 소극, 멜로드라마, 사
회 희극의 언어이며, 이러한 극들의 양식은 18세기, 19세기에 우세하게
되었다. 20세기에서는 예이츠, W. H. 오든, 엘리엇 등의 주요 작가들이
운문으로 작품을 썼다.

극의 기교와 시의 관계에 관한 엘리엇의 고찰은 계몽적이다. 엘리엇은
특히 『가족의 재회The Family Reunion(1939)』나 『칵테일 파티The Cocktail Party
(1949)』 등에서 조용한 극적 순간에는 산문처럼 들리는 유연한 운율을 추
구했다. 『칵테일파티』의 후반의 에드워드의 <낯 모르는 사람>과의 대화
처럼 감정이 팽팽하게 긴장감 속에서 그 등장인물의 보통 표현이 시적으
로 되면 그 운문은 상황을 더욱 강렬하게 해 준다.

이와 같이 극중에서는 극적 운문, 극적 산문, 극시는 서로 다른 편으로 변형해 가는 경향이 있다. 극시는 보통 텍스트에 한정해서 쓰이는 용어지만, 말에 의존하지 않는 많은 연극언어, 특히 무대 이미지 또한 극시라고 간주할 수 있다.

극적 전환coup de théatre

극적 상황을 바꾸는 돌발적인 사건을 말한다. 고대 그리스극에 자주 사용했던 극작술 '데우스 엑스 마키나deus ex Machina', 셰익스피어의 『심벨린Cymbeline(1609/11)』에서 주피터의 강림, 몰리에르의 『타르뒤프La Tartuffe (1664)』에서 왕의 등장, 브레히트의 『코카서스의 백묵원Der Kaukasische Kreidekreis(1949)』에서 전쟁이 끝났다는 것을 듣고서 농부가 죽음의 침상에서 일어나는 일 같은 것이 그 대표적 예이다. 디드로 또한 극적 전환을 인상적 장면 혹은 정지와 대조시켰다. 극적 전환은 놀라움 혹은 경탄을 낳고 갈등을 해결시키고, 정지는 극의 상황 속에서 전형적인 것을 관객에게 생각하게 한다.

극화Dramatization

본래 다른 형식으로 존재하는 소재, 즉 일기, 역사적 삽화, 단편 소설 혹은 장편 소설 등을 극으로 바꾸는 일. 셰익스피어는 산문 로맨스나 연대기를 극으로 개작했다. 중세의 성직자들은 성서를 극 형식으로 각색했다. 19세기의 멜로드라마 작가들은 스콧이나 디킨스의 작품을 극화했다. 현대의 주변연극은 현대의 사건, 이를테면 파업과 관련한 노동자들과 인터뷰형식 등을 통해 극화하고 있다. 물론 영화나 텔레비전은 모든 종류의 소재를 성공적으로 극화하고 있다.

글로브 극장globe theatre

1599년 사우스워크의 뱅크사이드에 셰익스피어가 속했던 궁내장관 극단을 위해서 세워졌다. 1613년 셰익스피어의 『헨리8세』 상연 후에 소각되었는데 재건되어 1642년에 극장이 폐쇄될 때까지 연극 공연에 사용되었다.

기록극Dokumentartheater / Dokumentarstück

브레히트의 비유극Parabelstück에 대비되는 용어이다. 기록극은 2차대전 전후에 일어난 정치적 사건의 역사적 기록 문서를 소재로 하고, 그 소재 내용을 거의 변화시키지 않고 다만 언어 형식으로 문학화를 시도한 현대극이다. 1920년에 유행한 피스카토르의 '선동극' 및 '정치극'에서 그 연원을 찾을 수 있다. 브레히트류의 구속력을 상실한 '비유극'이 정치이념화를 위해 역사적인 사실을 왜곡하는 데 반하여, 기록극은 역사적인 기록문을 토대로 사실을 있는 그대로 적나라하게 표출한 것인데, 다시 말해 기록문을 대화체로 대치해 버린 일종의 각색극이다. 기록극 작가는 한편 역사자료의 정리자라고 할 수 있다. 기록극의 양식은 비미학적인 성격을 띠기 때문에 지극히 센세이셔널한 정치적 사건들을 재판 과정의 형식을 통해 진실, 도덕, 그 허위성을 노출시킨다. 소재로는 주로 유태인 학살, 히틀러 암살, 원자탄의 비밀 누설, 케네디 암살, 민중 봉기, 월남 전쟁 등이다.

대표적인 기록극으로는 역사학 전공의 극작가 호흐후트에 의해 유태인 학살에 대한 교황청의 태도에 대해 책임을 묻는『신의 대리인Der Stellvertreter(1963)』, 동독의 반정부 반란과 지성인의 무기력함과 비겁함(특히 브레히트의 경우에서)을 노출시킨 귄터 그라스의『민중, 반란을 연습하다Die Plebejer proben den Aufstand(1966)』가 있다. 이 밖에도 바이스의『조사』, 키프하르트의『오펜하이머 사건In der Sache J. Robert Oppenheimer(1964)』 그리고 그래츠의『반란자Die Verschwörer(1965)』 등이 있다.

기록극 이론

1960년대에 독일이 정치적인 문제로 논란이 가장 활발했던 시기에 번성했고, 1970년대부터 차츰 정치 참여에 대한 관심이 상대적으로 수그러짐으로 해서 더 이상 발표되지 않은 극 형태이다. 기록극은 독일 문학사에서 지극히 제한된 시기에 존재했으며, 또한 실험적 성격이 매우 강한 극으로 간주될 수 있다.

본격적으로 기록극의 시대를 연 작가로는 키프하르트와 페터 바이스이다. 특히 바이스는 기록극 작가일 뿐만 아니라 기록극 이론의 기초를 확립한 이론가다. 그는 '기록극이 무엇인가'라는 문제를 두고 14항목에 걸쳐 논술하고 있다.

바이스는 그의 저서 『희곡』과 『기록극 주해Notizien zum dokumentarischen Theater』의 서론에서 기록극의 변천 과정과 문제점들을 기술과 하고 있다. 그에 의하면 기록극 내지 그와 유사한 여러 형태의 극은 사실주의 시대부터 형성되었으며, 기록극의 최초의 시도는 프롤레타리아 문화 운동, 선전 운동, 피스카토르의 정치 기록극과 브레히트의 교술극 등에서 차츰 그 형태를 갖추게 되었으며, 정치극, 반항극, 반연극Antitheater 등 기록극과 유사한 유형이 계속 발전되었다고 주장했다.

바이스가 언급한 14항목 중 가장 중요 부분을 요약, 정리하면,

(1) 기록극은 보도를 위한 극이다. 서류, 기록부, 서신, 통계표, 증권시장 뉴스, 은행의 결산보고, 산업체의 결산보고, 정부백서政府白書, 인터뷰, 연설, 신문, 방송문, 사진 등 현대의 여러 가지 시대적 증거물을 공연의 기본 자료로 삼는다. 기록극은 없었던 일을 창안하여 만든 극이 아니라, 실재 존재했던 신빙성 있는 자료를 근거로 하여 내용을 변경시키지 않고 형식적으로 다듬어 무대에서 재연시킨다. 즉, 매일 쇄도하는 뉴스 중에서 사회, 정치 테마를 중점적으로 선택하여 무대에다 다시 조명한다. 기록극의 성공 여부는 비판적인 자료 선정과 그 선정한 자료를 어떤 원칙에서 정리하느냐 하는 문제다.

(2) 기록극은 보도 기관의 대중 매개체처럼 공공 생활의 구성 요소다. 그러나 기록극은 비판적 성격을 지닌 것이 일반 대중 매체와 다른 점이다. 여기서 주안점을 두어야 할 사항은 다음과 같다, 첫째로 기록극은 어떤 사실을 호도하거나 왜곡하는 것을 비판한다. 신문·라디오·텔레비전이 어느 집단의 이해관계에서 조종당하고 있지 않은가, 보도해야 할 자료가 보도되지 않고 있지나 않은가, 그러한 자료가 보도되지 않음으로써 일정한 사람에게 도움을 주고 있지 않은가, 어떤 사회적 현상이 호도 되고 왜곡되며 이상화될 때 어떤 집단에 이익을 주지는 않는가 하는 것을 주안점을 둔다. 둘째로 사실 위조에 대한 비판을 한다. 어떤 역사적인 인물이나 시대가 국민 의식에서 왜 사라지도록 조작되는가, 역사적 사실을 인멸함으로써 누구의 위치가 강화되는가, 그리고 어떤 계층이 이익을 얻게 되는가. 셋째로 허위에 대한 비판을 한다. 역사적인 사실을 기만함으로써 그 결과는 어떻게 되는가, 허위로 구축한 현재의 상황은 어떤 양상을 보여주고 있는가, 진실을 찾아냄으로서 어떤 어려움을 예상할 수 있는가. 어떤 영향력 있는 기관이나 권력층이 진실을 알리는 것을 방해하려고 하지는 않는가.

(3) 보도 수단이 극도로 발달하여 보도가 잘 되고 있다 할지라도 일반 시민에게 매우 중요한 사건들이 올바르게 조명되지 않고 감추어져 있는데, 기록극은 이러한

해결하지 못한 수수께끼 같은 정치, 사회 현상을 밝히려고 시도를 한다.

(4) 기록극은 사실을 드러내어 감정鑑定을 의뢰한다. 여러 형태로 수용된 사건을 보여주며, 그 수용의 동기를 보여준다. 또한 여러 파당이 이해관계에서 상호 대립하고 있다는 것을 조명해 준다. 뇌물수수·강요 등의 관계를 서술하고, 그러한 관계가 상호 의존을 불가피하게 한다는 것을 보여준다. 이익을 얻는 자가 자신의 그러한 위치를 방어하려 하며, 바로 그들이 질서 유지자로 등장한다. 그리고 그들이 소유한 재산을 어떻게 관리하고 있는가를 보여준다. 그들 중에서 손해를 입고 있는 자는 출세를 하려고 동료를 배신하거나, 어떤 사람은 손해를 더 이상 보지 않으려고 애쓴다.

(5) 기록극은 파당적이다. 약자의 입장을 강하게 부각함으로써 파당적 입장을 취한다.

(6) 기록극은 재판 형식을 취할 수 있다. 실제 재판에서 논술된 바를 새롭게 정리·발표하게 할 수 있다. 2차대전 후 전범자들에 대한 연합국의 뉘른베르크 재판, 프랑크푸르트에서 1963년에서 1965년까지 있었던 아우슈비츠 집단 수용소에 대한 재판 등이 그 좋은 예다. 첫째로 기록극은 형식면에서 다음 예들처럼 처리된다. 보도가 시간상으로 정확히 리듬에 맞추어 정리된다. 인용이 있은 다음에는 상황 설명이 따른다. 상황이 갑자기 바뀌어 반대 상황이 전개된다. 한 구변口辯자가 다수의 구변 자와 대치해 있다. 방해, 불협화음 등이 중간에 삽입된다. 둘째로 사실의 자료가 언어상으로 다듬어진다. 인용문은 전형적인 것이 두드러진다. 상황이 급격하게 단순화된다. 리포트, 주해, 요약문이 노래 형식으로 나타난다. 합창과 무언극이 첨부된다. 가면·장신구를 사용한다. 그리고 악기 반주, 소음 효과도 사용한다.

(7) 기록극은 공장, 학교, 운동장, 집회 장소에서 공연할 수 있다.

(8) 기록극은 정치 교육과 사회학 교육을 충분히 받은 집단에 의해서 공연될 때 관객으로부터 호응을 얻는다. 그리고 풍부한 기록 자료가 있어야 하고, 이런 기록 자료를 학문적으로 조사할 수 있는 능력이 있어야 한다.

이상에서 바이스가 열거한 항목 이외에도 기록극의 성격과 본질에 관해 보충한다면, 기록극은 정치광장으로도 사용된다. 따라서 상대적으로 예술성이 감소된 감이 있으나, 기록극에서는 실제적인 소재를 구분하고 조정하며 비판함으로써 예술 수단으로 변한다. 이를 통해 실제성을 예술성으로 바꾸어 놓을 수 있다는 것이다.

기록극의 장점은 사실의 단면을 통해 실제 일어나고 있는 사건들의 모델을 구상해 낼 수가 있다는 데에 있다. 기록극은 '절단기법絶斷技法,

Schnitttechnik'을 이용하여 혼돈 상태에 있는 외부 사실을 부각한다. 서로 대조적인 상세한 내용을 대치시킴으로써 눈앞에 나타난 갈등에 주의를 환기시키고, 그 갈등을 수집한 자료에 의거, 해결 방법을 제의하거나 호소, 혹은 원칙 문제를 논의한다.

기록영화 documentary film

기록적인 사실을 토대로 만든 영화이고, 극영화의 반대 개념이다. 일반적으로 영화는 대부분 현실에 대한 허구적인 시각에서 제작되기 때문에 줄거리가 황당하기도 하고 지나친 공상에 의존한 나머지 현실과 동떨어진 부분도 없지 않다. 기록영화는 이와는 반대로 오직 기록적인 사실을 있는 그대로 표현해 전달하고, 허구적인 내용이 가미될 수 없다. 기록영화도 극영화와 마찬가지로 일반적인 영화기법을 모두 사용해 제작되지만, 중요한 것은 사실의 객관성이 손상되지 않아야 한다. 기록영화는 무엇보다 있는 사실을 객관적으로 전달해 일반 관객으로 하여금 현실에 대한 올바른 시각을 제공하는 것을 목표로 한다. 기록영화의 종류로는 사회 체제를 홍보하는 선동적인 기록영화를 비롯해 실험적 기록영화, 교육용 기록영화, 뉴스영화, 기행영화 등이 있다.

기사극 Ritterdrama

18세기 말엽 독일 남동부의 바바리아의 멜로드라마적인 극을 일컫는 말이다. 전투·마상시합·기사의 무술 수업 장면을 주로 다루고 있다. 이러한 극들은 괴테의 『괴츠 폰 베를리힝엔 Götz von Berlichingen(1773)』이나 슈투름 운트 드랑 시기에 야기된 봉건 시대의 전쟁에 대한 연극적 취미를 만족시켰다. 대표적 기사극으로 크링어의 『오토 Otto(1775)』, 퇴링 Törring의 『아그네스 베른아우어린 Agnes Bernauerin(1785)』, 울란트의 『에른스트, 슈바벤 공작』 등을 꼽을 수 있다.

기적극 miracle play

중세 말기의 드라마 유형으로서 신·구약 성서의 이야기, 성자의 생애, 기적 그리고 순교를 그 소재로 삼고 있다. 성서를 바탕으로 한 이 극들은

10세기경의 성당에서 중세 교회의 미사 전례문에 끼워 넣는 시구인 '트로프trope'라 불리던 라틴어 전례식의 짧은 부분들을 극화시킨 작품에 기원한다. 특히 『쿠엠 쿠애리티스Quem quaeritis, 그대들은 누구를 찾고 있는가?』에서 '트로프'는 세 사람의 마아아가 그리스도의의 무덤에 찾아간 것을 묘사하고 있다. 이러한 성서극들은 점차적으로 동업 길드들의 후원으로 제작되어 성당 밖에서 상연되고 토착어로 쓰인 완전한 희극으로 발전되었다. 영국에서 탄생한 기적극들은 그 저자가 알려져 있지 않다. 14세기에 그리스도 성체절(부활절 후 6일간) 축제일에 이러한 극들이 무대에 올리는 관례가 생겨났다. 이런 작품들은 천지 창조와 인류의 타락에서 시작하여 그리스도의 탄생, 십자가에 못 박힘, 그리스도의 부활을 거쳐 최후 심판에 이르기까지 성서적 인류 역사에 일어난 중요한 사건들을 시대 순으로 묘사하고 있다. 각 장면은 독립된 '이동 무대마차Pageant Wagon' 위에서 상연되었는데, 그 마차를 적당한 순서에 따라 도시의 여러 고정된 '정거장'에 끌고 다니면서 각 정거장에서 전 작품을 상연했다. 성서의 소재는 웨이크필드Wakefield의 『노아Noah』와 『제 2 목자의 극Second Shepherd's Play』, 브롬Brome의 『아브라함과 이삭Abraham and Isaac』 같은 기적극에서 크게 확대되었고, 작가들은 자주 자기 스스로 꾸며 낸 희극 장면들을 추가했다.

기질희극comedy of Humours

인간의 성질이 4종류의 체액體液의 배합으로 정해진다는 중세의학의 학설에 근거를 두고, 이 중에서 특정 하나의 기질이 두드러진 인물을 등장시켜 우스꽝스러움을 연출하는 극을 말한다. 기질희극의 대가로는 영국의 엘리자베스 왕조시대의 배우이자 극작가였던 벤 존슨을 들 수 있는데 그의 초기의 작품인 『십인십색Every Man in His Humour(1598)』과 『모두 기분 언짢아Every Man Out of His Humour(1599)』에서 이 희극의 특징이 가장 잘 나타나 있다. 이 작품들에서 작가는 인간의 기질이 생리학으로 네 가지 기본 체액인 황담즙, 흑담즙, 혈액 그리고 점액phlegm 중 어느 한 가지에 지배되어 형성되며 각각의 체액이 뇌로 상승해서 인간의 행동에 영향을 끼치는 <액체>를 방출한다고 생각했다. 만약에 이 체액이 균형을 잃어 과다하게 되면 네 종류의 기질이 생긴다고 여겼다. 벤 존슨의 기질 희극에 등장하는 각 주요 인물은 균형이 잘 잡힌 사람이 아니고, 어떤 체액이 과다하여 성격이 특징 있게 비뚤어졌거나 괴벽스러운 사람들로 전통적인 희극적 유형들이다. 질투심 많은 남편, 허풍떠는 병사, 젊은 아내, 요령을 잘 피우는 하인, 익살꾼, 수전노, 잘난 체하는 궁정인, 불만가 등이 그 예로 단순히 위의 네 종류의 기질로 분류할 수 없을 만큼 매우 다양하다. 이 기질희극은 왕정복고기의 '풍습희극'에 많은 영향을 끼쳤다.

기호학 semiotics

19세기 말 미국 과학자이며 철학자 찰스 샌더즈 퍼스는 그가 '세미오틱 semiotic'이라고 지칭한 학문을 창시하였고, 스위스의 언어학자인 페르디낭 드 소쉬르는 『일반 언어학 강좌 Cours de linguistique génerale(1915)』에서 그가 '세미올로지 프: semiologie, 영: semiology'라 명명한 과학을 독단적으로 제창했다. 세미오틱스와 세미올로지는 인간 생활의 모든 영역에서 작용하는 기호들에 관한 일반 과학을 지칭하는 용어로 서로 바꿔 쓸 수 있는 명칭들이 되었다. 이 과학에 따르면 언어, 모스부호, 교통 표시판과 신호 등과 같은 명확한 의사 전달 체계들만 기호 sign로 구성되는 것이 아니라, 아주 다른 인간 행동들과 산물들 즉, 우리의 자세와 제스처들, 우리가 수행하는 사회적 의식들, 우리가 입는 옷들, 우리가 손님에게 대접하는 음식들, 우리가 거주하고 있는 건물들은 모두 어떤 특정한 문화의 구성원들에게 공통된 "의미"를 전달하므로 여러 종류의 기호체계 système signifiant에서 작용하는 기호들로 분석될 수 있다. 언어 특히 언어 기호의 사용에 관한 연구는 그 자체만으로는 기호학의 한 분과에 불과하지만, 고도로 발달된 언어 과학인 언어학은 다른 모든 사회적 기호체계에 관한 연구에 쓰이는 기본 방법들과 용어들을 제공하고 있다.

퍼스는 기호와 그 기호가 지시하는 의미와의 관계를 종류에 따라 세 가지 종류의 기호로 나눌 것을 제안했다. (1) 도상圖像 / icon은 그것이 지시하는 의미와의 내재적인 유사성 또는 공통된 특징에 의하여 기호 구실을 한다. 그 예로서 초상화에는 그것이 묘사하고 있는 인물과 비슷한 것, 또는 지도는 그것이 표시하고 있는 지리적 지역과 비슷한 것 등이다. (2) 지표指標 / index는 그것이 가리키는 것과 인과 관계를 지니고 있는 기호이다. 따라서 연기는 불을 지시하는 기호이고, 어떤 방향을 가리키고 있는 풍향계는 바람의 방향을 가리킨다. (3) 상징象徵 / symbol

에서 기호와 그것이 지시하는 것과의 관계는 자연스러운 관계가 아니라, 완전히 사회적 관례의 문제이다. 예컨대. 여러 문화권에서 볼 수 있는 악수하는 행동은 관례적 인사 기호이고, 빨간 신호등은 관례상 '정지'를 의미한다. 여기에서 기호의 중요한 본보기는 한 언어를 구성하고 있는 단어들이다.

소쉬르는 기호학자들이 사용하는 용어들과 개념들을 많이 창안해 냈다. 그가 시도하는 문예비평의 언어학에서 가장 중요한 것은 다음과 같다: (1) 하나의 기호는 서로 나눌 수 없는 두 개의 요소로 구성되어 있다. 즉, 시니피앙Signifiant, 기표/記票: 언어에서 일단의 말소리나 책에 쓰인 기호들과 시니피에Signifie / 기의/記議: 그 기호와 의미인 개념 또는 관념 (2) 하나의 언어 기호는 소쉬르의 용어를 빌면 "임의적"이다. 즉, 의성어Onomatopoeia: 지시되는 소리와 비슷하게 들리는 단어라는 적은 예외가 있기는 하지만 언어적 시니피앙과 그것이 의미하는 것 사이에는 내재적인 관계나 필연적인 관계가 없다. (3) 한 언어의 모든 요소의 개별성은 이 요소들 자체 속에 있는 "적극적 속성들", 다시 말해서 객관적 특성들에 의해 결정되는 것이 아니라, 차이Difference들, 즉 어떤 특정한 언어 체계 안에서만 작용하는 다른 소리들, 다른 단어들 그리고 다른 시니피에들과의 구별과 대립으로 구성되는 관계의 조직망에 의해 결정된다. (4) 언어학 또는 어떤 기호학이라도 그 목표는 파롤Parole: 하나의 언어 행위 또는 하나의 기호나 일단의 기호들의 특별한 사용을 랑그Langue: 기호들이 특별하게 사용되는 그 저변에 깔린 묵시적 차이들과 결합 법칙들의 한 예에 불과한 것으로 보는 것이다. 기호학적 관심의 초점은 랑그의 잠재적 언어 체계에 있는 것이지, 파롤에 있는 것이 아니다.

현대 기호학은 소쉬르의 이론적 기초 아래 주로 프랑스에서 발달되어 왔다. 그러므로 오늘날의 기호학자들 다수가 구조주의자들이기도 하다. 다시 말하면, 그들은 어떤 일단의 의미 있는 사회 현상들이나 산물들이라도 그것을 차이에 의해 확정된 요소들과 기능적 규약code들, 즉 부호들과 결합법칙들의 자족적, 자치적, 계층적 구조들로 다룬다.

클로드 레비스트로스는 1960년대와 그 이후에 그가 준準언어, 즉 독립된 기호 구조들로 다룬 사회의 아주 다양한 현상들과 관행들을 분석하는 데 사용할 하나의 모델로 소쉬르의 언어학을 사용함으로써 처음으로 기호학을 문화 인류학에 응용하고 프랑스 구조주의를 창시했던 것이다. 원시 사회의 현상들과 관행들 속에는 친족 체계, 토템 체계, 음식 요리 방법, 신화 그리고 세계 해석 방법들이 포함되어 있다. 자크 라캉은 기호학을 정신 분석에 응용하여, 무의식도 언어처럼 기호들의 구조로 해석한다. 그리고 미셸 푸코는 광증의 변하는 식별, 분류 및 치료 방법 등을 분석할 뿐만 아니가, 특정한 시대에 병의 증상들에 대한 의학적 해석들을 분석하기 위해 기호학적 방법을 전개해 왔다. 롤랑 바르트는 소쉬르의 원리들과 방법들을 노골적으로 적용하여, 프로레슬링 시합, 어린애 장난감, 장식과 요리, 스트립티즈와 같은 사회적 기호체계들 속에 예시되어 있다고 주장하는 세계에 관한 많은 '부르즈와 신화들' 속에 있는 구상 요소들과 규약들뿐만 아니라 여성의 유행을 모사하고 촉진하는 광고들 속에 있는 구성 요소들과 규약들에 관한 기호학적인 논저들을 꼈다. 바르트는 또한 문학 텍스트를 "제 2급의 기호학적 체계"로 다루는 구조주의 비평의 주요 주창자이기도 하다. 즉, 하나의 문학 텍스트는 구별되는 요소들과 관례들과 규약들로 구성된 어떤 특정한 문학적 체계에 따라 보다 높은 층의 구조를 이루기 위해 제 1급의 언어 체계를 이용하는 것으로 본다.

기회시 occasional poems

특별한 경우를 기념하거나 특별한 동기를 위하여 제작된 시를 말한다. 세례, 생일, 결혼, 사망, 전쟁의 승리, 공공건물의 헌당식, 축하할 일, 극의 초연 같은 특별한 때를 장식하거나 기념하기 위해서 쓴다. 특히 영국의 계관시인들은 이러한 기회시 내지 행사시를 짓는 것을 의무로 생각했다. 대표작으로는 자신의 결혼을 기쁨을 노래한 스펜서의 『결혼 축가 Epithalamion』, 친구의 죽음을 애도하기 위해 쓴 밀턴의 『리시더스 Lycidas』, 마블의 『크롬웰의 아일랜드로부터의 귀국에 즈음한 호라티우스 풍 오드 An Horatian Ode upon Cromwell's Return from Ireland』 그리고 테니슨의 친우를 위한 애가哀歌 『인 메모리엄 In Memoriam』 등은 행사를 기념하는 시에서 더 나아가 후대에 이름을 남긴 명시들이다. 이밖에 아일랜드의 시인 예이츠의 『1916년 부활절 Easter 1916』 과 오든의 『1939년 9월 1일 September 1, 1939』 등은 대표적 현대 행사시다.

긴장 tension

미국의 시인이자 비평가인 테이트는 서술에 있어서 <문자적 의미: extension>와 <비유적 의미: intension>에서 접두사인 엑스(ex)와 인(in)을 떼어버리고 남는 것 tension, 즉 긴장을 문학의 중요한 성질로 제시한 이래 '긴장'이란 말이 현대비평에서 중요하게 사용되고 있다. 문자적 의미는 작품 외부의 세계로 향하는 것이고, 비유적 의미는 작품 내부로 향하는 것이기 때문에 밖과 안이라는 반대 방향에서 서로 당기는 힘이 긴장인 것이다. 일반적으로 좋은 작품에서 우리는 어떤 힘을 느끼게 되는데, 그 힘은 바로 서로 반대되는 세력들의 밀고 당김에서 생성되는 것이다. 테이트의 주장이 있기 전부터 이질적 또는 서로 차이가 있는 요소들이 한 작품 속에서 공존하기 위하여서는 힘의 균형이 이루어져야 한다는 견해가 있었다. "내부적 긴장이 없으면 목표로 곧장 흘러가 버릴 것이다. 발전과 성취라고 할 것은 없어질 것이다. 저항이 있다는 것이 작품의 창작에서 지성이 있을 자리를 확보시킨다."라고 존 듀이는 말한 바 있다.

그의 이전에는 리처즈가 예술은 충돌적 요소들의 힘겨운 화합을 이루어준다는 말을 하였고, 그보다 훨씬 전에는 콜리지가 예술적 능력인 상상력이 서로 반대되는 요소(이를테면 주관과 객관, 보편과 특수)들의 화합 또는 균형을 이룬다고 하였다. 사회현상에서나 심리현상에서도 서로 대치되는 요소들 사이의 긴장이 파괴를 가져올 수도 있으나, 또한 보다 나은 화합을 이를 힘을 제공하기도 한다.

문학의 힘의 상당한 부분은 그것이 나타내는 현실과 이상의 긴장, 시적 율격과 일상 언어와의 긴장, 문학적으로 쓰인 한 낱말 외에 여러 다른 뜻 사이에 벌어지는 긴장 등 이른바 애매성 표면과 그 이면의 뜻이 다름으로 생기는 긴장(역설 또는 아이러니) 등 내용적, 언어적, 형식적 긴장에서 돈다.

문학에서 긴장을 강조하는 것은 문학이 직선적으로 저항 없이 나열될 수 있는 요소로 되어있는 철학이나 과학의 글이 아님을 강조하는 것이며, 특히 문학의 '극적'인 특성을 강조하는 것이다. 잘 알려진 바와 같이 극은 서로 충돌하는 요소들의 갈등과 그것의 궁극적 화합을 나타내며, 연극에서 긴장은 관객에게 유발하는 불안을 의미한다. 또한 연극 상연 전이나 상연 도중에 배우에게 생기는 불안도 긴장이라고 하는데, 이러한 불안은 배우를 형편없게 만들 수도 있다.

긴장완화 relaxation

무대에서 최대의 집중상태를 유지하면서 근육의 긴장을 푸는 데에 없어서는 안 되는 능력을 말한다. 스타니슬라프스키에 의하면 이것이 없으면 마음의 깊숙한 곳에서 창조적인 일을 할 수가 없고, 연기의 진실성도 생겨나지 않는다고 주장했다.

끌막traveler

무대 좌우의 벽을 향해 열리는 막이며, 드로 커튼draw curtain이라고도 한다.

내레이터 narrator

영화·연극·TV·라디오 프로그램에서 직접 등장하지 않고 작품을 해설하거나, 내용이 전개되고 있는 상황에 대해 부연 설명해주는 사람을 말한다. 내레이터는 주로 다큐멘터리 프로그램을 방영할 때 많이 등장해 상황 설명이나 내용 해설을 한다. 작품 상황에 따라 1인칭으로 설명하기도 하고 또는 제 3자의 입장에서 해설하기도 한다.

낙차 Fallhöhe

아리스토텔레스의 비극 이론과 프랑스의 샤를 바퇴의 미학에 근거하고 있으며, 계몽주의 시대에는 고트세트가 그의 희극론에서 수용했다. 19세기에는 쇼펜하우어가 그의 주저 『의지와 표상으로서의 세계Die Welt als Wille und Vorstellung(1819)』에서 이 개념을 도입했다. 낙차는 '계층 조건 Ständeklausel' 개념에서 유래한 용어로 비극의 주인공이 국가적으로나 사회적으로 신분이 높으면 높을수록 그의 막다른 운명이 반전될 때 그 낙차의 정도가 크고 비극의 효과도 그만큼 크다는 것이다. 그 반면 낮은 신분에 속하는 사람들, 특히 시민 비극에 등장하는 사람들의 낙차의 도는 비교적 작다는 것이다. 레싱은 "시민 비극에서 낙차의 개념이 적용될 수 없다"고 주장했다.

남우/여우 arcor / actress

극에서 나오는 인물의 역할을 맡아 무대에서 표정, 몸짓 등의 동작과 대사로 극적 행위를 해 보이는 남자배우와 여자배우를 지칭한다. 배우로서 대성할 수 있는 자질은 활력, 유연한 풍채, 좋은 목소리, 풍부한 표정, 육체의 강인함 그리고 끊임없는 노력 등이다. 더 나아가 자신 이외의 다른 성격과 인물의 역할을 소화시키는 데 무한한 소질을 발휘하는 능력 또한 필요하다. 이와 같은 재능을 키츠는 소극적 능력이라고 불렀다.

남자역breeches part

여배우가 맡아서 연기하는 젊고 로맨틱한 남성의 역할을 말한다. 왕정복고 시대에 나타난 희극의 대표적 예는 1740년에 페그 워핑턴이 특별히 연기한 파퀴의 『변함없는 연인』에 나오는 해리 와일데어 경의 역할이다.

나라타주narratage

내레이션narration의 내러narra와 몽타지montage의 타지tage가 결합된 합성어이다. 드라마 상에서 많이 사용되는 용어로서 드라마의 줄거리가 진행되는 도중에 과거를 회상하는 형식의 장면을 일컫는다. 주로 내용의 이해를 돕기 위해 주인공의 과거나 사건을 줄거리에 삽입해 나타내는 장면이다. 나라타주는 줄거리의 단절을 가져오는 경우가 많다. 그로 인해 일부에서는 관객들의 이해를 돕기보다는 혼란을 야기한다고 주장하기도 하지만, 나라타주는 현대의 드라마와 영화에서 지속적으로 도입되고 있는 실정이다. 그리고 흔히 내레이션이 없이 과거의 사건에 대한 영상만을 비춰주는 것은 회상이라고 일컫는다.

내림 끈tails

보더boarder의 끝에 붙어 있는 가늘고 긴 캔버스 조각을 일컫는다. 이 내림 끈은 한 장면의 틀 구실을 한다.

내림 판falling flap

양면에 그림이 그려져 있고 경침으로 붙여진 배경을 말한다. 경칩이 있는 곳을 접어서 아래로 내리면 감춰져 있던 면이 나타나고, 드러나 있던 면이 감춰진다. 내림 판은 장면을 전환시키는 데 사용되고 있다.

내면주의

외부 세제나 주위환경의 영향을 내면적인 경험이나 정신 집중에 적용시키려는 문학 경향으로 정치적, 사회적 현실로부터 도피하려는 정신 자세를 뜻한다. 내면주의의 특징으로서 우선 프랑스혁명 후에 느낀 환멸과 좌절감에서 유래되는 독일 시민 계급의 정신문화를 들 수 있다. 내면주의 문학은 외부 세계를 떠나 정신적이고 목가적인 것을 지향하며, 무의미한 현실을 벗어나 내면의 자유를 추구한다. 예컨대 비더마이어 문학이라든가 또는 어두운 현실 속에서도 밝은 빛과 유머를 보여주는 라베의 작품들에서 내면주의가 발견된다.

내연 / 외연connotation / denotation

내연內延과 외연外延은 본래 논리학에서 사용되는 술어인데, 현대 문학에서는 다소 다른 의미로 사용된다. 문학에서 사용하는 언어는 그 의미가 직선적이거나 평면적이기보다는 입체적 내지 고차원적이라는 견해가 대두되면서부터 언어의 내연적 의미와 외연적 의미를 구별한다. 외연적 의미란 밖으로 드러난 말의 일반적 의미를 말한다. 내연적 의미란 어떤 특정한 문맥 속에서 독자가 외연적 의미 이외에 파악하는 의미들을 말한다.

한 낱말이 어떤 단일한 의미를 표시할 뿐만 아니라 그 쓰인 문맥상으로 보아 동시에 다른 여러 뜻을 암시하거나 내포할 때, 즉 함축할 때 이를 내연이라 한다. 외연적 의미는 일반적으로 객관적 설명이나 논술(예를 들면 과학 또는 철학 논문에서)에 쓰이고, 내연적 의미는 독자의 지적 이해 이외에 감각적 내지 정서적 반응을 불러일으키는 글, 즉 문학작품, 웅변, 광고 등에 주로 쓰인다.

내연이 문학 언어의 가장 중요한 특징 중 하나로 간주되는 이유는 알레고리, 비유, 상징 등이 모두 말의 함축적 의미를 전달하기 때문이다. 독자의 다양한 반응을 문맥상의 암시에 의해 유발하도록 쓰인 말은 모두 함축적이라 할 수 있다. 내연적 의미는 다음 세 가지로 구분되는데, 첫째로 개인적 체험의 결과로 부가된 의미이고, 둘째는 집단적 의미, 민족적·문화적 또는 특정 사회적 경험이나 전통에 의해 첨가된 의미이며, 세 번째는 인류 보편적 체험에 관계된 의미이며 이것은 가장 흔한 함축적 의미이다.

내적 독백Innerer Monolog

　의식을 통한 독백을 말하고, 체험화법erlebte Rede과는 달리 1인칭 현재의 형태를 취한다. 사람의 사고는 주로 언어로 이루어지지만 이미지가 사고의 일부를 이루기도 한다. 내적 독백은 이러한 의식의 상태를 표현하는 서술법이다. 내적 독백의 내용을 이루고 있는 것은 언어화되지 않은 이미지 상태의 의식과 완전한 문장으로 형성되어 언어화된 의식 두 가지다. 언어화된 의식을 말해지지 않은 직접화법이라 부르기도 한다. 내적 독백의 특수 형태에 의식의 흐름이 있으며, 이것은 연속되는 내적 독백을 중단 없이 기록한 것을 의미한다. 이런 의식의 흐름은 지각, 느낌, 주관적 반응 등으로 구성되어 있다. 의식의 흐름 기법이 반영된 작품은 문장 구문이 와해되거나 해체되기도 한다.

　내적 독백이 문학 작품 속에 주요 표현 수단으로 등장한 작품으로는 가르쉰의 『4일Vier Tage(1877)』, 뒤자르댕의 『월계수는 마차다Les lauriers sont coupés(1887)』, 콘라디의 『인간 아담Adam Mensch(1889)』, 슈니츨러의 『구스틀 소위Lieutenant Gustl(1901)』 등이 있다. 나아가 연속되는 내적 독백인 의식의 흐름을 작품의 중요한 구성요소 내지 전체구조로 삼고 있는 작품이 20세기에 이어졌는데, 조이스의 『율리시즈Ulysses(1922)』, 울프의 『등대로To the lighthouse(1927)』, 프루스트의 『잃어버린 시간을 찾아서A la recherche du temps pedu(1913-27)』 등의 작품들이 그 대표적 예다. 그밖에도 포크너의 『음향과 분노The sound and the fury(1929)』, 되블린의 『베를린 알렉산더 광장Berlin Alexanderplatz(1929)』, 토마스 만의 『바이마르의 로테Lotte in Weimar(1939)』, 브로흐의 『베르길리우스의 죽음Der Tod des Vergils(1945)』 등이 내적독백의 기법이 두드러지게 사용된 작품들이다.

내적 창조 상태

　스타니슬라프스키가 주장했고, "좋은 연기"를 위해서 필요한 마음의 상태를 말한다. 배우는 좋은 연기를 위해서 극의 대본을 완전히 이해하고, 그것을 표현하기 위해 배우가 갖춘 놀라운 재능들을 충분히 발휘할 필요가 있다.

네메시스nemesis

'보복'에 해당하는 그리스어로 원래는 그리스 신화에 나오는 여신을 말한다. 네메시스는 율법의 여신으로 인간의 우쭐대는 행위에 대한 신의 보복을 의인화擬人化한 것이다. 오이디푸스의 경우처럼 보통은 휴브리스 Hubris의 죄와 신의 율법을 깨뜨림으로 해서 네메시스를 초래한다.

노래song

중세의 종교극이 전례에서 발전한 것처럼 고전극은 합창대의 노래와 디튀람보스dithyrambos: 그리스의 신 디오니소스의 제사에 사용된 노래가 기원이다. 오페라와 오라토리오는 노래를 중심으로 진행하지만, 연극에서는 회화에 변화를 주기 위해서 노래를 사용한다. 노래가 자연스럽게 사용된 예로서는 바보와 같은 극중의 예능인이 노래를 부른다거나, 『오셀로』와 같이 연회의 장면에서 노래를 부른다거나 『햄릿』의 무덤 파는 사람들처럼 일하는 사나이들이 노래를 부르는 장면 등이 있다. 『오셀로』에서 데스데모나가 슬픔을 표현할 때 부르는 것처럼, 노래가 등장인물의 분위기에 어울리는 경우도 있다. 『햄릿』에서 오필리아는 미쳤기 때문에 노래한다. 노래는 서정적이고 때로는 풍자적이며, 극의 갖가지 분위기를 연출할 수 있다. 또한 이러한 예는 셰익스피어의 『당신 좋으실 대로As you like it(1599)』에서 볼 수 있는데, 겨울의 노래에서 봄의 노래로의 진행 과정에 각각의 분위기가 잘 표현되어 있다

자연주의 연극에서도 <자연스러운 장면>에 노래가 나오는데, 그 노래들이 반드시 자연주의적인 것은 아니다. 브레히트는 노래를 이화 효과로서 극중에 집어넣고 있다. 이 때 노래를 넣는 것은 불신의 중지를 깨뜨리기 위해서이며, 장면이나 상황의 요점, 즉 게시투스를 요약하기 위해서이다. 그 예로 『억척어멈과 그녀의 자식들Mutter Courage und ihre Kinder(1941)』의 <대항복의 노래>가 있다. 브레히트는 『코카서스의 백묵원Der kaukasiche Kreidekreis(1945)』에서 다수의 삽화들을 연결 짓는 이야기 장치로서 노래를 사용했다. 그리고 노래는 장면과 장면 사이의 시간 경과를 명시해 주고, 시간이 지났다는 것을 관객이 받아들이도록 한다. 이와 같이 노래에는 많은 기능들이 있는데, 합창대의 형식으로 의견을 말하거나 개인 혹은 집단

이 이야기 형식으로 노래를 부르거나 한다. 노래는 분위기를 조성하고, 변화를 주고, 시간의 경과를 가속시킨다. 조롱이나 통렬한 비애 등 개인의 격렬한 감정도 표현한다. 관객과 등장인물 양자를 즐겁게 하기 위해서 극중극에서 노래가 사용될 때에는 무대상의 청자와 더욱 광의의 리얼리즘의 부분인 관객석과의 연결이 긴밀해질 수 있다.

노천(야외)극Freilichttheater / Freilichtspiel

자연을 무대 배경으로 한 노천극장에서 상연되는 연극이나 오페라를 말한다. 처음에는 주로 낮에 공연되었었지만 현대에 이르러 낮보다는 밤에 공연된다. 옛날에는 중세도시의 장터나 성당 앞 혹은 왕궁이나 성곽에서 날씨가 좋은 날에 1년에 한 번 혹은 수년에 한 번씩 역사극이나 고전극이 무대에 올려졌다. 20세기에 들어와 향토 예술운동의 일환으로 향토민의 공동체 의식과 교육을 위해 역사적 성격을 띤 소도시에서 작품이 상연되는 등 일종의 문화 운동으로 발전되었다. 독일어권 지역의 유명한 노천극으로는 바흐러E. Wachler의『하르쩌 산극Harzer Bergtheater』, 바그너의『쪼포터 숲 오페라Zoppoter Waldoper』, 잘츠부르크 대성당 앞에서 공연되던 호프만슈탈의『각인극 공연Salzburger Jedermann-Aufführung』, 하이델베르크 성의 정원에서 상연되던『축제극Festspiel』, 괴츠가 태어난 약크트하우엔Jagdhauen에서 매년 공연되는『괴쯔 폰 베를리힝겐Götz von Berlichingen(1774)』, 오버암머가우Oberammergau에서 10년마다 공연되는『수난극Passionsspiel』, 오스트리아의 보덴호수에서 성대하게 공연되는『브레겐츠 축제극Bregenzfestspiel』, 스위스의『빌헬름 텔 연극Wilhelm Tell Spiel』, 영국의『에든버러 축제극Edinburgh-Festspiele』, 이탈리아의 베로나 투기장에서 공연되는『오페라 무대Die Operbühne in der Arena von Verona』 등이 있다.

뉴스영화newsreel / newsfilm

시대의 중요한 사건들인 뉴스를 중심으로 만든 영화를 말하며 일종의 기록영화다. 뉴스영화는 무엇보다 예술성을 추구하기보다는 중요한 사건들을 편집해 전달하는 기능을 주로 한다. 일반 영화에서처럼 카타르시스적인 감정을 느끼기보다는 사건에 대한 정보를 전달받는 수준에 그친다.

뉴스영화가 최초로 만들어진 것은 1890년대 뤼미에르Lumière 형제에 의해서다. 뤼미에르 형제는 당시 직장에서 퇴근 근로자들의 모습을 생생하게 담아 제작한 최초의 뉴스영화인 『뤼미에르 공장의 퇴근Sortie des usines Lumiere(1895)』을 만들었다. 이 영화에서 뤼미에르 형제는 어떤 가식이나 허구적인 내용이 아니라 당시 뉴스거리가 되고 있던 실제의 근로자들의 모습을 그대로 작품에 담아 표현하였다. 당시 이 영화는 실제의 사건을 있는 그대로 필름에 담고 있어 일반인들에게 신선한 충격을 주기도 하였다. 뉴스영화는 뤼미에르 형제가 만든 이 영화를 계기로 차츰 일반인들의 인기를 얻게 되었으며, 특히 제 1차 세계대전이 일어나면서 영화의 한 장르로서 전성기를 맞는다.

당시 뉴스영화는 세계에서 벌어지고 있는 전시상황을 있는 그대로 화면에 담아 제공하였기 때문에 일반인들의 주된 관심사가 되었고, 2차 세계대전 시에도 뉴스영화는 큰 호응을 얻었다. 전시상황을 그대로 필름에 담아 보여줘 일반인들에게 생생한 뉴스를 직접 접할 수 있는 기회를 제공하였다.

2차 세계대전이 끝나고 TV가 일반가정에 대량으로 보급되었다. 특히 방송국에서 뉴스를 주요 프로그램으로 편성해 방영함으로써 속보성과 정확성이 떨어지는 뉴스영화는 관심의 뒷전으로 밀려난다. 뉴스영화는 정부의 정책용이나 홍보용 또는 군사용으로 만들어지는 등 일정 기관의 선전을 위해서 제작된다. 과거에는 영화관에서 메인 영화를 시작하기에 앞서 상영되기도 하였으나 현재는 특수 목적용으로 제작되고 있다.

노테아터

1916년경 취리히에서 루마니아 태생의 차라, 독일 태생의 아르프, 발, 휠센베크 등에 의해 시작된 예술·문학·사상에 있어서의 파괴적·허무적 운동을 말한다.

다다이즘dadaism

제 1차 세계 대전의 소용돌이 곡에서 탄생한 매우 격렬한 문학·예술 사조 가운데 하나다. 이 사조는 1916년 스위스 취리히에서 차라가 몇 사람의 시인, 화가들과 함께 펼친 전위예술에 붙인 명칭이다. 이 말은 '목마'란 뜻을 지니고 있었지만, 동시에 모든 것을 의미하기도 하고 아무 것도 의미하지 않기도 했다. 이 용어는 또한 이 운동의 멤버들이 문학과 예술에서 원했던 것 – 여성적인 것 대신에 남성적인 것, '마마mama'에 반대되는 '다다dada'를 표현했다고 믿어지기도 한다. 이 운동은 기존의 모든 예술형식을 아주 과격하게 파괴 내지 배제하는 입장을 취했다. 특히 시에서는 언어의 정상적인 사용을 거부하고 무의미한 글자를 나열시켰는가 하면, 신문, 잡지에서 단어를 잘라내어 그것을 뒤섞은 다음 아무렇게나 나열하여 작품으로 발표하기도 했다. 또한 그들에 선행한 고대 문학과 인쇄물을 통해서 발표된 일에도 반발하여 몸짓, 육성, 소음과 광기 어린 장난을 작품발표라고 주장한 바도 있다. 이와 같은 다다의 활동에는 그 나름의 철학이 깔려 있었다. 즉, 그들은 근대까지 유럽을 지배한 것이 합리주의와 이성이라고 보았는데, 20세기에 접어들면서 유럽 전역은 전쟁과 혁명, 경제공황과 실업 등 계속되는 정치적, 경제적 문제들을 겪으면서 합리주의와 이성의 허구성이 여지없이 드러났다고 보았다. 이에 다다는 인간의 진실을 회복하기 위해 그들 나름의 행동방식을 택하게 된 것이다.

다다의 대표적인 참가자는 차라를 위시하여 뒤샹, 발, 에른스트 등이다. 그 후 이 운동의 무대가 파리로 옮겨졌으며, 브르통, 엘뤼아르, 아라공 등의 급진적 시인들의 동조를 얻어서 그 세력을 더욱 넓혔다. 특히 1921년에 브르통이 다다의 정신을 이어받아 초현실주의 시학을 정립했다. 또한 다다이즘은 부조리 연극과 반사실주의 소설(예를 들며 조이스, 카프카 등의 작품들)의 선구가 되었다. 그 후 1922년에 이르자 다다는 그 사명을 다한 것으로 선포되어 장례식까지 치러졌다. 그 이후 이 세력은 초현실주의에 흡수되어 현대 문학과 예술 분야에 참신한 국면을 타개하는 데 기여했다. 아울러 한국 근대 문학사에서는 이상과 『삼사문학三四文學』 동인들의 일부 작품에서 다다이즘을 수용한 흔적이 남아있다.

다운down

연극이나 TV드라마에서 연출상의 효과를 위해 사용하는 표현수법이다. 다운은 하나의 드라마를 방영하는데 있어서 배우들의 대사나 행동을 느리게 하거나 무대조명이나 음악의 템포를 늦추는 것을 말한다. 이러한 것은 순전히 드라마의 연출상의 효과를 위해서 필요이다. 일반적으로 드라마는 하나의 사건이 진행되면서 꾸준히 줄거리가 발전되어간다. 그러나 줄거리의 진행이 너무 일방적으로 진행되다 보면 박진감이나 속도감은 있을지 몰라도 드라마의 흐름이 단조롭고 지루해질 수 있다. 이때 다운이란 연출기법을 사용해서 드라마의 진행 속도를 늦추거나, 또는 배우들의 행동을 느리게 해 줄거리의 흐름을 조절하게 된다. 다운은 주로 드라마의 흐름에서 한 박자 느린 연출의 효과를 창출한다.

다운율 산문polyphonic prose

다운율多韻律의 형식을 많이 이용한 로웰은 이 용어에 대해 다음과 같이 정의했다. "'다성적'이란 소리가 다양하게 많다는 뜻이다. 그것은 시의 모든 '소리들', 즉, 율격, 자유시free verse, 모음운assonance, 두운alliteration, 운rhyme 및 반복return을 사용하기 때문에 이렇게 불린다." 이 형식은 산문으로 인쇄되지만, 소리 내어 읽혀질 때 그 속에 여러 가지 시적 수법들이 어렴풋이 나타난다.

다원방송multi organization broadcast program

하나의 방송 프로그램을 여러 지역과의 중계를 통해 만드는 방송을 말한다. 다원방송은 하나의 소재를 중심으로 하나의 방송국 스튜디오에서

만 제작되는 것이 아니라, 여러 지역의 방송국을 연결해 다양한 지역의 생활과 관심거리를 직접 시청자들에게 제공하는 것이 주목적이다. 물론 다원방송은 여러 지역의 방송국과 연계해 방송하는 것만을 지칭하는 것은 아니다. 흔히 쇼나 스포츠 중계할 때 현장의 생생한 전달을 위해 각 지역에 나가있는 리포터나 기자들을 연결해 방송하는 것도 다원방송이라고 한다. 다원방송의 효과는 무엇보다 현장의 생생한 내용과 볼거리를 시청자들에게 다각도로 제공하는데 있다. 다원방송은 각 지역의 방송국과 연결해 그 지역의 다양한 생활모습과 관심거리를 동시에 제공해 시청자들의 호응을 많이 받고 있는 프로그램이라고 할 수 있다.

다의성 ambiguity

다의성多義性은 중의성重義性, 애매성曖昧性, 모호성模糊性 등으로 지칭되는 것으로 이중으로 해석할 수 있는 언어의 사용법을 말한다. 『애매성의 일곱 가지 유형The seven types of ambiguity(1930)』의 저자 엠프슨은 애매성에 대해 "나의 말에 대해서 희미한 다른 의미를 상기시키는 뉘앙스가 있는 표현"이라고 정의하고 있다. 연극에서는 인물, 동기, 관계, 상황을 두 가지로 해석할 수 있는 경우가 있는데, 이것은 관객을 긴장감 속으로 몰아놓고 각각의 요소에 다른 반응을 할 여지를 관객에게 부여하여 극적인 고양을 연출한다. 다의성을 창출하는 방법으로 일반적으로 말을 사용하지만, 얼굴표정이나 몸짓 등의 연극언어도 사용된다. 때로는 극중의 등장인물이 여러 가지 의미 내용을 알아차리고서 긴장감을 높이기도 한다. (그 대표적인 예로 『햄릿』을 들 수 있다.) 연극에서 나오는 대사의 다의성은 희극적 요인이 되는데, 예를 들면 어떤 등장인물을 향해서 말한 것이 의도한 바와 반대의 의미로 받아들여지는 경우, 또는 두 사람의 등장인물이 대명사 '그'를 동일 인물로 잘못 짐작하는 경우 등이다. 알란 에이크번A. Aychboun 의 작품에는 그와 같은 다의성이 풍부하다.

의미의 이중성은 비극적 세계관과도 밀접하게 관련되어 있는데, 셰익스피어의 『리어 왕』에서 마지막 말 맞춤이 그 예이다. 우스꽝스런 다의적인 표현이 의미의 모순에서 생기는 것과는 달리, 여기서 이중의 의미 "리어를 고문대 위에 더 오래 두는 것과 조금이라도 오래 살게 하는 것"

은 암담할 정도로 적절하다. 리어에게 있어 이 세상에 더 이상 머무는 것은 고문과 같다. 희극과 마찬가지로 말의 다의성은 부조화와 부조리 등에 연결되어 있다.

직시어直示語 / deixis

발화상황에 따라 지시 관계가 달라지는 많은 표현들은 실지로 발화상황에서만 이해될 수 있는데, 직시어는 이와 같이 콘텍스트에 의존하는 화용론적 지시 관계를 가리키는 기호학 용어이다. '여기', '거기', '지금', '이것', '저것'과 같은 지시어나, '나' '너' 또는 '그' '그녀' 등의 인칭대명사들은 대표적인 직시어들이다. 극장은 '보기 위한 장소theatron'이기 때문에 이와 같은 지시指示어들은 중요한 의미를 가진다.

다큐드라마docudrama

다큐멘터리의 '다큐'와 '드라마'가 합쳐진 말이다. 다큐드라마는 허구적인 내용을 소재로 구성하는 일반 드라마와는 달리 기록물을 토대로 실제의 사건을 있는 그대로 구성한 드라마를 말한다. 다큐드라마는 사실을 있는 그대로 전달하는 것이 목적이다. 다큐드라마의 소재는 역사적인 사건이나 정치적인 사건들을 중심으로 구성된다. 다큐드라마는 주로 TV 방송에서 방영된다. 최근 들어 TV프로그램 가운데 다큐멘터리가 중요한 위치를 차지하면서 허구적인 내용이 아닌 실제의 사실을 드라마로 재현해서 방영한다.

다큐드라마는 무엇보다 예술과 저널리즘의 형태를 동시에 갖춘 점이 특징이다. 다큐드라마는 일반 드라마에 비해 더 많은 흥미뿐만 아니라 역사적 교훈을 제공한다고 할 수 있다. 다큐드라마는 근래 들어 주요 TV 프로그램의 한 장르로 뿌리를 내리고 있다. 기존에 방영된 대표적인 작품으로는 『개국』이나 『선덕여왕』 등을 들 수 있다.

단막극one act play

20분에서 50분 정도의 짧은 1막짜리 극을 말한다. 단막극의 특징은 단편소설과 비슷해서 서브-플롯이나 군더더기 말들을 넣어서 등장인물의 사회적 관계를 광범위하게 다룰 여유가 없다. 또한 여기서 한 쌍의 등장 인물 혹은 한 등장인물에 강조점이 놓이는 경향이 있으며, 행동은 흔히 몽상적이고 상징적이다. 이런 점에서 18, 19세기에 유행한 긴 극의 전후 혹은 막간에 행해진 짧은 오락물들이나 막간희극interlude과는 다르다.

희곡 역사에서 단막극이라 부를 만한 짧고 통일된 희곡 작품들이 많이 있기는 했지만, 이 단막극은 19세기 후반에 와서 높이 평가되기 시작했다. 특히 표현주의 시대에 이 장르는 전위적 실험흔히 상업적인 연극의 발달과 함께 황금기를 누렸다. 체호프, 스트린드베리, 쇼, 싱, 오닐, 베킷, 핀터, 이오네스코 등과 같은 현대 극작가들은 모두 유명한 단막극을 썼다.

단서 pointer

실마리를 말하며, 등장인물의 동기부여나 극적 상황의 변화에 대한 간접적인 실마리는 관객이 극의 비밀을 알아차리는 것을 도와주며, 극적 아이러니와 긴장을 낳는다. 복선과 단서의 차이점을 비교하면, 복선은 장편을 그럴듯하고 효과적으로 만들기 위해 유용할 곳의 미리 적절하게 놓여지는 실마리인데, 즉 복선은 나중에 인식되기 위해서 미리 깔려 있는 것이다. 반면에 단서는 나중에 돌이켜 보아진다기보다는 곧 하나의 실마리로 인식되기 쉽다. 그러나 복선과 단서 사이에 절대적인 구별이 있는 것은 아니다.

단순전개 simple deployment

사건 진행plot의 세 가지 종류단순 전개, 이중 전개 그리고 복합전개중 하나다. '단순 전개'란 극이 시간적 경과에 따라 순차적으로 옮겨가는 것을 말한다. 인간의 운명, 성격, 심리적 갈등 등이 외부적 조건인 시간적 경과에 따라 순차적으로 발전, 연결되어 나간다. 사건진행의 과정이 시간적으로 보아 비교적 짧을 경우 이 방법을 사용한다.

대표적 예로 셰익스피어의 『로미오와 줄리엣』을 들 수 있는데, 이 희곡에서는 결합할 수 없는 운명을 가지고 태어난 연인의 비극적인 사랑과 연애가 주제로 되어 있으며, 사건의 전개를 보면 어디까지나 짧은 시간적 경과를 따르고 있다.

단역 spear-carrier / walk-on part

극이나 영화 따위에서 비중이 그리 크기 않거나 거의 대사가 없는 역 내지 이 역을 맡은 연기자를 지칭한다. 광의로 말할 때에는 별로 연기력을 필요로 하지 않아서 역할을 가리킨다. 이런 단순한 역의 기능은 일반적으로 군중이나 수행원이나 군사의 수를 늘려서 장면이 사실에 바탕을 두고 있는 것처럼 보이게 하는 데 있다. 단역 배우들은 장면의 효과를 깨뜨리지 않도록 진지하게 그 역할을 해야 한다. 이런 역을 하는 연기자는 병정이나 심부름꾼이나 그 밖의 어떤 수동적인 등장인물로서 무대 위에 서 있도록 요구받는다. 이러한 역들은 비록 명성은 낮지만 보람이 전혀 없는 것은 아니며, 어떤 장면의 완성도를 높이는데 도움을 줄 수 있다. 스타니슬라프스키는 그의 연극론에서 『오셀로』에서 단역으로 등장하는 곤돌라이탈리아 베네치아의 명물인 작은 배 뱃사공의 기능에 관해 자세하게 설명하고 있다.

단위 unit

스타니슬라프스키가 처음 사용한 용어로 극의 상연을 위해 연출가가 배우의 역할과 극의 내용을 구분한 부분을 말한다. 연극의 진행을 명확하게 하기위해 배우의 역할이나 극의 내용은 크게 몇 개의 부분들로 분할되고, 이것들은 다시 더 작은 단위들로 세분화 된다. 셰익스피어의 『햄릿』은 크게 세 부분으로 분할할 수 있는데, 하나는 유령에 지배되어 있는 개막 부분, 두 번째는 햄릿이 "미친 듯한 태도"를 가장하여 잉글랜드를 향해서 출발하는 부분에서 끝나는 좀더 긴 중심 단위, 세 번째는 햄릿의 귀국에서 죽음에까지 이어지는 최후의 전개이다. 이 세 "단위"는 각각 다시 더 분할된다. 『햄릿』의 세 번째 "단위" 속에도 다시 더 나누어진 단위들이 있다. 즉 햄릿과 무덤을 파는 인부들과의 만남, 호레이쇼와 햄릿의 대화, 오필리어의 매장지에서 햄릿의 반응, 햄릿과 오즈릭의 만남, 햄릿이 레어티즈와 주고받는 대화, 호레이쇼와 포틴브라스와의 주고받은 대화, 최후의 장례식 행진 등이 그것들이다. 이러한 부단위들은 또 다시 분할될 수도 있다. 극의 디테일에서부터 시작해서 붙잡기 어려운 연속선을 발견하려 하는 대신, 이와 같은 과정에 대해서 배우나 연출가는 역할

과 극의 전반적인 움직임의 느낌을 포착하고, 그 뒤에 서서히 그 디테일
을 늘려갈 수가 있다.

단편영화short film

상영시간이 보통 30분이 넘지 않는 영화를 말한다. 단편영화는 20세기
초 장편의 극영화가 등장하면서 인기를 잃었다. 단편영화는 장편영화에
비해 담을 수 있는 내용이 한정되어 있을 뿐만 아니라 일반 영화관에서
상영하는데 있어서도 많은 제약을 받는다. 근래의 단편영화는 주로 아마
추어 감독들에 의해 대부분 제작되고 있다. 단편영화는 또한 교육용, 뉴
스용 그리고 홍보용으로 제작되기도 한다.

폐쇄 형식, 개방형식

독문학자 폴커 클로츠는 드라마 구성의 기본유형을 "폐쇄형식"과 "개
방형식"으로 구분한다. "폐쇄형식"에 속하는 것으로 고대와 고전주의의
전통에 따른 5막극의 드라마가 있는데, 이는 "전제가 없는 시작과 최종적
인 결말" 그리고 "엄격하게 위계적인 구조"를 지닌 폐쇄적인 단위를 형
성한다. 이상적인 경우에는 개별 막의 내적 구조에서도 상승과 하강의 원
칙이 반복된다. 드라마의 주된 줄거리는 직선적으로 연속해서 목표를 향
해 전개되며, 부수적인 작은 줄거리들은 주된 줄거리에 기능적으로 종속
되어 있다.

개방형식은 더 이상 단일성과 연속성이 아닌, 다양성과 불연속성의 특
징들이 있다. 사건진행은 분할되어 있고 여러 개가 평행으로 진행되는 개
별 줄거리와 동일 수준의 독자적 개별 장면들로 구성된다. 사건진행은 사
건의 규모에 따라 확장되기도 하고, 공간적 제약으로부터 자유롭기도 하다.

담시ballade

담시譚詩는 어원적으로 무가舞歌에서 출발한 장르로서 서정적, 서사적,
드라마적 요소를 모두 포함하고 있는 특수한 형식이다. 대화형식으로 신
화, 전설, 역사 혹은 대자연의 우울하고 신비한 비극적 사건을 서술한다.
주어진 테마를 형식에 구애받지 않고 자유롭게 표현할 수 있는 장점이

있다. 현존하는 가장 오래된 전통적 발라드는 13세기에 유래한 것이고, 16세기 이후의 작품들도 많다. 18세기 영국에서 많이 발전되었으며, 독일에서는 영국 출신의 토마스 퍼시Thomes Percy, 1729-1811 주교의 발라드 모음집 『고대 영시 유물Reliques of Ancient English Poetry(1765)』의 영향으로 빠르게 유행되었다. 퍼시의 작품에 영향을 받은 헤르더는 민요를 높이 평가하였고, 이에따라 민요는 1770년대부터 독일에서 사랑받는 장르 중 하나가 되었다. 질풍노도시대 이후 담시는 지속적으로 전승되고 있다.

대구법 parallelism

대구법對句法은 수사법상 단조로움을 없애고 문장에 변화를 주는 방법 중 한 가지이며, 대우법對偶法, 대치법對峙法, 균형법이라고도 한다. 이것은 대조법contrast과 달리 뜻이 상반되는 글귀보다 어조語調나 어세語勢가 비슷한 글귀를 짝지어 병렬적으로 조사하여 문장의 묘미를 더하는 한편, 문장의 뜻을 더욱 명확하게 전달하기위한 방법이다. 한시漢詩를 비롯한 시가詩歌 문장에 많이 애용되며, 한시에서는 율시의 수련首聯과 미련尾聯을 제외한 함련頷聯과 경련頸聯, 배율의 처음과 끝의 연을 제외한 나머지 연聯 전부는 대구를 사용한다.

예를 들어 "시이저 것은 시이저에게, 신의 것은 신에게로 돌려주라 Render Unto Caesar the things that are Caesar's and unto God the things that are God's"는 대표적인 대구법의 문장이다. 또한 대구법에서 늘 비슷한 구문과 의미를 지닌 구들이나 문장들이 나란히 놓여서 서로 균형을 이룬다. "하늘은 하느님의 영광을 선포하고, 궁창은 피 손으로 하신 일을 나타내는 도다." 시편, 19 : 1, 또는 "어둠 속을 헤매는 백성이 큰 빛을 볼 것입니다. 캄캄한 땅에 사는 사람들에게 빛이 비쳐 올 것입니다." 이사야, 9 : 2

대구법은 구전되는 시에 흔히 나타나는데, 예컨대 『베오울프Beowulf』는 흔히 연도連禱와 같은 효과를 낸다. 다른 흥미 있는 예들은 랭런드, 엘리엇, 로렌스 그리고 특히 아마 이 기법을 다른 어떤 시인보다 더 자꾸 사용한 월트 휘트먼의 시에서 발견할 수 있다. 대구법은 또한 아메리칸 인디언들의 노래와 영창詠唱, chant의 특징적인 기법이다.

대단원 catastrophe

대단원은 파국이라고도 하며, 플롯의 "뒤얽힘을 푸는 것", 즉 해명하거나, 극의 최후의 전개를 말하는 것으로 최종적인 폭로가 행해진다. 이 말은 라틴어의 'knot'에서 유래했다. '해결하다'의 사전적 의미를 지닌 프랑스어식 은유적 표현으로 'denouement'이다. 1636에 프랑스에서 최초로 사용되었으며, 영국에서는 1752년에 차용되었다. 대단원이라는 용어는 때때로 서사체 소설의 플롯을 해결하는데 적용되기도 했다. 극의 마지막 결말 부분으로서 연극에 있어서 모든 갈등이 최종적으로 해결되거나 혹은 흐트러진 결말을 결속시킨다는 의미를 지니고 있으며, 일반적으로 마지막 막act과 장scene에서 찾을 수 있다.

극작가는 절정에서 반전을 거쳐 하강하기 시작한 극적 행위를 '대단원'에서도 '반전'에서와 같이 오래 머무르게 하지 않고 간결하고 깨끗하게 처리하여야 한다. 왜냐하면 이 부분은 극 전체의 결론부분으로서 지금까지 드라마틱하게 잘 유도해 온 관객을 모든 긴장 상태에서 해방시키는 순간이므로, 이 순간이 길면 길수록 관객의 긴장은 이완되어 처음에 기도한 효과를 거두지 못하기 때문이다. 환언하면 지금까지의 극중 사건 속에 끌려오던 감정의 긴박성이 여기에서는 일시에 해방되는 부분이므로 가능한 한 관객이 만족할 만한 해방감을 효과적으로 주는 것이 중요하다. '대단원'은 지금까지의 극적 사건에 동원된 모든 부분으로부터의 필연적이고도 논리적인 귀결이 되어야 한다. 『오이디푸스 왕』에서는 눈을 찌른 오이디푸스가 딸들과 함께 떠남으로써 그의 참회와 수난의 생활이 시작됨을 암시한다.

대립자 antagonist

연극 작품에서 주인공에 대립하는 등장인물로 흔히 적대자, 경쟁자 맞상대라고 한다. 예를 들면 소포클레스의 『안티고네』의 크레온, 『오셀로』의 이아고 그리고 멜로드라마의 악역 등을 말한다. 극은 전통적으로 보더라도 폭군과 반역자, 왕과 약탈자, 남편과 아내, 노인과 젊은이의 대립 등 격렬하게 서로 대립하는 인물들을 중심으로 전개해 왔다. 소설에서는 대립이나 긴장이 인물의 내부에서 펼쳐짐으로 인해 자신이 자신의 대립자가 되는데 반해, 극에서는 등장인물 사이에서 일어나는 것이 일반적 특징이지만, 반드시 그래야만 하는 것은 아니다. 체호프의 작품에서는 영웅적 인물이나 악역이 없다는 것, 치명적인 죄보다 사소한 죄에 관심이 깊다는 것이 그때까지의 연극과 다른 예외적 특징이다. 동시대의 작가인 입센이나 스트린드베리의 극에는 의지의 대립이 보이는데 반해 체호프의 작품에서는 의지의 힘이 고갈되어 있으며, 그 결과 "극적이지 않은" 독특한 연극이 생겨났다.

대만원 full house

극이 상연되었을 때 좌석이 관객들로 모두 차면 이것을 대만원이라고 한다. 관객석이 만원이면 배우와 관객 사이에 강력한 유대감이 형성된다.

대본 script

연극, 영화, 텔레비전, 라디오 등에서 대사나 동작 등 상연이나 제작에 필요한 사항을 적은 글을 말한다. 오늘날에는 상연용의 텍스트, 영화의 시나리오와 같은 뜻으로도 쓰인다. 희곡이 문학작품으로 일반 독자를 대상으로 하는 데 반하여 대본은 주로 드라마를 연출하는 현장의 입장에서 기술하는 점이 다르다. 그러나 영화의 대본은 최종 단계에서 바뀔 수도 있고, 연극상연의 경우에는 배우의 연기와 능력에 따라 즉흥적으로 이루어질 수도 있다.

대본작가 script writer

방송용 또는 영화 촬영용 대본을 쓰는 사람을 가리킨다. 대본작가는 일반적으로 드라마나 다큐멘터리, 필름구성, 녹음구성 등의 대본을 쓰는 사람을 일컫지만, 방송 프로그램의 제작 과정에서 프로듀서가 의도한대로 한 프로그램의 시그널 음악에서부터 방송 끝부분에 나오는 아나운서나 MC의 인사말까지 일관된 방송대본을 쓰기도 한다.

대사 dialogue

　드라마의 대사인 'Dialog'에서 대화의 어원을 찾을 수 있다. 'Dialog'는 독백Monolog과는 대조되는 것으로 원래는 두 사람 사이에 이루어지는 대화를 말하지만, 세 사람 이상의 대화도 이루어진다. 세 사람 이상의 대화에서는 드라마의 근간이 긴장과 탄력성을 잃을 수도 있고 인물의 성격 묘사가 산만해질 수 있기 때문에 군중 장면 이외에는 거의 사용되지 않는다. A와 B사이에서 한동안 대화를 하다가 다시 B와 C사이에서 대화를 계속시키는 방법으로 둘 사이의 대화를 우선적으로 내세우는 것이 드라마의 대화라고 할 수 있는데, 왜냐하면 대사는 어디까지나 상대적인 대립적 갈등의 표현 수단이기 때문이다. 셰익스피어의 희곡에서는 일반적인 대사를 넘어서는 연설적인 대사가 있는데, 특히 브루투스가 시저를 죽이고 나서 로마 시민에게 이성에 호소하는 연설적 대사와 안토니우스가 시민들의 감정에 호소하는 연설적 대사가 그 대표적 예라 할 수 있다.

　희곡에서 동기나 갈등은 대사 가운데 면밀히 삽입해야 한다. 심리적인 희곡에 있어서 대사에 의해 심리 동태의 계기를 전하게 되므로, 행위나 사건 진행은 대사의 진행에 따라 전진되고 뚜렷하게 표현된다. 극중 인물의 성격도 대사를 통해 구체적으로 표현된다. 대사란 마치 번갯불이 대지를 비추듯이 인물들의 성격에 빛을 비추는 것이며, 희곡의 주된 감동을 형성하는 것이다. 다시 말하면 대사란 극을 이루는 자연스러운 본질적 형태로서 인물이나 줄거리를 발전시켜 나간다. 대사는 극중 인물이 위기에 직면했을 때, 모든 성격의 가면을 벗기며 비밀을 노출시킨다. 희곡의 언어인 대사가 "말을 수단으로 하고 있다"라는 점에 있어서 소설의 경우와 유사한 면이 있다고 볼 수 있지만, 같은 말이라 하더라도 소설은 '쓰여진 말written language'이고 희곡은 '말하여진 말spoken language'이다. 또한 희곡에 있어서의 각 인물의 표현은 무대 위에서 표현되기 때문에 그 대사의 구성은 일상생활의 언어와 구별되어야 한다. 대사란 넓은 의미에서는 두 사람 또는 그 이상의 사람들 간의 대화기록이라고 볼 수 있으나, "희곡에 나오는 대사는 행동을 유도하거나 운명을 전환시킬만한 긴장이 있어야 한다"는 슐레겔의 주장에서 보듯이, 희곡의 대사는 무엇보다 극적 행위를 발전시키고 해결시키는 역할을 한다.

대역 unterstudy

대역代役은 한 연기자의 역을 대신해 주는 역할을 한다. 대역은 TV드라마나 영화에서 주로 주연급 배우들의 역할을 대신하기 위해 기용된다. 대역은 주인공의 평범한 역보다는 신체상의 위험이 따르거나 고난도의 역을 하게 될 때 많이 기용된다. 주연급 배우나 조연급 배우들이 사고로 인하여 출연하지 못하게 될 때에 대역이 등장한다. 특히 주연배우들에게 고난도의 역할이 주어졌을 때, 신체적 위험을 피하기 위해 이러한 역할을 전문적으로 수행하는 스턴트맨을 기용한다.

대위법 counterpoint

음악적 선율에서 얻어진 것으로 음악에서 한 멜로디에 다른 멜로디를 반주伴奏로 부가시키는 방법을 대위법對位法이라 한다. 작품에서 첫 번째 사건과 마지막 사건이 질서정연하게 시간적 순서에 따라 나타나지 않고 내용을 강렬하게 강조하고 싶은 곳에서 나타나도록 재배치를 하는 것을 대위법이라 하는데, 보통 병치Juxtaposition에 의존한다. 잘만 사용되면 이야기의 연속성과 시제를 회생시키는 대신 테마상의 이점과 미학적인 효과를 거둘 수 있다. 영화에서도 한 개의 화면에 다른 한 개의 화면이 첨부하여 양자의 통일을 통한 극의 발전을 위해 이러한 대위법이 사용된다. 헉슬리의 소설 『연애 대위법Point Counter Point(1928)』은 인생 해화諧和의 음악이라는 뜻이다.

대조법 antithesis

대조법對照法은 상반되거나 대립되는 사물을 함께 내세워, 양자의 대조적인 상태를 강조하는 수식법이며, 회화, 음악 그리고 수사학 등에서 두루 쓰이는 개념이다. 미학적 개념으로 대상의 형식적 조건을 가리킨다. 두 개의 서로 맞서는 요소가 대립되면서 그 자체가 일종의 조화와 통일을 이루는 것을 말한다. 음악에서는 대위법이 여기에 속하며, 수사학에서는 이것을 별도로 안티테제Antithese라고 일컫기도 한다. 상반하는 어구나 사상을 대조적으로 배치하여 대비의 느낌을 일으키는 것이 이 기법의 특색이며, 시와 산문에 두루 애용된다. 예를 들면 『의사 아버스넛에게 보내는 서한시『Epistle to Dr. Arbuthnot』에서 포프의 아티쿠스Atticus에 대한 묘사가 있다: "기꺼이 상처 입히겠지만, 때리기는 두려워한다willing to wound, and yet afraid to strike", 그리고 『머리타래 겁탈The Rape of the Lock』에서 베린다Belinda의 머리타래를 훔치려는 남작의 흉계에 대한 묘사는 포프에 의해 제 2행에서 문법상의 유사성이 명사들의 두운(頭韻)에 의해 부각된다.

Resolved to win, he meditates the way, 얻기로 결심하고, 그는 방법을 생각한다,
By force to ravish. or by fraud betray. 폭력으로 겁탈할까, 사기로 배반할까.

사무엘 존슨의 『라셀라스Rasselas(1759)』 26장의 한 문장은 대조적인 절들로 구성되어 있는데, 그 곳에서 대조가 서로 비교되는 명사들의 쌍들 중에서 한 쌍의 두운alliteration에 의하여 부각된다: "결혼 생활에는 고통이 많지만, 독신 생활에는 즐거움이 없다marriage has many rains, but celibacy has no pleasures."

소설에서 대조법은 흔히 등장인물의 성격이나 장면을 인상 깊게 하는데 사용된다. 등장인물의 대립되는 성격을 통해 소설의 플롯에 긴장감을 주는데, 그 예로 김동인의 역사소설 『대수양大首陽(1931)』이나 채만식의 단편소설 『레디메이드인생』에서 잘 나타나 있다.

대종상

우리나라의 영화인협회에서 수여하는 최고의 권위를 자랑하는 영화예술상이다. 전년도의 4월부터 그 해 3월까지 1년간 국내에서 제작된 영화들 가운데 참가신청을 한 영화를 대상으로 매년 4월에 시상한다. 시상부분은 최우수 작품상을 비롯해 감독상, 남우주연상, 여우주연상, 남우조연상, 여우조연상, 남녀신인상, 촬영상, 조명상, 인기상 등이 있다. 이 상은 물론 국내영화의 질적인 향상을 도모하기 위해 제정되었다.

대종상은 원래 문공부에서 주관하던 영화 예술상에서 시작되었다. 1958년 문교부가 주관해 실시하던 국산영화상을 문공부가 주관하면서 명칭을 대종상으로 바꾸었으며, 1962년 3월에 처음으로 시상되었다.

대종상은 국내에서 권위를 자랑하는 영화 예술상이지만 시상 부분의 선정에 대해 잡음이 끊이지 않았다. 국내에서 제작되긴 했지만 미개봉된

영화에까지 대상으로 삼고 있다는 점과 심사에서의 공정성이 부족하다는 이유로 일부 감독들은 참가신청을 외면하기도 하였다. 그로 인해 기존에 영화진흥공사에서 주관하였으나 최근에는 영화인협회에서 주관하고 있다. 물론 영화인협회가 주관하면서도 심사의 편파성이 대두되긴 하지만 상을 수상하게 되면 흥행은 물론 배우들의 인지도가 높아지기 때문에 매년 치열한 각축을 벌인다.

대중극장 public theatres

셰익스피어 시대의 옥외극장을 가리키는 명칭이다. 블랙프라이어즈 극장과 같은 작은 사설극장과 대비되어 사용되었다.

대중문학

순문학 또는 지식인 문학 등에 대립되는 개념으로 흥미 본위로 되어 있어 대중이 부담 없이 읽을 수 있는 작품들을 가리킨다. 고급문학 내지 지식인 문학이 노리는 것은 문학의 예술적인 가치이다. 따라서 그것을 읽고 이해한다는 것은 상당한 교양이 뒷받침되어야 한다. 그러나 대중문학은 평이한 내용으로 되어 있고 재미 위주로 씌어 있기 때문에 그런 부담이 전혀 없이 읽혀질 수 있다. 통속 연애소설, 추리소설, 유머소설, 가정소설, 모험소설 등이 이에 속한다. 그러니까 대중문학이란 주로 소설에 해당되는 개념이다. 시나 희곡은 쉽게 씌어졌다고 하더라도 아무나 이해하고 재미를 느낄 수는 없다.

대중연극

일반 대중의 연극으로, 여기에는 무언 토속극 같은 민속극, 19세기의 멜로드라마나 뮤직홀과 같은 도시적인 특색이 혼합된 형식들, 서커스의 구경거리들과 갖가지 종류의 장터굿이나 거리극 등이 포함된다. 이 용어는 조잡하고 발달되지 못한 연극을 의미하는 경멸어로서 사용되어 왔다. 이런 연극은 정신보다 육체를, 말이나 정신활동보다는 신체활동을 더 강조하지만, 이것이 반드시 결점만 있는 것이 아니다. 최근의 연구는 이 대중연극을 일반인들을 위해서, 일반인들에 의해서 만들어진 연극으로서

경의를 표해 왔다. 특히 바보 인물 사용에 있어서의 셰익스피어 그리고
벤 존슨이 대중적인 축제 형식들을 이용한 것이 연구되었고, 이로 인해
대중연극에 대한 평가는 높아지고 있으며, 현대 정치극에서도 대중적 형
식들은 상당히 자주 사용되고 있다. 그 예로 다리오 포의『어느 무정부주
의자의 우연한 죽음Accidental Death of an Anarchist(1970)』에서 바보짓과 소극의
요소들, 트레버 그리퍼스의『코미디언』에서 대중 희극에 대해 분석하고
있다.

대체연극alternative theatre

　　교육연극, 퍼포먼스 예술, 정치극, 페미니즘연극, 주변연극 등 갖가지
그룹의 연극 활동을 정의하는 데 사용된 조어이다. 1960년대부터 웨스트
엔드나 오프오프브로드웨이의 바깥에서 성행하고 있다. 샌디 크레이그는
대체연극에는 "사회주의, 노래, 풍자, 지역사회의 의견, 막연한 엔트로피,
종말적인 다다이즘이 격렬하게 뒤섞여 있다"라고 주장한다. 이 그룹의 연
극인들은 기성 연극에 본격적으로 대신할 연극의 필요성을 주장하고, 완
고한 태도로 반反기성 연극을 흡수해서 약화시켜 버리는 기성 연극의 힘
을 크게 경계하고 있다. 영국에서는 존 아든이나 존 맥그라스와 같은 유
능한 작가가 기성 연극의 "바깥에서" 활약하는 길을 선택하고 있다. 미국
에서는 리빙시어터나 오픈시어터가 이러한 성향의 그룹에 속한다.

대화와 극시

　　그리스극 이후의 위대한 희곡은 극시, 즉 운문의 형식으로 쓰였다. 셰
익스피어 희곡의 예만 하더라도 대개 비극적인 요소는 운문으로, 희극적
인 요소는 산문으로 표현했으며, 또한 귀족은 운문으로, 평민은 산문으로
발표되었다. 그러나 입센 이후 근대극의 시대에 이르면서 운문적 무대의
대사는 산문화되기 시작했다. 따라서 그리스극 이후 시대의 흐름에 무대
대사는 일상생활의 대사에 접근해 왔다. 이처럼 근대극 이후의 극이 산문
으로 쓰여진 결과는 극을 실사회에 결부시켰고, 현실감을 무대 위에서 생
생하게 살리기 위한 적절한 조치를 낳았다. 즉, '사실의 세계'를 표현하는
데는 산문 이상으로 적당한 수법은 없었던 것이다. 그러나 예외는 있게

마련이어서 체호프의 『벚꽃 동산Cherry Orchard(1903)』을 비롯하여 오닐이나 그린의 작품 중에서는 열거할 수 없을 정도로 운문을 부분적으로 사용한 작품이 많다. 심지어는 무대 대사의 산문화를 이룩한 입센에게도 운문극 『귀족 컨트Peer Gynt(1867)』가 있다. 결론적으로 말해서 대사는 운문적이든 산문적이든 정서가 필요한 것만은 사실이다.

데우스 엑스 마키나deus ex machina

라틴어 'Deus ex machina'는 '신의 기계적 출현'을 의미한다. 이것은 극의 사건 진행 과정에서 도저히 해결될 수 없을 정도로 뒤틀어지고 비꼬인 문제가 파국catastrophe 직전 무대의 꼭대기에서 기계 장치를 타고 무대 바닥에 내려온 신의 대명大命에 의해 해결되는 기법이다. 고대 그리스 비극에서 주로 이런 연출기법을 썼는데, 그 대표적인 작품으로 에우리피데스의 『메데이아Medeia』 또는 『이피게니에Iphigenie』이다. 그 이후에도 이 기법은 17세기 바로크와 19세기 비엔나의 민중극에서 널리 애용되었다.

도덕극morality play

교훈극이라고도 한다. 중세극에서는 전례극 · 반전례극 · 기적극 · 수난극 등의 종교극 이외에도 도덕극道德劇이라는 것이 1400년부터 1500년 사이에 존재했었다. 이 도덕극의 원래 기원은 불교의 인과설因果說과 윤회설輪廻說에서 찾아볼 수 있다. 그리스 비극의 전통과는 정반대로 선인은 결코 악인에 의해 패배한 일이 없다. 그리고 유럽에서 이러한 종류의 극이 프랑스에서 최초로 나타나기 시작했다.

이 도덕극은 13세기의 중세 후기에 일반적으로 행하여진 극으로서 혼란으로 치닫는 사회적 분위기 속에서 그 당시의 사회상을 반영했으며, 아울러 그 당시에는 흔하지 않았던 구원에 대한 희망과 신념을 나타내 주고 있다. 그리고 기독교인들을 무대 위에 노출하기를 좋아하는 이 도덕극은 '최후의 심판날Das Jüngste Gericht'을 위해 기독교인은 어떻게 선행을 행하고, 어떻게 그 날을 맞이하여야 하는가를 자세히 보여주고 있다. 바로 이런 선의 추구를 우의적寓意的으로 의인화시킨 '추상적 인물Die Personifizierts Abstrakta'을 통해 우의극으로 표현하고 있다. 그러나 이런 우의적인 표현으로 인해 종교적 색채가 농후했다고는 하지만, 그런 색채가 그 이전처럼 그다지 강하지는 않았다. 이 도덕극이 어디까지나 교화를 주안점을 두었기 때문에 등장인물들을 추상적 개념으로 바꾸어 놓은 것만 보아도 그 사실을 이해할 수 있다. 주인공은 인류·각인·만인everyman의 대표자이며, 다른 등장인물들 중에는 인간의 영혼을 차지하기 위해 경쟁을 벌이는 천사들과 악마들은 물론, 덕·악·죽음 등이 의인화되고 있다.

프랑스에서는 15세기 초부터 16세기 중엽까지 도덕극이 성행하여 법조극단法曹劇團인 '바소슈Basoche'에 의해 상연되었지만, 종교개혁 이후에는 신, 구간의 신학적 논쟁으로 악용되기도 했다. 대표적 도덕극으로는『분별 있는 사나이와 분별없는 사나이Bien adviśe et Mal adviese』가 있다. 여기에서는 분별력이 이성에 인도되어 신앙·겸손·순결·근면 등을 찾아보고 영광을 쟁취하여 행복에 이르지만, 무분별은 태만과 불신에 인도되어 방탕에서 놀아나다가 절망을 거쳐 화禍에 끌려가서 지옥으로 전락한다는 것이 줄거리이다. 그리고 3,650행으로 된 대장편『주연酒宴의 죄La Condemnation de Banquet』는 폭식·오락·축배·연회 등 무려 36명이나 되는 주인공이 등장하는 종교에 관한 논문과도 같은 거대한 작품인데, 여기에서는 금욕·폭주·폭식에 대한 경고를 하고 있다. 이 밖에도 프랑스의 도덕극으로는 60편의 각본이 전해져 내려오고 있다.

이 시대의 도덕극 중에서 가장 뛰어난 작품으로는 1500년경에 나온 작자 미상의 영국의 도덕극인『견인불발의 성The Castle of Perseverance』과『각인Everyman』이 있다. 특히 후자에서는 인간의 내면세계 속에서 존재하고 있는 모든 요소가 독립되어 각각 등장인물로 변해 자비·지식·힘·감각 등이 하나의 의인화된 존재로 등장한다. 그러나 이러한 내적 요소를 각기 떼어놓을 때, 인간은 너무나 무력하고 고독하여 새삼 자기가 무엇인가를 반성하지 않을 수 없게 되며, 우리들 각자를 상징하는 각인은 신의 조정을 받는 '죽음'의 부름을 받는다. 이 때 각인은 그 중 가장 잘 이해해 주리라고 믿었던 우정·혈연·부富·분별·오감·미·지식에게 무덤까지 동행해 줄 것을 요청하지만 모두 거절당하고 만다. 오로지 선행만이 응낙하여 각인을 무덤까지 동행하여 심판의 날에 그를 위해 기꺼이 변호를 해준다. 이렇게 신 앞에 나타난 각인은 생전의 잘못을 뉘우치고는 용서를 받는다. 이 희곡에서 제시하고 있는 논지는 인간은 모두 어느 때인가 죽음에 직면하게 된다. 이것은 어디까지나 각 개인이 해결하여야 할 문제이며, 평상시에 선한 일을 꾸준히 해야 한다는 것이다. 이 극은 15세기 이후 독일의 '학교 희극Schulkomödie'에서 계속 무대에 올려졌고, 20세기에서는 오스트리아의 호프만슈탈, 보르헤르트 그리고 영국의 엘리어트에 의해 번안·개작되었다. 특히 호프만슈탈의 『각인Jedermann(1911)』은 교훈적인 동화극으로서 그렇게 뛰어난 희곡은 못 되었지만, 20세기 초의 천재적 명 연출가인 라인하르트의 특출한 연출로써 대성공을 거두었다.

또 1425년에 나온 『인내의 성城 Castle of Perseverance』은 7개의 도덕과 7개의 죄악이 서로 다투는 극으로서 착한 천사Good Angel와 악한 천사Bad Angel가 서로 충고하고 유혹한다. 이것은 인간의 내부에 도사리고 있는 덕과 악의 갈등을 상징하고 있다. 이 밖에 현존하고 있는 영국의 도덕극으로는 『인생의 자부심Pride of life (1410)』과 『인류Mankind (1475)』 등이 있다. 그러나 이런 교시적敎示的 도덕극도 16세기에는 점차적으로 세속화되어 흥미 위주의 멜로드라마Melodrama로 변질되어 나갔다.

도입부exposition

극이 시작되는 부분으로 그리스극에서는 'Prologos'에 해당되며, 학술논문에서 서론에 해당된다. 극의 상승Steigerung이 시작되기 전 발단의 필수 조건을 갖추는 부분으로서 시대와 장소, 시간과 무대가 제시되고 등장인물들의 인적 사항과 성격 등이 제시된다. 그리고 다음의 상승부에서 일어날 사건 제시의 정체가 밝혀져서 사건 진행의 전개 방향이 제시되고 갈등의 도화선이 이루어져야 한다. 주동主動과 반동反動간의 갈등, 개인과 사회 간의 갈등 또는 개인 내부의 양극적인 긴장된 갈등 등이 제시되어야 한다.

도입부가 지나치게 동적인 인상을 강하게 주면 뒤에 계속해서 전개될 긴장도에 부담스러운 영향을 주게 되므로 주의해야 한다. 왜냐하면 '절정 Höhepunkt/ Climax'은 도입부보다 몇 배의 긴장과 박력을 짊어져야 하기 때문이다. 여하튼 희곡은 다른 문학 장르와는 달리 시간의 제약을 받기 때문에 도입부가 잘못 되면 극 전체가 망가진다. 일반적으로 도입부는 제1막이나 서곡에 산재되어 있지만 분석극에서는 희곡 전체에 분산되어 있는 것이 특징이다.

도피문학escape literature

도피문학逃避文學이란 현실 문제에 적극적으로 참여하지 않고, 낭만적 · 향락적 · 비현실적 세계를 지향하는 문학을 말한다. 그리고 이것은 독자들에게 이상한 세계, 신나는 모험과 수수께끼 같은 신비를 제공함으로써 독자들에게 즐거움과 매력을 주기위한 의도가 뚜렷하게 나타난 문학작품이다. 또한 해석 문학Interpretative literature과 대조되는 문학으로 이것은 흥행이나 재미 외에 그 높은 목표를 겨냥하지 않는다. 모험담 · 탐정 소설 Detective story · 공상소설 · 여러 가지 해학적인 이야기 등이 도피문학에 속하며, 독자들을 근심 걱정이 가득 찬 이 현실 세계에서 황홀한 상상력의 세계로 잠시 옮겨 놓는다.

독백monolog

그리스 어원 monos혼자서와 logos말하다가 합쳐진 단어다. 독백은 등장인물이 무대에 혼자 있을 때 자신의 주관 · 심경 · 의견 · 반성을 관객에게 알리는 데 사용된다. 독백은 대화Dialog와는 반대 개념으로서 상대편에게 고백할 수 없는 자신의 문제를 자유롭게 직접 표현하는 방법이며, 극중의 다른 인물은 독백의 내용을 모르고 있는 것이다. 사실상 희곡의 격류는 여기에 있는 것으로써 감정의 폭포가 되고 영혼의 심연이 되며 상극 하는 두 세력의 기점이 된다.

독백이 처음으로 등장한 시기는 그리스 시대로서 비극에서 합창의 퇴조와 함께 독백은 중요한 역할을 한다. 또한 희극에서도 중요한 역할을 했기 때문에 이것은 로마와 르네상스에 계속 수용된다. 바로크 -특히 그리피우스의 작품-와 프랑스 고전주의는 독백을 화려한 수사학으로 더욱 발전시켰고, 셰익스피어 시대에 와서 그 정점을 이룬다. 질풍노도Sturm und Drang 시대에는 주인공의 자기 분석과 성격 노출을 위해 애용되었고, 독일 고전주의 시대에서 괴테는 특히 『이피게니Iphigenie (1787)』 같은 극에서 심령분석을 할 때 독백을 이용했다. 또한 쉴러는 독백을 수사학적 갈등으로 유용했다.특히 『발렌슈타인Wallenstein(1799)』 그러다가 사실주의 시대와 자연주의 시대에서 특히 입센에 이르러서는 대상에 대한 충실한 표현으로 인해서 이 독백은 배척당하게 된다. 그러나 그 후 주관의 직접적인 표현을 목

적으로 하는 표현주의 희곡에 의해 부활되고 그 특색을 다시 발휘하게
된다. 중요한 독백은 수없이 많지만 그 중 가장 유명한 독백으로는 햄릿
의 '살아야 할 것인가 죽어야 할 것인가To be or not to be'가 있고, 이 밖에
중요시되는 독백을 열거해 보면『오셀로』의 제3막 3장의 오셀로의 독
백,『맥베스Macbeth』제3막 2장의 맥베스 부인의 독백,『줄리어스 시저Julius
Caesar』제2막 2장의 클라라의 독백 등을 들 수 있다. 여기에서 알게 모르
게 흘러나오는 주인공의 비통한 절규 · 경악 · 탄식들을 열거해볼 수 있
다. 독백의 의의는 갈등을 객관화하여 관객으로 하여금 문제를 재빨리 인
식시키는 데 있다.

독일극단Deutsches Theater

1840년에 지어지기 시작해 1848년에 완공되었고, 이때 붙여진 명칭은
"프리드리히 빌헬름 시립극장"이었다. 1850년 5월 17일 문을 연 독일극단
의 초대 극장장은 다이히만F. W. Deichmann이었고, 개관작품으로 공연된 것
은 로르칭의『축전서곡』과 3개의 코미디였다. 1872년과 1883년에 재건
축이 이루어졌고, 이 해에 아돌프 라롱쥐에 의해 배우연합의 형태로 재결
성되면서 '도이췌스 테아터'라는 새로운 이름을 갖게 된다.

독일극단는 20세기 초에 이르러 독일극단의 최고봉이라는 명성을 얻
게 되는데, 여기에는 이 시기에 극장장으로 재임했던 라인하르트의 공이
컸다. 그는 1905년부터 망명 직전인 1932년까지 무려 28년간 독일극단을
이끌었고, 공연목록을 확대하고 연기자학교를 설치해 극단의 전문성을
높였다.

독창성originality

독창성이란 예술표현의 모든 면에 있어서 모방적 태도를 버리고 자기
고유의 능력과 개성에 의거하여 새로운 것을 만들어내는 성질을 말한다.
독창성은 선인의 아류亞流나 추종이 아니라 오히려 부정대립의 뜻을 지닌
다. 문학적 작업에 있어서 독창성이 요구되기 시작한 것은 18세기 이후이
다. 그 이전 유럽에서는 소재나 주제는 창작가가 꾸며내는 것이 아니라
고전에서 모방하여 본받는 것이라는 생각이 일반적이었기 때문에 신화 ·

전설·설화 등의 공동주제 아래서 취급방식, 즉 플롯의 구성의 훌륭함에 따라 좋게 평가받는 기준이 되었다. 따라서 자연히 독창적이란 것은 생각할 수 없었고 그 말은 괴팍스럽다는 욕처럼 사용되기까지 했다.

18세기 중엽에 이르러서 신화·전설·설화 등의 공동소재가 고갈되자 새로운 소재나 주제의 발굴이 필요하게 되었고, 민주주의의 발생과 더불어 개성의 존중사상이 대두되면서 문학은 사물의 모방이 아니라 작가의 개성의 표현이라는 사상이 확립되었다. 따라서 독창성은 미적·예술적 가치를 지닌 새로운 창조의 원리로 등장했다. 에드워드. 영은 독창적인 것은 식물적 특성을 지니며 현재라는 생명력은 만들어지는 것이 아니라 자연스럽게 싹트는 것이라고 말하면서 모방은 일종의 제작이라 했다. 또 칸트는 '독창적 정신'이라 하여 천재에게 전형적인 독창성을 요구했다.

무엇이든 그 나름의 관습 안에서 궁극적으로 자기표현을 나타내면 독창적인 것이 될 수 있다. 결코 새롭지 않은 소재라도 독창적인 통찰력으로 새로운 시각에서 다룰 수 있는 것이다. 20세기에 들어오면서 개인과 전통에 관한 의식의 변화로 남과 다르다는 것은 하나의 사실일 뿐 가치를 찬성하지 않는다는 사상이 대두되었다. 즉 개성이 반드시 독창적으로만 표현되는 것은 아니며, 이해할 수 없는 독창성은 가치가 없으며, 비록 독창적이라 할지라도 이미 그것은 잠재적으로 타인의 영향이 내재되어 있다고 보게 되었다. 그리하여 전통을 의식하는 것이 건전하고 원숙한 태도로 인정되었다. 이러한 관점의 대두로 인해 독창성이 미덕이라는 평가는 후퇴하고 있다.

돌출무대 thrust stage

관객석 쪽으로 돌출된 무대를 말한다. 여기에서 배우는 모놀로그·독백·방백의 형식으로 직접 관객에게 말을 걸 수가 있다. 프로시니엄이나 제4의 벽이 있는 무대에서와는 달리 이 돌출무대에서는 관객이 대사를 말하고 있는 배우의 옆에 있거나 때로는 뒤에 있게 되므로, 특히 큰 무대에서는 음향이나 마스킹의 문제가 생긴다. 그러나 이 돌출무대 덕택으로 많은 관객들이 배우의 액션에 좀 더 가까이 할 수 있게 되고, 이러한 근접성은 그들이 배우의 반응을 바로 알아차릴 수 있도록 해 주어서 마스킹 · 음향 · 무대 뒤나 옆에서의 관람 등은 큰 문제가 되지 않는다.

동기부여motivation

러시아 형식주의자들이 쓴 용어로 한 작품의 주제를 구성하는 모티브의 미적 통일을 구성하기 위해서 각각의 모티브와 전체 모티브들 간의 유기적 관계를 모색한다. 모티브란 창작 혹은 표현의 기본적인 동기를 의미하는데, 소재를 예술적 관점에서 바라다보면 예술적 표현의 동기가 된다. 즉 소재는 인물과 상황이 서술된 일정한 플롯의 모티브들을 제공한다. 소재가 개별적이고 구체적인 사건들을 가리키는 반면, 모티브는 정신적인 것이다. 관점에 따라 하나의 소재에서 여러 가지 모티브가 있을 수 있으며, 반대로 하나의 모티브가 다양한 소재들을 병렬적으로 사용할 수 있다. 모티브는 역사성을 지니고 있어 시대적 특성에 따라 반복적으로 등장하기도 한다.

다양한 소재들이 모여서 크고 작은 테마를 이루고, 각 테마별로 여러 개의 모티브들이 있다. "그 날은 눈이 왔다" · "안나 카레니나는 자살했다" 등 최소단위의 테마에서 모티브들이 발견된다. 또한 모티브들이 시간적으로 인과관계를 이루면 스토리가 된다. 모티브는 관련 모티브bound motive와 자유 모티브free motive로 구분된다. 관련 모티브는 역동적인 것으로 이것이 없으면 이야기의 줄거리와 인과관계는 파괴된다. 자유 모티브는 정적 모티브와 관련되어 주제 면에서 작품의 구성을 결정하는 데, 소설의 기법 및 예술적 측면과 깊은 관련이 있다.

"모든 등장인물들이 옳게 놓여 있다Every character is in the right"라는 말은 동기부여가 효과적으로 이루어졌다는 말이다. 이와 같이 각각의 모티브들의 조직은 미적 통일을 이룬다. 또한 동기부여는 구성적 동기부여compositional motivation와 사실적 동기부여realistc modivation 등으로 구분된다. 비교적 긴 작품에서 나타나는 여러 가지 모티브들은 중심 모티브zentralmotiv / hauptmotiv와 부副모티브nebenmotiv로 구분된다.

동반자 문학poputnicheskaja literatura

프로 문학에 동조하는 문학을 가리킨다. 러시아 혁명 이후 프로 문학이 대두되었고, 동반자 문학은 '네프' 시대까지 이어졌다. 정신적으로 프로 문학에 동조했으나, 동반자 문학 작가들은 프로 문학의 조직에는 가담하지 않았고 개인주의적이었다. 작품의 주인공들은 프롤레타리아 계층 출신이 아닌 지식인들이었다. 대표적인 작가는 세라퍼온 형제, 에렌부르크, V. G. 리딘, 로마노프, 레오노프, 샤기난 등이다.

한국에서는 1920년대 후반에 동반자 문학이 소개되었다. 1925년에 최서해, 주요섭, 이익성 등을 중심으로 프로 문학 조직인 카프KAPF가 결성되었다. 카프에서 동반자 문학 작가로 활동한 사람은 유진오와 이효석 등이 있고, 이들은 카프에 가입하지는 않았지만 초기 작품 경향이 사상적으로 카프의 경향과 거의 일치했다. 작품으로는 이효석의 『행진곡(1929)』, 『북극사신北極私信(1930)』, 유진오의 『갑수의 연애(1927)』, 『빌딩과 여명(1929)』, 엄홍섭의 『흘러간 마을』과 박화성의 『추석 전야』 등이 있다.

동시주의同時主義 / simultantisme

현대시의 보다 일시적인 운동들 중의 하나로서 입체파cubism와 일체주의unanimisme의 과장된 혼합물이다. 대표적인 작품은 이 운동의 지도자인 바르쥉H. M Barzun의 시집 『힘의 3부작La Trilogie des forces(1808-14)』과 그의 제자 페르낭 디브와르가 "교향악적 산문"이라 묘사한 『시의 탄생Naissance du Poéme (1918)』이다. 그들의 목표는 이미지imagery뿐만 아니라, 자연과 대도시의 목소리와 혼합된 인간의 목소리를 재현함으로써 존재하는 소리들의 동시성의 효과를 내는 데 있다.

동의어synonym

낱말들 사이에서 어형은 다르나 어휘적 뜻이 같거나 비슷한 말을 동의어라고 한다. 완전하게 같은 낱말은 드물기 때문에 엄격한 의미에서 유의어類義語라 할 수 있다. 예를 들면 신장과 염통, 책과 서적, 해와 태양 집과 가옥, 사람과 인간 등의 낱말들이다. 패러프레이즈paraphrase란 동일한 의미를 나타내는 데 있어서 한 가지 이상의 표현을 얻을 수 있다는데서 비롯된 것으로 동의어의 존재와 관련이 있으며, 촘스키의 변형생성문법에서도 동의어에 대한 이론이 소개되어 있다.

동일화 identification

　작가·배우·관객·독자가 자기 자신의 정체성을 찾거나 상실해서 새로운 정체성을 획득하거나 동화하는 것이다. 극이나 소설에 등장하는 인물의 행동이나 고난을 연기하거나 보거나 쓰거나 읽거나 할 때, 어느 정도의 동일화가 이루어지는지는 정확히 검증할 수 없다. 어린이들이 놀이 속에서 역할을 연기하고 있어도 결코 자신의 본성을 잃지는 않는다고 콜리지는 말했다. 콜리지는 "불신의 중지"라는 용어를 만들었으나, 주의 깊게도 그것을 <자발적인> 불신의 중지라고 부르고 있다. 그것은 자기의 일부가 연기하고 있는 허구와 살고 있는 현실과의 차이를 언제나 의식한 채로 존재한다는 것을 의미한다. 이런 의식이 정신 이상일 때는 아주 상실되어 버린다는 것을 뜻한다.　연속극은 동일화를 강하게 촉진하는 듯하여, 여기서 인기 있는 등장인물이 죽으면 꽃을 보내오는 일도 드물지 않다. 어느 부인이 무대로 뛰어올라 가서 오셀로에게 "데스데모나는 죄를 범하지 않았습니다"라고 말했다는 유명한 일화도 있다. 그러나 다행스럽게도 일반 관객은 극의 허구와 자기 자신을 극단적으로 동일화하는 일이 드물다. 예이츠는 『장막의 떨림』에서 "비극의 극치에서는 모든 것이 서정이 된다"라고 말하고 있다. 관객도 배우도 각자의 정체성의 감각을 잃고 황홀 상태에 녹아든다는 것이다. 그러나 이것은 순간적인 것이며, 그 순간을 제외하면 특히 "사람과 사람을 메어놓는 제방 위에 세워지는" 희극에서는 자기 자신이 강하게 의식된다.

　배우가 자신이 연기하는 역할과 자기 자신을 어느 정도로 동일화하는가 하는 것은 연기론에 따라서 다르다. 스타니슬라프스키는 때로 배우와 등장인물이 아주 동일화되어 배우 본연의 성격을 완전히 없애 버릴 것을 주문한다. 브레히트는 그의 서사극 이론에서 배우가 자기 자신과 자신이 맡은 등장인물과의 "분리"를 겨냥한 극적 표현을 요구하고 있다. 관객의 동일화 정도는 아마 장르에 따라서 다를 수 있다. 비극과 자연주의 극에서는 관객이 등장인물과 극단적으로 동일화하는 데에서 즐거움이 있을 것이고, 희극에서 느끼는 위화감에도 마찬가지로 즐거움이 있을 것이다. 정신 분석학적 면에서는 동일화를 1차적 동일화, 2차적 동일화, 투사적 동일화, 투입적 동일화 등 모두 4단계로 구분하고 있다. 1차적 동일화는 다른 주체의 독자성이 인식되어 있지 않는 상태이며, 2차적 동일화는 쌍방과 동일화한 경우처럼 동일화한 것과의 구별을 인식하고 있는 상태이다. 연극은 주로 세 번째 투사적 동일화의 상태와 관련이 있으며, 관객도 배우도 어떠한 외부의 대상 속에서 그것을 지배할 수 있다고 상상하고 있다. 투입적 동일화 상태는 이와는 거꾸로 주체가 무엇인가 외부의 대상을 자기라고 상상하는 것이다.

동작 movement

　연극언어의 중요한 형식으로 시각적인 것과 청각적인 것이 있다. 무대상의 신체의 동작은 침묵의 상태이든 말의 리듬을 수반한 것이든 간에 극이 눈이나 귀에 무엇인가를 종합적으로 호소하는 데에 유용하다.

　자연주의 연극에서 동작이 설득력을 갖기 위해서는 긴장을 풀고 자연스러워야 한다. 신체가 딱딱하거나 움직이지 않거나 손의 사용 방식에 자신감이 없으면 관객이 곤혹스러워 하기 때문이다. 또한 동작은 설득력이 있어야하며 등장인물에 걸맞은 것이어야 한다. 그 때문에 배우는 필요에 따라서 노인의 완고함을 가장하기도 하고, 청년기의 활발함으로 되돌아가지 않으면 안 된다. 더욱 양식화된 극에서는 신체 동작을 하나의 그룹이나 합창대와 같이 동시에 행해지는 무용의 기술을 많이 집어넣고 있다.

　음악 용어로 교향곡에서는 이 동작을 악장樂章이라고 하는데, 이 악장은 극의 장막구조와 관계가 있다. 즉 성공한 극은 독특한 템포가 있으며, 각 장면이나 각 막 안에서, 혹은 장면이나 막이 바뀌면 동작이 율동적으로 변화한다. 연출가는 대본을 읽거나 리허설을 할 무렵에 이것을 알고 있어야 한다. 그러면 배우에게 극에서의 개인 또는 그룹 간의 대조를 강조하는 일종의 '움직임'을 지적할 수 있다. 그 움직임은 보통 연출가가 블로킹하는 특정한 동작들인데, 그 중에는 무대상의 위치설정 · 퇴장 · 등장의 타이밍 설정 등이 포함되어 있다. 그러나 배우는 움직임을 자기 자신만의 것으로 독특하게 설정하는 것을 더 좋아한다. 연출가의 이러한 불행을 상기시키는 유명한 일화가 있는데, "당신에게 움직임들을 지시하지 않는다면 나는 무엇을 할 수 있단 말인가?"라고 질문하는 연출가에게 여배우 에번스는 "아! 언젠가는 당신이 할 일을 찾게 되겠지요"라고 대답했다고 한다.

동화 fairy tale

동화童話란 동심을 기조로 해서 지은 옛날이야기로서 공상에 의해 비현실적인 사건을 연장자가 어린이에게 들려주는 문학이다. 대부분 현실에서 이룰 수 없는 꿈이 초자연적인 인물들, 예를 들면 선녀·신선·도깨비·요술쟁이 등에 의해서 이루어진다. 동화 속에서는 늘 당하기만 하는 선량한 인물은 언제나 성공하는 것으로 끝나는 것이 대부분이다. 어린이들은 성공하는 아이들과 자기들을 동일시하는데, 이러한 감정이입은 중요한 교육적 수단이 된다.

동화의 모태는 설화이다. 그러나 단순한 옛날이야기·민담·우화·신화·전설이 아니라, 어린이를 위해서 예술적 의도로 창작된 공상적이며 실현 가능성을 지닌 미적 표현을 통하여 인간 일반의 보편적 진실을 표현하는 문학이다. 유럽의 경우 구전된 전래동화는 19세기 초엽에 독일의 그림 형제가 독일의 『어린이와 가정 동화Kinder- und Hausmärchen (1812-1875)』를 수집 편찬하여 처음으로 체계적으로 정리했으며, 창작동화는 괴테와 낭만주의자들, 특히 티크·노발리스·브렌타노·샤미소 등에 의해서 계속해서 발전하다가, 19세기 중엽 덴마크의 동화작가 안데르센에 와서 황금기를 누렸다.

우리나라에서는 1920년대에 본격적인 창작동화가 나타나기 전까지 동화란 옛날이야기와 비슷한 전래동화 수준이었는데, 여기에는 『심청전』·『별주부전』·『장화홍련전』·『두껍전』 등과 같은 작품들이 대표적 전래동화들이다. 그러나 1920대에 들어와서 최남선, 이광수 등의 작가를 통해서 본격적인 창작동화가 탄생되었으며, 그 이후 마해송, 방정환, 진장섭, 정인섭 등의 색동회 동인 작가들과 이주홍·고한승 등의 동화작가들에 의해 진정한 창작동화가 발표되었다.

동화체

화리체畵離體의 반대 문체로서 심리 소설에 주로 쓰이는 문체이다. 현실과 문장 주체와의 거리가 없이 문장 주체가 현실 속에 들어가 현실과 동화되어 그것을 문장화한 것을 동화체同化體라고 한다. 필자와 주인공은 일체가 되어 있고, 둘 사이에는 거리감이 없다. 이 동화체는 이상의 『날개』에 잘 나타나 있는데, 즉, "나는 요만 일에도 좀 피곤하였고, 또 아내가 돌아오기 전에 내 방으로 가 있어야 될 것을 생각하고, 그만 내 방으로 건너간다. 내 방은 침침하다. 나는 이불을 뒤집어쓰고 낮잠을 잤다"는 동화체로 쓴 대표적 문장이다.

두운alliteration

잇단 이웃 단어들의 말소리를 되풀이하는 것이다. 두운頭韻이란 용어는 보통 자음에만 적용되고, 특히 되풀이되는 소리가 단어의 맨 앞 또는 단어 안에 있는 강세 음절의 앞과 같이 눈에 띄는 자리에 있을 때 사용된다. 고대 영어700-1500년경의 두운적 율격alliterative meter에서 두운이란 운문 행의 주된 구성 기법이다. 각 행은 명확한 쉼인 중간 휴지中間休止, caesura에 의해 각각 두 개의 강한 강세가 있는 두 개의 반행半行으로 나누어지며, 첫 반행의 두 강세 음절 중 적어도 하나 또는 둘 다 둘째 반행의 첫 강세 음절과 두운이 맞는다. (이 운율법에서 모음은 어떤 다른 모음과도 두운이 맞는 것으로 여겨졌다) 중세에 들어서서 영국에서 두운은 여전히 중시되었지만 두운시 행은 점차 형식에 얽매이지 않게 되었다. 즉 후반부 반행은 1개 이상의 두운으로 된 단어들로 구성되는 일이 잦아졌으며, 다른 형식상 제한들도 점차 무시되었다. 14세기 말엽의 두운시는 고대영어 시대의 전통을 극히 표면적으로만 이어받았거나 자체의 형식을 발전시킨 것이다. 그러나 이름이 밝혀지지 않은 어느 단일 저자의 작품으로 여겨지는 4편의 시만은 예외인데, 기사도 로맨스인 『가웨인 경과 녹색 기사Sir Gawayne and the Grene Knight』, 2편의 설교시 『인내Patience』, 『순결Purity』 그리고 『진주The Pearl』라는 제목으로 알려진 우화가 그것이다. 그밖에 언급할 가치가 있는 작품으로 윌리엄 랭런드의 두운시 『농부 피어스Piers Plowman』가 있다. 그 이후의 시들은 각운end rhyme을 널리 사용하고, 때로는 모든 시행에 압운이 쓰였으나 일정하게 규칙적인 간격을 두고 압운이 사용되어 두운이 깨지는 등 이러한 두운시 운동은 15세기 초에 끝났지만, 궁정시가는 더 오래 그 맥이 이어졌다. 그래서 플로든 전투(1513)를 소재로 한 작품 『스코틀랜드

전장Scottish Fielde』을 영국의 마지막 두운시로 본다.

듀오드라마duodrama

18세기 후반 독일에서 발전했던 짧은 2인극을 말한다. 모노드라마 monodrama에서는 대사가 있는 역할이 한 사람뿐인 반면에, 듀어드라마에서는 대사가 없는 많은 배우들과 대사가 있어 연기하는 두 명의 배우가 포함된다.

듀올로그duologue

등장인물 두 사람이 대사를 주고받는 것을 말한다. 그리스 비극의 에페이소디온에서는 주인공과 또 한 사람의 배우 사이에서 흔히 듀올로그가 이루어졌다. 셰익스피어는 정보를 제공하거나 액션을 진전시키거나 더욱 많은 사람들이 있는 장면과 대조시키기 위해서 흔히 듀올로그를 사용했다. 체호프의 극에서는 듀올로그를 통해서 대조적인 등장인물의 관계가 분명히 드러난다.

드라마주의dramatism

캔니스 버크에 의해 개발된 문학 분석 체계를 말한다. 문학은 행위의 한 형식이라는 것이 드라마주의의 가설인데, 다시 말해 "누군가 언제나 다른 사람에게 무엇을 하고 있다"는 것이다. 버크는 문학이 근본적으로 그 구조상 인도유럽어족의 문장 패턴들인 주어·동사·목적어·간접 목적어와의 관계를 지니고 있다고 본다. 따라서 버크는 문학 분석에 관한 그의 주요 저서들을 <문법>과 <수사학>이라 명명했으며, 그의 이론적 체계는 모든 문학 장르에 적용될 수 있다. 그는 어떤 문학 작품이나 드라마가 그가 특별한 뜻으로 사용한 5개 요소를 포함하고 있다고 주장하고 있는데, 즉, 막무엇이 일어났는가?, 장어디에서?, 행위자누가 일으켰는가?, 행위그것이 어떻게 해서 일어났는가?, 그리고 목적왜? 등이다. 이처럼 윤곽만 설명하면 이러한 체계는 단순한 것처럼 보이지만, 버크의 손에 들어가면 거의 무한하게 복잡해진다. 왜냐하면 그는 그 해답들을 발견하는 데 있어서 무엇보다 인간의 지식 체계들을 결합시키기 때문이다.

드라마투르기Dramaturgie

희곡론 · 연극론 · 연극술 · 연출법 · 극평 · 극작론 · 각본작법 등을 말하며, 영화 분야는 시네마투르기Cinématurgie라고 한다. 드라마투르기라는 전문 용어를 최초로 사용한 사람은 계몽주의 시대에 최고의 극작가 레싱이다. 드라마투르기는 그리스어 'dramaturgia'에서 유래된 것으로 희곡과 연극을 이론적이고 실용적인 면에서 학문적 내지 평론적으로 분석한 드라마 지침서라고 할 수 있다.

인류 최초로 드라마투르기를 다룬 사람은 아리스토텔레스로서 그의 문학 이론서인 『시학』에는 비극의 본질과 규범 및 기술 방법과 표현 방법이 주인공의 계층조건 · 삼일치법 · 운명극 · 성격극 · 파국 등을 중심으로 자세하게 논해져 있다. 로마 시대에 들어와서는 호라티우스는 그의 『시학ars poetica』에서 운명극보다는 성격극을 더 강조하고 있다. 르네상스에 들어와서는 독일인 오피츠가 그의 『독일 시학의 서Buch von der deutschen Poeterey(1624)』에서 비극과 희극을 완전히 분리하였다. 예를 들면 비극의 주인공은 신분이 높고 고결한 사람이어야 하고, 희극의 주인공은 신분이 비천한 사람이어야 한다는 것이다. 이 극이론은 그 후 150년 간 통용되었다. 프랑스 고전주의의 시인이며 비평가인 부알로는 『시 예술L'art poétique』에서 삼일치법을 고수했고, 이것을 다시 고트세트의 『비판적 작시법 시론Versuch einer kritischen Dichtkunst(1730)』에서 철저하게 수용된다. 그러나 레싱의 『함부르크 희곡론Hamburgische Dramaturgie(1767~1769)』에 이르러 아리스토텔레스의 삼일치법은 배격되고 줄거리의 통일만 인정된다. 그리고 주인공의 성격은 완성된 것으로 나타날 것이 아니라 관중의 공감을 일으키면서 발전해야 한다는 것이다. 또 이 저서는 당시 공연된 연극의 평론집으로 단순한 극평 외에 드라마의 본질에 대한 기본적 인식을 돕는 중요한 극작 이론서로서 높이 평가받고 있다. 특히 이 책은 고대 그리스극, 셰익스피어, 디드로를 모범으로 하고 있다. 이 밖에 극 이론서로는 셰익스피어극을 모범으로 하고 프랑스극의 규칙을 배격한 렌츠의 『연극론Anmerkung über das Theater(1774)』, 슐레겔의 『극예술에 관한 강의Vorlesungen über dramatische Kunst』, 바그너의 『오페라와 드라마Oper und Drama』 그리고 19세기에는 고전주의와 고전주의 이후 극작 이론서의 총결산이라고 할 수 있는 프라이타크의 유명한 『희곡의 기법Technik des Dramas(1863)』이 있다. 현대에 이르러서는 영화 문제까지 취급한 뮐러의『연극 및 영화 각본 작법Dramaturgie des Theaters und Films (1953)』이 있다.

드람drame

18세기에 프랑스에서 개발되어 후에 영국에 들어온 흔히 '드라마drama'라 불렸던 비극tragedy과 희극comedy의 중간의 위치에 있는 연극 형식이며, 이것의 내용은 진지하다. 현대의 문제극problem play이 그 일례이다.

드럼과 샤프트drum and shaft

회전 샤프트에 로프로 매어져 배경을 이동할 수 있게 만든 예전의 장면 전환 장치로 다른 배경을 동시에 효율적으로 이동시킬 수 있다. 다양한 속도로 배경을 움직이려면 여러 가지 직경의 샤프트를 사용해서 효과를 조정할 수가 있었다.

드롤drolls

장막극이 무대에서 추방된 영국의 공화제 시대(1649-60)에 발달했던 짧은 희극이다. 소극과 무용을 수반하며, 이 희극의 대부분은 유명한 극에서 채택한 대중적 소재의 조잡한 개조였다. 셰익스피어의『한 여름밤의 꿈』에서 발췌한『가장 서투른 기직공』혹은『햄릿』에서 발췌한『묘파는 인부』가 그 대표적 예이다 이것들은 여인숙에서 정기 장날에 연기되었고 영국에서는 1800년까지도 상연되고 있었다.

드롭drop

백드롭 혹은 배경막을 말하는 것으로, 롤러로 말려 있어서 올리거나 내릴 수가 있다. 17세기 후반에 도입되었고, 그 기능은 아마 무대의 뒤쪽 벽에서 이루어지며, 충분히 설비가 갖추어져 있지 않은 극장에서는 배우가 무대 뒤를 통과하도록 되어 있었다. 또한 넓고 평평한 표면에는 배경 장식을 그려 넣을 수가 있었다. 드롭은 무대의 배후를 닿는 홈에 넣어졌던 초기의 플랫보다도 선호된 듯하다.

드레스dress

드레스의 원 뜻은 옷이다. 드레스는 방송용어로 도입되면서 방송 프로그램을 촬영하기 위해 방송 스튜디오 또는 무대에 소도구나 가구들을 배치하는 것을 말한다.

드레스 리허설dress rehearsal

원래 연극과 음악의 용어로 드레스를 연습한다는 의미이다. 드레스가 연극의 공연이나 방송의 프로그램을 만들기 위해 무대 또는 스튜디오에 소도구를 배치하는 것을 의미하는 것인 만큼, 드레스 리허설은 이러한 소도구들을 배치해 본 공연이나 정규 프로그램을 하기에 앞서 마무리 연습을 하는 것을 말한다. 드레스 리허설을 하기 전에 드라이 리허설이란 것도 있는데, 이는 배우들이 화장을 하지 않은 것은 물론 소도구도 배치하지 않은 상태에서 이루어지는 연습을 일컫는다.

드레스 리허설은 크게 두 가지로 나누어지는데, 하나는 카메라 리허설이고, 다른 하나는 런-스루run-through 리허설이다. 카메라 리허설은 화면의 입체적인 구성을 위해 카메라의 위치이동과 기술적인 점검을 하는 것을 말하며, 런-스루 리허설은 카메라를 작동시키지 않고 전체의 프로그램의 점검을 위한 마지막 예행연습을 의미한다.

등장entrance

관객의 눈앞으로 배우가 무대에 나타나는 일을 말한다. 등장에는 주의 깊은 타이밍과 자신감이 요구된다. 배우가 등장할 때는 완전히 그 '배역'이 되어 있어야 하며, 윙이나 분장실에서가 아니라 허구인 극중의 어딘가 다른 장소에서 -이를테면 뜰이나 인접해 있는 방에서- 방금 막 나왔다는 인상을 주어야 한다. 좋은 등장은 극의 연속성을 확립하고 다양성과 감탄을 연출하며 플롯을 진전시킬 수도 있다. 부자연스런 등장 방식은 관객의 불신을 더욱 악화시킨다.

등장인물character

외디푸스 · 말라프롭 부인 · 리어 등 작중 인물을 가리킨다. 때로는 의

사 · 학생 · 어릿광대 · 간호사와 같은 직무로 표현되며, <죄> · <탐욕> · <명예> · <자존심>이라는 도덕적 특징으로 나타나기도 한다. 에어리얼 · 아테나 · 아프로디테 등의 초자연적 존재도 있다. 경과하는 것으로서는 『겨울 이야기(1610)』의 <시간>이 있다. 동물의 예로서는 여우, 사자, 팬터마임의 말이 있다. 무생물에는 『여름밤의 꿈』에 나오는 <벽>이 있다.

등장인물을 전체적으로 포착하려고 하면 할수록 고정된 실체로서 등장인물을 보는 것은 더욱 어려워진다. 관객은 등장인물을 플롯이나 스토리 속의 사건 패턴과 별개의 것으로 보는 경향이 있다. 등장인물은 극을 떠나서 살기 시작하기 때문에 등장인물에 대한 관객의 견해가 다양한 것이다. 왜냐하면 관객은 등장인물의 감춰진 생활 속에서 다른 면을 발견하거나 창조하기 때문이다. 인물에 관하여 다른 견해가 생기는 것은 배우가 역할을 연기할 때마다 그 육체 · 목소리 · 얼굴 · 성격에서 그 등장인물을 새롭게 창조하기 때문이기도 하다. 배우는 대본 읽기의 단계를 넘어 인물을 재창조하고 발전시켜 간다. 배우가 제시하는 것을 그대로 받아들이는 관객도 배우의 연기에서 새로운 인물을 창조하고 발전시켜 간다. 다시 말해 등장인물은 작가의 대본, 배우의 역할 만들기와 관객의 승인 사이의 "거래 관계"를 만든다. 햄릿의 유년시절 혹은 뷔텐베르크에서의 학생시절을 대본에서 얻은 정보 이외에서도 상세하게 생각해 보는 것이 인물의 창조인 것이다. 그 창조가 셰익스피어 자신의 견해와 어느 정도 일치하고 있는가는 알 수 없다. 등장인물이 불완전하기 때문에 관객에게 그것을 완성시키도록 하는 것이다.

배우의 통상적인 목표는 등장인물 속에 빠져들어서 연기하는 것이다. 배우는 대사 뒤에 숨겨진 등장인물의 모습을 발견하고 부분적으로 창조를 가한다. 그렇게 함으로써 무대의 인물의 대사가 진실미를 띠고 성격부여가 이루어진다. 이런 작업 때문에 리허설에 많은 시간을 쓰기도 하지만 완벽하게 등장인물에 녹아드는 배우는 거의 드물다. 배우의 마음의 일부는 언제나 무대의 상황을 의식하고 있는 상태로 연기하면서 그 상황에 맞춰서 자신을 조정해 간다.

자연주의 연극에서는 배우는 등장인물의 배후에 숨어서 양자는 일체화하고 있는 것처럼 보인다. 그에 반해서 브레히트의 서사극에서는 배우와 등장인물의 이중성을 관객에게 인식시키려고 함으로써 배우는 자신이 연기하고 있는 등장인물에 관해서 의견을 말할 수 있다. 이것은 스탠드업 코미디의 기법인데, 브레히트는 이 과정을 기이화의 장치에 집어넣었다. 브레히트의 등장인물은 극중에서 그 등장인물이 아닌 척하도록 강요당한다. 『사천의 선인Der gute Mensch von Sezuan(1938-41)』의 <선인> 센테는 가면을 쓰고서 무정한 사촌 자매인 슈이 타의 시늉을 하도록 강요당한다. 센테 역을 맡은 배우는 슈이타를 연기하기 위해 등장인물 밖에서 연기한다. 그 결과 연기는 자연주의적인 동시에 서사적이 된다. 배우는 등장인물을 연기하고 또한 배우도 연기한다. 브레히트의 극은 인간이 사회적 · 경제적 상황의 강요에 의해서 자기 본래의 역할을 벗어나는 행동을 어쩔 수 없이 하게 되는 이유를 비판한다.

이것은 브레히트 극에만 한정되는 것은 아니다. 많은 등장인물들, 이를테면 햄릿처럼 다양한 방법으로 다양한 사람들과 관계를 가지면서 다양한 역할을 연기한다. 그러한 역할은 "등장인물에 완전히 빠져 있다는 것은 어떤 것인가?"라는 문제를 제기한다. 등장인물은 배우와 마찬가지로 가면을 쓸 수가 있으며, 극은 그 자체의 과정이 주제가 될 수 있다.

따라서 "배역 속에 빠져든다"는 표현은 그 복잡한 과정에서 보면 지나치게 단순하다. 작중인물은 피란델로의 소설의 제목처럼 『하나, 없음, 그리고 십만Uno, nessuno e centomila(1925-26)』으로도 되는 것이다. 등장인물이란 하나의 완전체이거나 차례로 다른 가면을 바꿔 쓴 것인지 모른다. 또는 다른 등장인물들이나 관객이 만들어 내는 것인지도 모른다. 이에 관한 논의를 피란델로의 『작가를 찾는 여섯 사람의 등장인물(1921)』의 아버지와 딸의 장면에서 찾아볼 수 있다. 딸은 가면을 쓰고 있는 아버지를 비난하고, 아버지는 그 견해의 단순함에 반박한다. 때로는 "등장인물에서 벗어나는 것이 곧 그 등장인물이 되는 것"이라고 이 극은 말하고 싶은 것이다.

디오니소스적dionysian

제우스와 테베의 왕녀 세멜레의 아들인 디오니소스와 관련이 있는 용어다. 디오니소스는 제우스의 허벅다리에서 탄생되었으나 페르세우스에게 살해되고 어머니의 영혼을 구원하기 위해서 저승으로 내려갔다가 마지막에 올림퍼스로 올라왔다. 디오니소스의 신봉자는 바커스의 신녀들이나 사티로스, 시레누스의 아들들이며, 광란적인 디오니소스 축제의 의식에서 디오니소스의 선물인 포도주를 찬양했다. 이 같은 디오니소스의 신봉자들은 에우리피데스의 『바커스의 신녀들』, 현존해 있는 사티로스극인 에우리피데스의 『키클롭스』나 소포클레스의 미완성작 『추적자』에서 등장한다. 디오니소스는 연극의 신이었다. 아리스토텔레스에 의하면 비극은 디오니소스를 찬양하는 노래인 디티람보스Dithyrambos에서 탄생하였고, 디오니소스 제단은 아테네 신전의 언덕에 있는 디오니소스 극장의 오케스트라 중앙에 놓여진 곳에서 디오니소스의 영예를 기리기 위해 연극제가 거행되었다.

1872년 독일의 철학자 니체는 저명한 『비극의 탄생Die Geburt der Tragödie (1872)』을 출판하였는데, 그는 이 작품에서 유명한 두 가지 원리인 "디오니소스적인 것"과 "아폴로적인 것"을 구별했다. 그는 디오니소스적인 것을 자연스럽고 원시적인 에너지에 결부시켰고, 아폴로적인 것을 질서가 잡힌 시각적인 미와 자기 인식에 결부시켰다. 디오니소스적인 것은 음악이며 합창대의 춤으로 표현된다. 반면에 아폴로적인 것은 개체화의 원리이며 시각적인 장치나 무대상의 배우를 통해서 표현된다. 이 두 가지 요소 혹은 원리의 결합이 비극의 상연에 필요하다고 니체는 주장했다.

디오니소스 축제city dionysia

고대 아테네에서 3월말에서 4월초까지 약 일주일간 열려 디오니소스 신을 축하했다. 이 기간 동안 모든 상점은 휴업하고, 관청도 업무를 일시 중단했다. 외부로부터 사람들이 몰려들어 아크로폴리스의 남동쪽 비탈에 있는 디오니소스 극장에서 비극의 상연을 중심으로 한 축제를 구경했다. 축제가 시작되기 전에 모든 주요 연극 관계자들이 퍼레이드를 펼치고 앞으로 있을 연극에 대한 정보를 제공하거나 선전을 한다. 배와 비슷한 장식차에 탄 지위가 높은 사제가 첫날의 행렬을 이끌었고, 그 뒤를 화려한 춤과 볼거리가 줄을 이었다. 그 다음에 이어지는 디티람보스Dithyrambos 경연에서는 이 날을 위해서 선정된 극들이 무대에 올려지며, 그 해의 상을 놓고 서로 치열한 경쟁을 벌인다. 축제가 끝난 이삼일 후에 시상식이 거행되고, 행사 진행은 행정관들에 의해 평가되고 축제 기간 동안 적절하지 못한 행동을 했거나 비행을 저지른 사람들은 재판을 받고 처벌을 받았다.

디오니소스형과 아폴론형dionysos-apollon

그리스 신화를 원용하여 예술 경향을 둘로 대별하는 경우에 쓰이는 개념이다. 그리스 신화에서 디오니소스는 로마 신화의 바커스에 해당된다. 즉 그는 포도주와 연극의 신이다. 그에 대해서 아폴론은 태양신이다. 아폴론은 시가 · 음악 · 예언 등을 주관하는 신이다. 아폴론이 문화 · 조화 · 질서를 나타내는 것에 반해서 디오니소스는 열광적이며 야성을 그 속성으로 하고 도취적이며 환락적이다. 작가는 디오니소스적 창작정신과 아폴론적 이성을 갖추어야 한다고 말한다. 니체는 모든 예술 활동의 발전이 디오니소스형과 아폴론형의 영원한 투쟁과정에 있다고 보았다. 이밖에 고전주의를 아폴론적, 낭만주의를 디오니소스적인 것이라고 보는 예가 있으며, 조형예술을 전자에 음악을 후자에 결부시키는 경우도 있다.

디졸브dissolve

TV나 영화에서 사용되는 용어로서 장면 전환 기법의 하나이다. 디졸브는 단어적인 의미 그대로 하나의 장면이 다른 장면을 삼키면서 전환되는 기법이다. 우리가 TV드라마에서 자주 볼 수 있듯이 하나의 화면이 다음 화면과 겹치면서 장면이 전환되는 것을 말한다. 디졸브는 대개가 하나의 장면의 마지막 부분이 희미하게 사라지면서 다음 장면이 겹쳐서 나타나는 것이 일반적이다. 이 기법은 무엇보다 시간의 경과를 표현하거나 회상을 나타내기 위해 주로 사용된다.

디코럼decorum

어울림 또는 적정률適正率이라고도 한다. 문학작품에서 장르, 등장인물과 행위, 문체와 어투 등이 서로 잘 맞아 어울리는 것을 이르는 말한다. 즉 등장인물의 행동은 상황과 신분에 울려야 하여, 언어적 표현은 소재에 따라 중요한 것은 중요하게, 사소한 것은 사소하게 취급되어야 한다는 것이다. 이는 로마시대의 수사학자들이 강조한 것으로 르네상스를 거쳐 신고전주의 시대의 시 이론에서 최고의 예술적 요소로 강조되었으며, 실제 창작에도 큰 영향을 끼쳤다.

디코럼은 본래 '정황에 알맞게 처신함', 즉 예절을 뜻하는 말로, 미학적·문학적 원칙이기에 앞서 윤리적 원칙이었다. 그래서 디코럼은 예법이 지켜지고 극의 등장인물의 발언이나 태도가 그 사회적 지위에 걸맞은 것인지를 요구한다. 아리스토텔레스에 유래하는 고전적인 규칙은 무대상에서 폭력·죽음·성적 내용을 표현하는 것을 금하고 있다.

디티람보스dithyramb

디오니소스의 별명이기도 한 디티람보스는 포도주의 신 디오니소스의 영예를 노래 부르거나 춤추거나 한 찬가였다. 아리스토텔레스의 『시학Poetica』에 의하면, 비극은 디티람보스의 지휘자들에 의한 즉흥에서 발전했으며, 본래는 합창대가 후렴구를 붙여서 부른 노래였다. 영웅을 주제로 한 디티람보스를 쓰고 제목을 붙인 것은 아리온이라고 되어 있다. 무용, 노래, 서정시의 요소에 테스피스기원전 6세기의 그리스의 전설적 비극 시인가 대사나 이야기의 프롤로그를 덧붙인 것으로 되어 있다.

고대 아테네에서 디오니소스제의 첫날에 디티람보스가 상연된다. 디오니소스의 생애의 삽화가 마임극으로 상연되고 힘찬 영창으로 이야기된 듯하다. 이 리드미컬한 형식은 드라이든의 시 『알렉산더의 축제(1697)』 속에서 사용되었다.

딜레마dilemma

곤혹 또는 당혹감을 일으키는 상황을 의미한다. 더욱 정확하게 말하면 두 가지 상반되는 갈림길에서 어느 하나를 선택하지 않으면 안 되는 논쟁 상대의 상황을 말하는 수사학의 용어이다. 극에서 딜레마는 두 가지 상반하는 행동, 두 가지 상반하는 욕망, 의무와 사랑, 도덕과 방편, 두 주인에 대한 복종, 두 가지 기준이 있는 도덕, 혹은 두 가지 악, 삶이냐 죽음이냐 사이 등에서 결정을 내려야만 하는 등장인물을 그린다. 햄릿의 "이대로 있을 것인가, 말 것인가 혹은 살아야 하나, 죽어야 하나" 라는 유명한 독백에서 알 수 있는 것처럼 딜레마의 표현은 힘찬 연극을 낳는다.

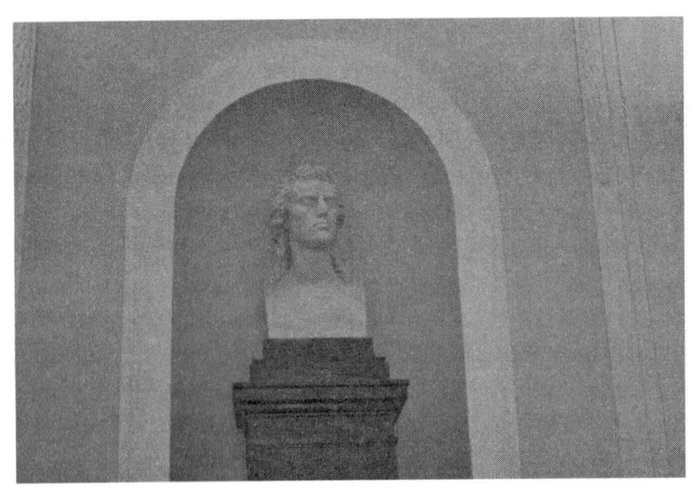

마바흐(Marbach am Neckar)에 있는 '국립 쉴러 박물관' 현관에 세워진 독일 고전
주의 시대 극작가이자 시인인 쉴러(Friedrich Schiller)의 흉상

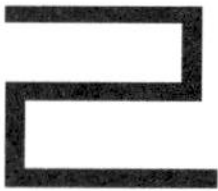

라디오 드라마Radio drama
☞ 방송극

시각에 의하지 않는 목소리와 효과음을 사용해서 제작된 극 형식을 말한다. 대사를 암기할 필요가 없이 등장인물의 사고 과정을 대단히 용이하게 표현할 수 있으며, 소설처럼 이야기를 대사에 섞을 수가 있다. 라디오 드라마는 감정의 가미·사회적인 지위·장소의 변화·공간의 감각 등을 효과음과 목소리의 톤으로 전달한다. 그리고 언제·어디서·누가 말하고 있는지를 청취자에게 확실히 전달해야 한다. 루이스 맥니스·딜런 토머스·사무엘 베케트의 작품들은 이러한 기법들을 잘 활용했다.

엘리엇의 시 『황무지The Waste Land(1922)』는 '목소리를 위한 극'으로 일종의 라디오 드라마이다. 그 밖의 주요 작품들에는 딜런 토머스의 『밀크 숲에서Unter Milk Wood(1954)』나 사무엘 베케트의 『모두 쓰러지는 자All that fall (1957)』 등이 있다.

라이시엄 극장the lyceum theatre
런던의 웰링턴 가에 에 있는 극장으로 1794년에 작곡가 아놀드에 의해 세워졌다. 1810년에는 영국 오페라극장English Opera House으로 개관되고, 1834년에는 재건·개칭되었다. 이 극장이 런던에서 가장 유명한 극장이 된 것은 1878년부터 1902년 30여 년 간 이 극장의 경영을 맡았던 배우이자 무대감독이었던 헨리 어빙의 힘이 크며, 여기서 주로 셰익스피어 극을 상연했다. 그러나 1904년 크게 개축한 뒤로는 음악회·통속극·무언극을 주로 공연했다. 1939-45년에는 댄스 홀로 사용되기도 했다.

라이트모티프Leitmotiv

주도동기主導動機 ·주도악구主導樂句 · 주악상主樂想이라고 하며, 바그너의
오페라에서 유래하는 용어다. 주로 오페라 때로는 교향시에서 나타나는 되
풀이되는 음악의 주제로서 악극에서 짧은 선율단위를 효과적으로 되풀이
하여 극중 인물을 성격 짓기도 하고 극적 장면을 뒷받침하는 사상이나
감정을 이끌어내는 것을 일컫는다.

연극에 적용하면 되풀이해서 나타나는 어떤 주제 · 말 · 이미지를 의미
한다. 라이트모티프는 그것을 사용하는 등장인물을 조명해 주며, 흔히 행
동에 대한 아이러닉한 해설을 형성한다. 『햄릿』에서는 "눈에 보이지 않
는 내부가 썩어 가는" 남모를 병에 대한 거듭되는 언급이 라이트모티프
이다. 이 라이트모티프는 오필리어의 정신병, 독살, 햄릿의 기묘한 행동,
그리고 "무엇인가가 썩고 있는 거야, 이 덴마크에서는"이라고 작품 전체
를 감싸는 분위기와 결부되고 있다.

랑그와 파롤langue and parole

스위스의 언어학자 소쉬르가 그의 대표적 저서 『일반언어학 강의Cours
de linguistique générale(1918)』에서 주장한 유명한 언어학적 용어이다. '랑그'는
언어사회의 구성원들이 공유하는 일반적이고 추상적인 언어체계이며, 이
것이 실제로 개개인의 언어생활을 하면서 발현되는 것이 바로 '파롤'이
다. 이 구별을 연극에 적용하면, '랑그'는 연극언어, 즉 말 · 의상 · 소도구
· 몸짓 · 얼굴표정의 하나하나에 의미를 부여하는 일련의 연극적 코드이다.

런치타임 극장lunch-time theatres

1968년 이후 런던에서 처음 생겨나서 그 밖의 지역으로 확산된 극장을
말한다. 이런 극장들 덕택으로 작가 · 연출가 · 배우 등은 연극을 할 수
있는 새로운 장소와 기회를 얻을 수 있었다. 공연물은 흔히 실험적이며,
관객은 주로 젊고 발랄한 청소년층이다. 극장 공간이 협소하기 때문에 상
연 비용이 최소한으로 절감된다. 한편 관객이나 배역의 수는 적은 편이며,
장시간의 연극은 상연할 수 없고, 흥행 수입도 일반적으로 적다. 그러나 런
치타임 극장이 직업 극장의 범위를 넓혀 준 것은 환영할 만한 일이다.

레벨levels

극에 등장하는 배우가 관객을 향해서 대화를 시도할 때, 무대상의 여러 가지 높이를 말한다. 경사 무대에서도 그렇지만 평면 무대에서는 배경이 그다지 변하지 않는다. 평면 무대에 변화를 주자면, 대臺 · 계단 · 대좌 · 갤러리를 만들고, 거기에서 배우가 관객에게 말을 거는 것이다. 이렇게 하면 무대의 높이를 무대의 넓이와 마찬가지로 활용할 수 있고, 흥미로운 배치가 가능하게 된다. 아울러 등장인물들 간의 역학 관계도 강조할 수 있는데, 이를테면 신들이 위쪽에 나타난다거나, 천사가 위쪽에서 내려온다거나 한다. 또한 셰익스피어 극에서는 이러한 역학 관계를 뒤집어서 죽어 가는 안토니를 <기념비> 위에 들어 올리게 했다. 명확한 레벨의 차이는 객석의 바닥 면과 무대와의 사이이다. 극장은 그리스 시대에서 현대의 거리 극장에 이르기까지 객석과 무대 사이의 레벨 차이를 이용해서 배우와 관객의 관계를 다양하게 변화시켜왔다.

레뷔revue

잡다한 연예 프로그램으로 낭독, 코믹한 촌극, 노래와 무용, 시사평론 등이 포함된 가벼운 오락극을 말한다. 뮤지컬의 전단계 또는 뮤지컬의 한 종류로 분류되며 뮤지컬과 달리 줄거리는 없다. 하지만 주제가 있다는 점에서 주제가 없는 보드빌vaudeville과는 구별되며, 연기자는 프로그램에 따라서 여러 가지 볼거리를 제공한다. 레뷔는 19세기 초 프랑스에서 처음 공연되었고, 19세기 말부터 20세기 초까지 미국과 영국에서 인기를 끌었다. 특히 미국에서는 1910년대와 1920년대 뉴욕 오프브로드웨이를 중심으로 많은 작품이 공연되었으나, 라디오 · 텔레비전 · 영화 등에 밀려 1940년부터 대형 공연은 거의 사라지고 나이트클럽이나 카바레 등에서 명맥을 유지하여 왔다. 대표적 작품은 『벌거벗은 소년들의 노래!Naked Boys singing!』, 『우리 시나트라Our Sinatra』, 『금단의 브로드웨이를 청소하다 Forbidden Broadway Cleans Up』 등이며, 특히 지그펠드의 『시사 풍자극 1907The Follies of 1907』 이래 미국에서도 독자적인 레뷔가 확립되었다.

레퍼토리repertory

연주자나 극단이 일정한 기간 동안에 상연 또는 연주하기로 한 작품의 목록이나 연출 목록을 말하며, 상연목록 또는 연주곡목이라고도 한다. 그러므로 레퍼토리는 하나의 극단에서 한 작품을 가지고 마지막 회까지 연속해서 상연하는 것이 아니라 작품을 바꾸어 상연하는 경우 상연되는 작품들의 전체 목록을 의미한다. 물론 이러한 작품들이 동일한 시간대에 동일한 장소에서 공연되는 것이 아니라 전체 공연 기간 중에 한 작품씩 번갈아 가며 공연하게 된다. 이러한 공연방식을 물론 레퍼토리 방식repertory system이라고 일컫는다.

레퍼토리 방식은 한 가지 역을 장기간에 걸쳐 연출하는 롱런시스템long-run system과는 달리 무엇보다 다양한 관객층을 끌어들여 극단 운영의 효과를 거두기 위한 방편이기도 하다. 물론 극단이 한 작품으로만 공연하게 됨으로써 야기될 수 있는 지루함과 단조로움을 탈피하기 위한 목적도 없지 않다. 이러한 까닭에 최근 들어 레퍼토리 방식의 연극공연이 부쩍 늘어나고 있는 추세다.

레퍼토리 방식은 19세기말까지 순회공연을 많이 가졌던 영국의 런던 시외에서 발생하였으며, 그 후 영국의 많은 다른 지방에서 레퍼토리 극장이 생겨나 본격적인 레퍼토리 방식이 도입되었다. 현재는 런던 중심의 몇몇 극장만이 순수한 레퍼토리 상연을 정기적으로 기획해 상연하고 있는 실정이다. 레퍼토리 방식은 근래 들어 다른 나라에서도 많이 도입하고 있는 연극공연의 방식이다. 우리나라에서도 일부 극단에서는 다양한 관객층을 흡수하기 위해 레퍼토리 방식을 채택하고 있다. 특히 이 방식은 최근 들어서 복합영화관의 등장과 비슷한 현상을 야기하는데, 복합 영화관의 경우 기존의 영화관에서는 한 작품만을 상영하였지만, 여러 영화를 한 영화관에서 동시에 상영함으로써 다양한 관객층을 끌어들이고 영화관의 재정적인 운영도 효과적으로 하고 있다고 할 수 있다.

로마 연극roman theatre

로마 연극에 의해서 그리스 연극이 근대로 계승되었다. 플라우투스와 테렌티우스의 희극은 그리스 신희극의 전통을 전했다. 세네카의 레제드라마Lesedrama/ 읽는 희곡 는 그리스 비극의 신화적인 주제를 전하는 데 일조했다. 리비우스 안드로니쿠스 · 나이비우스 · 엔니우스 · 파쿠비우스 · 아키우스와 같은 로마의 극작가들이 쓴 극의 단편이나 제목들이 남아 있다. 그러한 극들의 대부분은 소포클레스와 에우리피데스의 극들을 토대로 하고 있었다. 로마 시대의 극장은 그리스 시대의 것을 개조한 것이었다. 로마의 극장은 세 개 내지는 다섯 개의 출입구가 있는 근사한 프론스 스카에나에를 배경으로 한 긴 무대, 그것을 향하고 있는 반원형의 관객석 그리고 오케스트라로 이루어져 있었다. 그 형식은 로마의 마르켈스 극장에서 확립되었고, 오랑쥬(프랑스 남동부의 도시)나 그 밖의 장소에 보존되어 있다. 무대 오른쪽이 도시의 방향을 나타내고, 무대 왼쪽이 항구나 시골로 가는 퇴장구가 있다. 마르켈스 극장보다도 큰 극장에는 지붕은 없었으나 폼페이에 있는 것처럼 그보다 작은 극장에는 목조 지붕이 있었다.

극장의 볼거리에는 검투사의 싸움이나 모의해전과 같은 것들이 더 있었다. 보통은 이동이 가능한 가설무대에서 마임으로 상연되던 소극도 대극장에서 상연되었다. 가면을 쓰고 공연했으므로 몸짓이 대단히 중요했다.

로만스romance

로마의 직접적인 영향권에 속해 있던 중세 시대의 이탈리아 · 프랑스 · 스페인 · 포르투갈 등지에서 사용되던 로마 언어인 라틴어에서 기원한다. 그것이 문학에서 오락을 위한 시나 이야기에 구어체인 방언으로 쓰이게 되어 로망스 방언으로 쓴 하찮은 글이라는 뜻으로 되었다. 영국에서는 모험적 · 가공적 · 괴기적 · 통속적인 장편소설을 로만스라 하며, 장편 본격소설 노블novel과 구분된다. 그러나 프랑스에서는 로만스와 노블의 구별이 없이 로망Roman이란 단어로 모든 산문장편소설을 총칭한다. 내용이 대체로 기사들의 환상적이고 이상적인 무용담과 연애 이야기가 대부분 차지했기 때문에 로만스는 기이奇異한 가공적架空的이고 모험적 특성을 가지게 되었으며, 이 특성으로 영국의 로만스는 전기소설傳記小說을 의미하게도 한다. 따라서 <로만>이라는 말이 유럽에서는 <소설>의 뜻으로 쓰이게 된 것이다.

맬러리의 『아더왕의 죽음Morte d'Arthur, 21권(1485)』, 스펜서의 『선녀여왕 The Faerie Queene(1590-96)』, 테니슨의 『국왕가집Idylls of the King(1859)』, 스코트의 『호상의 미인The Lady of the Lake(1810)』, 키츠의 『성 아그네스제祭의 전야The

Eve of st. Agnes(1820)』 등이 모두 로만스적 경향을 지닌다.

전기소설과 사실소설은 경향과 목적에서 엄격히 구별된다. 즉, 전기소설은 낭만주의 운동과 연결된 것이며, 소재를 중세의 전설에서 구하고 모험적·가공적·괴기적인 것을 중시하고 사건 자체를 중시하며 연역적 태도를 취하는 일종의 이상주의이다. 이에 반해서 사실소설은 현실에서 소재를 구하며, 공상적인 것을 배격하며 성격묘사를 중시하여 귀납적 태도를 기본으로 삼는 현실주의라고 할 수 있다.

르네상스 시대에 와서는 합리주의, 고전문학의 발흥發興으로 인해 로만스 문학은 배제 당했으며, 『돈키호테』는 로만스 문학에 대한 조소로 일관한다. 그러나 합리성과 사실성에 대한 본능적 반발을 지니고 이상화를 추구하는 로만스 정신은 『데카메론』, 『돈키호테』로 그 맥을 이어지는 사실적 이야기의 전통과 꾸준히 대치되면서 18세기 중엽의 공포와 신비를 추구한 고딕Gothic문학, 포우의 『어셔 집안의 몰락』과 『보물섬』, 『삼총사』, 『폭풍의 언덕』, 『모비 딕』 등과 같은 작품들 그리고 현대의 반사실주의적인 작가 카프카 또는 일부 실존주의자들의 문학 속에서 그 전통이 이어지고 있다.

로만스 극은 반드시 로맨틱한 것은 아니다. 보몬트 또는 존 플레처의 로만스 극과 같이 제임스 왕 시대에 탄생된 그 밖의 로만스 극에서 현실적인 행동이 중요한 구성 요소를 이루고 있다. 또한 로만스는 연극에서는 셰익스피어의 후기 극 『페리클레스(1606-1608)』, 『겨울 이야기(1610)』, 『심벨린(1609)』, 『템페스트(1611)』에서 아주 빈번히 사용되는 용어이다. 이런 극들은 경이로움과 매혹적인 느낌을 낳기 위해서 전설을 소재로 끌어들이거나 이국정서의 배경과 기묘한 사건을 사용하기도 하며, 그 특징을 나타내는 말은 "진기한rare"·"풍부한rich"·"야릇한strange" 등이다.

로맨틱 아이러니romantic irony

작자가 자신의 작품뿐만 아니라 그 작품의 장르와 사회적 기능에 관해서 논리적인 견해를 취하는 일반화된 아이러니의 형식이다. 로맨틱 아이러니는 작가에 의해 공감을 불러일으키며, 이 반응은 소설 속에서 가장 일어나기 쉽다. 스턴의 『신사 트리스트럼 샌디의 생애와 의견The Life and Opinions of Tristram Shandy, Gentleman(1760-67)』과 마찬가지로 필딩의 소설에도 로

맨틱 아이러니가 있다. 희곡에는 명백한 화자가 없음에도 불구하고 로맨
틱 아이러니가 있을 수 있다. 주네, 피란델로, 베케트 같은 작가들은 자신
들의 제재에 대해서 유희적인 태도를 보여 주고 있다. 이들의 어조는 로
맨틱하다기보다는 냉소적이다. 셰익스피어의 로맨틱 코미디에는 극중에
서 행해지고 있는 게임을 인식하는 따뜻한 유희성이 있기 때문에 고전적
이고 도시적인 전통을 가진 희극의 리얼리즘과는 다르다. 화자가 부재하
는 경우 이 용어를 소설에 한정해서 사용하는 것이 바람직하다.

로맨틱 코미디romantic comedy

남녀 간의 사랑에 관한 가벼운 코미디 스타일의 극이나 영화를 가리키
는 용어이다.

로열 셰익스피어 극단royal Shakespeare company

셰익스피어 작품 및 실험적인 현대극을 상연하는 극단. 1879년 셰익스
피어의 고향인 스트랫퍼드-어폰-에이번Stratford-upon-Avon에서 창설된 셰익스
피어 기념 극장이 1960년에 재건과 조직 개편과 함께 지금의 명칭으로
바꾸면서 독립, 장기 계약제로 단원을 확보하였다. 또한 피터 홀이 연출
책임자로, 트레버 넌이 예술 감독으로 부임하였고, 특히 피터 브룩과 미
셀 생드니는 공동 연출가로 활약했다.

로열코트극장royal court theatre

1870년 개관한 영국 런던에 위치한 극장으로 20세기 영국 연극의 발전
에 있어 대단히 중요한 역할을 했다. 1904년에서 1907년에 걸쳐서 그랜빌
-바커와 J. 베드렌의 극단이 입센 · 예이츠 · 쇼 등의 작품과 기타 많은
근대극을 상연하였다. 1956년 이후에는 영국 무대의 본거지로서, 디바인
의 지휘 아래 오즈번의 『노여움 품고 뒤를 봐라Look Back in Anger(1956)』와
아덴의 『머스글레이브 중사의 댄스Serjeant Musgrave's Dance(1959)』 등의 신인
작가의 우수한 작품을 소개하였다. 리처드슨, 덱스터, 게스킬 등의 연출
가들도 이 극장에서 연출 기회를 통해 연극계로 진출하였다.

로코코rococo

18세기 프랑스에서 생겨난 예술형식으로 어원은 프랑스어 rocaille조개무늬 장식, 자갈에서 왔다. 로코코는 바로크 시대의 호방한 취향을 이어 받아 경박함 속에 표현되는 화려한 색채와 섬세한 장식이 특징이다. 로코코는 왕실예술이 아니라 귀족과 부르주아의 예술이다. 유희와 쾌락의 추구에 몰두해 있던 루이 14세 사후, 18세기 프랑스 사회의 귀족계급이 추구한 사치스럽고 우아한 성격 및 유희적이고 변덕스러운 매력, 동시에 부드럽고 내면적인 성격을 가진 사교계 예술을 말하는 것이다.

로코코란 개념이 서양 예술사에 전문용어로 쓰이기 시작한 것은 1840년대로 추정되며, 좁은 의미에서 로코코란 루이 15세 시대(1730-1750)에 유행했던 프랑스 건축의 내부 장식·미술·생활용구의 장식적인 양식을 의미한다. 그 후 이 국한된 의미를 벗어나 예술사를 연구하는 전문가들 사이에서 후기 바로크를 이어주는 건축과 서양미술의 한 예술 양식으로 쓰이기 시작하였다. 엄밀한 의미에서 로코코는 바로크나 르네상스처럼 한 시대를 대표하는 사조라고 볼 수 없는데, 그 이유는 18세기는 로코코뿐만 아니라 바로크·고전주의·낭만주의 등이 병존하는 시대이며, 이 시기에 유행하고 나타난 예술양식들은 서로 간에 영향을 주고받던 관계에 있었기 때문이다. 로코코는 문학사에서도 우아함·수려함·경쾌함이 특징인 18세기 문학 작품들을 가리키는 용어로 쓰인다.

롱샷long shot

피사체로부터 카메라가 멀리 떨어지거나 광각렌즈를 사용해서 얻어지는 원경遠景을 롱샷이라 한다. 롱샷은 촬영 주체와의 관계와 위치 등을 설명하는 수단으로 사용되는 경우도 있으며, 시각적인 효과를 노리는 수단으로 사용된다. 영화감독이나 텔레비전의 연출가가 장소를 설정해서 관객에게 배경을 확인시키고, 그 배경 속에서 등장인물들 서로의 관계를 인식할 수 있도록 하는 카메라 쇼트이다. TV에 있어서도 롱샷은 스튜디오의 제약된 넓이와 비용 그리고 선명도가 떨어지기 때문에 자주 쓰이지 않는 샷이다. 비디오로 원경이나 전체적인 경치를 촬영할 때를 말하며, 특정 장소에서 발생하는 사건을 설명하기 위해 처음 도입되는 장면에 많이 쓰인다. 스튜디오나 실내에서 촬영할 때 롱샷은 전체를 촬영한다는 의미로서 약 3m정도 이상의 거리에서 촬영할 수 있는 모든 것을 말한다. 롱샷은 클로즈업 때보다 얼굴표정이 확실히 드러나지 않으므로 배우는 흔히 과장된 연기를 요구받는다.

루두스ludus

놀이 또는 게임을 뜻하는 라틴어에서 비롯된 말이며, 이 용어는 중세까지 살아남아서 연극뿐만 아니라 게임·동물 곡예·서커스를 의미하게 되었다. 칼 투기ludus gladiatorum·무대에서의 연극적인 유희ludus scenicus·사냥의 획득물ludus venalis·운동경기ludus circensis 등 루두스에는 여러 가지 의미가 있었다. 그 쓰임새의 각 경우마다 그 목적은 다를지라도 모두 신체적 활동과 흉내 내기의 요소를 갖추고 있었다.

르네상스 극장renaissance theatre

이탈리아 르네상스 시대에 원근법 법칙의 재발견과 고대 극장을 모방하려고 하는 시도에서 발전한 상설 극장으로, 최초의 극장은 1580-1584년에 피렌체에 세워진 테아트로 올림피코이다. 르네상스 시어터라는 용어는 또한 15, 16세기에 발전한 유럽의 세속극의 형식을 가리킨다. 그 형식은 독일의 한스 작스에 의해 탄생한 사육제극에서부터 영국의 엘리자베스 여왕 시대 및 제임스 왕 시대의 연극까지 그 종류가 상당히 다양하다. 이 용어가 가장 잘 사용된 것은 스펙터클한 원근법을 통한 배경을 연출한 이탈리아 연극이다.

르네상스 무대renaissance stage

원근법에 의한 무대 효과에 대한 르네상스 시대의 관심으로부터 발전한 프로시니엄 무대의 형식을 말한다. 이 무대 형식에서 관객은 그려진 배경과의 관계상 배우를 정면에서 보게 된다. 그러나 이 시기의 프로시니엄 아치 앞쪽에는 오늘날의 프로시니엄 아치 무대와는 달리 아직 프로시니엄 도어가 붙은 앞무대가 돌출해 있었다. 영국 왕정복고기 연극에도 이 르네상스 무대가 아직 남아 있었다.

르포르타주reportage

프랑스어로 탐방·보도·보고를 의미하며, 소위 '르포'로 줄여 쓰는 르포르타주는 사전적인 의미로는 허구가 아닌 사실에 관한 보고라는 뜻이다. 그러므로 르포르타주는 창작 소설과는 달리 실제의 사건을 보고하는 문학을 의미한다. 보고문학이나 기록문학 그리고 논픽션 등이 여기에 해당된다. 르포르타주는 어떤 특정한 사건에 관해 직접 체험하거나 조사한 것을 토대로 구성한다. 르포르타주는 다른 문학 장르에 비해 현실감은 물론 생동감을 준다. 르포르타주는 미국을 중심으로 세계적으로 주목받는 문학형식이 되고 있으며, 심지어 미국 내 일부 대학에서는 이에 관한 강좌까지 개설하고 있다. 물론 이러한 경향은 일반적인 소설이 이상적인 것을 소재로 허구적으로 구성되는 것과는 달리 르포르타주는 실제적인 사실을 통한 문학적인 욕구가 증가되었기 때문으로 해석된다.

르포르타주는 물론 방송에서도 주목받고 있는 장르이다. 특히 방송은 사실의 전달을 중요시하는 매체인 만큼 르포르타주 형식의 프로그램이 최근 들어 급속하게 증가하고 있다. 현재 국내에서 방송되고 있는 프로그램 가운데 MBC의 『PD수첩』이나 KBS의 『추적 60분』과 『르포 60』 등이 대표적인 르포르타주 형식에 해당된다.

리듬rhythm

'흐른다'라는 뜻의 동사 'rhein'을 어원으로 하는 그리스어 'rhythmos'에서 유래한 말이다. 넓은 뜻의 리듬은 시간예술, 공간예술을 불문하고 신체적 운동, 심리적, 생리적 작용과 연관되어 있다. 따라서 리듬의 정의는 예로부터 시대나 민족에 따라 다양하다. 일반적으로 리듬은 규칙적인 템포 또는 속도를 말하지만, 아울러 음악·문학·연극의 작품 속에서의 템포 또는 속도의 변화를 의미하기도 한다.

연극에서 리듬은 하나의 장면에서의 대사들의 관계, 장과 막의 상호관계, 극의 강렬함의 전반적인 상승과 하강에 의해서 결정할 뿐만 아니라 배우의 동작과 대사의 속도에 의해서도 결정된다. 리듬에 의해서 관객의 주의가 지속되므로 리듬은 연극에서 대단히 중요하며, 그 책임은 주로 연출가에게 있다. 연출가는 극의 각 부분이 리드미컬하게 함께 어울리도록 리허설을 구성해야 한다. 이를테면 전체 연습을 함으로써 배우는 극의 가장 큰 리듬을 느낄 수 있으며, 위기나 클라이맥스의 중요한 순간과 그렇지 않은 순간을 구별할 수 있다. 특정한 시간이나 혹은 극 전체에 걸쳐서 작가가 요구하는 대사의 길이 대사의 빠르기, 동작의 특징이나 속도를 나타내는 대본의 주석은 음악극 등과는 달리 대사극에서는 사용되지 않는다.

리브레토libretto

오페라, 오라토리오 그리고 칸타타 등 극적 형식을 취한 성악작품에서 가사나 대사를 쓴 것으로 대본, 각본을 의미했으며, 지금은 일반적으로 오페라의 대본을 지칭한다. 그러므로 리브레토는 말하는 언어보다 노래로 부르는 가사가 더 많으며, 18세기의 오페라처럼 강렬한 서정적 장면에서는 자주 반복이 행해진다. 리브레토 작가는 가수와 작곡가의 요구나 사용 언어가 가져오는 음악상의 곤란함을 잘 알고 있어야 한다. 단어의 길이, 모음과 자음의 특징, 문장의 리듬과 강세의 위치에도 주의하지 않으면 안 된다. 게다가 리브레토의 구조는 극보다 단순하며, 서브플롯이나 더블플롯도 극에 비하면 복잡하지 않다. 그 결과 베르디의『오텔로(1887)』를 위해 보이토가 쓴 리브레토는 음악과 떼어놓으면 멜로드라마적인 것이 되어 버리고, 읽을 경우에는 원작인 셰익스피어의『오셀로(1604)』에 미치지 못한다. 그러나 이 리브레토는 읽기 위해서 썼다기보다는 베르디에게 음악적인 전개를 가능케 하는 기본적이고도 암시적인 구성을 가져다 주기 위해서 쓰인 것이다. 극과 리브레토의 주요한 차이는 그 서정적인 요소에 있다. 한 편의 극단에는 액션과 서정을 엄격히 구별하는 오페라가 있다.(18세기 오페라 세리아와 오페라 부파가 그런 것들이다) 이러한 오페라들에서의 리브레토의 작가는 당시의 음악의 관습을 숙지하고 있을 필요가 있다. 다른 한 편의 극단에는 이 액션과 서정 두 가지를 종합한 것, 이를테면 드뷔시의『펠레아스와 멜리장드(1893)』나 베르크의『보체크(1925)』와 같은 것이 있다. 이러한 예들에서는 작곡가는 극의 대본 거의 대부분을 전혀 변경하지 않고 사용할 수가 있다. 오든과 마이클 티베트는 영국의 유명한 리브레토 작가이다.

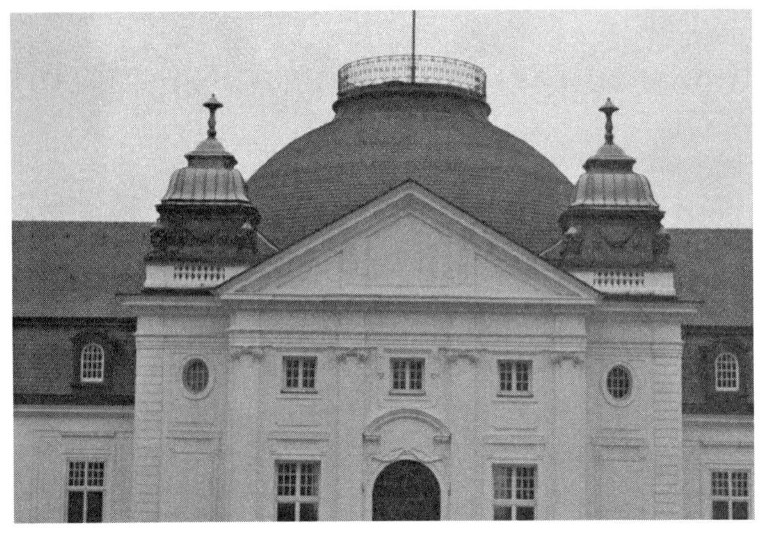

국립 쉴러 박물관에는 네카 강변 마바흐에 존재하는 쉴러의 흔적들과 그의 탁월한
저술활동들에 대한 기록들이 전시되어 있다.

마당극장corral(es)

16 · 17세기 스페인의 극장에서 유래한다. 이 명칭은 가옥 뒤의 마당에 무대가 만들어진 데서 그 기원을 두고 있다. 영국 엘리자베스 시대의 극단이 여인숙의 마당을 사용한 것처럼 스페인 북부의 도시들의 유랑 극단도 마당무대를 사용했다. 넓은 무대를 조립해서 세 방면에 관객석을 마련하고, 머리 위에 천막을 치고, 특별한 관객을 위해서 방의 창 쪽을 일등석으로 사용했다. 이것이 엘리자베스 시대의 것과 대단히 흡사한 상설극장으로 발전해 갔으나 스페인에서는 이보다 30년이나 앞섰다. 발라도리드에는 1554년까지 이러한 대중 극장이 있었고, 마드리드에는 1570년경까지에 5개의 마당 극장이 있었다.

마당놀이

우리 고유의 민속놀이들을 일컫는다. 마당이란 단어가 의미하는 것처럼 동네의 넓은 마당이나 시장 또는 들판에서 구경꾼들에 의해 둘러싸인 채 벌이는 민속놀이들을 일컫는다. 마당놀이는 무엇보다 춤이나 노래, 재담 등으로 이루어지며, 구경꾼들로 하여금 신명이 나도록 흥을 돋우는 것을 목적으로 한다. 그렇다고 마당놀이가 단순한 흥을 돋우는데 그치는 것이 아니다. 마당놀이는 구경꾼들의 흥을 돋우는 가운데 해학과 풍자를 통해 민중적인 애환이나 현실을 비판하는 것이 주요 과제이다. 특히 마당놀이는 서민적인 애환을 그려내 저항정신을 표출하기도 한다.

마당놀이의 대표적인 것으로는 씨름 · 그네 · 줄다리기 · 연날리기 등이 있다. 물론 마당놀이는 좁은 의미에서는 북청사자 놀음의 한 장면을 일컫기도 한다. 마당놀이가 우리나라에서 발달하게 된 것은 무엇보다 우리의 전통적인 농경사회 때문이다. 농경사회에서는 농사일을 하기 위해 집단 노동력이 필요로 한다. 그로 인해 예부터 우리나라에서는 마을을 중심으로 상호부조 또는 두레형식의 풍습이 존재하였다. 이를 통해 농사일을 힘들이지 않고 쉽게 해결할 수 있었다. 하지만 이러한 풍습이 협동심을 키우거나 경쟁심을 유발하기 위해서도 대결하는 형식의 놀이가 생겨나기도 했다. 특히 농한기 때에 마을 주민들이 모여 이러한 놀이를 통해 단결심을 키웠다. 특히 이들 놀이는 명절을 맞아 동네의 회관이나 어귀에서 전통적인 민속놀이와 함께 행해졌다. 놀이가 주로 마당에서 펼쳐졌기 때문에 마당놀이라고 불려진다.

마당놀이는 예전과 다르게 현재는 농촌에서 간혹 펼쳐질 뿐이다. 농사일이 과거처럼 사람들의 일손으로 이루어지기보다는 농기구나 기계를 이용해 이루어지다 보니 이러한 놀이형태가 사라진 것이다. 물론 일부 지역에서는 설날이나 추석, 단오 등을 맞아 아직 행해지고 있지만, 현재는 대학의 동아리와 일부 예술단체, 정동 극장 등에서 현대적인 감각에 맞춰 무대에 올리고 있다. 특히 마당놀이는 1970년대 이후 전통적인 민속 문화 놀이의 중요성이 인정되면서 마당놀이에 대한 관심이 확대되고 있다. MBC방송국은 매년 명절을 맞아 <MBC마당놀이>를 방영한다.

마르크스주의 연극marxist theatre

칼 마르크스의 이론에 영향을 받은 연극을 말한다. 마르크스주의 연극은 노동자 계급의 물질적인 상태와 노동자 계급과 권력자와의 관계를 다룬다. 주제는 사회적·역사적·변증법적이며, 개인적 경험보다 공동체적 경험을 강조한다. 식생활·매매·노동의 과정에 우선권이 주어지며, 경제적이고 물질적인 욕구가 강조된다. 대중 희극이 이용되고 세속적이고 물질적인 성질과 사회적 권좌에 있는 자를 파멸시키고자 하는 태도가 강조된다. 극의 결말에 반드시 마르크스주의식 도그마를 내세울 필요는 없다. 브레히트는 극의 결말에서 관객이 극의 모순들을 스스로 풀도록 한다. 세계의 정치적 부조화를 해결하는 일은 예술적 통일성보다 더 중요하다. 브레히트의 『사천의 선인(1938-41)』에서는 신이 기계적으로 출현해deus ex machina 극에서 제기된 문제들을 해결하지 않는다. 오히려 신들은 모습을 감추고, 여주인공(과 관객)에게 "그렇다면, 어떻게 할 것인가" 하고, 의문을 던진다.

　마르크스주의 연극은 20세기에 대두된 현상이다. 제1차 대전 후 바이마르 공화국(1918-1933)에서 파시즘의 발흥에 맞선 한 형식으로 그 일부가 등장했다. 피스카토어와 브레히트의 영향을 받아『알토나의 유폐자(1960)』를 발표한 사르트르, 이탈리아의 배우 겸 극작가 다리오 포의 소극에 이르기까지 좌파적 연극들이 등장했다. 영국에서는 브레히트의 후기 우파극이 존 아든, 에드워드 본드, 하워드 브렌턴, 트레버 그리피스 등을 포함한 사회주의 작가 세대에 영향을 끼쳤다. 그리피스의『당파(1974)』는 마르크스주의자 그리고 마르크스주의 이후의 투쟁가와 이론가들의 대립적인 태도를 극화하고 있다. 그의 작품『점거(1970)』는 이탈리아 공산당의 창시자 안토니오 그람시를 포함한 혁명적 상황들을 다룬다.

마르크스주의 예술론

　마르크스는 문학과 예술이 경제적 토대 내지 물질의 지배를 받는다고 규정했다. 마르크스는 이데올로기에 따라 세계를 개조할 수 있다고 생각했다. 따라서 문학·예술도 현실을 강조하는 데 그치지 않고, 새로운 현실을 창조하고 현실적 모순을 파헤쳐 나갈 것을 요구했다. 예술은 인간의 의식에 작용하여 세계관을 변경할 것을 요청한다. 또한 현실의 변혁과 개조를 지향하고 목적의식을 고취시킨다. 예술은 계급투쟁, 프롤레타리아의 독재체제 수립을 위한 수단으로 인식된다. 마르크스주의 예술은 독립적이지 못하고 정치·경제를 경시輕視하거나 그것에 예속될 가능성이 내포되어 있다.

　마르크스주의 예술론은 미학, 예술사 그리고 창작이론 등으로 구분된다. 마르크스주의 미학은 미와 생활, 형식과 내용의 문제, 예술의 인식론적 기능과 교육적 기능, 개체성 내지 개성과 전형典型 문제, 예술의 사상성과 당파성 등을 주요과제로 삼는다. 예술사는 마르크스주의 세계관에 입각한 예술의 통시적 고찰을 뜻한다. 예술의 생산 과정에 있어서 두 계급의 갈등, 낡은 형식과 새 내용과의 충돌, 예술에 있어서 민족적 특질의 형성, 장르 내지 양식의 변화에 관한 법칙 탐구, 고전 유산에 대한 정당한 평가 등이 이에 속한다. 창작이론은 이상의 성과를 토대로 실제 작품들을 생산하는 것을 말한다.

마리오네트Marionette

머리 · 동체 · 팔다리에 붙인 철사 · 실 · 막대기를 이용해서 꼭두각시 · 망석중이 · 허수아비 등을 조작하는 인형극을 말한다. 르네상스시대 때부터 19세기에 걸쳐 성행하며 인기를 끌었다. 소형무대를 설치하여 사람이 무대 상부에서 인형을 움직인다. 인형 머리에 붙인 나뭇개비나 철사로 조작하거나, 몇 가닥 실로 조종한다. 시칠리아 등지에서는 아직도 줄 대신 쇠막대기로 조종하는 원시적인 마리오네트가 남아 있다. 18세기에는 유명한 작곡가들의 작품을 연기한 마리오네트 오페라가 널리 유행했다. (☞ 인형극)

마법극Zauberstück

독일 마법 연극의 일종으로 요정의 마법으로 영웅적 인간을 변화시켜 그에게 새로운 인생을 부여해주는 극을 말한다. 1826년의 한 마법극에서는 농민이 백만장자로 변한다. 브레히트는 마법극을 통해 시민계급을 선전했고, "당신의 사회적 운명을 받아들여라"와 같은 계몽적 메시지를 남겼다.

마스킹masking

사전적 의미로 마스킹은 '차폐遮蔽'인데, 어떤 자극이 다른 자극으로 인해 방해 또는 억제되는 효과를 말한다. 연극에서의 마스킹이란 극의 초점이 되는 행동을 관객이 분명하게 직시하는 것을 방해하는 것이다. 무대 위의 배우 수와 배우 앞에 있는 관객이나 관객석에 있는 관객의 수가 많으면 많을수록 이 마스킹의 문제와 시선 확보의 문제는 더 커진다. 경사가 급한 무대 및 갖가지 다른 레벨의 무대 혹은 돌출무대, 원형극장 등에서 마스킹을 잘 해결해야 한다. 배우는 마스킹이 지속되지 않도록 무대상의 동작을 자연스럽게 할 필요가 있다. 또한 마스크란 피사체에 집중하거나 원경화遠景化 효과를 목적으로 여러 가지 다른 방법으로 렌즈가 가려지도록 찍은 영화의 장면을 말한다.

마이닝겐 극단Die Meiningen

독일 작센 주州 마이닝겐 시市의 공작 게오르크 2세가 창설한 극단이다. 마이닝겐 공작은 유명한 무대 예술가이자 연출가로 혁신적인 무대 개혁을 단행했는데, 군중의 처리방법이나 인물배치 등에 있어서 새로운 수법을 많이 시도하여 근대연극에 많은 영향을 주었다. 이 극단이 추구하는 목표는 과학적인 치밀성과 정확성을 통해 지극히 사실적인 무대 미술을 수용함으로써 가능한 한 실제 소도구를 모두 올려놓고는 여기에 모든 배우들이 빈틈없는 연기를 조화시킴으로써 전체 앙상블의 균형을 이루어 나갔다. 1870년부터 1890년까지 마이닝겐 공작은 독일의 전역뿐만 아니라, 유럽과 미국 등에서 30여 회에 걸쳐 순회공연을 하면서 직접 감독직을 맡았다. 이 극단은 주로 고전극을 새로운 수법으로 공연함으로써 세계적인 극단으로 성장했으나 무대장치나 의상의 역사적 고증을 지나치게 강조한다는 비판도 있었다. 이러한 연출 방식은 연극사적으로 보아 19세기 후반의 역사주의적 상연법上演法의 전형이 되었다. 20세기에 들어와서 금세기의 유명한 연출가인 라인하르트에게 지대한 영향을 끼쳤는데, 라인하르트는 마이닝겐의 연극의 기법을 전수함으로써 유명한 그만의 무대장치를 창출할 수 있었다. 그 외에도 앙투안이나 스타니슬라프스키 등과 같은 세계적인 연출가들은 이 극단으로부터 많은 영감과 영향을 받았다.

마이스터게장Meistergesang

중세 말기에 기사, 성직계급의 몰락과 함께 신흥계급인 장인사회가 상공업이 왕성한 독일의 여러 도시에 강화된 조합조직을 만들어 자치제를 구성했다. 이들은 마침내 문예의 영역에도 진출하여 화공·목공·방직공 등의 조합원들이 일요일 오후면 교회에서 음악회를 개최했는데 역량에 따라 5계급으로 나누어 가장 우수한 가수를 '마이스터Meister'라고 칭했다. 이들은 음악학교의 성격을 띤 조직체계 속에서 교육을 받았다. 가사의 소재는 주로 종교적인 것에 한했으나, 종교개혁 이후로는 일반적인 소재도 광범위하게 취급했다. 교훈시Lehrdichtung적 성격을 지닌 가사를 많이 취급했다. 형식상으로는 중세 전성기의 연애시인 미네장Minnesang의 아류에 불과하여 문학적 가치는 빈약했지만, 거짓 없는 경건한 마음으로 노래하고, 다음 세대의 젊은이들을 인도하려고 한 그 의도는 높이 평가받는다.

14세기 초 하인리히 폰 마이센이 마인츠Mainz에서 개최한 음악회가 가장 최근의 것이라고 전해져 오고 있다. 그 후 아우크스부르크, 뉘른베르크, 콜마르, 울름 등의 여러 도시에서 융성했고, 그 중에서도 한스 작스, 한스 홀츠, 한스 로젠플뤼트의 작품은 문학적 가치에서 높이 평가된다. 바그너의 가곡 『뉘른베르크의 명가수Die Meistersinger von Nürnberg(1867)』는 이 중 시인들을 소재로 하고 있다. 이 장인가수 학교는 1880년까지 계속되었다.

마임mime

마임의 어원은 그리스어 미모스mimos: 모방하다, 흉내내다에서 유래했으며, 실생활을 주제로 한 흉내와 춤에 의한 즉흥희극을 말한다. 마임에는 두 가지 형태가 있다. 첫 번째 형태는 기원전 5세기경에 시실리와 남 이탈리아에서 발생한 것으로 대화가 있는 조잡한 사실적 광대극이다. 그것은 일상생활의 사건들을 다루거나, 신들과 영웅들을 풍자했다. 마임은 그리스의 아리스토파네스의 희극보다도 더 먼저 나타났다. 나중에 로마의 희극에 영향을 끼친 조야하고 소극적笑劇的인 극으로 그리스의 메난드로스에 의해 창시되어 로마의 플라우투스와 테렌티우스에 의해 발전된 신희극 new comedy의 발달에 영향을 끼쳤다. 마임의 두 번째 형태는 대화가 배우의 제스처와 움직임과 얼굴 표정에 의해 대치된 극으로 오늘날 일반적인 대화 없는 마임으로 이어졌다. 현대 마임 작가 중에는 배우이자 무대감독이었던 장-루이 바로와 마르셀 마로 등이 있는데, 이들은 이탈리아의 연희 희극인 코메디아 델아르테commedia dell'arte에서 유래된 3막극 『신동神童, L'Enfant prodigue』과 같은 말없는 희곡의 전통을 계승하고 있다. 따라서 마임은 오늘날 단순한 몇 가지 소도구를 사용하고 통상적으로 한 사람에 의해 이루어지는 대사가 없는 연기이다. 이것은 대단히 교묘하고 절제된 몸과 얼굴의 표정과 움직임으로 인간이나 동물의 행동을 모방한다.

마임 배우의 메이크업은 보통 서커스의 어릿광대와 유사하며, 팬터마임, 코메디아 델라르테, 중세의 바보 그리고 그리스와 로마의 소극笑劇은 공통된 기원을 지니고 있다. 마임이 어찌해서 강한 매력을 계속해서 지니게 되는가는 흥미롭다. 연기자는 아무 것도 없는 무대에서 교묘하게 육체를 다루어 어떤 상황을 창조하나 연출하여 관객으로부터 찬사를 받는데, 예를 들어 테이블·도어·계단에서의 자세나 동작으로 연출한다. 연기자는 상상의 물체의 질감·형태·중량감을 만들어 낸다. 관객이 웃고 칭찬하는 것은 마임배우가 인간의 통상적인 연속 동작들을 분해하고 몸짓과 얼굴표정을 과장해서 연기를 하기 때문이다.

동시에 마임에는 무엇인가 그로테스크하고 불안감을 주는 요소가 있다. 마르셀 마로는 요람에서 무덤까지의 일생을 몇 분에 연기해 보이며 비극과 부조리극에 가깝다는 것을 상기시킨다. 마임은 인간 신체의 한계와 동물과의 유사성을 강조한다. 이를테면 카뮈가 프란츠 카프카의 그레고르 잠자Gregor Samsa에 관해서 말한 것처럼 인간이 간단히 곤충이 되어 버린다. 유머와 기교의 배후에 일종의 전율이 있다. 관객의 두발 속에서 벼룩을 발견하는 유서 깊은 어릿광대짓 과정을 연기한 놀라 레이의 연기, 주인공이 한 마리의 곤충이 되어 버리는 카프카의 단편소설 『변신』을 연기한 스티븐 버코프, 데이빗 글래스가 마임으로 연기한 바다의 괴물 등등은 마임 예술가가 동물·곤충·인간 세계의 여러 가지 관계들에 매혹되었다는 것을 보여 주고 있다.

막curtain

관객으로부터 무대를 가리는 역할을 한다. 무대의 전면 막은 프로시니엄 아치의 맞은 편 옆으로 끌어당기거나 말아 올려서 무대를 보이게 한다. '말아 올리기 식'은 도르래로 장대를 둥글게 말아 올린다. 현수막은 비스듬하게 끌어당겨진다. 이 밖에 다른 방법들도 사용되어 왔다.

로마 연극에서는 앞 무대의 움푹한 곳에 놓아두었던 막을 끌어올려서 무대를 가렸다. 막에는 여러 가지 기능이 있는데, 이를테면 연극적 환상의 시작과 끝을 알리며, 장면전환의 기능도 한다. 막act과 장의 구별을 분명히 한다. 클라이맥스의 순간에 막이 내려지면 다음 장면에 이어질 긴장의 고조에 앞서 긴장완화의 시간을 관객에게 주는 효과도 있다. 또한 무대에서 퇴장할 필요가 없게 됨으로써 시간을 절약할 수 있는 기능도 있다. 이와 같이 다양한 막의 사용법은 근대에 오면서 시작했다. 영국에서 각 막Act의 끝에 막curtain을 내리도록 된 것은 18세기이다. 1881년에 어빙은 장과 장 사이의 장면전환을 위해서 본격적으로 막을 사용하기 시작했다.

막act

막幕은 연극 및 희곡에서 줄거리의 진행이 단절되는 부분을 말한다. 또한 각 막은 여러 장Szene으로 구성된다. 그리스극에서는 오늘날에 의미하는 막의 개념이 없었으며, 그 대신 합창단의 노래가 줄거리를 단절하는 기능을 했다. 로마 시대에 들어와서는 테렌티우스가 자신의 극에 3막극을, 세네카는 5막극을 도입했는데, 전자의 것은 훗날 이탈리아, 스페인, 포르투갈에 수용되었고, 후자의 것은 프랑스 고전극에 수용되었다. 독일 희곡에서는 르네상스 시대인 1572년에 최초로 발디스의 『잃어버린 아들 Der verlorene Sohn』에서 막의 구분이 등장했다. 그러다가 바로크 시대에는 그리스극처럼 합창에 의해 구분되었고, 질풍노도Sturm und Drang시대에는 막의 구성 형식이 흐려졌다가, 고전주의 시대에 들어와서는 다시 5막의 극이 전형이 되었다. 그러나 클라이스트의 『펜테질레아Penthesilea(1808)』와 『깨어진 항아리Der zerbrochene Krug(1808)』 등은 예외임. 19세기 전반기에도 5막의 극은 계속 유지되다가, 후반기부터는 단막극, 3막, 4막이 등장했다. 대표적으로 입센과 하우프트만의 극에서처럼 인상주의와 신낭만주의 극에서는 단막극이 선호되었다. 그 후 표현주의 극에 이르러서는 막의 구성 형식이 가장 흐려지는데, 브레히트의 서사극과 방송극의 영향을 받은 보르헤르트의 희곡에서는 막 대신 장場의 연속되는 형식이 등장하였다.

일반적으로 애용되는 막은 5막물인데 프라이타크는 『드라마 극작법 Technik des Dramas(1863)』에서 다음과 같이 막을 구분한다. 이것을 '피라미드 5단段 3분설分設Pyramidische Diagramm'이라고 한다.

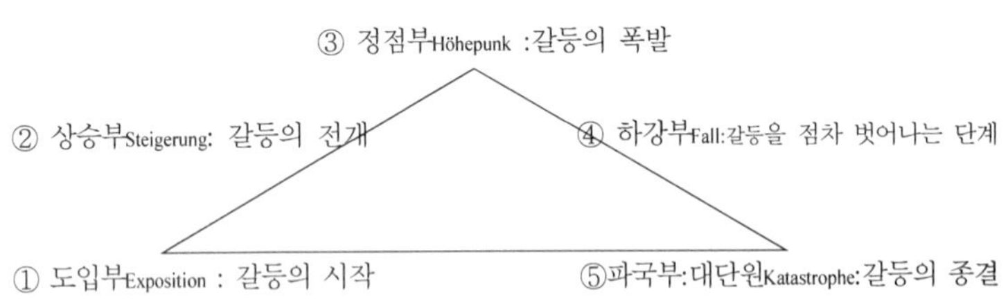

㉠ 사건 진전을 위한 자극적 요소
㉡ 주인공의 운명이 반전되는 비극적 위기Peripetie
㉢ 최후의 긴장의 순간Moment der letzten Spannung

막에는 또 막간막幕間幕, Aktvorhang과 장간막場間幕, Zwischenvorhang이 있는데, 전자는 극작품이 여러 막으로 구성되어 있을 경우 막과 막 사이에 막이 내려 무대와 관객석을 차단하는 기능을 하고, 후자는 한 막이 여러 장으로 구성되어 있을 경우 장과 장 사이에도 막이 유용될 때 그 기능을 하게 된다.

막간극carpenter's scene

막curtain 앞의 아래쪽 무대에서 연기하는 장면을 말한다. 다음 장면을 위한 배경을 위하여 막 뒤쪽에서 무대를 재정비하는 시간을 메우기 위한 극이다. 주로 팬터마임이나 스펙터클 중심의 작품이 상연된다.

만화영화cartoon film / animation film

만화를 영화로 만든 것을 의미한다. 만화는 사람의 손으로 그린 일반적인 그림뿐만 아니라 사물의 특징을 과장해 풍자적으로 그린 그림들을 말한다. 그러므로 이러한 그림들을 동영상을 통해 영화로 만든 것이다. 초창기에 만화영화는 주로 10분 내지 15분 정도의 내용을 담은 단편영화의 부류에 속했지만, 일반인들이 만화에 대한 관심이 높아지고 만화영화에 대한 호응도 증가되자 장편영화로 만들어지고 있는 추세이다. 그로 인해 만화영화는 새로운 영화의 장르로 자리 잡아 가고 있으며, 미국의 대형영화사에서는 장편의 만화영화를 제작해 일반 영화 못지않은 상당한 수입을 올리고 있기도 하다.

말장난pun

소리가 같거나homonym 비슷하지만 그 뜻이 아주 다른 말을 가지고 하는 말장난을 뜻한다. 말장난은 진지한 문학적 의도가 있다. 로마왕의 권위는 마태복음 16장 18절에 있는 그리스어 말장난으로 거슬러 올라간다. "너는 베드로Pedros이니 이 반석petro 위에 내 교회를 세우리라." 셰익스피어는 말장난을 희극적인 목적 외에도 진지한 목적으로도 사용했다. 그래서 『로미오와 줄리엣Romeo and Juliet』의 3막 1장에서 머큐시오Mercutio는 피를 흘리며 죽어 가면서, "내일 날 찾아오면 내가 무덤 사람이 되어 있을 것이다. 내가 진지한 사람이 되어 있을 것이다. Ask for me tomorrow and you shall find me a grave man" 그리고 존 던의 엄숙한 시 『하나님 아버지께 드리는 찬송가Hymn to God the Fattier』는 처음부터 끝까지 자기 이름과 영어의 do 동사의 과거분사형인 "done"을 가지고 말장난하고 있다. 그러나 18세기 이래로 말장난의 문학적 용법은 거의 전적으로 희극적 용법으로 변질되었다.

매너리즘mannerism

예술 창작에 있어 일정한 기법이나 형식 따위가 습관적으로 되풀이되어 독창성과 신선한 맛을 잃어버리는 것을 말하며, 오늘날에는 현상유지 경향이나 자세를 가리켜 흔히 매너리즘에 빠졌다고도 한다. 또한 문학에서 독특한 문체를 허식적으로 또는 지나치게 사용한다는 일반적 의미를 지니고 있다. 예를 들어 한 작가의 문체의 특유한 요소라고 할 수 있는데, 가령 밀턴의 라틴어적 구문, 기번의 균형 있고 대조적인 운율, 다우티의 괴상한 고문체, 헤밍웨이의 사이비 성서적 리듬 등은 매너리즘의 대표적인 예들이다. 이 용어는 미술사를 모방하여 르네상스와 바로크 사이의 시기의 문체를 지칭하는 데 사용되어 왔다. 이 용어는 바사리로 거슬러 올라가는 데, 그는 "마니에라maniera"란 말을 인상적이고 특수한 특성으로, 특히 단일한 미美들을 하나의 아름다운 전체로 결합시키는 능력이란 뜻으로 사용했다. 그것은 11세기의 부자연스러운 허식적인 문체를 의미하게 되었고, 1800년경에 주요 유럽 언어들에서 주의主義의 형태로 나타났을 때에는 다소 예술적인 허식을 의미했다. 20세기에는 미술사가들이 미술사에 전력을 기울인 나머지 이 말에 중립적이고 시대적인 의미를 부여하는 데 성공했다. 미켈란젤로와 루벤스 사이에 하나의 전수시기의 궤도가 놓여 있는 데, 그 안에 틴토레토, 첼리니, 브러겔 및 엘그레코 같은 미술가들이 활약했다.

매너리즘은 대부분 고전주의 예술에서 연역되어 르네상스 시대의 독립된 '법칙들'을 의도적으로 경시하는 데 있었다. 바로크 시대에는 매너리즘이란 용어는 언어의 화려한 장식성 · 이상한 구문 · 기상奇想 · 교묘한 미문美文과 같은 특징을 지닌 특별한 문체들에 사용되어 왔다. 16세기의 두 작가가 특히 매너리즘과 관련이 깊은데, 즉 스페인 작가인 안토니오 데 게바라와 과식체過飾體: euphuism로 유명한 영국의 존 릴리이다.

매너리즘 연극mannerist drama

이탈리아의 미술사에서 인용된 용어로 존 릴리의 유퓨리즘euphuism의 저작이나 17세기 초엽의 형이상학파 시와 같은 과장된 문학이나 연극의 양식에 적용된다. 또한 이 용어는 그 밖의 시대의 문체에 적용되는 수도 있는데, 이를테면 제임스 조이스의『율리시즈Ulysses(1922)』는 "매너리즘적"이라고 일컬어져 왔다.

J. L. 스타이안은 "믿든지 말든지 간에 매너리즘은 그것이 연극이라는 게임을 행하고 있다는 것을 충분히 알아차리고 있다"라고 말했다. 그 양식은 자의식이 강하고 불확실하며 그로테스크하게 냉소적이고 설명적이라고 정의되어 왔으며, 인습이 급격히 변화하고 있는 곳에서 곧잘 발견된다. 이와 같이 넓은 뜻의 매너리즘 연극이라는 용어는 셰익스피어의『안토니와 클레오파트라(1606-07)』, 존 마스턴의『안토니오와 멜리다Antonio and Mellida(1599)』등이 있으며, 그 외에도 이오네스코와 뒤렌마트의 작품과 같이 여러 가지로 다른 현대 연극에 활발하게 적용되어 왔다.

매스미디어mass media

매스 커뮤니케이션 미디어mass communication media의 축약된 말로, 불특정 다수인 대중에게 정보를 전달하는 매개적인 기술 수단을 말하며, 이러한 기술의 사용목적이나 전달내용이 공적인 성향을 띠는 경우에 한해 매스 미디어라고 한다. 매스 미디어는 특히 산업화 · 도시화 · 근대화로 인한 사회 환경의 급격한 변화와 정보량의 증가 등에 적절히 대응하는 과정 중에 더욱 전문화 되었다. 신문 · 잡지 · 방송 등의 매체가 매스 미디어이며, 일반인들에게 정보를 제공하는 것이 주목적이다. 매스 미디어는 일반적인 뉴스에서부터 생활정보 · 경제정보 · 사회 각 분야의 정보 등 새롭고 유익한 정보들을 전달한다. 또한 매스 미디어는 다양한 사회조직이나 집단 간의 의사소통수단이다. 특히 현대사회는 정보사회인 만큼 매스 미디어의 역할이 더욱 중요하다.

메타 비평meta criticism

비평의 전문 용어로서 기본 전제 · 논리적 원리 · 구조를 주제로 삼는 비평을 말한다. 예컨대 어떤 작가가 『전쟁과 평화War and Peace』가 디킨즈의 『니콜라스 니클비Nicholas Nickleby(1838-39)』보다 더 훌륭한 장편 소설이라고 주장하면서 비평 논문을 쓸 수 있다. 비평가는 어떤 소설이 다른 소설보다 더 훌륭하다는 판단을 내릴 수 있는 근거를 탐구하면서 메타 비평 논문을 쓸 수 있다. 메타 비평가는 의미 분석과 비평적 추론을 논리적으로 제시한다. 메타 비평가는 해명explication방법 · 서술의 타당성 · 해석이론들 · 예술적 특성들의 정의 · 평가 근거 · 메타 언어학의 형태 등에 역점을 둔다. 어떤 의미에서 메타 비평은 실제 '실천비평'과 구별되는 이론비평의 동의어에 지나지 않는다. 메타비평은 지적인 엄밀성과 논리성을 요구한다.

메타극meta theatre

에이블이 『메타 연극: 희곡 형식의 새로운 관점Metatheater: A New View of Dramatic Form (1963)』에서 희곡적 모더니즘의 일면을 지칭하기 위해 만들어낸 용어로, 놀이나 연기의 성질을 의식적으로 음미하여 연극 자체에 대하여 문제를 제기하는 연극으로 자기 자신에 대해 말하고 스스로 재현하는 연극이다. 이 연극적 요소들은 틀 속의 극처럼 본 연극 속에 포함된 하나의 내적 작품을 형성할 필요가 없으며, 묘사된 현실이 이미 연극화된 것처럼 나타나기만 하면 된다. 그것은 인생 자체가 하나의 연극이라는 은유가 작품의 주요 테마를 이루고 있는 모든 희곡 작품에 있어서 그렇다.

이렇게 정의하면 메타 연극은 작품과 인생의 경계선이 희미해지는 반연극反演劇, Antitheatre의 한 형식이 된다. 인생을 무대와 동일시하려는 주제에 집착하여 극작술과 연극의 구조적인 면을 등한시한다. 현대적 독특한 무대 경향은 텍스트 · 등장인물 · 제스처에 관한 예비적 작업과 궁극적 결과를 구별하지 않는다. 연출자는 하나의 이야기를 하는데 그치지 않고 연극에 대한 성찰을 공연에서 조직적으로 보여준다. 따라서 이제 더 이상 배우가 역할과의 관계를 이야기 하는 것이 아니라, 이차적으로 자신을 연출하는 연극작업팀 전체가 한다. 그렇게 연극 작업은 자기 성찰적인 놀이가 된다. 이 작업에서는 이야기 하게 될 텍스트 · 작품의 구성 · 이야기한 것에 대한 성찰이 섞이며 이 실천 작업은 연극에 관한 메타비평적인 태도를 나타낸다.

세익스피어의 『햄릿』,셰리든의 『비평가The Critic(1779)』, 베케트의 『고도를 기다리며En attendant Godot(1953)』 등의 작품들이 대표적인 메타극이며, 국내에서는 극단 연우무대가 『달라진 저승(1987)』 에서 메타기법을 처음으로 선보였다.

멜로드라마melodrama

원래 유럽에서 음악을 반주로 하여 대사를 낭독하던 오락적인 음악극이었지만, 오늘날에는 줄거리 및 장면의 변화가 많고 통속적인 내용으로 된 연극 · 영화 · 방송극 따위를 통틀어 말한다. 멜로드라마는 우리 식으로 격정극激情劇이라고도 한다. 이 극은 본래 르네상스 시대에 그리스의 고전을 노래로 만든대서 시작된다. 멜로디가 있는 드라마가 원래의 뜻이지만 18세기 말부터는 그 성격이 달라져 인간의 감정을 극도로 자극하는 극으로 변질되었다. 독일의 최고의 고전주의 작가인 괴테와 쉴러의 초기 극에서 찾아볼 수 있으며, 19세기 초에는 영국의 런던 등지에서 유행하게 되었다. 이 극의 특징은 스릴과 재미에 있지만, 극 전체에 일관된 논리가 없으며, 사건을 지배하는 것은 대부분 우연이다. 또한 등장하는 인물의 성격이 항상 극적 상황에 지배된다. 이 연극은 일반대중의 환영을 받아 크게 번성하였으며, 우리나라의 TV에도 큰 영항을 주었으며, 가극에도 삽입되어 신비하고 낭만적인 것이 많게 되었다. 오늘날에는 일반적으로 '오락위주로 구성된 대중극' 또는 '감상적인 통속극'의 뜻으로도 쓰이고 있다.

명제 소설thesis novel

장편 소설novel이 특정한 명제를 시사해 사회, 경제, 정치 또는 종교 문제를 다루는 것을 말한다. 명제 소설이라 불리는 장편 소설의 유형에는 사회학적 소설sociological Novel · 정치 소설political Novel · 선전 소설propaganda Novel (특별한 사회 · 정치 · 경제 · 도덕 문제를 다루고 현실을 무시한 교조적인 해결책을 강력히 옹호하는 장편소설) 등이 있다. 명제 소설 대신에 프랑스어 용어인 '로망 아 테즈roman 'a thèse'란 용어가 쓰일 때도 있다.

모노드라마monodrama

한 명의 배우가 상연하는 극으로서 독백, 방백 등으로 이루어진다. 독일의 배우 겸 극작가 요한 브란데스가 시작해 1775-80년경 독일에서 유행했으며, 여러 가지 구경거리를 채워 넣기 위해서 사용되었다. 브란데스의 『낙서스 섬의 아리아드네』, 체호프의 『담배의 해독에 관하여O Verde tabaka(1886)』 그리고 콕토의 『목소리La voix humaine(1930)』 등이 가장 유명한 예이다. 20세기에는 여배우 루스 드레이퍼가 공연한 것과 같은 1인극을 가리키는 말로 사용되고 있다. 가장 단순한 수준에서 모노드라마는 브라우닝의 의미에서 극적 독백dramatic Monolocus이다. 그것은 하나의 연결된 스토리를 말하는 다양한 율격meter과 연stanza 형식으로 쓰인 일련의 확대된 극적 독백들에 사용되는 경우가 더 많다.

모놀로그monologue

그리스어 monos혼자서와 logos말하다가 합쳐진 단어다. 연극에서 다이얼로그에 반대되는 용어로서, 독백 또는 솔리로퀴soliloque라고도 한다. 넓은 뜻으로는 관객에게만 들리고 무대 위의 다른 배우에게는 들리지 않는 것으로 설정된 방백傍白도 포함되지만, 대개 무대 위에서 한 사람의 인물이 혼자서 대사를 말한다. 등장인물이 무대에 혼자 있을 때 자신의 주관 · 심경 · 의견 · 반성을 관객에게 알리는데 사용된다.

모놀로그가 등장한 시기는 그리스 시대로서 비극에서 합창의 퇴조와 함께 독백은 중요한 역할을 한다. 또한 희극에서도 중요한 역할을 했는데, 이것은 로마와 르네상스 시대에 수용된다. 바로크와 프랑스 고전주의는 독백을 화려한 수사학으로 발전시켰고, 셰익스피어 시대에서 그 정점을 이룬다. 그 후 질풍노도Sturm und Drang 시대에는 주인공의 자기 분석과 성격 노출로 유용되었고, 독일 고전주의 시대에서 괴테는 심령분석을 하는 데 독백을 이용했다. 또한 쉴러는 모놀로그를 수사학적 갈등으로 유용했다. 그 후 사실주의와 자연주의 시대에 들어서 특히 입센에 이르러서 대상에 대한 충실한 표현으로 인해서 모놀로그는 배척당하게 된다. 그러나 그 후 주관의 직접적인 표현을 목적으로 하는 표현주의 희곡에 의해 부활되고 그 특색이 다시 발휘된다.

모더니즘modernism

1920년대 일어난 근대적인 감각을 나타내는 예술상의 여러 경향을 말한다. 넓은 의미로는 교회의 권위와 봉건성에 반항하고, 과학이나 합리성을 중시하고 널리 근대화를 지향하는 것을 말하지만, 좁은 의미로는 기계 문명과 도회적 감각을 중시하여 현대풍을 추구하는 것을 뜻한다.

이 운동은 보통 키에르케고르, 도스토예프스키, 니체와 같은 대표적 선구자가 이미 예고한 것이다. 모더니즘은 19세기에 일어난 역사와 자연의 본질 및 인간 의식의 본질에 대한 태도에 있어서 놀라운 변화들에 근거하고 있다. 다윈의 『종의 기원On the Origin of Species by Means of Natural Selection (1859)』, 아인슈타인의 『특수 상대성 원리(1905)』, 마르크스의 『변증법적 유물론』, 프로이트의 무의식의 개념의 발전은 산업혁명의 갖가지 단계와 결부된 거대한 사회적·역사적 변화와 어울려서 '리얼리티'의 개념을 철저히 변개하여 르네상스에 필적할 만큼의 왕성한 예술 활동을 전개하게 했다. 그리하여 성서의 역사적 정확성이나 뉴턴의 '에테르' 개념이 의심스럽기 시작했다. 인간 마음의 비합리적인 영역이 큰 중요성을 차지하게 되었고, '공간'과 '시간'에 관한 새로운 개념이 발달하고 낭만주의의 견고한 모델은 붕괴했다. 모더니즘은 특히 인상주의·상징주의·자연주의로 이어지는 문화 운동과 관련된다. 여기에는 표현주의·실존주의·초현실주의·다다이즘·구성주의의 소규모적인 운동도 포함된다.

연극에서 모더니즘은 먼저 입센의 혁명적인 산문 극을 의미하며, 그 상연은 1890년대에 파리·베를린·런던에서의 자유극장 운동을 활발하게 했다. 자유극장 운동은 표면상 자연주의와 거기에 내재하는 개인적·사회적 붕괴의 암시에 의해서 스트린드베리의 상징적이고 표현주의적인 후기 연극으로 계승되었다. 스트린드베리의 『꿈의 극(1902)』과 『유령 소나타(1907)』는 제1차 세계대전 이후에 나타난 독일 표현주의의 고뇌하는 연극을 예고한 것이다. 1920년대 중반에는 표현주의의 극단적인 주관성에 대한 반동으로써 독일에서 신즉물주의가 확립되었다. 피스카토어와 브레히트의 서사극은 이것과 관련이 있다. "모더니즘 연극"의 네 번째 줄기는 보통 부조리 연극인데, 즉 베케트·아다모프·주네·이오네스코 등의 극들이다.

모더니즘 연극에는 갖가지의 서로 다른 요소들이 있으므로 어느 정의나 그다지 유용할 것 같지는 않다. 그 공통 특징으로서는 아이러닉한 복잡함, 희비극적인 톤 그리고 19세기 중산 계급의 자기만족적인 태도에 대한 일반적인 반항 등이 거론된다. 모더니즘 연극은 피란델로나 베케트의 극에서처럼 개인적, 사회적 붕괴의 양상들을 갖가지 분절된 형식들로 표현하며, 때로는 그들 자신의 붕괴 과정에 대해서 자의식적이고 분석적이다.

모델model

극에 있어서 하나의 동적인 구조를 이해하는 데 도움이 되는 모델은 브레히트가 창안한 용어로서 그의 “모델부흐Modellbuch”는 연출가를 위한 제언을 내용으로 하는 책을 말하는 것이며, 극의 분석이나 성격부여에 관한 스케치가 붙어 있다.

브레히트에 의하면 극 이론가는 도식의 형식으로 극 구조의 모델을 만들어 낸다. 이런 도식은 어떤 과정의 배후에 있는 “본질적인” 충동들을 제시하는 것을 목적으로 하고 있으므로 간단한 설명보다도 더 나은 정보를 전하므로, 극은 이와 같은 도식적인 분석에 알맞다. 리처드 몰턴은 『극예술가로서의 셰익스피어(1885)』에서 셰익스피어 극의 형식을 도식으로 간단히 보여 주고 있다. 최근에는 형식주의 및 그 뒤에 이어지는 구조주의가 개개의 극들뿐만 아니라, 극적인 과정 전체에 대해 작동하는 유효한 모델을 확립하려고 하는 야심적인 시도를 행했다. 이를테면 그레마스는 이야기라고 하는 표면 행동의 이면에 있는 일종의 “문법”을 추구하여 다음 세 쌍의 동적인 힘을 발견했다. 그것은 “충동”과 “수혜자”, “주체”와 “대상”, “조력자”와 “방해자”이다. 이와 같은 문법은 몰리에르의 『동 쥐앙(1665)』과 셰익스피어의 『햄릿』이라는 전혀 다른 극의 양쪽에 적용할 수 있다. 몰리에르의 극에서 “충동”은 성적인 욕망, “수혜자”는 동 쥐앙, 능동적인 “주체”는 동 쥐앙, 수동적인 “대상”은 일반적인 여성들, 근원적 충동을 추진시키는 “조력자”는 하인 역의 스가나렐, “방해자” 내지 방해의 의지는 엘비르, 피에로, 그리고 다시 스가나렐에 의해서 대표된다.

또한 『햄릿』에서 근원적인 “충동”은 “지식에의 의지”라고 말할 수 있다. “수혜자”는 햄릿과 덴마크 사람들이다. “주체”는 햄릿, “대상”은 “진실”, “조력자”는 유령 혹은 호레이쇼, “방해자”는 클로디어스, 로젠크란츠, 길덴스턴이다. 『햄릿』과 같이 복잡한 극에서는 다의적인 설명이 가능하다. 이를테면 이 극을 정신 분석적으로 설명하면, "충동"은 어머니에 대한 성적 욕망이다. 이 경우 거트루드는 "대상"이 되며 유령을 "조력자"로 간주하기는 어렵다. "충동"은 마찬가지로 "복수"라고 볼 수도 있으며, 그 경우 "대상"은 클로디어스가 된다. 왕자 햄릿은 너무나도 수동적이어서 "주체"로 간주할 수 없다는 논의도 가능할 것이다. 그 경우 "주체"는 유령, "대상"은 햄릿, "충동"은 "권위로부터의 도주", "수혜자"는 유령이다. 그렇다면 유령의 "조력자"는 햄릿, "방해자"는 클로디어스가 된다. 『햄릿』에서는 동기에 의심의 여지가 있기 때문에 이 모델은 여러 부분들의 식별은 해석에 따라 다르다. 왕자 햄릿이 좀 더 능동적이냐 혹은 수동적이냐에 따라서 "주체" 혹은 "대상"으로 볼 수 있다. 이와 같은 모델을 만드는 것은 여전히 극의 동적인 구조 및 다른 해석들을 시각화하는 유용한 방법이다. 모델은 또 연극의 과정을 명확히 설명할 수도 있다.

모리스 댄스morris dance

영국의 민속무용 중 하나인 가장무도假裝舞蹈를 말한다. 2박자 또는 4박자의 음악에 따르며, 간혹 3박자의 음악에 따를 때도 있으며, 특히 로빈 후드 전설의 인물이나 삽화에서 찾아 볼 수 있다. 원래 프랑스를 비롯한 유럽 여러 나라의 모레스카 무용이 영국에 전해진 것이라고 한다. 이 무용은 남성들만으로 이루어지며 익살스럽게 가장을 하고 로빈 후드 이야기 등 영국 전설에 나오는 인물로 분장하는 것이 특징이다. 춤추는 사람은 발목장식anklet이나 팔찌 또는 허리띠에 모리스 벨이라는 작은 방울을 달고 음악에 맞추어 춤을 춘다. 또한 이 무용은 15세기 영국에서는 봄, 5월 축제, 수확축제, 크리스마스 축제와 많은 관련이 있었는데, 이를테면 모리스 댄스의 마리온 아가씨는 5월 축제의 여왕으로 등장한다.

모리타트Moritat

독일어 단어 Mordtat살인 행위에서 유래한 것으로, 독일 카바레에서 베데킨트가 노래 불렀던 일종의 교훈적인 공포를 불러일으키는 발라드를 말한다. 브레히트는 모리타트를 각색해서 발라드 오페라에 삽입했다. 『서푼

짜리 오페라Die Dreigroschenoper (1928)』의 '마크 더 나이프'라는 노래는 대표적 일례이다.

모방(☞ 미메시스)

모스크바 예술극장moscow academic art theatre

러시아의 대표적인 극장이며, 정식 명칭은 '고리키 기념 국립 모스크바 예술 아카데미'로서 그 대문자를 따서 므하트MXAT로 약칭한다. 이 극장은 배우이자 연출가인 스타니슬라프스키와 극작가인 네미로비치단첸코에 의해 1898년에 설립되었다. 모스크바 예술극장이 무대에 올린 첫 작품인 톨스토이의 『표도르 요안노비치 황제(1868)』를 시작으로 체호프의 『갈매기The Seagull』의 공연 성공을 통해 명실 공히 세계적 극장으로 발돋움했으며, 그 뒤를 이어 『바냐 아저씨(1899)』, 『세 자매(1901)』, 『벚꽃 동산(1904)』의 공연은 체호프라는 이름과 베스트셀러 작가의 관계를 보장하게 되었다.

이 극단은 1917년 러시아 혁명으로 인해서 잠시 해체될 위기를 맞이했지만, 루나차르스키의 후원과 레닌의 지지를 받으며 혁명 후에도 계속해서 유럽과 미국을 순회공연 했으며, 1941년까지 러시아 고전극과 소비에트 창작극을 공연했다. 특히 체호프 작품의 지방 공연과 대표적 리얼리즘 극인 고리키의 작품을 중심으로 상연을 계속했다.

모티브motive

연극 · 문학 · 음악 · 조각 · 회화에서 표현의 동기가 되는 주제 및 중심 사상을 말한다. 모티브는 작가나 예술가의 이념과도 밀접한 관계를 맺고 있다. 하나의 작품은 단일한 모티브를 지니고 있을 뿐 아니라 여러 가지 모티브를 보여주는 경우도 있다. 때로는 모티브는 '동기'란 뜻이 되기도 한다.

목가pastoral

목가牧歌는 '목자'라는 뜻을 지닌 라틴어에서 유래한다. 목가의 창시자는 시실리 목자들의 삶을 그린 시를 쓴 기원전 3세기의 그리스인 테오크

리토스였다. 베르길리우스는 후에 그의 라틴어로 된『목가Eclogae』에서
테오크리토스를 모방하여 전통적 목가, 즉 이상화된 자연 배경 속에서 목
자들과 같이 전원생활을 하는 여러 사람들의 평화스럽고 단순, 소박한 삶
에 대한 도시 시인의 노스탤지어에 젖은 이미지를 표현하는 정교한 관례
를 따르는 시의 전형을 확립했다. 후세 시인들이 베르길리우스가 테오크
리토스에게서 모방한 것을 다시 모방 한 관례들에서 나타나듯이, 너도밤
나무 아래에 누워 전원시를 짓는 데 몰두하거나, 영원히 늙지 않을 듯 동
심으로 돌아가 피리를 불거나, 친선 노래 시합을 하거나, 사랑스러운 애
인과 행복했던 시절 또는 불행했던 시절을 회상하거나, 동료 목동의 죽음
을 애도하는 등의 내용들이 나타나 있다. 이 마지막 유형에서 목가적 엘
리지pastoral elegy가 발전하는데, 그것은 다른 전통적 유형들이 쓰이기를 그
친 지가 오래 된 후에도 계속 남아 있었다. 목가와 동의어로 자주 쓰이는
다른 영어 용어들은 테오크리토스의 목가 제목 'Eidyllion형상'에서 생긴
'아이딜Idyll', 베르길리우스의 목가 제목 'Eclogae시선詩選'에서 생긴 '에클
로그eclogue', 그리고 '목동'이란 뜻의 그리스어 'boukolikos'에서 유래된 '뷰
콜릭bucolic' 등이 있다.

고전 시인들은 자주 목가적 생활을 신화적인 황금시대로 묘사했다. 후
세 기독교 목가 시인들은 황금시대와 에덴동산의 인유引喩를 결합시켰을
뿐만 아니라, "목자교회의 목사, 즉 선한 목자"의 상징을 이용하여 많은 목가시
에 기독교적 의미 영역을 부여했다. 르네상스 시대에는 전통적 목가시가
풍자적, 알레고리적 용도에도 쓰였다. 스펜서의『목자의 달력Shepherd's
Calendar(1579)』이 양식을 영시에 대중화시켰는데, 그 속에는 이 시기에 유
행하던 목가시의 대부분의 종류들이 들어 있다. 목가적인 꿈의 유행이 너
무도 대단했기 때문에 르네상스 시대의 작가들은 그것을 여러 다른 문학
형식에 가미했다. 시드니의『아르카디아Arcadia(1581)』는 정교한 기교가 풍
부한 산문으로 쓰인 긴 목가적 로맨스였다. 또한 목가적 서정시에는 말로
의『정열적인 목동이 그의 연인에게』와 목가적 희곡도 있었다. 로지의
목가적 로맨스에 토대를 두고 있는 셰익스피어의『뜻대로 하세요As You
Like It』에는 숲이 나오는데, 그 곳은 모든 적개심들이 풀리고 모든 문제가
해결되고, 진정한 사랑의 행로가 순탄하게 되며, 일상생활의 근심 걱정과
갈등에서 벗어나는 초록색 피난처이다. 중요한 마지막 전통적 목가 선집

이며, 풍부한 기교를 계획적으로 그리고 우아하게 과시한 극단적인 예는
포프의 『목가Pastorals(1709)』였다. 5년 후에 나온 존 게이의 『목자의 주일
Shepherd's Week』은 전통적 목가의 우아한 모습들을 조잡한 실제 시골 풍습
과 언어에 조화시켜 나갔다. 또한 이 작품에서는 부지중에 시골생활을 진
지하게 사실주의적으로 다루는 방법을 보여 주었다.

　　최근 수십 년 간 '목가'라는 용어가 여러 가지 특별한 방법으로 확대
되어 왔다. 예컨대 윌리엄 엠프슨은 단순한 삶과 복잡한 삶을 대조시켜
단순한 삶을 부각시킨 모든 작품을 목가로 분류하고 있다. 단순한 삶은
목자나 어린이나 노동자의 삶일 수 있어서, 그것은 사회의 계급 구조를
비판하는 간접적인 방법으로 쓰인다. 엠프슨은 이처럼 이 용어를 마블의
시 『정원The Garden』에서 시작하여 『이상한 나라의 엘리스Alice in Wonderland
』와 프롤레타리아 소설에 이르는 작품들에까지 쓰고 있다. 이밖에 다른
작가들은 일상생활에서 떠나 자연의 원시적인 리듬에 가까운 곳, 복잡한
사회적 세계에서 삶에 대해 새로운 시각을 얻을 수 있는 곳으로 쉬러 가
는 것을 상상하는 작품이라면 어느 것에나 '목가'라는 용어를 사용한다.

목소리voice

　　'보는' 연극보다 '듣는' 연극에서 목소리는 배우가 갖추어야 할 것 중
에서 가장 중요한 요소이다. 연기의 기본이 "대사를 관객에게 들려주는
일"이라고 한다면 대사를 관객에게 들려주기 위해서는 기술과 훈련이 필
요하며, 특히 대극장의 공연에 적합한 목소리를 내기위해서는 지속적인
관리가 필요하다. 목소리의 박력뿐만 아니라 음질·음색·억양·어법의
명료함도 중요하다. 발성의 기본은 긴장완화와 올바른 호흡법에 있으므
로, 태극권이나 알렉산더 요법(건강을 위해서 올바른 자세를 취하고 몸의 균형을 올바
로 하는 것을 권장하는 요법)과 같은 훈련이 흔히 장려된다.

　　요가나 경극 연습법을 권장하는 폴란드 출신의 연극 감독 예쥐 그로토
프스키의 『연극 실험실Theater-aboratorium(1968)』에서는 발성의 측면에서 가장
흥미로운 훈련이 행해졌다. 배우는 "관객이 낼 수 없는 음이나 억양을 내
야 한다.", 그리고 "벽 그것이 배우의 목소리와 더불어 음을 내야 한다."
라고 그로토프스키는 말하고 있다. 그로토프스키는 머리·가슴·목구멍
·후두부와 같은 공명체와 마찬가지로 흉곽과 복부 양쪽을 사용하고, 또

날숨의 거점이 되는 복벽腹壁을 사용해서 "종합적인 호흡"을 달성하기 위해 음의 증폭을 방해하는 모든 것을 제거하려고 했다. 그에 의하면 배우는 목소리를 완전히 제어할 것을 겨냥해서 여러 가지 말뿐만 아니라 새의 노래 소리나 으르렁거리는 엔진소리 등과 같은 자연음이나 기계음도 낼 수 있어야 한다. 목소리로 도끼·가위·끌·빗자루·망치·손·종이 등의 소리를 낼 수도 있다. 목소리를 내지 않는 자연스런 상태 속에서의 호흡법을 배우는 것은 대단히 중요하다. 자신이 제창하는 기술은 타고난 능력이나 육체가 충분히 활용된다는 의미에서 인공적인 것에 지나지 않는다고 그로토프스키는 말하고 있다. "먼저 육체가 작동해야만 한다. 목소리는 그 다음이다."

목적과 수단ends and means

좋은 목적이 나쁜 수단에 의해 달성되는지의 여부, 혹은 좋은 수단이 결과적으로 언제나 좋은 결과로 끝나는지의 여부에 관한 문제는 그리스 시대에서 현재까지 정치극이나 그 밖의 연극 속에서 계속해서 다루어져 왔다. 상반되는 윤리를 주장하는 강력한 두 등장인물들 사이의 갈등(소포클레스의 『안티고네』에서 등장하는 안티고네와 크레온의 관계에서처럼)으로 나타나든지, 혹은 어려운 선택을 할 수밖에 없는 등장인물('정의'의 행위로서 데스데모나를 살해하는 오셀로)에 대한 공감으로 나타나듯 이러한 관계에서 수반된 윤리적 문제는 대단히 극적이다. 『안티고네』와 『오셀로』에서 문제는 비교적 명백하다. 다시 말해 오셀로나 크레온은 올바르지 않지만, 그러나 나쁜 수단이 '정당'하다고 간주되는 극이 있다. 이를테면 『햄릿』에서 클로디어스의 살해나, 또는 아이스킬로스의 희극 『오레스테이아Oresteia(B.C. 458)』에서의 클뤼템네스트라의 살해 등이 대표적인 실례다.

목적연극

중세교회가 평신도들을 선교하기 위한 목적으로 상연한 극을 말한다. 독일어 단어 'Lai'는 '평신도' 내지 '세속인'을 뜻하기 때문에 'Laienspiel'은 평신도극·세속인극·소인극素人劇이라고도 한다. 중세 이후에는 종교적 목적 이외에 교육적·윤리적·정치적·이념적·심리치료적 목적을 위해 활용되었다. 이러한 극은 보통 춤과 무언극을 포함하는 원시연극 형태를 지닌다. 그러기 때문에 직업연극인에 의해 만들어지는 미학적인 형태를 지닌 연극과는 다르다. 독일 바이에른 주의 도시인 오버암머가우Oberammergau에서 1634년 이래 페스트 병을 퇴치하기 위해 상연된 오버암머가우 수난극Oberammergauer Passionsspiel은 10년마다 마을전체가 참여하는 목적 연극이다. 위의 예에서 보듯이 목적연극은 규모가 아주 크고 향토적 색채가 짙기 때문에 세계적으로 유명하다.

1910년부터 독일에서 청년운동Jugend-Bewegung이 활발해지면서 교육적 내지 정치, 이념적 목적으로 목적연극이 성행했다. 또한 20세기에 와서는 문명의 발달과 함께 정신질환자에게 심리요법을 목적으로 한 현대판 목적연극인 '사이코드라마Psychodrama'가 등장했다.

몰개성impersonality

본인의 독자적인 개성personality의 부재 극 속에서 작가 자신의 존재를 숨기고, 폭넓은 다른 등장인물들을 창조하는 작가를 찬양하는 말로 쓰인다. 물론 셰익스피어는 보통 발군의 몰개성적 작가라고 여겨지고 있다. 이에 관해서는 키츠의 "소극적 능력"이라는 것과 제임스 조이스의 『젊은 예술가의 초상』에 나오는 등장인물 스티븐 데덜러스의 이론을 검토하는 것도 가치가 있다.

몰아적 작가self-effacing author

장편 소설이나 단편 소설에서 작가가 표면에 나서지 않고 비개성적이고 비비평가적 매개체가 되도록 객관성이 설화적 시점에서 사용될 때, 그 작가를 "몰아적沒我的"이라고 하며, "몰아적 작가"는 장면적 수법scenic method의 대표적 기법이다.

몸짓gestures

흐름을 타거나 획 지나치거나, 긴장하거나 이완된, 빠르거나 느린 손이나 팔의 움직임을 말한다. 이런 동작들은 흉내 내기 혹은 창조된 동작으로 독자적이다. 아르토나 그로토프스키는 독창적인 몸짓의 창조를 탐구했다. 대부분의 연극적인 몸짓은 모방적이다. 몸짓은 자연스러운 모방이거나 혹은 양식화되거나 과장된 것이다. 자연주의 연극의 몸짓에는 여러 가지 기능이 있다. 대사로 말해진 중요한 점을 보강하거나(이것은 '반향의 몸짓'이라 알려져 있다) 혹은 말해진 바에 의문을 던질 수도 있다. 의식적으로 감정을 감춘다거나, 혹은 무의식적으로 감정을 드러내는 수도 있다. 몸짓은 말로 표출된 정서뿐만 아니라, 말로 드러내지 않는 정서도 전달한다.

시각적인 몸짓은 때로는 대사와 교차해서 순간적으로 정지의 효과를 낳을 수 있다. 그것은 또한 동양 연극, 마임 혹은 브레히트의 "몸짓" 연극에 자주 보이는 것처럼 태도나 반응의 "요점", 즉 본질을 나타낼 수도 있다. 몸짓 언어는 연극 양식과 더불어 변한다. 자연주의 연극에서는 말로 하는 언어가 우세하며, 흔히 몸짓은 최소한으로 줄이는 것이 최선이 된다. 몸짓이 되풀이되면 등장인물의 감정보다는 오히려 배우의 긴장을 전달하게 된다. 자연스러운 몸짓은 일반적으로 배우가 긴장을 풀고 있는 바로 그때그때 상황에 따라 자연스럽게 나오며, 몸짓으로 불필요하게 주의를 끌 필요는 없다.

몸짓은 춤의 형식과 마찬가지로 복잡하고 정밀한 기호의 체계를 갖추고 있다. 관객은 몸짓이 표현하는 태도나 감정에 주의를 돌리고 동시에 연기술을 감상할 것을 요구받는다. 이 경우 마임과 마찬가지로 자연스러운 움직임의 연속은 강조를 위한 분리된 움직임으로 분해되기 마련이다.

때로는 다른 몸짓의 코드들이 같은 극 속에 도입된다. 이것은 이를테면 활력이 넘치는 지중해의 등장인물이 영국 중산 계급의 응접실에 등장하는 경우처럼 흔히 유머의 원천이 된다. 이것은 과장된 육체적 반응과 억제된 육체적 반응들을 조롱하는 효과가 있다. 이 같은 대조적인 효과는 연극의 본령이다. 셰익스피어는 『사랑의 헛수고(1595)』에서 "엉뚱한 스페인 사람"을 등장시켜서 그와 같은 효과를 내고 있다. 브레히트는 그의 서사극에서 대조적인 이화효과를 내기 위해서 몸짓을 이용하고 있다.

몽타주montage

원래 프랑스어로 '조립하는 것'을 의미하며, 영화필름을 편집할 때에 따로따로 찍힌 화면을 떼어 붙여서 하나의 유기적인 화면을 구성하는 영화기법을 말한다. 다시 말해 짧은 그림이나 어떤 장면을 논리적 순서를 생각하지 않고 연속적으로 보임으로써 하나의 효과적이고 강렬한 인상을 낮게 한다.

이 몽타주 기법은 불후의 명작 『전함 포템킨The Battleship Potemkin(1925)』을 남긴 소련의 영화감독 에이젠슈타인이 주창한 것으로, 그는 "독립된 두 커트cut의 상극과 충돌에 의해 일어나는 아이디어가 몽타주이며, 사물을 두 반대물의 상호작용에 의한 존재로써 동적으로 포착하는 것이 예술의 올바른 해석"이라고 했다. 이를테면 <사면을 받은 죄수의 기쁜 심정>을 위해 <봄눈이 녹아 흐르는 시내>를, <부둣가에서의 학살>을 위해 <층계를 굴러 떨어지는 유모차>를 배치하여 전자의 감동의 효과를 훨씬 더 극명하게 드러내는 수법이다. 장면은 서로 관계가 없는 것을 표현하면서도 그것이 일으키는 우리들의 잠재의식을 통하여 연결되어 있다. 때로는 '내적 독백'의 형태를 취하여 쓰이는 수가 있다.

브레히트는 그의 희곡 『마하고니 시의 흥망Aufstieg und Fall der Stadt Mahagonny(1927)』의 주석 속에서 이 용어를 사용하고 있다. 이 작품에서는 서로 관계가 없는 장면들이 재빨리 연속되면서 피카레스크Picaresque (독립된 여러 이야기를 수집 또는 나열한 뒤에 끝에는 어떤 계통을 세운 소설) 소설적인 인생의 여행이 묘사되고 있다. 이것은 브레히트 서사극의 중심적 원리가 된다. 이 기법은 브레히트의 『갈릴레이의 생애Leben des Galilei (1943)』에서 더욱더 발전하여 중심인물의 장면이 바뀜에 따라 다른 방법으로 묘사된다. 즉 갈릴레이가 탐욕스럽다던가, 용감해진다던가, 학문을 좋아하기도 하고, 학자인 체하며, 비겁하기도 하고, 거짓말쟁이가 되기도 하는 등 아주 다양하게 묘사하면서 환경이 변할 때마다 다양하게 변화된다. 이렇게 하여 브레히트는 관객의 마음속에 갈릴레이가 겪은 삶의 몽타주를 겹치도록 한다.

몽환극fantasy

몽환극夢幻劇이란 현실적인 인생보다는 꿈이나 환상의 세계에서 소재를 얻어 구성된 극을 말한다. 단순히 괴기취미傀奇趣味를 노리는 환상이 아니라 인간 내부에서부터 나오는 보다 깊은 진실이 있으며 거기에서 현실적인 의미를 획득하게 된다. 그래서 소재와 장면전개에 있어서 초자연적이고 신비한 색채가 강하다. 대표적인 작품으로 스트린드베리의 작품 『다마스쿠스로Till Damascus(1904)』 와 『유령 소나타Spöksonaten(1907)』 등이 있는데, 여기에서 꿈이 단순한 환영이 아니라 현실의 의식을 초월한 보다 높은 세계 내지 보다 큰 실재성實在性을 가진 자유로운 세계로 다루어진 다. 그 밖에 몽환적인 정서를 다룬 작품으로 헝가리의 극작가 몰나르의 『릴리옴Liliom(1909)』, 벨기에 출신의 시인이자 극작가인 마테를링크의 『파랑새L'Oisear Bleu(1908)』, 사로얀의 『내 마음은 고원에My Hear's in the Highlands(1939)』 등이 있으며, 독일 낭만주의 시대에 천재시인 노발리스의 『파란 꽃Die Blaue Blume (1799)』은 환상적이면서도 현실에 대하여 그 의미 를 반사한다.

묘사description

눈으로 보거나 마음으로 느끼는 대상을 표현하는 방법이다. 주제나 줄 거리를 전달하는 것은 아니며 대상의 전체와 부분, 부분과 부분의 조화를 유지하면서 작자의 느낌을 통일성 있게 그린다. 따라서 묘사할 때는 체제 體制와 조성組成을 염두에 두어야 한다. 체제는 부분 부분이 전체적 통일 을 이루는 것이고, 조성은 부분들이 밀접한 관계를 가지게 하는 것이다. 묘사의 특징은 구체적이고 감각적이며 생동감을 주는 데 있다.

무대stage

연극 · 노래 · 춤 등을 관객 앞에서 연기하기 위하여 설치된 장소로 라 틴어로는 'podium'이고 독일어로는 'Bühne'라고 한다. 고대의 그리스 무 대는 언제나 야외 무대였는데, 이 무대는 Skene배우가 등장하는 지붕이 있는 집 와 오케스트라합창대석 사이에 설치되어 있었다. 중세의 수난극이나 성극 聖劇의 무대는 장터나 성당 앞에서 그때그때마다 임시방편으로 무대가 세 워졌다. 15세기에 이르러 처음으로 홀무대die Saalbühne가 등장하는데, 그 첫 째가 로마의 'Terenz'식 무대라고 하는 '탈의장 무대Die Badezellenbühne'이고, 둘째가 'Shakespeare식 무대'로 영국 민중 극장의 무대 형태로서 무대가 관객석 안으로 돌출해 있으며, 전면 무대 · 후면 무대 · 발코니 스타일의 무대로 구성된 입체 무대이다. 그리고 전면 무대는 3면이 관중석으로 감 싸져 있으며, 전면 무대 뒤에 후면 무대가 있고, 후면 무대 위 부분에 발 코니 형식으로 상부 무대가 설치되어 있다. 그리고 셋째로는 이탈리아의 르네상스식 '투시무대Guckkastenbühne'로 19세기 무대 형식처럼 무대는 막으 로 관중석과 차단되어 있다. 20세기에 들어와서는 '브레히트 막

Brechtgardine'이라는 것이 생겼는데, 여기에서는 무대가 관객과 완전히 차단 되어 있지 않고, 형식적으로만 분리되어 있어 관객이 무대 위에서 무대 장치하는 모습을 볼 수 있는데, 이것은 환상을 파괴해 버리는 서사극의 무대 양식이다.

무대미술

무대의 전경과 분위기를 꾸며내는데 필요한 모든 것을 총칭한다. 일반 적으로 무대를 만들어내는데 필요한 무대장치를 비롯하여 무대조명 · 의 상 · 소도구 · 대도구의 소품들을 통틀어 무대미술이라고 한다. 이들은 물 론 연극 작품을 효과적으로 연출하고 배우들이 연기를 잘 할 수 있도록 돕는 기구들이다. 그러나 무대미술은 작품의 내용이나 주제와 동떨어져 구성되어서는 안 되고 작품의 내용과 부합해 관객들에게 작품의 미적 가 치나 상징적인 의미를 효과적으로 전달하도록 장치되어야 한다.

이러한 무대미술의 기능은 관객으로 하여금 시간적 · 공간적 사실성에 서 작품 내의 시간적 · 공간적 허구성으로 유도하는데 있다. 무대 미술은 매우 사실적일 수 있고, 또는 환상적이거나 상징적인 성격을 띨 수 있다. 사실성을 중시하는 무대미술은 독일에서 마이닝겐극단die Meiningen의 철저 한 역사성 · 사실성을 중시하는 무대미술을 예로 들 수 있다. 이 극단에서 는 소도구에 이르기까지 모조가 아닌 고증을 통한 역사적 진품을 그대로 사용하는 경향이 있다. 그러다 자연주의 시대에는 사실성의 정확성을 기 하기 위해 당시 새로 발명된 사진을 이용하기도 했다. 그러나 20세기 표 현주의 시대 이후부터는 전반적으로 상징적이고 추상적인 무대미술로 변 화하는 경향을 보이고 있다.

무대 미술가Stage designer

상연을 위한 의상이나 배경을 설계하고 디자인하는 사람을 말한다. 무 대 미술가와 연출가는 친밀하게 작업을 하는 것이 중요하다. 무대 설계는 상연의 자유를 제한하므로 연출가와 배우는 리허설에서 극의 역할 해석 에 다른 연출을 하기 이전에 무대장치 안에서의 동작을 결정한다. 그러나 의상이나 무대장치에는 주의 깊은 준비 작업이 필요하며, 그 계획은 리허 설 전에 시작되는 수가 많다는 것을 유념해야 한다. 연출가와 무대 미술

가는 창작 의도의 충돌을 피하기 위해서 일찍부터 서로 간에 이해를 쌓
아 두어야만 한다.

무대 연출자floor director

무대 연출을 담당하는 사람을 말한다. 특히 무대연출자는 방송국에서
방송 프로그램을 제작할 때 무대현장을 직접 연출하는 사람을 일컫는다.
주로 방송 프로그램을 총괄적으로 지휘하는 연출자의 일을 보조한다. 방
송 프로그램에 출연하는 출연자들에게 방송 시작 신호를 보내기도 하고
프로그램을 제작할 때 여러 명의 무대 연출자가 동시에 동원되기도 한다.
방송국에서는 흔히 영어의 첫 글자를 따서 PD라고 부른다.

무대 이미지stage imagery

극장에서 시각적 이미지들의 집합을 말하는데, 넓은 뜻에서는 무대장
치·소도구·동작·몸짓·인상적 장면·배치 등이 포함된다. 관객의 망
막에 이미지로 보이는 모든 시각적 연극언어를 가리킨다. 좁은 뜻에서는
특별히 깊은 의미가 담겨진 시각적 요소를 가리키는 용어로 사용된다. 연
극에서는 무대 위의 소도구·등장인물·배경에 관객의 시선이 집중되면
의미 부여가 대단히 강하게 이루어진다. 이를테면 횃불을 향해서 높이 치
올려진 물퍼 공작부인을 교살하기 위한 교수형용 새끼줄, 태연하게 죽음
을 맞는 공작부인과 그것을 필사적으로 막으려는 시녀와의 대조적 이미
지, 리어왕이 한 딸에게는 조소하듯이 무릎을 꿇고, 다른 딸에게는 참회
하며 무릎을 꿇을 때의 자세 등 이런 것들은 대조, 극적 순간의 격렬함과
기독교적 의미를 두드러지게 하는 효과적인 무대 이미지이다.

무대 이미지는 로만 야콥슨이 환유와 은유로 분류했다. 자연주의 연극
은 환유 이미지가 많고, 표현주의 연극은 은유적이거나 상징적이다. 자연
주의 연극에서는 등장인물이나 소도구는 아버지·어머니·아들·하인·
지주·농부 등 저마다 사회 계층을 나타내고, 표현주의 연극에서는 인물
이나 소도구는 꿈의 세계인 경우가 많으며 상징적인 의미를 나타낸다. 그
러나 이러한 구별은 지나치리만큼 단순하다. 체호프의 갈매기 사체는 무
대의 소도구로서는 자연주의적이기도 하고 상징주의적일 수도 있다. 갈
매기는 극 세계의 구체적인 존재이기는 하지만, 등장인물들은 그것을 상

징으로서 다루고 있다. 니나의 "나는 갈매기...."라는 대사는 갈매기를 있는 그대로의 자연의 것_{환유적}으로 간주하고, 보고 있는 관객에게 니나가 갈매기를 어떤 상징으로 혹은 은유로 보고 있는지를 생각하게 한다. 이와 같이 관객은 두 종류의 이미지를 비교한다. 극에서는 환유 이미지를 만들어 낸 다음, 돌연히 동작을 정지함으로써 무대 이미지가 돋보이도록 한다. 인상적 장면 혹은 리어왕이 무릎 꿇는 모습처럼 정지한 동작이 상징의 힘을 발휘하고, 극이 끝난 뒤에도 깊은 인상을 남긴다.

무대 장치 stage setting

　연극·무용·오페라 등에서 쓰이는 무대상의 장치를 말한다. 연출자의 의도에 맞추어 상연되는 내용을 돋보이게 하기 위하여 설계되는 무대상의 장치로 배경·조명·의상 등이 이에 해당한다. 이 용어는 연단이나 상자형 무대의 가구 등 특히 입체적 요소를 가리키며, 천장에서 늘어뜨린 평면적 배경과 대조적이다. 무대장치는 무거우므로 제작하는 데 비용도 많이 들고, 윙이나 그림을 그린 배경에 비해서 이동시키는 데 시간이 걸린다. 무대장치를 올려놓을 수 있도록 만들어진 왜건 스테이지 시소 무대·회전 무대를 사용하면 장면전환을 빨리 할 수는 있다. 그러나 넓은 공간과 막대한 비용을 필요로 한다.

　무대장치는 다음과 같은 연극적 효과를 얻을 수 있다. 그 첫 번째로 자연주의적 무대에서 배우에게 <리얼리티>를 느끼게 하며, 두 번째로 시각적 흥미를 증가시키는 데 유용하며, 마지막으로 배우나 극작가가 움직임이나 말로 상황을 설명할 필요가 없어진다. 장면은 이미 설정되어 있으므로 배우는 그 장면에 맞는 연기만 하면 된다. 무대장치는 또한 단점도 있다. 제작 과정에 많은 시간과 비용이 소모된다. 배우는 무대장치에 걸맞은 행동과 대사만 사용해야 하기 때문에 연기 스타일의 제약을 받는다. 무거운 무대장치는 장면 전환 시에 이동이 쉽지 않기 때문에 극의 구성상 무대장치를 제한적으로 사용할 수밖에 없다. 자연주의적 무대장치는 장면들을 정해진 시간과 공간 속에 고정시켜 보여주기 때문에 관객의 상상력을 자극하기에 충분하지 않은 면이 있다.

무대 조명 stage lighting

무대장치의 일부로서 무대에 빛을 효과적으로 비춰주는 것을 말한다. 무대조명은 주로 배우들의 연기를 관객들에게 잘 보이게 하기 위한 것은 물론 무대표현을 입체적으로 하기 위해 사용된다. 그러므로 무대조명은 무대장치 가운데 가장 중요한 극의 표현수단이기도 하다. 무대조명은 사실 근래 들어 발달된 무대 장치이고, 극장들이 옥내에 설치되면서부터 중요한 무대수단이 되었다. 옥내에 극장을 설치하게 되면 조명이 연극의 중요한 역할을 담당한다. 단순히 무대 위를 밝혀주는 기능뿐만 아니라 무대표현을 예술적으로 조화시키는 등 무대의 기술적인 수단으로 간주된다.

무대조명은 그리스, 로마시대나 중세 시대는 대부분의 극장들이 옥외에 설치된 노천극장들이었기 때문에 단지 태양 빛을 활용하는 단계에 머물렀다. 1880년대에 이르러 유럽에서 극장들이 옥내에 설치되었고 그로 인해 조명이 필요하게 되었다. 오늘날에는 무대조명이 연극 무대를 전부 지배할 정도로 중요하다.

무대 지시 stage directions

드라마 각본에 써넣은 지시 사항으로 일반적으로 괄호 안에 써져 있다. 그리스의 아이스킬로스 시대부터 셰익스피어 시대까지만 해도 무대 지시는 인물의 등장과 퇴장이나 장소를 알려주는 정도였다. 그러다가 낭만주의와 사실주의 시대에 이르러 무대 지시는 더욱 세밀해지기 시작했다. 무대 미술·무대 장치·의상·인물의 모습·대사 표현 방법·배우의 동작·등장과 퇴장할 때의 템포·음향 효과·음악 등의 세세한 부분까지 무대 지시가 내려졌다. 그러나 현대극으로 넘어오면서부터 무대 지시는 다시 단순화되기 시작했는데, 특히 부조리극에서 그러한 현상이 두드러졌다. 왜냐하면 작가의 무대 지시가 지나치게 많으면 연출가의 상상력 및 창조력을 차단시킬 우려가 있기 때문이다.

무언극 dumb show

극중의 사건이 대사보다는 마임으로 연기되는 극이다. 언어를 사용하지 않고 주로 몸짓으로 인상, 감정 혹은 상황을 서술하는 무대예술의 한

장르이다. 무언극은 이미 그리스와 로마시대에 존재했던 형식으로 알려
져 있으며, 중세시대에는 무언극의 반기독교적인 특성 때문에 금기시했
다. 르네상스 시대에 이탈리아의 인터루드에서 사용되었고, 영국의 정치
가이자 시인들인 노턴과 색빌의 합작으로 영국에서 최초의 다막多幕 비극
『고버덕Gorboduc or Ferrex and Porexx(1561)』 (윤리의식이 투철한 이 작품에서는 고버덕 왕
의 두 아들 페렉스와 포렉스의 영토다툼을 다루고 있음)에서 부활되었다. 또한 셰익스
피어의 『햄릿』 의 '극중극' 장면에서도 유명한 무언극이 등장한다. 18세
기에 비로소 오늘날과 같은 무언극의 형태가 등장했다. 현대 희곡에서
브레히트 의해 새롭게 등장한 서사극에서 서술적인 무언극이 부분적으로
도입되었고, 특히 부조리극Absurdes Theater에서 자주 사용되었다.

무언극의 기능은 여러 가지가 있는데, 『고버딕』 과 같이 뒤에 이어지
는 막의 전개를 요약해 관객에게 복잡한 이야기를 이해하기 쉽도록 전달
하거나 서스펜스도 제공한다. 언어 대신 곁들이는 반주음악이나 코러스
가 일종의 무도음악의 역할을 하기 때문에 무언극은 또한 무도예술과 인
접한 예술영역이다.

무운시 blank verse

무운시無韻詩는 각운脚韻이 없는 5각脚 약강격의 5행시를 말한다. 극시劇
詩와 산문시의 대표적 운문 형식이며, 이탈리아어와 독일어 극시의 표준
형식이기도 하다. 무운시의 풍부함과 자유로움을 제대로 살리려면, 각 행
의 강세와 휴지caesura의 위치를 변화 있게 구사하고, 언어의 변화하는 음
감音感과 감정적 뉘앙스를 잘 반영하며, 각 행들을 내용에 따라 단락으로
묶는 시인의 기교가 필요하다.

그리스·로마의 각운 없는 영웅시를 변형·발전시킨 무운시는 다른 고
전 운율과 함께 16세기경 이탈리아에 도입되었다. 이탈리아 인문주의자
프란체스코 마리아 몰차는 1514년 베르길리우가 쓴 『아이네이스Aeneis』
를 번역하면서 일련의 무운시를 썼다. 또한 영국에서는 서리백작 헨리 하
워드가 16세기 초에 소네트를 비롯한 이탈리아 인본주의시대의 시 형식
들과 더불어 무운시를 들여왔다. 셰익스피어는 무운시를 탁월하게 구사
하여 영국의 위대한 극시를 탄생시켰다. 셰익스피어의 초기 희곡들은 무
운시를 운을 밟은 10음절 2행의 연구 및 산문과 결합시키고 있으며, 음절

의 길이보다 강세에 역점을 둔 무운시가 쓰이는 것은 나중의 일이다. 『햄릿』·『리어 왕』·『오셀로』·『맥베스』·『겨울이야기The Winter's Tale』등과 같은 후기 희곡에서 구사한 시적 표현은 매우 유연하며, 운율 있는 대사를 이용해서 미묘한 인간의 기쁨과 슬픔 그리고 허탈감과 당혹감 등의 미묘한 감정들을 잘 전달하고 있다.

독일 희극에서 무운시는 레싱의 마지막 작품인 『현자 나탄Nathan der Weise(1779)』에서 탁월하게 구사되었으며, 그 후 괴테·쉴러·하우프트만 등의 독일 작가의 작품에서도 계속해서 애용되었다. 그밖에도 스위스, 러시아, 폴란드의 극시에서도 널리 사용되었다.

무훈시chansons de geste

무훈시武勳詩란 11세기에서 15세기 사이에 전성기를 이루었던 고대 프랑스의 서사시로 역사적 또는 전설적 주인공의 무훈을 찬미한 장편 서사시를 말한다. 무훈시는 그리스도교국과 이슬람교국과의 싸움이나 서양통일의 꿈을 노래하고 프랑스를 찬양한 『샤를 대제大帝의 무훈』, 우유부단한 국왕에 대한 본건제후의 입장을 변호한 『기욤의 무훈』, 반역을 주제로 한 『동 드 마이앙스의 무훈』 등 3대 작품 군으로 나눌 수 있다. 지금까지 현존하는 무훈시는 약 80편이 있는데, 그 중에서 최고이며 최대의 걸작은 『롤랑의 노래La Chanson de Roland(1100년경)』이다.

문예사조文藝思潮

문학과 예술이 지닌 공통적인 사상의 시대적·정신적 조류를 일컫는 말이며, 이때 문예사조의 개념은 초개인적이며 역사적인 뜻으로 쓰인다. 창작은 물론 그것을 만들어내고 즐기는 사람들이 그때그때에 얻는 감동이라든가 정열·사고·상상력 등과 같은 개인적 의식과정의 축적이다. 그러나 이와 같은 작가나 작품의 배후에는 끊임없이 움직이며 새롭게 되어 가는 정신의 흐름이 내재하며, 이러한 정신의 흐름을 문제 삼으면 문예사조론이 되는 것이다. 17세기 말 서유럽 사회를 기점으로 세계가 이러한 문예사조의 주류를 탔는데, 이 시기에는 복고의식의 한 표현으로 나타난 문예활동이 고전주의·낭만주의·사실주의·자연주의 그리고 실존주의 등으로 이어져 갔다.

문제극problem play

많은 사회문제를 제재로 하여 관객에게 주의나 관심을 일으키게 하는 것을 목적으로 한 극이다. 그 형태로 보아 비극에 속할 수는 없으나 사회의 문제를 제기하거나 고발하는 진지한 극을 총칭한다. 이 양식은 시민사회가 형성되고 개인과 사회의 문제가 크게 부각되기 시작한 19세기 말에 프랑스 극작가인 뒤마와 오지에의 작품을 통해 확립되었는데, 이들은 당시 인기 있던 스크리브의 잘 짜인 극well-made play 형식에 목적한 주제를 담아 매춘·사업윤리·여성해방 등 사회문제를 다룬 교훈적인 문제극을 만들었다.

문제극은 노르웨이의 극작가인 입센의 작품에서 더욱 성숙되었다. 그의 첫 작품인 『사랑의 희극Love's Comedy(1862)』에서 위선, 탐욕 등 그 당시 사회의 부패상을 폭로했으며, 『인형의 집A Doll's House(1879)』에서는 여권문제를 다루었다. 또한 『유령Ghosts(1881)』에서는 사랑 없이 이루어지는 불행한 결혼이 신성시되는 인습을 공격하는 등 입센의 영향으로 유럽 전역에서 문제극의 저술이 활발해졌다.

스트린드베리는 남녀의 역할과 여성해방을 자유와 보수의 두 입장에서 다루었고, 독일의 하우프트만은 『직조공들Die Weber (1893)』에서 노동쟁의의 문제 등 사회계층 전체의 문제를 극화하였다. 그 외에도 브리외는 『붉은 옷La Robe rouge(1900)』에서 프랑스의 사법체계를 공격했고, 영국에서는 버나드 쇼가 자신의 희곡과 길고 재치 있는 머리말로 문제극을 최고의 지적 수준으로 올려놓았다.

현대에 이르러서도 문제극은 새로운 형식 속에서 여전히 사회를 비평하는 하나의 매체로 계속해서 존재한다. 사회가 조직화되고 거대해짐에 따라 개인의 자유의지가 압박을 받는 것을 냉철히 파헤치는 것이 그 특징이기 때문에 가끔 사회참여의 극이라는 말도 듣는다. 문제극을 토론극 discussion play이라는 특수한 형태라고도 하는데, 이 극에서는 사회문제가 줄거리에 형상화되지 않고, 등장인물들 간의 지속된 토론에서 극적으로 말을 주고받는 방식으로 그 문제를 상세히 해설한다. 문제극의 주제는 대개 자본주의 사회에서의 경제문제, 매음의 도덕성 문제, 여성문제, 흑인과 백인의 문제 등이다. 그러나 독재국가에서는 이러한 부류의 극이 가끔 선전용 도구로 악용되는 경우가 있다.

문체style

문체文體는 산문이나 운문의 언어 표현 양식이다. 그것은 화자話者나 작가가 말하는 것이 무엇이든 간에 그가 그것을 '어떻게' 말하는 가이다. 작품이나 작가의 특징적인 문체는 그 어법, 즉 단어 선택 · 문장 구조 · 구문 · 비유 언어의 밀도와 유형 · 그 언어의 리듬과 구성음 그리고 기타 형식적 특성들의 패턴과 그 수사학적 목표와 기법 등의 시각에서 분석될 수 있다.

전통적 수사학Rhetoric 이론들에서 문체는 길이에 따라 간결체, 만연체, 글의 느낌에 따라 강건체 · 우유체優柔體, · 수식의 유무에 따라 화려체 · 건조체乾燥體 등으로 분류된다. 또한 특수용도 또는 사용집단에 따라 서간문체 · 신문문체 · 법률문체 ·속어체俗語體 · 아문체雅文體 등으로 구분된다. 또한 문예양식에 따라 산문체 · 운문체 등으로 분류되고, 문법 · 어휘의 특징상으로 보아 구어체 · 문어체 · 한문체 · 국한문혼용체 등으로 나뉜다.

뮤지컬 코미디musical comedy

미국의 극계에서 성행되는 형태로 극적 사건을 대사는 물론 노래와 춤으로 표현하는 극이다. 음악과 희극적 드라마의 결합물이기 때문에 뮤지컬 코미디라고도 한다. 대부분의 뮤지컬이 오락을 주목적으로 하는 희극을 다루고 있기 때문이다. 『남태평양』, 『오크라호마』, 『웨스트사이드 스토리』 등 많은 뮤지컬이 전 세계적으로 영향을 주어 영화화되기도 했다. 최근 미국 브로드웨이 상업극장에서 공연되는 대부분의 연극이 뮤지컬이다.

민네징어minnesinger

12세기와 13세기의 독일 궁정의 서정시인. 미네징어들은 종교와 정치에 관해 노래 부르기도 했지만 주로 미네장Minnesang, 즉 연가戀歌를 불렀다. 그들의 시는 프로방스의 트루바두르Troubadour의 시와 궁정 연애Courtly Love의 전통에 의해 크게 영향을 받았으며, 마이스터징어Meistersinger들은 그들의 계승자들이었다. 가장 유명한 미네징어들은 계급이 조금 낮은 귀족들이 대부분이었는데, 그 중에는 하인리히 폰 벨데케와 프리드리히 하우젠, 고트트리트 폰 스트라스부르크, 발터 폰 데어 포겔바이데 그리고 볼프람 폰 에셴바하가 포함되어 있었다.

미니시리즈miniseries

TV방송 드라마에서 사용하는 용어이며, 미니시리즈라는 말 그대로 짧은 시리즈로 엮어진 드라마를 말한다. 이것은 주로 며칠 또는 몇 주간에 걸쳐 방영되는 경우가 많다. 미니시리즈는 무엇보다 단 1회에만 걸쳐 방영하기에는 드라마의 내용이나 분량이 많아 시리즈로 엮어 방영하는 것이다. 미니시리즈는 대개 3회 또는 4회로 나눠 방영되기도 하고 길게는 10회 내외로 나눠 방영되기도 한다. 그러나 최근 들어서 미니시리즈도 20회 내지 30회로 나눠 방영되는 경우도 없지 않다. 그러므로 미니시리즈는 단막극과 장기간에 걸쳐 방영되는 일반 연속극의 중간 형태라고 볼 수 있다.

미니시리즈가 발달하게 된 것은 무엇보다 일반 연속극에서 결여되기 쉬운 작품성을 추구하기 위해서이다. 물론 분량면도 무시하지는 못한다. 그러나 미니시리즈는 일반 연속극에 비해 작품성이 뛰어난 것이 자주 목격된다. 또한 미니시리즈는 형식이 자유롭고 다양한 소재를 담을 수 있는 것이 특징이다. 작품의 구성에 있어서도 일반 연속극에 비해 밀도가 있을 뿐만 아니라 스토리의 완성도 또한 강하며, 횟수 또한 제한되어 있어 줄거리의 진행 속도가 빠르다. 그 외에도 미니시리즈의 특징으로 소설이나 희곡의 원작을 토대로 제작되는 경우가 많다.

미니시리즈는 유럽에서 처음 발달하였는데, 1970년대 미국의 상업 TV방송이 발달하면서 미니시리즈가 유행하기 시작하였다. 우리나라의 방송에서도 미니시리즈가 대단히 인기가 높아 심도 있고 흥미롭게 방송되고 있다.

미니어처miniature

아주 작게 그린 그림이나 조그마하게 만들어진 공예품을 의미한다. 우리가 흔히 말하는 모형이 바로 미니어처에 해당된다. 미니어처는 주로 영화나 텔레비전에서 주로 사용되고 있으며 기차 · 배 · 가옥 · 건물 · 비행기 등의 미니어처가 많이 사용된다. 미니어처는 무엇보다 실제의 화면을 만들어내기 보다는 영화나 TV에서 특수촬영을 위해 사용되고 있다. 그러므로 미니어처는 대부분 전문 제작자에 의해 세밀하고 정확하게 만들어

지는 경우가 많다. 하지만 일부에서는 아마추어들에 의해 조잡스럽게 만
들어지는 경우도 있다.

미래파 未來派 / futurism

1908년과 1920년대 사이에 주로 이탈리아, 프랑스, 독일 및 러시아에
서 융성했던 과격한 저항문학과 예술운동을 말한다. 1909년 초에 이탈리
아 시인 마리네티가 <피가로Le Figaro>지紙에 미래파 선언문Manifesto Futurista
을 발표함으로써 미래파가 공식적으로 출범했다. 미래파는 그 이름이 시
사하는 바와 같이 19세기의 모든 전통에 대해 격렬하게 반항하고, 예술을
통하여 20세기의 다이내믹한 격정을 표현하려는 시도였다. 마리네티는
"우리는 위험에 대한 사랑, 에너지와 다른 표현을 노래하리라 […] 우리
는 세계의 유일한 건강 증진자인 전쟁을 찬양하고 싶다 […] 우리 시의
포대는 용기와 대담성과 반란이 되리라"고 선언했다. 미래파는 순수한 본
능과 폭력·투쟁·무책임성 등의 원시적 감정에 호소했다. 그러므로 미
래파 예술은 이제부터 "속도의 아름다움"(속력을 내어 달리는 자동차는 '사모트라
케의 승리'보다 더 아름답다)을 선언했다. 그리고 운동·색채·변화의 시(기하학
적으로 고안된 언어 공식을 통해 성취된 시)를 장려했다. 일부 이탈리아 예술가들
은 미래파 회화는 사물들이 그 주위 환경과 융합하도록 하기 위해 '물체
들의 물질성'을 파괴해야 한다고 주장했다.

1912년과 1914년 사이에 대담하고 혁명적이었던 마리네티는 영국을
방문하여 그곳에서 자주 강의하고 시 낭독으로 센세이션을 불러일으켰
다. 마리네티는 그의 글과 강연을 통하여 미래파 시의 미학을 요약했다.
그것은 재래 구문과 대문자·형용사·부사·구두점·품사 변화형을 버
리고(부정사만이 공인된 동사형이었다) 단어를 "마음대로" 변형시키거나 기형으
로 만들었고, "현대 생황의 모든 소리들과 가장 듣기 싫은 소음들도" 재
생시켰다. 문체에 있어서 자유시Free Verse의 사용과 단어들의 자유 연상을
장려하고 "문체의 파열"을 시사하는 인쇄법(예컨대 한 페이지에 약 20 종류의 활
자로 된)을 사용한다. 또한 미래파라는 용어는 문학과 예술뿐만 아니라 의
복을 포함하여 새롭거나 괴상한 모든 것을 가리키는 말로 저널리스트들
에 의해 자주 사용되었다.

처음에 윈덤 루이스 및 어떤 다른 작가들은 마리네티의 진취적인 에너지에 매료되어 미래파를 20세기 시의 한 중요한 발전으로 인정했다. 모든 문학적, 예술적 전통을 배격하고 요란하게 대중 앞에서 과시하는 미래파는 다다이즘Dadaism(1916년부터 1920까지 지속됨)의 선구자였다.

연극에서도 제1차 세계 대전 후 미래파 운동이 도입되었다. 미래파 운동 장치로 유명한 것은 독일의 무대감독인 피스카토르와 러시아의 메이에르홀트가 고안한 미래파 무대장치이다. 이를테면 미래파 말레비치는 메이에르홀트가 연출한 마야코프스키의 『우스꽝스런 신비극(1918)』을 위해서 획기적인 의상과 무대장치를 고안했다. 1920년 메이에르홀트가 연출한 베르하렌의 『새벽Les Aubes(1898)』에서는 블라디미르 디미트리예프가 미래파 무대장치를 고안했다.

미메시스mimesis

그리스어로 춤 · 몸짓 · 얼굴표정 등에 의해서 인간 · 신 · 사물 등을 모방하는 것을 의미한다. 플라톤과 아리스토텔레스는 미메시스를 자연의 재현이라고 말했다. 특히 아리스토텔레스는 『시학』에서 사제가 회중會衆 앞에서 연기하는 의식과 배우가 관객 앞에서 연기하는 "행동의 모방"을 구별한다. 플라톤에 의하면 모든 예술적 창조는 미메시스의 형태이다. "이데아의 세계"에서 실제로 존재하는 것은 신이 창조한 형태이며, 인간이 자신의 생활 안에서 지각하는 구체적인 사물들은 이 이상적인 형태가 그림자처럼 어렴풋이 재현된 것이다. 그는 화가 · 비극작가 · 음악가 등 예술가는 "모방된 것을 다시 모방하는" 자들이고, 본질에서 벗어나 있다고 본다.

아리스토텔레스는 이와 달리 예술가는 일시적인 것이 아니라 영원한 사상 · 행동 · 감정을 모방한다고 본다. 또한 예술가는 인간의 행동을 "개연성"의 법칙에 따라서 표현하고, "개연성 없는 가능성보다도 개연성 있는 불가능성"을 표현해야 한다고 말한다. 진실은 그 형식 속에 있다고 본 것이다. 아리스토텔레스는 자연계와 인간계를 역동적인 변화의 세계로 본다. 그것은 처음과 중간 그리고 끝의 과정이 있는 동적인 형태를 나타낸다. 꽃, 동물, 인간은 태어나 성숙해서 죽기 때문에 그런 삶을 흉내 내는 연극도 그와 같은 패턴을 갖지 않으면 안 된다고 본다.

신고전주의 작가들은 이와 달리 최고의 고전적 모범을 모방하는 일이 중요했다. 예술의 기능은 미메시스였고, 새로운 리얼리즘 소설이 나타났다. 스탕달에 의하면 소설은 일종의 "공도公道에 놓인 거울"이며, 그 목적은 인생의 모방, 즉 미메시스였다. 이 미메시스의 강조가 에밀 졸라를 거쳐서 자연주의 연극에서는 인간 행동의 표층인 의상·세팅·자연스런 말씨 등의 모방으로 이어졌다.

근대 문학 이론가는 예술이 예술 자체의 리얼리티를 창조하는 방법을 강조한다. 예술적 표현 수단은 그것이 전달하고자 하는 리얼리티를 변형시킨다고 본 것이다. 아르토와 같은 극작가는 "연극은 어떤 사건의 미메시스가 아니라 사건 그 자체이며, 인생의 재현이 아니라 삶의 방법이다"라고 주장했다. 또한 20세기 정치극은 여전히 바깥 세계의 묘사에 지대한 관심을 보인다. 정치극이 강조하는 것은 아르토와 같이 그 자체를 목적으로 하는 연극도 아니고, 아리스토텔레스 이후 비극에 관한 이론가들의 말과 같은 불변하는 패턴의 재현도 아니며, 바로 사회적·역사적 변화의 과정이다.

연극이란 모방의 과정인가? 그렇지 않으면 독자적인 세계를 구축하는 것인가? 또는 이 두 과정의 혼합인가? 연극이 모방이라면 연극은 무엇을 모방하는가? 인간, 자연 또는 역사를 재현해야 하는가? 표층을 나타내야 하는가? 아니면 심층을 나타내야 하는가? 연극이라고 하는 매체는 어떠한 의미에서 리얼리티를 구체적으로 표현하는가? 사용된 수단은 전적으로 리얼리티가 아닌가? 이러한 질문들에 대한 대답은 리얼리티 개념이 변함에 따라서 계속 변화된다.

미스터리 소설mystery story

초자연적 이야기·공포·수수께끼 등의 요소가 중요한 역할을 하는 산문 소설 작품을 말하며 괴기소설·추리소설·공상과학소설 등이 여기에 속한다. 이 용어는 탐정소설·고딕소설·이상하거나 놀라운 모험담·서스펜스 소설·스파이 이야기·범죄 이야기 그리고 흔히 여자 주인공이 어떤 미지의 놀라운 위협에 쫓기는 이야기와 같은 여러 유형의 소설을 말한다. 이 미스터리는 TV드라마에서 자주 방영된다.

미장센mise en scéne

프랑스어로 '연출'을 의미하는 미장센은 무대에서의 등장인물의 배치나 동작·도구·조명 등에 관한 종합적인 설계를 지칭한다. 희곡에는 등장인물의 동작·무대장치·조명 등에 관한 지시를 세부적으로 명시하지 않으므로 이러한 요소들을 종합하여 각본의 내용을 통일적이고 효과적인 형상形象으로 만들어 무대에서 상연하는 작업을 말한다. 따라서 연출가는 희곡의 각 장면 또는 각 국면의 미장센을 결정한다. 이 용어는 1820년경부터 연극상연을 위한 인원이나 재료의 총체總體를 나타내는 데 사용되었으나 1835년경부터는 무대표현의 각종 방법을 종합·통일하는 조작과 기능을 가리켰으며, 19세기 말부터는 무대 표현상의 개성적 예술 활동을 가리키는 용어로 사용되었다. 무대감독 아르토는 그의 잔혹연극에서 미장센을 특히 강조했다. 아르토는 이것을 연극의 모든 소재를 포괄하는 <공간과 동작에 있어서의 언어>라고 포괄적으로 정의했다. 아르토가 1931년 12월 10일 소르본느 대학에서 행한 강의 「무대장치와 형이상학La Mise en Scéne et Metaphisique」에 그의 무대 철학이 잘 나타나 있다.

미학aesthetics

자연·인생·예술에 담긴 아름다움의 현상이나 가치 그리고 체험 따위를 연구하는 학문이다. 아름다움을 미적사실美的事實이라고 보는 경우, 그에 대한 연구는 심리학·사회학·철학 등 다양한 각도에서 시도할 수 있으며, 또한 미적 사실을 어떻게 보느냐에 따라서 미학의 성격도 달라진다. 미적 사실을 아름다움을 가능케 한 창조적 심리로 본다면, 우리는 미학이 창조적 심리를 연구하는 것이라고 규정할 수 있을 것이다. 또한 미적 사실을 객관적으로 산출된 아름다움 자체라고 본다면, 미학은 미적 형식美的形式, 규범 등 법칙의 탐구를 중심과제로 삼는 객관적 방법이 될 수 있다. 본래 미학은 플라톤에서 비롯되었지만, 미학을 독립된 학문으로 정립한 자는 독일의 철학자 바움가르텐이며, '감성적 인식의 학문Scientia Cognitionis Sensitivae'이라는 의미로서 에스테티카aesthetica (그리스어의 감성적 aisthetikos라는 말에서 유래)라는 명칭을 사용한데서 기인한다. 그는 볼프와 라이프니츠가 이성적 인식이론을 체계화하여 논리학을 수립한 것에 대하여 감성적 인식 이론을 확립하려고 했다. 이후 미학은 대체로 관념론적 미학과 경험주의 내지 심리학적 미학 등으로 나뉘어 전개되었다.

관념론적 미학의 창시자는 칸트인데, 그는 미와 예술에 있어서 관념을 넘어선 경험적 판단을 인간의 정신능력 가운데 중요한 측면으로 파악하며, 이것을 미적 판단력이라고 명명했다. 그는 또한 미적 판단력이 오성悟性·이성理性 등과 병치竝置되는 상태에서 존재하는 인간의 정신 능력이라고 보았다. 그에 따르면 미적 판단력은 특수한 인식능력이다. 칸트 이후 이러한 선험적·비판주의적 미학을 계승하고 발전시킨 철학자로 쉘링·헤겔·쇼펜하우어 등이 있다.

경험주의 내지 심리학적 미학은 19세기 말 실증주의Positivism의 전개에 힘입어 형성된 미학이다. 이 미학은 특히 실험적 방법에 의지한다. 특히 립스나 폴켈트 등이 내세운 감정이입설感情移入說, Empathy은 경험 및 심리 작용을 잘 설명해준다. 한편으로 미적 규범의 문제를 다루는가 하면, 심리학적인 입장에서 미적 형식의 문제를 다루며 미적 관조의 구조도 파헤치고자 시도한다. 이와 같은 경험주의의 입장은 프랑스 역사학자인 텐느와 기요 등에 영향을 주었다. 그래서 사회학적인 방법을 활용한 미학을 성립시켰는가 하면 예술학의 토대를 닦기도 했다.

20세기 독일 철학자 후설은 현상학現象學을 도입한 현상학적 미학을 성립한다. 그밖에 미국의 철학자이자 교육자인 듀이의 프래그머티즘 형에 속하는 미학, 독일의 실존주의 철학자인 하이데거의 존재론적 미학 등이 있다.

민담folktale

예로부터 구전으로 전승되면서 저자가 알려지지 않은 이야기를 민담民譚이라고 한다. 그러나 저자에 의해 인쇄된 후에도 계속 사람들에 의해 말로 전승되는 이야기도 넓은 의미에서 포함된다. 민담은 민속 문화folklore 중 가장 문학과 관계 깊은 것으로 신화·전설·동화·괴담·야담·일화·우화 등을 포함한다. 그래서 민담의 연구는 문학적 구전 전통과 관계된다. 또한 민담은 세계 도처에서 발견되므로 비교문학의 연구에서 특별한 관심사가 된다. 이를테면 다른 종류의 민담이 같은 서술적 과정을 내포한다든지, 같은 미적 흥미를 유발한다든지, 같은 모티브나 플롯을 지닌다는 점에서 민담의 보편적 성향을 알 수도 있다.

민담은 이야기문학으로서의 예술이다. 말하는 방법상의 조건, 즉 말하는 사람과 그 당시의 환경, 듣는 청중에 따라 이야기의 흥미도가 달라지며 또한 구전자口傳者의 말재주에도 크게 의존한다. 민담은 어떤 사회 공동체의 성격을 알아내기 위해서도 중요하다.

민담 드라마Märchendrama

동화극이라고 한다. 줄거리와 극중 인물들을 일반적으로 잘 알려진 설화에서 따오며, 역사적이고 현실적인 공간과 시간을 피하고 전설적, 설화적, 우의적인 무대장치를 선호하는 환상적 무대작품을 의미한다. 넓은 의미로는 작품 속의 민담 모티브마녀, 악마, 마술사 등나 전설 모티브가 포함되어 있을 때도 이를 민담드라마라 지칭한다. 예를 들면 반反고전주의 희곡작가인 클라이스트의 『하일브론의 퀴트헨Kätchen von Heilbronn(1810)』과 낭만주의 작가 티크의 『장화신은 고양이Der Gestiefelte Kater(1797)』 등을 꼽을 수 있다. 또는 꿈의 체험을 작품에 형성할 시에도 이를 민담드라마의 범위 속에 포함시키기도 한다. 독일 비더마이어 시대를 대표하는 희곡작가인 그릴파르처의 꿈을 주제로 한 『꿈의 인생Der Traum ein Leben(1834)』 이 그 예다. 이 작품은 스페인의 극작가인 칼데론의 『인생의 꿈La vida es sueno(1640)』 등 모범으로 하고 있다. 좁은 의미로는 시대비평이나 문학비평을 패러디적인 민담세계를 강하게 부각시킨 드라마를 민담드라마라 일컫는다. 예를 들면 동독출신의 비어만의 『용을 살생하는 사람의 쇼Der Dra-Dra, Die große Drchentöterschau』 는 민담모티브를 이용한 현대사회 비판드라마이다. 또한 민담드라마의 문체와 문장은 단순하면서도 아름다운 격조를 지니고 있다.

민속극folk drama

민속 축제, 특히 5월제·수확제·크리스마스에 상연된 극을 말한다. 그 예로는 무언 토속극·쟁기 월요일극·칼춤·모리스 댄스가 있다. 많은 민속극들은 태양의 주기적 이동 그리고 매년 반복되는 태양의 죽음과 재생에 결부된 고대의 풍요 기원 의식이나 마술적인 의례와 관계가 있다. 그 지방의 인물이나 성 조지 고대 로마의 순교자로 용을 퇴치했다는 전설이 있는 잉글랜드의 수호성인 같은 수호성인에 바탕을 둔 등장인물이 특히 부각된다.

낭만주의가 민속 문학과 민속극에 대해 많은 관심을 두었고, 셰익스피어
의 극들이 민속극이나 대중연극으로 상연되기도 했다.

민중극Volksstück / **Volkstheater**

일반 민중 내지 대중 및 서민층이 이해할 수 있도록 단순하고 쉽게,
감상적이나 부분적으로는 진지함과 비극조悲劇調를 잃지 않은 극을 말한
다. 이 극은 황실 극장Burgtheater과는 떨어진, 다시 말해서 장안밖에 세워진
민중 극장에서 주로 상연되었다. 민중극의 개념은 골계극Schwank · 광대익
살극Burleske · 익살극Posse · 소극Farce · 방언극Dialektstück · 지방극Lokalstück 등의
총체적 개념으로서 지극히 다양하고 복잡한 복합적 성격을 띠고 있다.
러한 민중극은 '바로크 극Barokdrama'과 즉흥 연희극commedia dell'arte에 그
뿌리를 두고 있으며, 그 개념이 통용되기 시작한 것은 1850년 이후부터이
며, '궁정극' · '시민극' · '지역극Kommunales Theater'에 반대되는 연극 개념으
로 이해되어진다.

이 민중극의 전통 확립은 빈Wien의 민중극을 시발점으로 하여 함부르
크, 베를린에서 이루어진다. 빈의 민중 극장은 순회극단이 상설 극장에
정착하면서부터 이루어졌다. 그리고 통속적인 저질적 민중극이 궁정극의
문학성과 예술성을 수용하면서 차원 높은 민중극으로 발전할 수 있었다.
다시 말해 '바로크 극'의 유산에서 출발되고 '즉흥 연회극'의 희극적 요
소로부터 영향을 받은 스트라니츠키의 빈 민중극이 프레하우저의 '광대
익살극'을 넘어 하프너를 통해 라이문트와 네스트로이에 이르러 민중극
의 전성기를 맞게 된다. 그리고 이렇게 성장한 형이상학적 민중극은 안첸
그루버에서 사회주의적 문제성을 지니게 되었다. 최근에 등장한 대표적
민중극 작가로는 크로에츠, 파스빈더, 슈페르 등이 있다. 크로에츠는 그
의 민중극 『보금자리Das Nest(1975)』와 『보통사람Mensch Meier(1977)』에서 현실
을 개혁하려는 정치적인 문제를 제시하고 있다. 이러한 과정을 통해 크로
에츠는 종래의 민중극의 개념을 가일층 심각한 방향으로 복잡하게 유도
해 나갔다. 한편 민중극은 교양 교육의 역할도 했고, 특히 동독에서는 프
롤레타리아를 위한 사회주의 극으로 발전하였다.

민중본Volksbuch

독일 중세말기에 널리 퍼진 옛 전설이나 소설을 통속적으로 개작한 것으로서 예술적인 형식보다 소재에 치중하여 민중의 수준 낮은 취미에 맞춘 내용을 담은 산문의 이야기책을 말한다. 독일의 대표적 민중본으로 『트리스탄Tristan』이나 『불사신의 지크프리트Siegfried』 등이 있으며, 프랑스의 것을 개작한 『불행한 게노베바Genoveva』, 『아름다룬 마겔로네Magelone』, 『겸손한 그리젤디스Grieseldis』, 『물의 요정 멜루지네Wasserfee Melusine』 등이 있다. 특히 그 시대의 산물로서 중요시되는 것은 『파우스트 박사』인데, 최초의 파우스트 민중본은 1587년 출판업자인 요한 슈피스에 의해 프랑크푸르트에서 나왔다. 이것을 모범으로 한 괴테의 『파우스트, I, II』가 나오게 되었다. 그 외에도 『틸 오일렌 슈피겔Till Eulenspiegel』, 『영원한 유대인Ewiger Jude』의 전설도 민중본으로 보급되었다. 당시에 발달한 인쇄술 덕택으로 많이 쏟아져 나온 이 민중본들은 18세기 말엽의 낭만주의의 대두와 함께 점차 그 가치를 인정받아 먼저 티크가 그 일부를 이야기와 희곡으로 개작했고, 이어서 하이델베르크 대학의 교수이자 신문기자였던 괴레스의 『독일 민담집Die teutschen Volksbücher(1807)』에 의하여 새로운 생명이 부여되었다. 시인이었던 구스타프 슈밥도 민중본을 개작하여 3권으로 된 『독일 민담집Deutsche Volksbücher(1830)』을 탄생시켰다.

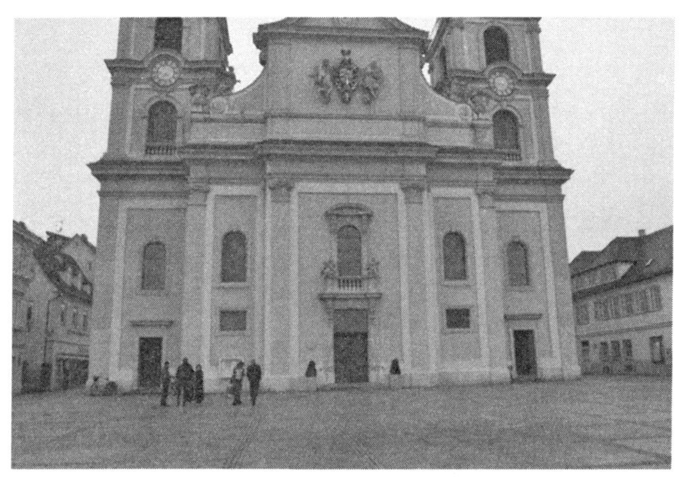

　　광장의 시작과 끝을 알려주는 두 채의 개신교회 건물(1726년 건립)이 나란히 광장을 내려다본다. 도시민들의 발걸음이 분주한 광장 한 가운데 말없는 분수가 서 있다. 한창 연극 공연이 벌어지고 있는 이 광장이 있는 도시는 한때 프리드리히 실러가 거주했던 루드비히스부르크(Ludwigsburg) 이다. 광장 분수의 중심에는 그의 이름을 딴 도시 설립자(1676-1733)의 동상이 우뚝 솟아있다.

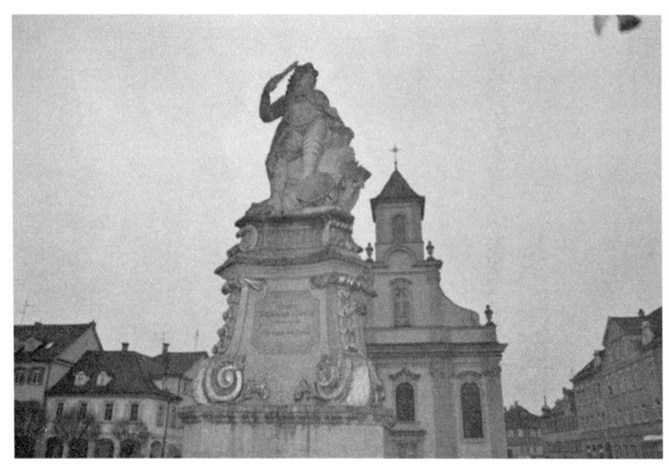

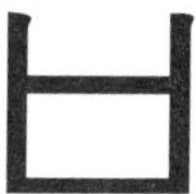

바그너의 종합예술론

예술을 총체적으로 고찰하는 방식이다. 예술은 각기 독립된 이론과 특성이 있지만 종합예술론은 이 모두가 하나의 원천에서 나온 것으로 본다. 모든 예술은 상호 밀접한 관련을 맺고 있어 본질적으로 분리될 수 없다는 것이다. 보통 가극에서 음악과 문학의 구분은 어느 한쪽에 편중되어 있었다. 프랑스인들은 음악은 희곡의 효과를 나타내기 위한 것이기 때문에 문학의 시녀가 되어야 한다고 생각했고, 이탈리아인들은 희곡이 음악을 수용하기 위한 그릇이 되어야 한다고 주장했다. 바그너 이전의 가극은 문학과 음악이 한 데 어울린다는 장점 때문에 직감적이고 화려한 효과를 애호하는 프랑스와 이탈리아에서 애용되었다. 바그너가 보기에 라틴 민족의 가극은 심각하고 진지한 내용을 다루기에 적합하지 못한 부분이 있었다. 바그너는 이러한 라틴 가극의 단점들을 보완해서 게르만 신화와 전설에 기초한 중후한 가극을 창안했다. 음악과 문학은 더 이상 어느 한쪽으로 편중되지 않고 상호 협조·보완하여 더욱 큰 효과를 불러일으켜야만 했다. 바그너는 모든 예술을 가극 형식으로 통일하려고 시도하여 가극에서 서유럽 낭만주의의 진수를 발견했다. 종합예술의 창시자인 바그너 가극은 문학과 음악, 낭만주의 문학 이론 그리고 무대 장치 및 무대 미술 등을 함께 고려해 이해한다.

바로크 baroque

원어는 '찌그러진 진주'라는 뜻의 포르투갈어에서 유래한다. 르네상스 전성기가 지난 16세기 말부터 17세기까지 유럽 건축미술의 한 특징을 가리키는 말로 사용되었다. 요즘은 장르와 시대에 한정하지 않고 어느 시대의 예술이든지 그 비슷한 특징이 나타나면 이를 가리켜 '바로크 풍'이라고 부르기도 한다. 17세기 유럽의 바로크 풍은 르네상스 시대의 특징인 질서와 균형, 조화와 논리성과 달리 우연과 자유분방함, 기괴한 양상 등이 강조된 예술양식이다. 바로크는 단순히 자유분방함과 불균형만을 전면에 내세우지 않고 최소한의 질서와 논리가 유지되기 때문에 더욱 바로크적 특성이 발휘되는 장점이 있다. 전통적 표현방식을 자의식이 강조되는 모더니즘 내에서 활용하려는 급진적 노력의 결과로 나타난 양식이라고 설명한 학자도 있다. 정지·안정 상태를 피하기 위하여 기이한 이미지나 논리 등을 사용함으로써 기괴, 난해, 궤변, 기상천외의 효과가 드러난다. 영국의 형이상학파 시인들(존 던, 조지 허버트 등)을 '바로크 하다'고 말하는 이유는 이 시인들의 작품에서 이러한 바로크적 특징들이 발견되기 때문이다. 현대 작가들의 작품에서도 간혹 바로크한 면들이 발견되지만 그들은 대부분 기괴 또는 기상천외한 면들만 강조할 뿐 바로크 예술의 근간인 질서와 논리를 수용하는 태도가 부족하다.

박수부대 claque

극장에서 박수를 치기 위해 동원된 그룹을 말한다. 주로 객석 주위에 배치되지만 때로는 공개석상에 나타나기도 한다. 박수부대의 주 임무는 작품 공연에 대한 열렬한 호응을 보내는 것으로, 관객들로 하여금 좋은 평을 이끌어내기 위한 수단이다. 박수부대는 최근에 생긴 것이 아니라 고대 로마 시대에 발생했다. 로마인들은 민속극을 공연하면서 인기인들을 동원해 박수를 치도록 유도했다. 스페인의 바로크 연극에서도 박수부대를 동원하기도 했으며, 19세기 유럽의 메트로폴리탄 극장에서도 박수부대를 동원했다. 일부 극장에서는 순수한 의미의 박수부대를 동원하기보다는 이들에게 일정한 출연료 형식의 고정급여를 지급하기도 했다. 현재 가장 잘 알려진 박수부대는 뉴욕의 메트로폴리탄 오페라 하우스이다. 이 오페라하우스에서는 공연할 때마다 많은 박수부대를 동원해 청중들의 마음을 사로잡는다.

반기록영화半記錄映畵 / semi-documentary

기록영화와는 달리 단순히 기록물만으로 제작되지 않는 특성이 있다. 어느 정도 허구적인 내용을 포함하고 있지만 주된 줄거리나 내용은 사실적인 것을 토대로 만들어진다. 반기록영화는 제2차 세계대전을 전후로 사실에 대한 기록물들이 일반인들의 관심을 얻게 되자 영화계에서 이를 제작하면서 영화의 한 장르가 되었다. 반기록영화는 제2차 세계대전 중 영국과 미국, 캐나다에서 많이 제작되었다. 사실을 토대로 하되 허구적인 것을 가미하는 만큼 기존의 허구적인 기법과 기록적인 기법을 혼합해 제작하는 것이 특징이다. 허구적인 것에 비중을 두기보다는 실제의 사실을 있는 그대로 전달하는데 목적이 있다. 최초의 반기록영화는 1938년에 제작된 와트의 『북해North Sea』이며, 제2차 세계대전 중에 제작된 반기록영화로는 영국의 『오늘밤의 목표Target for Tonight(1941)』와 『화염은 시작되었다Fires were started(1943)』가 있다.

반연극反演劇 / antitheater

현대적인 실험 형태와 성격을 지닌 모든 희곡과 연극을 총칭하는 개념으로 이전의 환상적·심리적 혹은 사실주의적 전통극과 반대된다. 이오네스코가 그의 『대머리 여가수Kahle Sängerin』에 최초로 도입했으며, 이 희곡에는 "반연극Anti-Stück"이라는 부제가 붙어 있다. 독일어 사용 지역에서는 파스빈더가 최초로 반연극 『카첼마허Katzelmacher(1968)』를 집필했다. 무대장치를 무시했고 의상도 반전통적으로 변형했으며, 장(Szene / Auftritt)의 전개 역시 철저히 배격했다.

반장화kothurne / Kothurn

그리스어는 코토르노스Kothornos이며, 고대 그리스 비극 배우가 몸집을 크게 보이기 위해 신는 창이 두꺼운 반장화이다. 반장화의 위쪽은 끈으로 높이 조여져 있고 무대에서 사용하는 소도구이다. 기원전 2세기부터는 장화 굽을 나무로 대체했는데, 그 모양은 의족 같은 형태였다. 반장화를 신으면 넓은 무대 공간을 지배할 수 있어서 장중하고 숭고한 초인적 이미지를 연출한다. 반장화를 신은 배우를 보는 관객들은 또한 신발이나 구두가 상징하는 인간의 '세상 속 실존'을 떠올리게 된다. 반 고흐, 르네 마그리트, 앤디 워홀 등의 화가들은 신발을 단순한 정물로 묘사하는데 그치지 않고, 그 안에 인간의 인간다움과 세상의 세상다움을 그려낸다.

방백傍白 / aside / Beiseite

무대 위의 배우가 관객들에게 말하는 대사이다. 방백은 암묵적으로 관객에게만 들리고 무대 위의 다른 배우들은 듣지 못한다. 방백은 관객들에게 극의 흐름에 대한 간략한 정보를 제공해 등장인물들의 의도나 생각이 드러나도록 유도한다. 방백은 또한 관객에게 공감을 얻는 일 이외에 극의 상황에 대해 분개하도록 유도한다. 더 나아가 방백은 등장인물들끼리 서로 주고받기도 한다. 이런 경우 방백은 어느 등장인물에게는 들리지만 다른 등장인물에게는 들리지 않는다. 예를 들어 햄릿이 '극중극'을 보면서 성적인 암시를 말하는 대목에서 잘 나타난다. 햄릿은 무대 위의 다른 등장인물들이 그의 방백을 못 듣는 체하고 있음을 스스로 알면서 기교적으로 방백을 한다. 입센의 자연주의 연극에서는 방백이 '제4의 벽'에 대한 환상을 파괴한다고 생각해 삭제되어 있다. 방백은 독백으로 발전하기도 한다. 영국의 엘리자베스 시대의 연극과 조지 오닐의 『기묘한 막간극』과 같은 연극에서 등장인물들이 감정이나 생각을 전달하는 경우이다.

배우가 독백을 사용해 자기의 마음속에 있는 것을 표출하지 않고 방백을 사용하는 이유는, 극에서 인물의 등장과 퇴장이 중요한 부분을 담당하기 때문이다. 불필요한 인물이 등장해서도 안 되지만 일단 등장한 인물이 퇴장할 때에는 납득할 만한 이유가 있어야 극의 흐름이 자연스럽다. 등장인물들을 일부러 퇴장시키고 독백을 하는 번거로움을 피하기 위해, 편의상 무대 위에 다른 등장인물들이 있는데도 불구하고 각각의 상황에 맞게 대사를 주고받기위해 방백이 필요하다.

방송극radio drama / Hörspiel / Hördrama

라디오의 발명과 함께 영국의 글래스고우Glasgow에서 1923년에 최초로 시도된 드라마 장르다. '라디오 방송극' 혹은 '라디오 드라마'로 부르기도 한다. 최근에는 "라디오 데이즈"나 "라디오 스타"란 한국 영화가 제작되어 라디오에서 흘러나오는 방송극과 가요에 '귀 기울여 듣는' 청취자들의 반응과 호기심, 낭만적 상상력을 테마로 많은 주목을 받았다. 라디오는 무한한 상상력을 바탕으로 스토리텔링의 수단이 되기도 한다. 라디오를 들으며 청취자는 마치 꿈을 꾸듯 자유롭게 자신만의 세계를 상상해 볼 수 있다. 방송극의 장점은 이처럼 청취자의 상상력을 자극하는데 있다. 이러한 장점은 곧 창의성 계발로 이어져 방송극이 교육 수단으로 이용되기도 한다.

독일에서는 2차 세계대전이후 1950년대까지 무대극이 침체된 시기에 방송극의 활동이 활발했다. 방송극은 음향효과(언어, 잡음, 음악)를 수단으로 한 특수형태의 청각 예술이기 때문에 청취자의 상상력만큼이나 범위가 큰 '내재적 무대内在的 舞臺 / Innere Bühne'라고도 할 수 있지만 사건 진행이 단순한 단순극이다. 주로 대화, 내적 독백 혹은 서술자의 보고 형식으로 된 드라마다. 청취자의 이해를 돕기 위해 대화는 통상적으로 짧다. 독일 방송극으로 가장 성공한 작품으로는 2차 대전 직후 황폐한 고향에 귀향한 어느 병사의 절망적 독백을 그린 볼프강 보르헤르트의『문 밖에서 Draußen vor der Tür(1947)』이고, 그 밖에 성공한 방송극으로는 귄터 아이히의『꿈Träume(1953)』,『목소리Stimmen(1958)』와 잉게보르크 바흐만의『맨하탄의 착한 사람Der gute Mensch von Manhatten(1958)』, 마르틴 발저의『타실로Tassilo』시리즈 등이 있다.

방송대본script

방송용으로 사용하는 대본이다. 방송 대본은 흔히 방송의 드라마에만 적용되는 것으로 알고 있지만 모든 방송 프로그램의 제작에 관련한 대본을 지칭한다. 방송 대본은 방송 프로그램을 제작하기 위해 작가가 연기자들의 대사에서부터 동작, 장면의 순서, 진행자들의 멘트 등을 글로써 적은 것이다. 쇼 프로그램이나 코미디 프로그램, 다큐멘터리 등도 모두 방송 대본에 의해 만들어진다. 일반적으로 방송 대본은 영화의 시나리오와 동일한 의미로 사용되지만, 시나리오에 없는 지문이 있다. 지문은 연기자들의 연기는 물론 동작, 출연자들의 태도와 의상, 움직임 등에 관해 상세히 적고 있다. 따라서 방송 대본에서는 지문이 중요한 역할을 한다. TV방송에서 방송 대본은 오디오 부분과 비디오 부분으로 나뉜다. 오디오 부분은 음악이나 목소리와 관련되고, 비디오 부분은 연기자들의 연기나 행동과 관련된다.

배경 scenery / Szene

무대 뒷벽에 그린 경치 및 무대 위의 장치를 말한다. 연극에서는 무대 장식을 말한다. 연극에서 배경은 극의 장면이 어디에서 행해지는지를 암시한다. 자연주의 극의 장치는 실제의 장소라는 착각을 불러일으키지만, 소도구가 장소를 지시하는 때와 마찬가지로 배경을 나타내는 사실적인 장치나 장식도 장소의 지표로 사용될 수 있다. 서사극에서는 왜건이나 도어, 욕조 등을 무대로 장면을 나타낼 수 있다. 배경은 추상적이거나 상징적이며, 표현주의 연극처럼 심리 상태를 나타내기도 한다. 연극에서 반드시 배경이 필요한 것은 아니다. 특정 장소는 배우의 간단한 대사 한마디로 대체되기도 한다. 원형극장이나 돌출무대에서 배경은 마스킹masking의 문제를 일으킬 수 있으므로 간단한 도구로도 충분하다. 그리스·로마의 극장 혹은 엘리자베스 시대의 무대 배후의 벽은 상설된 것으로서 개개의 극을 위한 백드롭back drop용으로 만들어지지 않았기 때문에, 배경은 비교적 근대에 발전한 것이다. 르네상스의 페리악토이periaktoi가 무대 장식을 가져왔지만, 입체적인 배경은 중세극의 로쿠스 또는 맨션에서 처음 나타났다. 맨션은 먼저 교회에 만들어지고 나서 시장터나 홀에도 설치되었고 이 맨션을 옮겨가며 연극이 상연되었다. 이러한 방식은『발랑시엔느 수난극(1547)』의 유명한 설계가 보여 주는 것처럼, 무대상에서 그다지 융통성을 보여주지 못했다. 세를리오가 비극·희극· 사티로스극을 위해서 고안한 원근법의 무대장치가 그것을 대신했다. 실내나 전원의 배경을 위해서, 그림을 그린 백드롭은 계속해서 윙이나 구름 막으로 확장되었다. 그 후 18세기에 일어난 시대 고증이나 리얼리즘에 대한 관심으로 인해 19세기에는 상자형 무대가 등장했다. 이 무대는 현실묘사에 대한 한계 때문에 고정성에 대한 반동이 생겨났고, 이로 인해 영화에서 사용되는 리얼한 장치에 대한 관심이 고조되었다. 20세기 초기에는 더욱 상징적이고 표현주의적인 무대장치가 등장했고, 일부 개방무대로 회귀하는 모습도 보

였다. 하지만 상업 연극에서는 아직도 종래의 관습적인 자연주의 극의 무
대 배경을 사용하기도 한다.

배경막sackcloth / Hintergrundbehang

　무대의 배경으로 사용하기 위해서 무대 안쪽에 내려뜨리는, 그림이 그
려진 포장을 일컫는 용어로서 백드롭이라고도 한다. 왕정복고기 연극에
서는 윙과 더불어 사용되었고, 원근법의 효과를 나타내기도 했다. 그러나
19세기에 접어들어 상자형 무대가 등장한 이후로 오페라, 발레, 판토마임
등에서 주로 사용되었다.

배경음악background music / Hintergrundmusik

　영화나 라디오 방송 드라마, 그리고 TV 드라마에서 내용에 맞춰 내보
내는 음악을 말한다. 그러므로 배경음악은 특정한 줄거리의 분위기를 강
조하거나 감정을 고조시키기 위해 주로 사용된다. 물론 일부에서는 대사
가 전혀 없는 가운데서도 배경음악을 사용하는 경우도 있다. 이때에는 무
엇보다 화면의 분위기를 고조시키기 위한 것이다. 그러나 배경음악의 역
할은 작품의 내용과 조화를 이루는 것이 중요한 만큼 내용과 연관성이
있는 것을 선택해야 한다. 배경음악은 작품의 내용을 상징적으로 들려주
는 효과가 있기 때문에 신중하게 선택해야 한다.

배경 장식scene painting / Hintergrunddekoration

　무대 배경의 정교한 장식이다. 배경을 중시하는 이탈리아의 극장에서
자코모 토렐리의 작품과 더불어 발전했다. 토렐리는 1645년에 무대 배경
장식을 베니스에서 파리로 가져왔고, 그 양식을 찰스 2세가 영국에 도입
했다. 영국에서는 이에 앞서서 이니고 존스가 궁정 가면극에서 액자무대
와 스펙터클의 멋을 소개했다. 그렇지만 영국의 무대미술가가 비비엔나
집안과 같은 유럽 대륙의 무대 미술가들과 당당히 겨루기까지는 왕정복
고기 후 100년이 걸렸다. 필립 드 루테르부르가 드루어리 레인 극장의 무
대미술가가 된 이후 비로소 배경 장식의 규격이 탄생했다.

배경 투사back projection

사진이나 영화를 배경막이나 백드롭에 투사하는 것이다. 이 기술은 리얼리즘의 효과를 내거나 무대상의 액션과 아이러닉하게 대조시켜 소외효과를 불러일으킨다. 극의 전체적인 주제를 제시하거나 등장인물의 회상 장면을 플래시백의 방법으로 처리한다. 바이마르 공화국 시대의 독일 피스카토어의 작품에서 배경 투사 장면을 감상할 수 있다. 발터 그로피우스의 총체극도 역시 배경투사의 관점에서 볼 수 있다. 그로피우스의 배경 투사 설비는 관객석 전체를 에워싸는 특징이 있다.

배럴 방식barrel system

배경을 움직이는 방식이다. 갖가지 크기의 통이나 한 개의 샤프트에 로프를 매어서 돌리면 한꺼번에 장면전환을 할 수 있다.

배역cast

출연하는 배우의 이름과 그 배우가 행하는 역할을 말한다. 배역의 수는 극이나 여러 가지 사정에 따라서 변한다. 프로 연극의 매니저는 경비절감을 위해서 배역이 적은 극을 좋아하는 경우도 있다. 아마추어 극단이나 학교극은 많은 배우의 참여를 권장한다. 피터 터슨이 국립 청소년 극단National Youth Theater를 위해서 쓴 『지거자거』가 그 예다. 전통적으로 연극에서 남자 배우들이 훨씬 다양한 역할을 맡고 있었지만, 최근에는 페미니즘 연극 그룹이 여자역 중심의 극을 쓰고 상연함으로써 이런 불균형이 점차 시정되고 있다.

번안각색

번안은 사전적인 의미로는 남의 작품을 알맞게 개작하는 것이다. 번안각색은 기존의 작품을 번안해서 개작하는 작업이다. 주로 한국 작품보다는 외국작품을 한국의 실정에 맞게 바꾸는 작업을 한다. 작품의 구성이나 줄거리는 그대로 유지되고 단지 작품상에 나타나는 지명이나 생활풍습, 습관 등을 우리의 현실에 맞게 고친다. 한편의 외국작품을 국내에서 공연할 때 작품의 구성과 줄거리는 고칠 수 없지만 작품상에 나타나는 인명이나 지명, 관습 등은 우리의 현실에 맞게 고칠 수 있다. 연극은 외국작품을 각색하지 않고 무대에 올려도 상관없지만, TV의 경우 번안각색은 필수적이다.

번안도 번역의 일부에 포함되기 때문에 번안된 작품에서 번역정신 및 번역철학을 논할 수 있다. 브레히트는 소포클레스의『안티고네』를 번역한 휠덜린의 번역서에 기초해 독일 제 3제국의 상황에 비추어 번안 각색했고, 새로운 시대정신과 서사성을 작품에 반영했다.

베니스영화제

이탈리아의 아름다운 항구도시 베니스에서 해마다 개최되는 국제영화제다. 1932년 5월에 처음으로 창설되었으며 초기에는 비경쟁형식의 영화제였다. 이후 영화제의 질적인 향상을 도모하고자 경쟁적인 형식의 영화제로 바뀌었으며, 세계 각국의 유명 감독들이 제작한 영화가 출품되어 각축을 벌였다. 이 영화제의 수상부분은 다른 국제영화제와 마찬가지로 감독상을 비롯하여 여우주연상, 남우주연상 등이 있으며, 최고의 작품상인 그랑프리는 '산마르코 금사자상'이라고 부른다. 베니스 영화제에서 배우 강수연은『씨받이』의 주연배우로 출연해 여우주연상을 획득했다.

베를리너 앙상블Berliner Ensemble

1949년에 브레히트가 동베를린의 쉬프바우어담Schiffbauerdamm 극장에서 창설한 극단이다. 브레히트는 배우를 양성하고, 망명 중에 썼던 주요 극들을 직접 연출했고, 그의 부인 헬레나 바이겔이 극장을 관리했다. 첫 공연된 작품은 브레히트의『억척어멈과 그녀의 자식들』이다. 1955년의 파리 공연에 이어서 브레히트의 사후 1956년의 런던 공연은 프랑스 및 영국 연극에 강렬한 충격을 주었다. 브레히트 극의 구조, 연기법, 연출법은 연극과 관객을 정치화하려고 했던 당시 신세대 작가들에게 많은 영향을 주었다.

베를린 영화제

독일의 수도 베를린에서 매년 2월에 개최되는 국제영화제다. 1951년 전후 서독의 영화산업 발전을 위해 창설되었으나 그 후 국제적인 영화제로 발전했다. 대상, 금곰상, 은곰상, 동곰상 등이 수여된다.

베이컨트 신 vacant scene

배우들이 등장하지 않는 텅 빈 무대 또는 장면을 일컫는다. 배우들이 등장하기 전이나 퇴장한 후에 보이는 텅 빈 무대로서 앞으로 일어날 사건에 대해 암시를 하거나, 이미 일어난 사건에 대해 긴 여운을 남기기 위해 주로 사용된다.

변장 disguise

배우의 걸음걸이, 얼굴표정 그리고 의상 등을 바꾸는 것이다. 변장의 목적은 무대의 등장인물이나 배우 혹은 시민들의 속성을 감추는 데 있다. 그렇지만 무대 위의 변장이 반드시 사실적일 필요는 없고, 때에 따라 단지 약간의 변장만으로도 충분하다.

변증법 dialectic / Dialektik

헤라클레이토스의 불에 관한 사유, 수사학의 논법과 칸트, 헤겔, 마르크스의 대립적 사유를 의미한다. 헤겔은 세계가 '전제These', '반전제Antithese', '종합Synthese'의 3단계로 전개되며, '종합'은 다시 새로운 제 1단계가 된다는 이론을 발전시켰다. 마르크스는 헤겔의 관념론적 견해를 유물변증론 혹은 경제결정론으로 전환했다. 마르크스의 변증법은 근대사가 봉건주의에서 중상주의적 자본주의 단계를 거쳐 사회주의에 이른다고 논한다. 이 원리에 충실한 극작가나 비평가는 다양한 방법으로 변증법을 극에 적용하고 있다. 첫째는 개인적 발전과 사회적 발전의 각 단계를 보여주는 등장인물 사이의 관계에 3단계의 패턴이 있음을 보여준다. 둘째는 주인공의 의식이 변증법적 단계를 거쳐서 진전하는 과정을 탐색한다. 셋째는 각각의 장면에 행동과 반응이라는 (변증법적) 대립을 설정한다.

브레히트는 마르크스의 이론을 도입해서 극 구조를 완성시키려는 시도를 한다. 『억척 어멈과 그녀의 자식들』에는 갖가지 변증법적 대립이 있다. 2장에서 카트린과 농민들의 대조는 이러한 대립을 잘 보여준다. 군대의 공격으로 도시가 위험에 처하게 될 것을 본 카트린은 목숨을 걸고 북을 울려서 위험을 알린다. '억척 어멈'은 온갖 위험에도 불구하고 전장에서 군수품을 팔면서 생계를 유지한다. 봉건적인 복종(전제)은 가족의 생존을 위한 집념을 가진 용감한 어머니(반전제)와 지역 사회 전체에 봉사하는 카트린의 태도(종합)를 대조시키고 있다. 물론 봉건주의, 자본주의, 사회주의의 3단계식 발전 방식과 인간의 반응을 세 가지로 특징짓는 것은 이론의 한계를 지닌다. '브레히트 극'은 우의극을 겨냥하고 있다. 그의 이론과 실천을 연구하면 마르크스주의와 극 형식의 관계가 해명될 수 있다. 영국의 정치극은 '브레히트 극'을 표본으로 삼고 있다.

병렬 parallelism

드라마에서 병렬은 일종의 조응調應 형식으로 드라마 각각의 요소들을 늘어놓아 반복을 통해 공명 효과를 기대한다. 셰익스피어의 극작품『리어왕』의 글로스터와 리어왕처럼 두 등장인물들이 비슷한 상황에 놓였을 때 병렬이 일어난다. 즉 리어왕과 글로스터 백작은 둘 다 노인으로 추방되고 모든 것을 잃고 배반당한다. 양자 모두 어리석고 자신들이 행한 선을 악으로 되받는다. 극적 행동과 성격의 병렬을 보여주는 이 예는 반복적인 대사를 통해 더욱 뚜렷해진다. 스웨덴의 극작가이자 소설가인 스트린드베리는『줄리 양』의 서문에서, 감명을 주는 모든 극에는 병렬이 있어야한다고 말한다. 병렬 기법에 의해서 관객은 극의 다른 대목에서 일어났던 사건을 재차 알아차리게 되고 극에 더욱 주의를 기울인다. 아일랜드의 시인이자 문학평론가인 예이츠는 서브플롯의 병렬에 의해서 일종의 시적인 반향이 일어난다고 말한다. 예이츠는 평론『장막의 떨림』에서 이것을 '다중 정서'라고 불렀다. 관객은 그런 극의 상황이 한 등장인물의 고통 이상의 것을 묘사한다고 본다. 이런 되풀이 또는 병렬에 의해서 사람과 사람을 떼어 놓았던 장애물들이 제거되고, 유사한 상황들이 더욱 명확해진다. 이것에 의해서 극의 상황은 한층 보편화되고 관객은 극 속으로 끌려든다.

병렬된 상황은 비슷한 시련에 대해 다른 식으로 반항을 하는 등장인물들 간의 대조를 보여 주기도 한다. 이와 같은 병렬적 기법을 통해서 흔히 한 쪽이 다른 한 쪽보다도 더욱 인간적이며 도덕적으로 우위에 선다. 『리어왕』은 등장인물들 사이의 유사와 차이를 병렬의 모습으로 확실히 보여 주고, 비극과 희극을 부자연스럽지만 강하게 근접시키고 있다.

보더 border

플라이즈와 배경의 상부를 가리기 위해서 무대바닥에 내려뜨린 길고 가느다란 천을 말한다. 구름·나뭇가지·천정·하늘 등을 나타내기도 한다. 무대 양쪽 끝에 매다는 내림 끈이나 지주로 무대에 내려뜨려서 윙의 기능도 한다.

보더라이트

무대조명 설비의 하나로 무대천장에 매달아 놓은 조명이다. 이 조명에 의해 무대전체가 선명하게 드러나고 일부를 강조한다. 현대극은 무대 조명이 중요한 역할을 차지한다.

복합전개 complex deployment

사건 진행의 한 종류로서 '단순전개'나 '이중전개'와 달리 과거에 있었던 이야기나 앞으로 전개될 일이 현재의 사건으로 상징적으로 무대에서 표현된다. 시간의 경과 혹은 과거의 숨겨진 비밀 노출 사건을 중요하게 다루지 않는다. '복합전개'의 방법은 시각적이며 훨씬 더 연극적이다. '복합전개'를 보여준 가장 적합한 희곡은 미국의 극작가 아더 밀러의 『세일즈맨의 죽음 Death of Salesman(1949)』이다. 이 작품에서는 시간적인 경과가 순차적으로 전개되거나 과거의 비밀 사건이 극의 현재의 진행에 중대한 영향을 준다는 방법 등이 거의 무시되고, 현재 진행 속에서 과거를 수시로 삽입하여 전개시킨다. 시간적 진행을 비약시켜 그 부분을 음악적 효과로 명시해 특정 장면에서 특정 장면으로 급격하게 이동시켜 나갔다. 이와 같은 방법은 종래의 무대 기법에서는 이해하기 어려운 일이지만, 아더 밀러는 관객에게 혼란을 주지 않고 이 방법을 적절히 유용하여 사건을 잘 처리해 나갔다. 특히 『세일즈맨의 죽음』은 '골격 무대 장치', 비사실주의적 조명, 음악적 효과, 시간과 공간의 자유스러운 움직임을 사용했기 때문에 사실주의보다는 표현주의에 더 가깝다고 할 수 있다. 오닐의 『기묘한 막간극strange interlude(1928)』도 이 부류에 속한다.

봉산탈춤

산대도감극 계통의 가면무극仮面舞劇의 하나로 황해도 봉산, 해주, 강령 등지에서 전해져오는 놀이다. 제1과장 상좌上佐무에서부터 제7과장까지로 나누어지며 그 내용은 산대극과 거의 동일하나 다소 지방적 특색이 드러난다. 산대극과 달리 사자춤이 들어있고 활발하고 빠른 먹중춤이 특이하다. 이 놀이에 사용되는 탈은 18개이며 그 가면들은 북방대륙계의 영향을 짐작하게 하는 특색을 지니고 있다. 주로 오월 단오명절에 노는 이 탈춤은 민속 신앙적 의의에서 순화된 대중오락이다. 1967년 6월 16일 중요무형문화재 제 17호로 지정되었다.

부르크극장Burgtheater

오스트리아의 여황제였던 마리아 테레시아가 황제도시 빈Wien에 1741년에 세운 황실극장이다. 그 후 몇 번이나 개축되었으며 1918년까지 황실극장으로 전용되었고, 현재는 빈 국립극장으로 사용되고 있다. 독일어 사용지역 최고의 극장으로 세계적으로 유명하다.

부수음악incidental music

극을 사용할 때 반주용으로 사용하던 음악을 말한다. 노래와 무용을 위한 음악, 극의 처음과 끝에 나오는 음악 그리고 멜로드라마처럼 서스펜스 상황에서 배우의 등장과 그 배경을 위한 음악이 여기에 속한다. 주로 영화에서 많이 사용된다. 셰익스피어와 드라이든 및 그 밖의 17세기 극작가들은 이 부수음악을 사용했다. 퍼셀은 이 음악을 다수 작곡했다. 19세기의 독일에서는 귀족의 저택에서 관현악단을 이용할 수 있었기 때문에 극에서 음악을 많이 사용했다. 유럽에서는 비제·포레·시벨리우스·차이코프스키 등이 극을 위한 부수음악을 작곡했다. 최근에는 본 윌리엄스·엘가·벤자민 브리튼 등이 이런 작업을 많이 했다. 해리슨 버트위슬의 음악은 피터 홀이 연출한 내셔널 씨어터에서 『오레스테이아oresteia(1982)

』상연에 지대한 공헌을 했다. 그런데 이런 규모의 부수음악은 극 속에 오페라의 요소가 증가하면서부터 이미 부수적인 것을 넘어서기 시작했다.

부조리absurd

그리스도교적 · 무신론적 실존주의와 관련이 있는 개념이다. 부조리라는 말은 키에르케고르의 "부조리하기 때문에 믿는다"라는 유명한 말에서 나온다. 사르트르의 철학 이론, 카뮈의 『시지프스의 신화』 등에서 부조리를 이해할 수 있다. 이 용어는 에슬린의 『부조리극』이 출판됨으로써 1960년대에 널리 퍼지게 되었고 베케트, 아다모프, 이오네스코 등의 극작가들이 이 개념을 극에 사용하였다.

부조리극Absurdes Theater

제 2차 세계대전 이후 많은 전위극들이 등장했는데 그 중 대표적인 것이 프랑스를 중심으로 1950년대부터 1960년대 초반까지 서유럽을 풍미한 부조리극이다. 부조리극이라는 말 이외에 '반연극' 혹은 '전위Avantgarde드라마'라고도 한다. 부조리극의 선구적 역할을 한 이론가 및 사상가로는 키에르케고르와 니체, 집단무의식의 존재를 주장한 융, 표현주의 극을 쓴 오닐을 들 수 있다. 전후 '부조리'라는 단어를 최초로 사용한 실존주의자는 사르트르와 카뮈가 있다. 문학 및 희곡의 분야에서 영향을 준 뷔히너, 제리, 아르토 그리고 브레히트가 있다. 부조리극의 기수로는 프랑스의 이오네스크, 베케트, 아다모브가 있고, 독일 쪽에서는 그라스, 힐데스하이머, 미헬센, 뒤렌마트, 프리쉬가 있다.

부조리극은 고대 그리스극의 전통을 파괴한 사실주의 극 그 이상으로 사실주의 극을 철저히 파괴해 반연극적 특성을 보여준다. 사실주의는 과학의 발달과 논리적 합리주의 사상의 진전으로 시작되지만, 이것이 가져온 결과는 1 · 2차 세계대전과 이로 인해 생긴 가공할 만한 파괴와 무질서한 혼란뿐이었다. 니체가 신의 사망을 진단한 후 새로운 신은 탄생되지 않았다. 가치 기준이 될 신의 부재로 인해서 인간은 물질적인 풍요와는 대조적으로 정신적으로는 끊임없이 방황하게 되었다. 이오네스코가 말한 것처럼 인간은 종교적 · 형이상학적 · 선험적인 근거를 상실했다. 이러한 극한 상황에서 생기는 것이 부조리극이다. 그래서 이 부조리극은 지금까지의 전통극의 유산을 파괴하는 데서 시작된다.

부조리극의 주제는 불합리 속에서의 존재에 대한 근원적인 물음이다. 부조리극은 인간의 고독과 소통의 부재를 드러내어 인간에게 존재의 부조리에 대한 공포를 느끼게 한다. 사회적 위치나 역사와 연관을 지을 수 없는, 환경에서 단절되어 버린 인간이 자기 존재의 근원적 상황과 대결하고 또 선택을 하지 않을 수 없는 그런 절박한 행위나 행위의 부재이다. 극구성의 개념인 도입→상승→절정→반전→하강→파국 등의 논리성이 무시되고 극이 진행되다가 끝나지 않을 곳에서 갑자기 끝난다. 즉 부조리극의 구성은 한편으로 극의 시작부와 똑같은 형식으로 종료되는 '순환적 구성'이 있고, 다른 한편으로는 처음 상황이 지속·반복되는 '직선적 구성'이 있다. 베케트의 부조리극에서 극중 배우는 광대나 꼭두각시처럼 성격이나 심리 변화가 부각되지 않고 목적과 의지도 없이 행동한다. 대사에서는 언어가 해체되고 등장인물들 간에 의사소통이 불가능하고 단순한 몽타주Montage와 천편일률적인 모조어Klischee가 지속될 뿐이다. 이러한 언어는 모든 이데올로기의 허황함과 불합리성을 보여준다.

부조화incongruity

관객의 입장에서 볼 때 드라마에 등장하는 인물들이나 상황의 존재 방식이 모순되어 보일 때, 또는 드라마가 논리적으로 구성되어 있지 않을 때, 혹은 흐름이나 분위기가 극의 전개와 맞물려 나가지 않을 때 드라마의 부조화가 발생한다.

분노anger

말과 행동이 돌발적으로 격렬하게 표현되는 본능적인 감정이다. 증오는 인간 내면에 숨겨진 축적된 감정인 반면, 분노는 순간적으로 겉으로 드러나는 감정이다. 셰익스피어의 『오셀로』에서 이아고는 그의 아내 에밀리아에 대한 증오를 억제할 수 없어서 어느 순간 분노하고 자기절제를 잃은 채 결국 에밀리아를 살해한다. 분노는 순간적으로 인간의 감정을 표현하는 가장 강력한 수단이 되지만 동시에 분노하는 주인공은 대부분 비극적 결말을 맞는다.

분석드라마 / 노출극Analytisches Drama / Enthüllungsdrama

무대에서 일어나는 사건의 전체 진행을 전사前史 / Vorgeschichte, 전제前提 / Prämisse 순서로 보여주지 않고, 파국 부분인 마지막 부분을 미리 보여줘 모든 사건을 명시하고 노출시키는 분석기법으로 이것에 반대가 되는 것은 '목적극'이다. 대표적인 것은 소포클레스의의 『외디푸스 왕』, 쉴러의 『메시나의 신부』, 클라이스트의『깨어진 항아리』 등이다. 분석 드라마는 사건 진행보다는 광범위한 환경 묘사와 인물의 성격을 부각시키는 자연주의 희곡에서 많이 사용되었다. 대표작으로는 입센의『유령』, 홀츠의 『일식』, 할베의『강』 등이 있다.

분장make up

몸을 치장하는 것이다. 특히 연극이나 영화 · TV드라마에서 일정한 인물의 특색을 표현하기 위해 연기자가 얼굴에 화장을 하거나 치장을 하는 것을 일컫는다. 분장은 무엇보다 얼굴을 중심으로 이루어진다. 얼굴의 특징적인 부분을 강조하거나 개성적으로 만들어 배우가 맡은 역할의 동시대성을 짐작해볼 수 있고, 또한 관객의 이목을 끌려는 의도에서 분장을 한다. 이러한 것은 배우의 순수한 얼굴이나 몸동작으로 표현할 수 없는 여러 가지 얼굴 표정이나 분위기를 만들어내고 극중 인물의 성격을 강조하는 역할을 한다. 분장은 특히 특별한 경우에는 가면이나 탈 등의 도구를 사용하기도 한다. 연기자가 원숭이의 얼굴을 흉내낼 때 연기자의 얼굴에 화장을 하거나 치장을 하는 데는 한계가 있으므로 가발을 사용해 원숭이의 머리모양을 보여주고, 배우의 눈과 귀, 턱 부분에도 원숭이의 얼굴 형태로 치장을 해야 한다. 영화『왕의 남자』에는 광대들의 다채로운 분장이 효과적으로 잘 드러나 그들이 벌이는 춤판의 분위기가 한층 고조된다. 분장은 원시시대에서부터 발달되었다. 원시시대에는 부족사회를 중심으로 생활을 했으며, 특히 농사를 지어 생계를 꾸려나가는 것이 아니라 들판이나 산 속에서 동물들을 사냥해 생계를 유지했다. 그래서 원시인들은 동물들의 눈을 속이기 위해 동료 사냥꾼들의 얼굴과 신체부위에 색칠을 하거나 그림을 그려 분장을 했다. 물론 분장은 원시시대의 연극에서도 사용되었다. 당시에는 색채 미술이 잘 발달하지 않아 분장은 주로 가면을 사용하는 경우가 많았다. 르네상스 시대에 이르러 분장은 가발이나 턱수염, 인공 코와 귀 등의 도구가 사용되면서 오늘날의 분장 형태로 발전하게 되었다. 최근 들어 분장 기술의 발달로 인해 배우들의 분장은 거의 완벽에 가까울 정도로 정교하고 세밀하게 이루어진다. 특히 공상과학영화나 공포영화에 등장하는 배우들의 분장은 완벽할 정도로 뛰어나다. 디지털 TV의 보급으로 드라마 상에서 분장은 더욱 중요해졌고, 실제 눈으로 보는 것보다도 훨씬 더 세밀하게 보인다.

불바르극Boulevardstück

불바르Baulevard는 프랑스어로 '환상도로 · 중심가'를 뜻한다. 불바르극은 19세기 말과 20세기 초 파리의 환상도로가에 위치한 불바르극장에서 상연된 연극을 말한다. 무대 효과가 있는 '소인희극素人喜劇 / Gesellschafts-lustspiel', '장기자랑극Repertoirestück', '담소극談笑劇 / Unterhaltungsstück' 등으로, 내용이 심각하지 않고 실험 정신도 없는 극이다. 그때그때 시대 취향에 맞는 극으로서 재치 있고 재미있는 대화와 과장된 심리 묘사가 특징이다. 이 극에서는 간통을 소재로 한 희극이 인기를 모았다. 제 1차 대전과 제 2차 대전 이후 퇴보했다. 몇몇 유명한 작가들이 이 극을 예술성이 높은 순수 예술로 승화시켰다. 괴쯔, 헤르만 바알, 모옴, 코바르드 등의 작가들이 있다.

브로드웨이Broadway

미국의 뉴욕 타임즈 광장 주변에 있는 극장가를 말한다. 뉴욕 맨하탄 지구에는 브로드웨이를 중심으로 42번가와 50번가에 30여 개의 대규모 상업극장들이 밀집해 있다. 이들 극장에서는 뮤지컬뿐만 아니라 일반 연극 및 버라이어티쇼 등 다양하고 화려한 상업적인 내용의 작품들을 주로 공연한다. 브로드웨이는 이러한 대중적인 작품을 무대에 올려 공연하는 극장가를 일컫는다. 물론 이들 극장가에서 공연되는 연극을 일명 브로드웨이 연극이라고도 한다. 그러나 브로드웨이 연극이라고 하면 일반 연극과는 달리 브로드웨이에서 공연되는 뛰어난 제작기술과 배우들의 수준 높은 연기술을 바탕으로 하는 연극을 일컫는 경우가 많다. 물론 브로드웨이연극은 대중적인 작품으로 상업성에 주력하는 것이 일반적이다. 그 때문에 일부 브로드웨이에서는 대중적인 스타나 인기가 많은 영화배우들을 무대에 내세워 공연하는 경우도 많이 있다.

블랙 코미디 black comedy

희극의 한 형식으로서 고통·우연·잔혹·죽음이라는 비극의 제재로부터 웃음을 유발시킨다. 비극은 극이 다루는 개인적 고통의 의미를 충분히 전하며 대상과 거리를 두는 자기 방어적인 과정을 보여주어 관객을 웃게 만들지는 않는데, 블랙코미디는 웃음을 불러일으킨다. 이를테면 오필리어에게 진실미가 없으면, 오필리어는 단순한 시녀로 취급되어 그녀의 죽음은 무덤 파는 사람에게 웃음의 대상에 지나지 않게 된다. 그리고 시체더미가 너무 높다거나 배우에게 등장인물을 충분히 표현하는 역량이 부족하면, 공포에서 심각함이 사라져 버린다. 어떤 의미에서 블랙 코미디의 이러한 웃음은 자연스럽다. 어느 누구도 세상살이의 고통을 완전히 견딜 수는 없다. 무덤 파는 사람은 자신의 장삿속에 무서움을 느끼지 않으므로 관객의 공감을 얻는다. 따라서 『햄릿』의 무덤 파는 사람 장면에서 나타나는 유머는 무덤이라는 어두운 이미지에도 불구하고 반드시 '어둡지는' 않다. 그 상황과 등장인물들은 너무나도 정상적이다. 블랙 코미디는 가장·캐리커처·반복에서 생긴다. 그런 요소들이 행위나 사건에 광기를 부여한다. 이오네스코의 『아메데』에서는 시체가 점점 커져서 아파트 내부를 가득 채워 부부를 괴롭힌다. 이오네스코의 다른 극작품들에서도 죽음이 불안하게 다가오고 있는 악몽의 세계 속에서 이름, 물체, 동물, 살인자가 넘치고 있다. 그러한 상황을 등장인물이 정상화하고자 할 때, 관객은 웃음에 말려들지 않고 무대와 거리를 둔다. 블랙 코미디는 도스토예프스키에서 카프카, 베케트에 이르는 실존주의 작가와 부조리 연극에서 현저하게 드러나고, 그 형식은 제임스 왕조시대의 희비극과 중세의 그로테스크 형식에서 찾을 수 있다. 그리고 성공은 거두지 못했으나 이아고의 인간성의 결여나 잔혹함과 사디즘의 요소에서 셰익스피어가 『오셀로』

를 블랙 코미디로 창작하려고 했다는 추측도 있다.

블로킹blocking

　리허설 단계에서 가장 효과적인 위치, 배치를 무대 위에 구성하기 위해서 등장인물이 대사의 어느 지점에서 앉거나 서거나 움직여야 하는가 하는 그 효과적인 자리를 정하는 과정을 말한다. 블로킹은 배우가 자신의 역할에 대한 해석에서 나오는 것이 이상적이다. 중요한 것은 배우가 자신의 움직임에 안정감을 느끼면 관객의 눈에도 자연스럽게 보인다는 점이다. 배우가 '적절'하다고 느낄 만한 시간적 여유를 주지 않고 움직임을 결정하는 연출은 문제가 있다. 배우들이 서로의 대사와 동작에 부자연함을 느끼면, 대사를 잊는 일이 생긴다. 리허설 부족, 연출가의 자신감 결여가 움직임을 부자연스럽게 만든다. 스타니슬라프스키는 배우의 <역할 창조>에서 배우는 작품 전체의 움직임의 패턴을 즉흥적으로 잘 소화할 때까지는 자신의 대사를 읽거나 외우거나 할 일이 아니라고 주장한다. 잘 소화할 수 있는 상태가 되어야 비로소 대사가 서서히 무대위의 행위와 조화를 이루어가기 때문이다.

비극tragedy / Tragödie / Trauerspiel

　그리스어인 Tragoedia는 Tragi(산양)+Oide(노래)의 합성어로서, 이 단어가 어떻게 비극이란 단어로 사용되었는지는 견해가 다양하다. 고대 그리스에서는 합창 경연을 하고 난 후 혹은 디오니소스 축제 때, 신전에서 승자를 위해 산양을 제물로 바치는 습관이 있었는데, 그 때 산양의 죽음을 슬퍼한 나머지 그 슬픔을 합창한 데서 비극의 기원이 되었다는 설도 있으며, 중세 사람들은 산양은 비통한 울음소리를 내기 때문에 '슬픈 연극'을 '산양의 극'이란 의미에서 Tragoedia가 비극을 의미하게 된 것이라 해석했다. 그리스 비극은 기존의 비극 개념과는 본질적으로 거리가 멀다.

　독일에서는 Tragödie란 말 이외에 Trauerspiel(Trauer+Spiel)이란 말을 썼는데, 이는 Trauer(悲)와 Spiel(劇)의 결합어로 비극을 뜻한다. 비극이란 말은 근대 독일 희곡론에서 규정된 Trauerspiel이 가장 적합하다. 비극은 가장 오래된 연극 형태로서, 그리스에서는 연극 및 드라마를 곧 비극과 동일한 개념으로 생각할 정도로 비극의 비중은 높았다. 신과 인간과의 운명의 관계에서 인간의 승산 없는 대결이 비극의 내용이었다. 이러한 것을 내용으로 하여 비극을 쓴 가장 위대한 그리스의 3대 비극 작가로는 소포클레스, 아이스킬로스, 유리피데스이다. 그 후 장구한 역사를 통해 많은 작가들에 의해 계승되고 그 개념에도 많은 변화를 가져왔다. 그리스의 아리스토텔레스의 비극 이론을 보면, 극중 갈등에서 주인공의 불행한 상태가 어떤 종말을 고하는 것만을 비극이라 보지 않고, 종말이 해피엔드로 끝난다 하더라도 엄숙한 데가 있고, 공포와 동정의 감정을 통해 감정의 정화Katharsis 를 가져온다면 비극으로서의 그 구실을 다한다고 말했다. 즉 그리스 사람들은 오늘날 우리가 말하는 '희극' 이외에 극이 엄숙한 데가 있으면 그 극을 비극이라고 생각했다. 그 후 로마의 비극에서는 공연을 통해 주인공의 겪는 육체적인 고통을 더욱 과장하여 살인, 고문 등의 피비린내 나는 장면이 많았다.

　기독교의 전성기로 간주될 수 있는 중세에 이르러 비극은 기독교의 윤리와 사상에 위배된다는 이유 때문에 유럽의 기독교 국가에는 수용될 수 없었다. 그래서 인문주의사상이 일어났던 르네상스 시대에 와서 비극은 다시 부상될 수 있는 계기가 마련되었다. 영국 엘리자베스 왕조의 셰익스피어 시대에 비극은 오히려 로마 비극의 영향을 많이 받았으나, 주인공의 고매한 인격과 태도, 운명에 초연한 자세, 그리고 대사에 있어서 시적 미사여구가 강조되었다. 그 후 프랑스 고전주의 작가들인 코르네유와 라신에 이르러서는 아리스토텔레스의 비극이 강조되었다. 18세기에는 레싱에 의해 '시민 비극'이라는 특수 형식으로 변형·발전되었다. 레싱등 많은 극작가들이 중산층에 맞는 새로운 비극 작품을 쓰려고 노력했는데, 여기서 가장 강조되는 것은 주인공의 성격에 비극의 요소가 될 수 있는 성격적 결함과 그로 인한 파멸이었다. 이어 괴테, 쉴러, 클라이스트, 그릴파르처, 뷔히너, 헵벨로 이어지는 기라성 같은 극작가들이 탄생하여 독일 비극은 말할 것도 없고 세계 비극사에 찬란한 금자탑을 쌓았다. 이 시대의 극작가들은 '화해될 수 없는 대립'을 '비극적인 것'으로 보았다. 즉 종교, 윤리 및 정치 문제들에 대한 사회의 견해가 본질적으로 독선적이고 폐쇄적인 세계상을 지니는 한, 한편으로는 사회가 있고 다른 한편으로는 기존 사회의 법칙을 타파하려는 개성이 있을 때, 이것들은 화해될 수 없는 전

제 사항들이라는 것이다. 비극은 일종의 필연적인 충동으로 인해 주인공
이 파멸로 귀결되는 숙명적인 투쟁으로 표현된다. 현대 들어 새로운 비극
인 '희비극Tragikomödie'이 등장했다.

비디오 영화video film

　일반적으로 비디오테이프에 내용을 담아 일반 가정에서 볼 수 있게 만
든 영화다. 영화는 주로 영화관이나 TV방송의 상영용으로 만든다. 그러
나 비디오 영화는 이러한 상영용이 아닌 일반 가정에서 흔히 구비하고
있는 비디오 기기를 통해 볼 수 있는 영화다. 비디오 영화는 독립적으로
제작되기도 하지만 대부분은 영화관에서 이미 상영되었던 영화를 비디오
로 재구성한다. 이는 무엇보다도 영화관을 찾지 못한 관객들을 위해 볼거
리를 제공하기 위한 일환이다. DVD 영화가 등장하기 전까지는 비디오를
통해 영화를 보려는 일반인들이 급격히 증가하면서 비디오 영화는 인기
를 얻기도 했다. 물론 이러한 시류에 편성해 비디오영화가 독립적으로 제
작되기도 했다. 비디오영화가 독립적으로 제작되는 경우에는 일반 영화
에 비해 일단 제작비가 적게 드는 것이 특징이다. 그리고 일반 영화의 제
작이 방대하고 복잡한 것에 비해 비디오영화는 단순하기 때문에 제작기
간도 짧다. 최근에는 DVD 영화의 출현으로 비디오 영화에 대한 수요가
급격히 줄어들고 있다.

비디오 극장video theater

　비디오 극장은 비디오나 DVD 기기를 통해 영화를 감상하는 소규모
극장을 말한다. 일반 영화관에서는 영사기를 통해 영화가 상영되지만 비
디오 극장에서는 VTR이나 DVD의 영상을 프로젝터 등을 활용해 스크린
에 영사한다. 비디오 극장에서는 저렴한 값에 영화를 볼 수 있다.

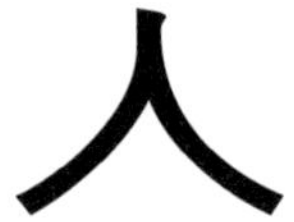

사극history play

역사적 사실을 소재로 제작된 희곡으로 과거에 실제 있었던 인물과 사건을 다루고, 대표적인 사극으로는 셰익스피어의 『리처드 4세King Richard VI』, 『헨리 4세King Henry VI』를 비롯하여 버나드 쇼의 『시이저와 클레오파트라Ceaser and Cleopatra(1898)』 등이 있다. 작가의 역사의식과 현대적 감각에 의해 역사적 인물이나 사건이 여과되어 새로운 주제와 의미를 부여받을 때 비로소 본격적인 사극이 된다.

사보이 극장The Savoy Theatre

1881년에 런던의 사보이에서 개장된 극장으로 처음에는 가극상연으로 유명했다. 1907년 베드란과 그램빌 바커의 제휴에 의한 버나드 쇼의 극작품 상연과 그램빌 바커에 의한 셰익스피어의 극작품 상연 등으로 근대 연극역사상 중요한 발자취를 남겼다.

사부작tetralogy

테마와 구조가 서로 관련되어 있는 4가지 극이 하나의 세트로 된 것이다. 셰익스피어의 연대기적인 일련의 역사극이 이에 속한다. 『리처드 2세』, 『헨리 4세』 제1부, 제2부, 『헨리 5세』 의 4부작, 『헨리 6세』 제1부, 제2부, 제3부, 『리처드 2세』 의 4부작 등이다.

사설극장 private theatres

　1576년경부터 엘리자베스 시대의 대중극장과 겨루어서 발달한 블랙프라이어즈 극장, 성 바울 대성당, 그 후 화이트 프라이어즈 극장과 같은 실내 극장들을 말한다. 이 사설극장들은 주로 차펠 로얄 소년 극단과 같은 소년 극단들에 의해서 사용되었다. 규모는 옥외극장과 비슷했을 것으로 추측되며 관객석은 장방형으로 되어있다. 입장료는 옥외극장보다 비쌌고 관객은 대부분 상류계층 사람들이었다. 극장 전체가 지붕으로 덮여 있고 인공조명 시설이 있어서 야간 공연이 가능했다. 사설극장이라는 이 용어는 블렌하임 궁 · 리치몬드 하우스 · 브렌덴버그 하우스와 같이 아마추어 연극과 소인극을 위해 개인의 저택 안에 세워진 극장에도 사용된다. 사설극장 공연은 영국의 여류소설가인 제인 오스틴의 『맨스필드 공원 Mansfield Park(1814)』에 나타나 있는 바와 같이 18세기 후반부터 19세기 초에 걸쳐서 영국의 귀족 저택에서 성행했다.

사실주의극 realism drama

　19세기 유럽에서 대두된 드라마 형식으로 과학정신과 합리주의 사상의 종합적 표현이다. 무대 위의 과장과 우연을 배제하고, '있는 그대로의 인생'을 무대에 재현하여 서민들의 생활을 객관적인 관찰을 통해 무대에 재현시키는 것이 특징이다. 헨릭 입센의 3막극 『인형의 집 Et dukkehjm(1879)』을 최초의 사실주의극이라고 할 수 있다. 일반 서민이 주인공으로 등장하고 대사도 시에서 산문으로 변했으며 무대장치도 사실 그대로 재현시켰다.

사실연극 theatre of fact

　역사적 사건을 무대 위에서 묘사하는 1950년대와 1960년대의 극에 적용되는 용어이다. 존 리틀우드의 『아! 얼마나 아름다운 전쟁인가(1963)』와 피터 브룩의 『US(1966)』 등의 작품들이 있다. 이 용어는 종종 오해를 불러 일으킨다. 이와 같은 연극은 다양한 해석을 요구하므로 소재가 복잡하고 사실의 근거를 두지 않는 경우 관객의 추론이 요구된다. 사실연극이 완벽한 무대를 재현하면 관객에게 대단히 지루한 느낌을 준다. 리틀우드의 극은 정치적·개인적 분노를 표출하는 등 격한 감정 표현을 전달한다. 독일의 극작가인 킵하르트의『오펜하이머 사건 In der Sache J. Robert Oppenheimer(1964)』처럼 사실연극은 현실의 사건을 극화하고 정치적 참여를 권장하기 때문에 '사실적'이다. 이 용어는 사실연극이 완전한 허구나 '허위'가 아니라는 것을 강조한다. 배우·연출가·작가는 현상을 선택하고 요약하지만, 그것은 여전히 사실을 전하는 것뿐이다.

사실주의연극

사실주의 연극의 몇 가지 특징들을 열거하면 다음과 같다.

(1) 대사가 운문에서 산문으로 변하는 경향이 나타난다. 과거의 희곡은 운문 형식을 주로 사용했으나, 입센 이후에는 산문 형식이 많이 등장한다.

(2) 소시민적 서민 연극으로서 관찰과 객관성이 사실주의 극의 기초가 된다.

(3) 사실주의 시대에 들어와서 처음으로 무대 묘사 나 무대 지시를 삽입했다. 과거의 그리스, 로마, 셰익스피어, 낭만주의극의 무대 지시는 배우들의 입장, 퇴장과 죽음 등을 간략히 묘사했다. 사실주의 극에서는 무대 지시와 함께 무대 묘사가 구체화된다.

(4) 주인공은 영웅이 아니라 평범한 시민이다.

(5) 과장이나 우연이 없이 원인과 결과가 분명하고, 논리적으로 전개되는 사건들을 다룬다.

(6) 자연과학적 발전도식이 주인공의 성격에 반영된다. 외디푸스, 햄릿그리고 노라는 각기 다른 성격의 주인공들을 보여준다.

(7) 대형 극장의 무대는 배우들의 연기능력을 극대화할 수 있는 장치들이 구비되어 있다.

(8) 시민들은 무대를 국민적 교육과 교양 시설이나 자유로운 대화의 광장으로 인식한다.

(9) 유물론적 진보 사상에 따라 극장은 비극보다는 시민들이 접근하기 쉬운 희극을 환영했고, 비극이라 해도 역사극 정도를 상연했다. 비극적 갈등을 다룬 연극은 사실주의 연극에서 그 비중이 점차 줄어들었다.

사육제극 Fastnachtsspiel

유럽의 중세 말기 여러 도시들에서 행해진 연극이다. 기독교 전통을 기반으로 세속적인 해학과 야유를 묘사한다. '파스트나흐츠슈필'이라고도

하며 종교 개혁 이전에 탄생한 대표적인 대중 연극이다. 배우, 학생 및 장인匠人들에 의해 격식 없는 야외무대에서 공연되었고, 광대극과 교훈극 등 대중적이고 종교적인 요소들로 이루어져 있다. 탐욕스러운 성직자 등 비도덕적이고 압제적인 요소들을 풍자해 '바보들의 축제'나 프랑스의 풍자적 희극인 '소티'와 유사한 데가 있다. 방랑하는 음유시인들이 즐겨 사용한 희극 장면들과 종교극적 요소들이 들어 있으며, 기독교 이전 게르만 문학의 영향을 받았다. 뉘른베르크의 한스 로젠플뤼트와 한스 폴츠는 15세기 중엽 사육제극을 대표하는 인물들이었다. 동시대 인물인 한스 작스는 많은 사육제극들을 남겼다.

사이 Pause

대사나 극적 흐름의 의도적인 일시적 휴지休止를 말한다. 대사없이 등장인물의 얼굴이나 신체의 반응에 관객의 주의를 집중시켜 관객에게 생각할 여유를 준다. 다양성과 대조를 이루며 지극히 극적인 성격을 유지한 채 상황을 전환하는 하나의 형식이다. 따라서 이 '사이'와 이 보다 더 긴 침묵은 적절히 조절할 필요가 있으며 배우들이 연기 중에 빈번히 '사이'를 이용할 수도 있다. '사이'는 배우들이 극의 효과를 높이기 위해 응용할 수 있지만 모든 배우가 필요 이상으로 '사이'를 취해서는 안 된다. 영국의 부조리 극작가인 해럴드 핀터의 극을 연출한 영국의 연출가이자 국립극장장인 피터 홀에 의하면 '사이'는 배우와 관객을 이어주는 일종의 다리로서 관객은 배우를 강 이쪽에 있다고 본다. 사이 이후 배우가 다시 대사를 전하면 이제 관객은 배우가 강의 저쪽에 있다고 생각한다. 에디스 에번스에 따르면 '사이'는 그 다음에 이어지는 배우의 대사보다 더 흥미로워야 된다. 피터 홀은 그 길이에 따라 여러 가지 다른 '사이'들을 규정했다.

사이코드라마 psychodrama

사회에 적응하지 못하는 병증이나 인격의 장애를 진단하고 치료할 목적으로 그들의 심리를 다루는 일인극이다. 환자에게 극적 상황 속에서 어떤 배역을 즉흥적으로 맡겨서 장애 등을 극복할 수 있도록 돕는다. 극의 줄거리가 되는 심리적 흐름의 과정을 감독하는 사람은 환자의 상태를 인식하기 위해서 극중에서 환자의 반응을 관찰한다. 사이코드라마의 목적은 환자가 자기 자신을 스스로 이해하도록 돕는 데 있다. 배우가 자기를 인식하기 위해서 흔히 극단적인 상태에서 자기 자신의 반응을 시험해 보는 연극 워크샵의 즉흥연기와 비슷하다. 정신 요법을 목적으로 하는 사이코드라마와 연극상의 즉흥연기는 둘 다 전문가의 지도가 필요하지만 일반적으로 전자만이 본래적 의미의 사이코드라마이다. 이 드라마는 보통 공개 상연되지 않는다.

사이클로라마cyclorama

원형 파노라마로 무대 뒷면과 옆면을 가리는 무대 배경 장치이고, 조명 기술의 발달로 요즘은 손쉽게 배경 전환이 가능하다. 배경막과 무대 조명을 설치해 무대 배경의 일부분을 특별히 강조하거나 생략할 수 있다. 그림이나 시설물 등을 설치해 극의 적절한 배경을 이룬다. 극의 성격에 따라 텅 빈 무대 배경이 등장하기도 하고, 혼돈과 추상을 담은 배경이 등장하기도 한다. 사이클로라마는 특히 관객의 '보는' 욕구를 충족시켜주는 중요한 역할을 한다. 현대인은 잘 '보는' 데 익숙해져 있기 때문에 현대극에서 사이클로라마의 기능을 잘 활용할 필요가 있다.

사자使者 / messenger

무대 이면의 사건을 전하기 위해서 등장하는 인물이다. 사자는 고전극, 신고전주의 비극 그리고 엘리자베스 시대 연극에서 자주 사용되었다. 고전 비극과 신고전주의 비극에서 사자의 기능 중 하나는 설득력이 약한 배우의 폭력이나 불쾌함을 유화시키는 일이다. 또 다른 기능은 사자가 화자로 등장하여 관객에게 '상상'의 자유를 부여한다. 사자가 화자로 등장해 연기에 직접 변화를 주고 서스펜스를 높이기도 한다. 사자의 이야기는 실제로 오랜 시간이 소요되는 사건 묘사를 단축시키고 액션을 '간략화'한다. 그 결과 장면전환이 필요없다. 사자는 무대 분위기에 영향을 주어 또 다른 시공간을 제공해준다.

셰익스피어는 『오셀로』에서 이 사자의 기능을 효율적으로 잘 사용해서 터키 함대의 집산을 서술하고 있다. 이 이야기는 현재 또는 직전에 행해지는 사건을 전하므로 사건의 긴장은 사자의 목소리를 통해서 전해진다. 사자는 또 관객의 관심을 자신이 전하고 있는 인물의 극적 반응에 집중시킨다. 이런 효과를 낸 가장 유명한 예는 소포클레스의 『오이디푸스 왕, B.C. 430년 경』이다. 극에서 사자와 양치기가 차례로 등장하여 "그도 사자의 모습을 하고 있다"라고 전하면서 오이디푸스 왕에게 출생의 비밀을 밝힌다. 사자가 전달하는 정보는 『오이디푸스 왕』에서처럼 흔히 격앙된 질문에 의해 중단되기도 한다. 때로는 극적 강렬함을 완화시키기 위해서 이야기를 사용하기도 한다. 셰익스피어는 『겨울 이야기』에서 세 사람의 신하에게 무대 이면에서 레온티즈와 왕의 딸 퍼디타가 재회하고 있음을 말하게 한다. 이들은 클라이맥스의 "동상 장면statue scene"에 나오는 레온티즈와 왕비 허미온의 재회를 암시해주기도 한다. 사자는 목소리·언어·육체의 반응으로 자신이 가져온 정보의 중대함을 전달한다. 스토리 속에서 사자가 전달할 사건들을 선별해 내는 솜씨는 극작술의 기본이다.

사투라satura

페스켄니움 지역에서 행해진 페스켄니아 연희는 라티움latium 지역에서 기원전 4세기경 사투라satura라는 이름으로 개칭되어 원시 연극의 일종이 되었다. 이 사투라는 로마 고유의 시문 형식으로, 본래의 뜻은 혼교라는 것으로 모든 종교적 요소와 다양한 테마 및 운율과 형식을 혼합한 시문이나 소희곡을 말한다. 풍속과 세상일에 대한 풍자의 경향이 짙어 기원전 2세기 이후에 이르러서는 지극히 활발했던 풍자문학으로 명명되었다.

사티로스극satyr plays / Satyrspiel

그리스 신화에 나오는 숲의 신으로 상반신은 사람이고 아래는 양의 다리를 가졌다. 술과 여색을 즐기고 춤을 잘 추었으며 디오니소스의 총아였다고 전해진다. 이 사티로스를 모델로 한 사티로스극은 디오니소스 축제에서 비극 뒤에 상연된 익살극Nachspiel / Parodie의 한 형태이다. 이 극은 수확을 경축하면서 대지의 여신Demeter에게 감사를 바치는 원시적 연극형식에서 비롯되었으며 사티로스로 분장한 합창단이 춤을 추면서 디오니소스를 노래로 찬양한다. 아테네에서는 비극 셋과 사티로스극을 합친 연극경연대회가 행해졌다. 사티로스극으로서 현존하는 것은 유리피데스의 『키클로프스』, 소포클레스의 『사냥개 탐정』 그리고 아이스킬로스의 『함정Netzzieher』이 있다.

사회극

사회 전반에서 일어나고 있는 현상에 대해 작가의 입장을 표현한 극이다. 사회극은 작가의 주관적 견해가 반영되지만, 객관적인 서술 원칙을 따른다. 사회극은 특히 독일 자연주의 시대 하우프트만의 작품들에서 많이 발견된다. 그는 당시 사회적인 문제인 노동문제, 알콜문제, 유전문제 등을 주제로 작품을 썼으며 그의 대표작은 『해뜨기 전Vor Sonnenaufgang(1889)』과 『직조공들Die Weber(1892)』 등이 있다.

사회 비극social tragedy

계층 배경이나 사회 환경, 부모의 태도나 어린 시절의 경험이 주인공의 운명을 결정한다. 19세기 후반 결정론적인 사회 진화론다윈의 생존경쟁과 적자생존설을 사회 현상에 적용한 이론으로 부나 권력을 가진 자는 생물학적으로도 우위에 있다는 설에서 생겼다. 입센, 스트린드베리의 자연주의나 토마스 하디의 소설들에는 사회비극의 요소들이 강하다. 이런 작가들은 개인의 자유와 자기 주도를 열망하는 등장인물들이 사회적 상황뿐만 아니라 유전적인 성향도 강조한다.

사회주의 리얼리즘socialist realism

1920 · 30년대의 혁명 이후 소련에서 추구한 문학 및 예술창작의 기본 방법이다. 이 용어를 처음 사용하기 시작한 사람은 러시아의 작가이자 정치 평론가인 루나차르스크와 고리키이다. 푸시킨, 고골리, 톨스토이 등 러시아 문학의 전통과 사회주의 건설의 체험이 결합해 형성되었다. 낡은 리얼리즘의 한계를 극복하여 사회를 움직이는 민중의 창조력을 인정하고 현실의 난관을 타개할 발전적 도식을 추구한다. 구소련의 정치 이데올로기를 촉진시킬 수 있는 가장 적합한 예술로 간주되었다. 사회주의의 미래

를 만들기 위해 봉사하는 노동자 계급을 주인공으로 내세웠고, 미래의 새로운 것을 지향하는 혁명적 낭만주의도 포함한다. 또한 사물의 가장 본질적인 것을 전형적으로 묘사하기 위한 한 방법으로 허구를 부정하지 않는다.

산대놀이 산대도감극

한국의 전통적인 가면극 놀이다. 가면을 쓰고 양반사회의 행실이나 비리를 조소적으로 풍자한다. 일반 서민들의 애환이나 청춘 남녀 간의 사랑을 다루기도 한다. 산대놀이는 조선시대 서민층의 대표적인 놀이가 되었고, 고려시대에서부터 성행했다. 원래 고대 중국의 나례 궁중에서 악귀를 쫓던 의식에서 시작되었고, 고려시대에 우리나라에 유입되었으며 조선시대에서는 궁중 연극으로 행해졌다. 조선 초기 세종 때에는 산대놀이를 궁중에서 직접 관장했다. 중국의 사신을 영접하기 위해 설치한 기관인 산대도감이란 기구를 두고 국가적인 차원에서 산대놀이를 관장하기도 했다.

마을의 가설무대 등에서 민속극으로 공연되었다. 조선시대 인조 이후에는 산대도감이 폐지되면서 급속히 쇠퇴했다. 그 후 연희자들을 중심으로 발달되었고, 이들의 주거지를 중심으로 '본산대'와 '별산대'로 나뉘어진다. 대표적인 산대놀이는 『봉산탈춤』과 『양주별산대』, 경남지방의 『오광대』 등이 있다. 이들 산대놀이는 최근까지 전해지고 있으며, 특히 일부 대학가에서는 축제를 맞이해 이들 산대놀이를 공연한다.

산문 prose

일반적으로 문자언어로 이루어진 형식으로 규칙적인 운율이 없고 운문 형식을 취하지 않는다. 보통 산문은 일상적으로 사용되거나 논리적으로 논의하기 위한 언어이지만, 여기에 고유한 리듬이 실리면 힘찬 감정을 전할 수도 있다. 시적 산문은 산문보다는 시 형식에 가깝다.

산문극 prose drama

초기의 종교극이나 시극의 제의·음악·무용에 대립하는 것 혹은 그것들에 대한 패러디를 구어체로 표현하려는 희극 정신으로부터 자연스럽게 발달해 온 드라마다. 영국 튜더 왕조의 막간극에 나타나며, 희극과 비극이 섞인 제임즈 왕조 시대의 풍부한 혼합 형식으로, 더 나아가 영국 왕 정복고기와 18세기의 풍습희극 그리고 19세기의 소극에까지 뻗어 나갔다. 영웅비극, 셰익스피어 그리고 슈투름 운트 드랑 시대에 남아 있던 운문이 좀 더 발전하여 산문 형식의 멜로드라마로 변한다. 입센의 자연주의 연극이 나온 뒤 산문이 본격적으로 연극에 걸맞게 되었다. 20세기에 들어와 영국에 귀화한 미국 태생의 T. S. 엘리엇은 새로운 시극을 제창하고 산문으로는 전달될 수 없는 리얼리티의 상태가 있다고 주장했다. 산문은 극적 상황의 취급 방식·연기의 리듬·선명한 무대 이미지·힘찬 대사에 의해서 효과적인 극시의 분위기를 만들어 낼 수 있다.

삼부작trilogy / Trilogie

그리스말로는 트리로기아trilogia로서 트리아tria는 셋을 뜻하고, 로고스logos는 연설을 뜻한다. 동기와 소재 상으로 공통점을 지닌 비극의 3부작을 뜻한다. 동일 계열의 작품 군이지만 개개의 작품은 독립성을 지닌다. 그리스 최초의 대표적 3부작은 기원전 458년에 나온 아이스킬로스의 『오레스티 Orestie, Oresteia』로서 『아가멤논Agamemnon』, 『죽은 자에게 바치는 공양Choephoroi, Die Opfernden am Grab』, 『복수의 여신들Eumenides / Die Eumeniden』 등으로 구성되어 있다. 이 시대의 3부작은 디오니소스 축제 때 비극 경연 대회에서 상연되었다. 중세 시대의 유명한 3부작으로는 단테의 『신곡』인 "지옥편", "연옥편", "천국편"을 들 수 있다.

독일 희곡의 3부작으로는 쉴러의 『발렌슈타인Wallenstein(1800)』인데, "발렌슈타인의 진영", "피꼴로미니", "발렌슈타인의 죽음, "으로 구성되어 있다. 19세기에는 그릴파르처의 『금양모피金羊毛皮 / Das goldene Vließ(1821)』의 1부 "빈객, 賓客", 2부 "아르고의 선원", 3부 "메데아"와 헵벨의 『니벨룽겐 Die Nibelungen(1855-1860)』의 1부 "불사신의 지크프리트", 2부 "지크프리트의 죽음", 3부 "크림힐트의 복수"가 유명한 작품이다. 희곡이외에 서정시나 서사시, 그리고 장편에서도 3부작을 찾아볼 수 있다. 대표적인 것으로는 라베의 '슈투트가르트의 3부작'중 첫 번째 작품이 『굶주리는 목사Der Hungerpastor(1863/64)』, 두 번째 작품인 『아부텔반Abutelfan(1867)』, 세 번째 작품인 『시체 운반차Der Schüdderump(1869/70)』와 라우베의 『젊은 유럽Das junge

Europa』의 1부 『시인편』, 2부『전사편』, 3부『시민편』이 있다.

　　동일한 등장인물에 의한 연속한 세 개의 극인 삼부작은 셰익스피어의 『헨리 6세』의 제1부, 제2부, 제3부가 그 예이다. 삼부작은 보통 비극이나 역사극으로 이루어진다. 기원전 5세기, 아테네의 극 경연에서 삼부작이 공연되었다. 삼부작과 그것에 이어지는 사티로스극은 하루 종일 걸리는 공연물이었다. 유진 오닐은 1931년에 『오레스테이아』를 개작한『상복이 어울리는 엘렉트라』를, 아놀드 웨스커는 1960년에 유명한 자연주의 연극 삼부작인『보리 치킨 수프』, 『뿌리』, 『예루살렘에 관하여』를, 알란 에이크번은 1974년에 소극의 삼부작『노르만 정복』을 완성했다. 1985년 내셔널 시어터가 성사극을 각색한『그리스도 강탄』, 『십자형』, 『최후의 심판일』이라는 타이틀의 삼부작을 콧츨로 극장과 리릭 극장에서 상연했다. 이것은 구약성서와 신약성서를 삼부로 나눈 것으로 예수의 탄생·그리스도의 죽음·세계의 종말로 이루어져 있다. 삼부작의 이점은 시간의 흐름을 확대할 수 있다는 데에 있다. 또 등장인물을 갖가지 발전 단계에서 보는 것이 용이하며 여러 가지 배경과 대비시킬 수가 있다. 삼부작은 보통의 극보다도 상세한 세계를 만들어 내고 관객을 장기간 관련시킬 수 있으므로, 소설이나 연속극의 매력도 갖추고 있다. 그러나 공연으로의 실천에는 불리한 점이 있다. 상당한 리허설 기간이 필요하며 고액의 상연 비용, 하루에 세 개의 극을 상연하는 곤란함, 또는 각각의 기회에 세 가지 모든 극을 볼 관객을 확보해야 하는 어려움 등이 있다.

삼일치론three unities

　　아리스토텔레스가 그의 문학 이론서『시학』에서 제시한 극작법이다. 희곡의 모든 사건이 24시간 이내에 전개되어야 하며, 동일한 장소에서 진행되어야 하고, 주제행위를 전개하는 사건 진행에는 한 가지 일을 다루어야 하며, 사건 진행 중 에피소드가 삽입되어 사건 진행이 중단되는 일이 없어야 한다. 르네상스 문학에서 이 법칙을 받아들였으나 셰익스피어는 이 법칙에서 벗어나 자유로운 형식을 수용했다. 독일에서는 레싱이『함부르크 연극론』에서 사건의 일치에 주안점을 둔 연극론에 대해 말했다. 17세기에 들어와서 프랑스 고전주의 작가들은 다시 삼일치론을 받아들이게 되지만, 근대극 이후에는 이러한 법칙이 거의 무시 된다. 삼일치론은 그리스극과 프랑스 고전극의 초석이 되었고 현대극에도 많은 영향을 미쳤다.

(1) 사건 진행(행위)의 일치

사건 진행은 극의 생명이고 특성이다. 사건 진행은 무대 위에서의 행위만을 말하지 않는다. 등장인물들의 행동과 극의 장면이 다음 장면으로 교묘하게 이어지면서 갈등이 연속되거나 해결되면서 빠른 템포로 그 종국에 도달하는 모습이다. 극적 진행이란 단순히 장소의 이동이나 몸동작만을 의미하지 않고, 극적인 사건 진행을 나타낸다. 서정시나 서사시의 사건 진행이 감성 세계에서 전개되는 반면, 희곡은 대화의 세계에서 사건 진행이 발전된다. 레싱이 라오쿤(Laokoon, 1776: 그리스 신화에 등장하는 인물로서 두 아들과 함께 뱀에 물려 죽은 트로이의 신관)에서 말한 것처럼, "운동의 배열에서 통일로 향한, 제한 속에서의 변화 있는 연속"을 계속 추진시켜 나간다. 하나의 사건 진행이 다른 사건 진행을 낳고 그것이 또 다음의 사건 진행을 낳을 때, 마침내 상호 연결된 연속적 사건 진행이 결국 파국으로 이어진다. 아리스토텔레스의 말처럼 상호 연결된 사건 진행은 아주 긴밀해야 되기 때문에, 그 중의 하나라도 전위(轉位)하거나 철회되면 전체를 혼란시킨다. 극적 행위는 어디까지나 유기적으로 일치되어야 한다. 아리스토텔레스가 『시학』 제7장에서 밝힌 것처럼 극이 서막, 중막, 종막으로 구성되었다 하더라도, 그 사이사이에 연결된 사건 진행이나 이에 동반된 부수 행위들까지도 통일되고 완전해야 한다. 작품에 등장하는 많은 인물들이 의욕적으로 행동하는 목적은 단순히 줄거리를 묘사하는 데 있는 것이 아니라, 일정한 방향으로 흐르는 인생의 변화 양상을 보여주어야 한다는 것이다. '장소의 일치'나 '시간의 일치'보다 이 '사건 진행의 일치'는 보다 더 엄격히 준수되어야 했다.

(2) 시간의 일치

아리스토텔레스는 『시학』 제5장과 제24장에서 비극은 가능한 한 '태양의 일회전'을 전후로 결말을 지어야 한다고 말한다. 이처럼 공연시간이 비극 창작의 필수 조건이 되었지만 예외의 작품들도 많았다. 그 후 프랑스 고전주의 시대에 이르러 작가들은 특히 시간의 일치에 절대적인 권위를 두었다. 그러나 셰익스피어나 위고에 이르러서는 이 시간의 일치가 파괴된다. 『햄릿』의 경우를 보면 제1막 1장에서 5장에 이르는 사이 이틀간의 사건 뒤에 이틀간의 경과를 두었고, 제4막 4장과 5장 사이에는 일주일간의 간격을 두면서 관객으로 하여금 조금도 시간의 경과를 느끼게 하지 않았고 극적 효과도 상실하지 않았다. 『오셀로』의 구조도 제1막은 하루, 제2막과 제3막은 이틀간의 사건이 요구된다. 그로부터 일주일 경과 후에 제4막이 계속되고, 다시 제5막이 시작된다. 삼일치를 고수했던 프랑스 고전극이 고전극으로서의 훌륭한 장르를 완전히 이루기는 했으나 삼일치를 어긴 영국처럼 넓게 발전하지는 못했다. 그래서 영국이 프랑스보다 시간의 제한 없이 사건의 처리를 감행했다는 사실은 큰 업적이 된다. 환언하면, 당시의 극작가들은 이 철칙으로 인하여 많은 고충을 받았는데, 꼬르네이유같은 작가는 삼일치법을 다소 완화하여 24시간에서 30시간으로 연장하기를 희망했다.

(3) 장소의 일치

극의 전개가 한 장소에서만 일어나는 것으로, 희곡의 특수한 분위기를 유지하기 위해 우선 장소의 변화를 극히 제한해야 한다는 것이다. 아무리 희곡의 구성이 주도면밀하게 짜여 졌어도 장면의 변화가 빈번하면 관객의 주의는 산만해지고 극은 실패하기 쉽다는 것이다. 그러나 그 연유는 어디까지나 그리스극의 무대상황에 기인한다. 오늘날과 같이 기계화된 극장 시설과 무대 장치가 없었기 때문에 장소의 일치가 불가피했던 것이다. 그리스의 삼일치를 모방한 꼬르네이유, 라신느, 몰리에르의 프랑스 고전극은 사실 영국의 셰익스피어 희곡에 비해 장소의 일치 때문에 극적 활력이 덜 부각되었다. 보카치오의 작품 『데카메론』의 한 단편에 나오는 『심벨린』 (심벨린은 술에 취해 기분 좋게 사뿐사뿐 걷는 여자라는 뜻)은 장소가 영국이기는 하나 영국 내에서의 장소가 각각 다르고 이탈리아까지 확장된다. 이 작품은 시간을 24시간으로 하고 장소의 일치를 위해 전체의 막을 한 곳으로 한정해야 했던 당시의 프랑스 희곡과는 대조적이다. 또한 스트린드베리, 베데킨트, 슈니츨러와 같은 작가들은 삼일치법을 무시하고 장소를 현실의 세계에서 공상의 세계로 옮겨놓았다.

삽화 episode

어떤 이야기나 사건의 줄거리에 삽입된 토막이야기를 말한다. 삽화 자체만으로도 통일성은 있지만 긴 이야기의 흐름 속에 존재하는 하나의 액션이다. 극을 구성하는 각 삽화들은 그 자체로도 아주 완벽하기 때문에 삽화는 극의 유기적 흐름을 방해하기도 한다. 삽화극은 브레히트의 서사극 혹은 중세의 패전트 극처럼 잘 계산된 효과도 기대할 수 있다.

상대역 antagonist / Gegenspieler

그리스어 안타고니스테스 antagonistes에서 유래된 말로서 연극, 서사 문학, 단편에서 주역 Protagonist의 상대가 되는 역을 뜻한다. 주역의 행동이 상대역의 행동을 규정하기도 하며 상호 변증법적 관계에 놓여진다. 제2 배우로 불리는 상대역은 다양한 가면을 쓰고 여러 역으로 분장하기도 한다. 쉴러의 『군도』 에 나오는 칼 모어와 프란츠의 관계가 대표적인 경우이다. 상대역은 쉴러와 셰익스피어의 희곡처럼 일인으로 등장하기도 하고 헵벨의 『마리아 막달레나Maria Magdalena(1843)』와 괴테의 『괴츠Götz(1773)』처럼 다수로 등장하기도 한다.

상승부rising / Steigerung

극의 전개는 도입부를 거쳐서 상승부, 절정부, 대단원으로 이어진다. 세익스피어 이후의 극에서는 극의 모든 행위의 흐름 중에서도 상승부가 가장 길고 복잡하다. 사건들이 계속 발생하여 사건의 양상이 복잡해지고 주인공 이나 등장인물들이 사건 속으로 빠져든다. 주동세력과 반동 세력과의 싸움터인 상승부에서 대결과 갈등의 순환이 이루어진다. 상승부의 긴장은 절정이나 대단원을 완성하기위한 전제조건이다. 상승부에서 관객의 주의와 흥미를 끌지 못하면 그 희곡은 실패하고 만다. 다른 부분에 비해 극적 행위의 진행이 길고 복잡하기 때문에 극의 전개 방향을 전혀 예측할 수 없고, 관객의 긴장과 흥분은 반신반의하는 가운데 더욱 고조된다.

상징주의 연극

19세기 후반 상징주의 운동과 사상을 바탕으로 기술된 극으로 어떤 사상이나 감정을 특정한 사물에 비추어 암시적으로 표현하는 연극을 말한다. 상징주의극은 자연주의나 사실주의 연극에 반발하여 일어난 극이다. 이 연극의 특성은 보들레르의 유명한 시 『조응』에 잘 나타난다. 관객은 연극을 관람하면서 주관적인 상상을 하며 극에 나타난 상징을 통해서 드러나는 '일상의 경험'을 초월한 리얼리티의 존재를 느낀다. 스웨덴의 자연과학자이자 신지학자神智學者인 스웨덴보리는 상징주의 사상의 선구자였으며, 이 운동과 관련된 주요 극작가들은 메테를링크, 예이츠, 후기의 스트린드베리이다. 20세기의 엘리엇이나 영국 극작가인 크리스토퍼 프라이의 운문극에도 상징주의적 요소가 나타난다. 엘리엇은 현실을 있는 그대로 직시하는 것이 아니라, '곁눈질로 보아서' 감지한 리얼리티를 기술한다.

상하강rise and sink

장면전환의 한 형식으로서 한 장면의 상반부가 플라이즈로 서둘러 올라가고, 하반부가 무대 밑으로 내려앉아서, 무대 배후에 설치되어있는 다른 장면을 보여준다.

상호텍스트성intertextuality

기호학 등 문학에서 사용하는 텍스트 분석방법이고 연극에서 상호텍스트성을 적용해 작품을 분석할 수 있다. 텍스트들에 포함된 관습·코드와 독자 또는 관객과의 상호작용을 말한다. 배우나 관객은 역할이나 텍스트가 '상호 관계하는 역사', 즉 과거의 상연을 의식함으로써 영향을 받는다. 어떤 텍스트는 그 상연에 영향을 미치는 갖가지 다른 텍스트들을 배경으로 해서 비로소 이해할 수 있다. 독자나 관객의 해석은 독자나 관객의 반응에 영향을 미치는 갖가지 다른 텍스트들과 개인적 경험들을 배경으로 해서 비로소 성립한다고 본다.

상황극theatre of situations

드라마에서 어떤 인물이 처한 정세를 가리킨다. 상황극에는 비극적인 것이나 희극적인 것 등 여러 가지 상황이 있는데 이것은 인물의 행동에 영향을 주며 여러 가지 반응을 일으킨다. 극의 등장인물들이 지배하거나 복종하는 일련의 환경을 뜻하며 금전, 권력, 영향력, 타인의 의지와 싸우거나 지배하려고 드는 의지 등에 의해서 확정되는 상태를 말한다. 사회, 역사, 자연, 신학 등의 요소가 복합적으로 작용한다. 상황극의 등장인물들은 타인들과 투쟁하고 사회의 법칙, 자연, 역사, 신에 맞서 저항하거나 그것들을 수긍하기도 한다. 상황희극은 상황이 우스꽝스럽게 기인한데서 오는 효과를 노린다. 대표적인 상황극은 소포클레스의 『안티고네』, 셰익스피어의 『햄릿』 브레히트의 『갈릴레이의 생애』, 사르트르의 『파리떼』, 『알토나의 유폐자』, 『출구 없음』, 『그림자 없는 사나이』 등을 들 수 있다.

생소함strangeness

이화 또는 소외의 감정으로 비극과 희극에서 익숙한 세계를 낯설게 하는 중요한 연극적 효과이다. 에브리맨everyman이 죽음에게 붙잡혔을 때나, 별 의미없는 농담으로 어떤 사람이나 특정한 상황을 새롭게 바라보기를 요청할 때 독자는 생소함을 경험한다. 오이디푸스가 자신의 출생에 관한 비밀을 알았을 때 느끼는 이 세상에 대한 낯설음이나, 보통 사람들에게는 살기 좋은 이 세상에서 햄릿이 느끼는 이상야릇함 등도 관객은 생소하게 바라본다. 연극은 본래 익숙한 것에다 새로운 각도에서 빛을 비추어 그것을 낯설게 만드는 것이다. 그 수법으로서는 등장인물과 관객을 휴브리스 hubris / 교만와 일상적인 환경 속에서 자기만족에 빠져드는 것을 깨우쳐주는 아나그노리시스anagnorisis / 인지등이 사용된다.

생역학 biomechanics

1922년에 소련의 연출가였던 프세볼로드 메이에르홀트가 배우의 연기지도를 위해 고안한 신체 훈련법으로 신체 활력을 사용해 감정의 표현력을 촉발시킨다. 이 연극이론은 '인간은 전동기다'라는 모토아래 배우의 몸을 능률적으로 움직여야 한다고 주장한다. 가령 질투는 인간의 종족보존을 위한 강한 표현의 하나이므로 그것을 무대에서 표현하는 데는 배우의 메카닉적인 몸동작, 동물적인 반사운동에 의존해야 한다는 것이다. 이 훈련법은 구소련의 학교 커리큘럼에서도 신체 훈련을 체계화하는 기초프로그램이 되었다. 메이에르홀트는 훈련용 프로그램의 일부로써 <에튀드>라는 일련의 연습운동과 판토마임을 고안했다. 연습 운동 중에서 <활쏘기>는 <사냥>이라는 에튀드로 발전했다. 이론과 실천을 단순화하고, 신체활동과 감정은 본래 반응이나 반발이라는 더 복잡한 형태로 서로 연관되어 있다. 스타니슬라프스키와 메이에르홀트의 이론은 상호 유기적 관계이다.

샷 shot

영화를 구성하는 가장 기본적인 단어이며 영화 촬영의 최소단위이다. 샷은 일반적으로 영화를 촬영할 때 일체 중단하지 않고 한 번에 촬영된 필름을 말한다. 한 샷에 카메라에 나타나는 거리와 피사체에 따라 7개의 형태로 구분한다. 일반적으로 클로즈업을 비롯해 익스트림 클로즈업, 미디엄 클로즈업, 미디엄 샷, 미디엄 롱 샷, 롱 샷, 익스트림 롱 샷이 여기에 해당한다.

서간체 소설epistolary novel

편지 형식으로 이야기를 전개해가는 소설로 18세기에 유행했다. 이 소설의 효시는 새뮤얼 리처드슨의 『패멀러』이다. 편지글에 교훈, 여행담, 세상소문 등을 이야기하는 관습이 있었고, 리처드슨은 구체적인 인물과 사건을 설정하고 그 인물의 심적 변화와 동기, 사건에 대한 직접적인 반응 등을 세밀하게 묘사했다. 편지글은 사건 발생 시 주인공이 써서 보내는 일련의 편지들로 된 소설, 주인공뿐만 아니라 여러 인물들이 서로 주고받는 편지들로 된 것, 한 면의 긴 편지 속에 전체 이야기를 다 담은 것으로 된 것, 주인공의 사연을 잘 아는 제3자가 또 다른 제3자에게 보내는 편지 속에 이야기가 전개되는 것 등의 유형이 있다. 주인공의 일기 형식으로 된 소설은 확실히 서간체 소설의 변형이며 우연히 발견한 수기 형식으로 된 수기체 소설도 마찬가지다. 서간체 소설은 처음에는 사건의 현장을 직접 목격하는 듯한 사실감과 인물의 심중을 그대로 들여다보는 듯한 친밀감 때문에 인기가 있었다. 그러나 사건을 바라볼 수 있는 시야가 좁고, 작가가 사건 진행에 개입할 수 있는 자유가 거의 없었기 때문에 충분히 소설적 효과를 기대할 수 없는 단점도 있다. 그러나 현대에도 중요한 대목에 서간을 삽입하여 사건 또는 심경을 알리는 방법은 많이 사용되고 있어 그 명맥이 그대로 지속되고 있다. 우리에게 잘 알려진 서간체 소설은 리처드슨 것 이외에 루소의 서간장편소설 『신 엘리에스』, 괴테의 『젊은베르테르의 슬픔』, 낭만파의 티이크가 대학시절에 쓴 『윌리엄 로벨씨의 이야기』 그리고 앙드레 지드의 『좁은 문』 등이다.

서곡overture

원래 음악용어다. 가극이나 성극에서 막을 올리기 전에 연주되는 악곡이고 주로 관현악곡을 지칭한다. 일반 연극에서도 작품을 상연하기에 앞서 연주되기도 한다. 서곡은 무엇보다 막이 시작되기 전 관객들에게 극의 진행과 시작을 알린다.

서부극

미국의 서부개척시대를 배경으로 만든 TV방송극을 말한다. 미국에서

1950년대부터 1960년대 말까지 TV프로그램 가운데 가장 인기 있었던 극으로서 서부영화에서 그 기원을 찾고 있으며 주로 미국의 서부개척시대의 애환이나 삶을 소재로 다루었다. 물론 단순한 오락물이 아니라 서부개척시대의 영웅적인 인물이나 미국인의 모험정신과 개척정신을 다루기도 한다.

초창기에는 어린이들을 상대로 하는 오락물이었다. 서부 개척시대의 총잡이나 사냥을 하는 모습을 담아 오락적인 즐거움을 제공하는 프로그램이었다. 일반인들의 관심이 증가되면서 보다 사회적이고 철학적인 요소를 가미한 극으로 만들어졌다. 서부극은 기본적으로는 액션물이다. 일반 드라마처럼 서정적이고 로맨틱한 멜로물도 있지만 어디까지나 서부극은 서부 개척시대의 영웅적인 인물을 중심으로 펼쳐지는 인디언들과의 총격전, 원주민 마을의 습격, 폭력 등이 주류를 이룬다. 미국 TV방송에서 서부극이 인기를 얻게 되자 폭력물이 등장하는 횟수가 늘어났고 심지어 서부극보다 더 폭력적인 극이 만들어져 방영되기도 하였다. 일부에서는 폭력물의 시작이 서부극에서 비롯되었다고 주장하기도 한다.

서브-텍스트 sub-text

극의 대사의 심층에 감추어져 있거나 혹은 감추어져 있다고 추정되는 텍스트다. 즉 말의 이면에서 느껴지는 압박감을 나타낸다. 이것은 스타니슬라프스키의 용어로, 특히 체호프·입센·셰익스피어 등의 작품을 연출할 때 도출된 것이다. 작가는 사고나 감정을 감춘 등장인물들을 창조하고, 그들은 무대의 행동으로는 직접 제시되지 않는 생활을 극의 배후에 지니고 있는 것으로 추정된다. 스타니슬라프스키는 이 감추어진 생활의 감각을 배우의 연기를 통해서 창조하고자 했다. 그는 극중에 이 감추어져 있는 텍스트를 발견하거나 창조할 수 있도록 배우를 훈련시키고, 배우는 목소리의 억양·얼굴표정·육체 동작·자세·몸짓 등을 통해 말해지지 않는 것을 전달할 수 있게 했다.

서사극 epic drama / Episches Theater

브레히트가 제시한 새로운 극 이론으로 아리스토텔레스의 극작론을 부인한다. 아리스토텔레스 연극의 목적은 관객들에게 환상적인 사건 진행을 통해 카타르시스를 유도하고, 관객과 극중 인물과의 감정 교류와 공감이 중요했다. 극중 인물의 고뇌가 '나(관객)'의 고뇌요, 그의 슬픔은 나의 슬픔이라는 것이 전통적 연극이 요구하는 관객 태도이다. 브레히트의 서사극은 카타르시스를 요구하지 않고, 관객의 반환상적인 냉철한 관찰을 통해 비판력과 판단력을 부여하는 데 있다. 이성적 판단을 내리기 위해서는 감정의 지배를 받아서는 안 되고, 극은 서사적인 서술 기법을 통해 관객에게 일정한 거리를 제시한다. 서사극은 사회적 모순들에 대응할 수 있는 냉철한 분석력을 키워준다. 형식면에서 극의 발단exposition이 없고 막을 통한 구분도 불분명하며 열린 드라마이다.

서사극 이론은 피스카토르의 『정치극』, 『시대극』, 『교술극』 등의 영향을 받는다. 서사극의 기원은 호머의 서사시 『일리아스』, 『오디세이』, 서양 중세극 내지 근세 초기의 교술극, 영국의 엘리자베스극, 독일 낭만주의 작가 티크의 동화적 서사 정신, 뷔히너의 드라마, 이탈리아의 피란델로, 중국 원나라 시대극, 일본의 노No: 능(能)극, 그리고 인도극 등에서 찾아볼 수 있다. 브레히트가 구분한 전통극과 서사극의 차이점은 다음과 같다.

(1) 전통극에서는 일정한 플롯, 즉 막수幕數와 사건의 '발단發端 Exposition'·'상승 Steigerung'·'정점頂點 Höhepunkt'·'하강Fall'·'파국破局 Katastrophe'이 요구된다. 서사극에서는 이러한 플롯이 서사적 이야기로 전환된다. 자서전, 역사 또는 비유 등을 전통적인 것과 다른 플롯으로 서술한다. 이것을 '감정이화작업感情異化作業 혹은 소외효과疏外效果 Verfremdungseffekt / V-Effekt'라고 하는데, 이 이화작업은 현재의 사회적 문제를 과거의 어느 특정한 전설적·역사적·자서전적 혹은 비유적 상황 하에 관객에게 일정한 거리를 제시한다.

(2) 전통극은 관객을 극중의 사건에 몰입하도록 유도하며, 관객의 반응도 수동적이다. 서사극은 관객을 객관적인 입장에 머물게 하며, 유동적인 사건의 전개에서 능동적으로 작품을 이해하고 분석하도록 유도한다.

(3) 전통극은 관객에게 도식적인 스토리를 제시하고 수동적인 감명을 준다. 서사극은 관객이 능동적으로 스스로 결론을 내리도록 한다.

(4) 전통극은 무대가 관객에게 체험을 전달한다. 서사극에서 관객은 장면을 연구하고, 지식을 얻어 학문적 분석을 한다.

(5) 전통극은 동정, 증오 혹은 의구심 등을 느끼며 정신적으로 정화되는 과정을 거친다. 서사극은 관객의 독자적 판단을 촉구한다.

(6) 전통극은 관객에게 암시를 준다. 서사극은 관객에게 토론을 위한 논쟁거리

를 제공한다.

(7) 전통극은 주인공이 유명한 인물로 등장한다. 서사극은 주인공이 실험 대상이 된다.

(8) 전통극은 변함없는 인간상을 보여준다. 서사극은 변화하는 인간상을 제시한다.

(9) 전통극은 결론부에서 긴박감을 준다. 서사극은 과정 그 자체에 긴박감을 준다.

(10) 전통극은 한 사건이 중심이 되어 한 장면이 다른 장면으로 연쇄적으로 이어진다. 서사극은 장면과 장면이 명확한 줄거리를 갖고 독립적이다. 희곡의 각 부분을 분리하고 병렬적인 극 진행 등으로 서사를 중단하고, 관객이 성찰과 비판의 여유를 갖도록 한다.

(11) 전통극은 사고思考가 존재를 결정한다. 서사극은 사회적인 존재가 사고를 결정한다.

(12) 전통극은 사건 전개가 직선적이고, 진화론적이다. 서사극은 사건 전개가 곡선적이고, 극중에서 전개되는 사건의 내용을 종합 설명하는 중간발언Zwischenspruch을 통해 사건의 진행 중 단순히 극에 몰입되고 환영幻影 Illusion을 갖는 것을 방해한다.

(13) 전통극은 무대에서 모든 사건, 그리고 인물이 현실 그대로임을 강조한다. 무대에서의 메피스토펠레스는 정말 메피스토펠레스이며, 배우 그륀트겐스의 사적 존재는 잊혀진다. 서사극은 이런 도식적인 무대약속을 거부한다.

(14) 전통극은 무대위의 어둠을 밝히는 조명을 통해 극의 시작을 알린다. 극장 내의 불을 끄는 것은 관객을 극장 안팎의 현실과 구분 짓기 위함이다. 무대 위에 떨어지는 여러 색의 조명은 환영을 자아내기 위한 수단이고, 관객은 긴장된 상태에서 무아의 경지에 빠져들기도 한다. 반면 서사극은 환상 속에 나오는 인물이 허구적이며, 전통극의 비현실적 분위기를 경계한다. 극이 진행되는 동안 조명은 그대로 있고, 관객이 극장에 들어오면 막은 이미 열려진 채 있다. 조명 기구 및 장치도 그대로 볼 수 있다. 무대 전면을 넘어 배우가 관객을 향해 직접 질문과 독백을 한다든가, 막이 오른 후 장면마다 표어, 명구, 격언을 내걸어 붙인다거나 혹은 막을 내리지 않고 무대를 개조하기도 한다. 감정이 격화될 만한 곳에는 의식적으로 춤과 노래를 삽입한다.

(15) 전통극은 장치가 사실적이다. 서사극은 상징적이다.

(16) 전통극은 특수한 상황 속에서 특수한 욕망을 갖고 고민하는 인물상을 보여준다. 서사극은 보다 긴 시간과 넓은 공간을 통해 다각적으로 사건과 인물을 관찰하고 사회 비판적이다. 연극의 사회 참여로 인해 인간 및 사회를 개조한다.

(17) 전통극은 감정이 위주가 된다. 서사극은 이성이 위주가 된다.

(18) 전통극은 폐쇄된 희곡 형식이고 극중의 현실은 보호를 받는다. 서사극은 개방된 희곡 형식이고 연극을 단순한 연극으로 보여주며, 환영을 제거하기 위한 노력을 한다.

이어서 수용미학적受容美學的인 입장에서 사건을 대하는 두 관객의 성격 차이를 구분해 보면,

(1) 전통극: 그럴 거야, 나도 그렇게 느꼈어. 나도 그래.-그거야 당연한 귀결이지. -언제나 또 그럴 거야.
서사극: 아무렴 그럴 라고.-그렇게 해서야 쓰나.-그건 정말 믿기 어려운 걸,-앞으로는 그래서는 안 되지.
(2) 전통극: 내가 바로 그래. 서사극: 그래선 안 될 텐데.
(3) 전통극: 그건 당연한 일일 뿐이야. 서사극: 그건 너무 눈에 띤다니까, 못 믿을 정도로 말이야.
(4) 전통극: 그건 항상 그럴 거야. 서사극: 그래선 안 되지.
(5) 전통극: 주인공의 고통은 나에게 충격적이야. 어쩔 수 없이 당하는 일이니까 말이야. 서사극: 주인공의 고통은 나에게 충격적이야. 벗어날 길이 있는데도 그런 고통을 당하니 말이야.
(6) 전통극: 모든 것이 그럴 수밖에 없는 바를 잘 표현한 위대한 예술이야.
서사극: 당연한 것들이 전혀 당연하지 않은 것으로 나타났으니 그건 위대한 예술이야.
(7) 전통극: 우는 자와 같이 울고, 웃는 자와 같이 웃을 수밖에 없다니까.
서사극: 우는 사람을 보면 웃음이 나오고, 웃는 사람을 보면 울음이 나온다니까.

전통극과 서사극의 차이는 예를 들면 쉴러의 예술관이 도덕을 위한 도덕론에 그치는 데 반하여, 브레히트의 서사극은 도덕관을 넘어서 도덕을 설교하는 교술극의 입장에 서며, 더 나아가 피해자를 위한 도덕론으로 진일보한다. 전통극은 주인공이 역경 속에서 돌파구를 찾지 못한 채 절망하고 방황하는 상황이 전개된다. 서사극의 관객은 무대에서 전개되는 상황을 이성과 논리에 기초해 파악하고 무대에서 전개되는 모순점들을 발견한다.

서사시 epic

서정시, 극시와 함께 시의 3대 종류에 속한다. 일반적으로 서사시는 장중한 문체로 심각한 주제를 다루는 장편의 이야기를 늘어놓는 시로서 신화, 전설, 국가, 민족, 역사 또는 인류의 운명 따위를 그대로 순서를 좇아

시의 형식으로 서술한 객관적 문학이다. 영웅 서사시는 영웅의 위업을 찬양하는 것이 이야기의 중심을 이룬다. 서사시는 대체로 성립된 사정에 따라 둘로 나뉘는데 하나는 전승적 일차적 서사시원시서사시 혹은 민족서사시로서 한 민족 집단이 위대한 지도자영웅의 영도 아래 외적을 물리치고 국가를 형성하던 창업 시대의 역사 및 전설을 소재로 하여 익명의 시인이 지은 장편의 노래를 말한다. 이는 기억에 의하여 구전되던 것인데 점차 문자로 정착되었다. 민족생활을 통해 성립·전승된 '설화내용'이 영웅이야기로 형성된 것이다. 대표작으로는 호머의 『일리아스』와 『오디세이』, 그리고 독일의 『니벨룽겐의 노래』를 들 수 있다. 또 하나는 문학적, 또는 이차적 서사시(예술적 서사시나 인공서사시)로서 일차적 서사시를 모범으로 삼아 시인이 의도적으로 창작한 서사시를 말한다. 이차적 서사시는 구술되지 않고 처음부터 문자로 기록된다. 역사적 설화나 사건을 소재로 하는 경우에도 작가의 예술적 의식에서 생산된다. 대표작으로는 베르길리우스의 『아에네이스』, 밀턴의 『실락원』을 들 수 있다. 그리고 세르반테스는 『돈키호테』에서 헨리필딩의 『톰 존스』에 이르는 피카레스크 소설이나 제임스 조이스의 『율리시스』 등의 '자기 탐구' 소설의 산문에는 희극적 서시시의 전통이 있다. 서사시는 한 때 민중이 공동으로 그들의 이야기를 장구한 세월에 걸쳐 덧붙이고 세련시키고 다듬은 결과 현재의 예술적 작품으로 발달했다.

서스펜스suspense

　연극이나 영화에서 줄거리나 기교의 발전이 독자나 관중에게 불안과 긴장을 주어 관객들의 흥미를 북돋워주는데 이 기법을 서스펜스 기법이라고 한다. 추리소설의 한 분야로 보기도 한다. '놀라움'을 위주로 한 연극이나 영화에서는 그 놀라움을 경험하는 순간에 관객들의 관심이 사라지지만, 서스펜스는 지속적으로 관객에게 기대를 갖게 한다. 정점climax / Höhepunkt에 대응하여 복선을 드러내기 위해 작가는 일부러 그런 장면을 설정하여 관심을 끌게 한 다음 정점에 도달하게 하고, 다시 대단원으로 이끌어간다.

　서스펜스 없이는 정점이나 대단원의 효과도 반감된다. 이 서스펜스는 어떤 경우에도 잘 사용하기만 하면 표현효과를 높이지만 너무 불안한 상태를 오래 끌면 독자의 이해를 방해한다. 서스펜스에는 동정, 무지, 연행, 음악의 서스펜스 등이 있다. 이런 여러 개의 서스펜스의 상황에서 극장의 관객은 조마조마하고 불안한 상황에 있는 등장인물과 동일화되며, 그런 상황은 흔히 극의 아이러니에 의해 강조된다. 영화계에서 서스펜스의 거장은 영국 태생의 감독인 알프레드 히치코크이다.

서정 드라마

　형식면에서나 그 내용상의 분위기에서 서정적인 요소를 강하게 지니고 있는 드라마를 뜻한다. 줄거리가 빈약하거나 등장인물이 뚜렷하게 부각되어 있지 않은 것이 특징이다. 서정적 자아가 주인공으로 등장하고 주인공의 내면세계가 주제의 중심을 이룬다. 서정 드라마라는 개념은 18세기 후반에 생겨났으며 원래 오페라나 오페레타의 텍스트를 의미한다. 주로 기악음악을 배경음악으로 삼은 소형 드라마가 이러한 서정 드라마 유형에 속한다. 예를 들면 괴테의 『프로세르피나』, 호프만스탈의 『티찌안의 죽음』 그리고 1920년대 표현주의 드라마 중에 서정 드라마가 흔히 목격된다.

서정 소설

　서정적 요소를 담고 있는 소설이고, 시적인 묘사를 한다. 특히 18세기와 19세기 초에 나온 작품들에서 많이 볼 수 있는데, 괴테의 『젊은 베르테르의 슬픔』이라든가, 횔덜린의 『히페리온』이 대표적인 서정소설이다. 위 두 소설은 주인공의 격렬한 감정을 일기 형식을 빌려 시적으로 표현한다. 시에서 소설이 탄생했듯이, 작가는 내면에 깃들어 있는 시적 감수성을 시 형식을 빌어 소설화한다. '인간의 인간다움'이라고 말 할 수 있는 '시적 인간'을 묘사한다.

서정시 lyric / Lyrik

　서사문학과 극시로 구성되는 세 가지 문학 장르의 한 유형이다. 각자의 주관에서 생기는 개인적인 감정이나 정서를 표현하는 시를 말하며,

lylik이란 단어는 그리스어 lyrios에서 유래하고 있으며 원래 그리스어의 하아프lyre에 맞추어서 개인이 노래한 시를 일컬었다. 작가는 이야기나 사실을 서술한다기보다 자기가 느끼거나 사색한 것을, 시의 형식적인 면에는 별로 구애되지 않고 풍부한 상상력과 멜로디 등을 사용하여 자연 그대로 읊는 것이 통례이다. 그 감정이 증오나 경멸 등을 위트로써 표현하였을 때는 오히려 풍자시Satire라고 하는 편이 낫다. 또한 찬미가, 소네트, 가요, 발라드, 오드, 엘레지 등의 장르에 속하는 서정시도 있다.

서정시는 다른 나라의 문화권에서 유입되면서 다양한 형식으로 발전하였으며 그 개념에 있어서도 통일되거나 완성된 정의가 없다. 서정시는 일반 문학의 원형으로 간주되고, 대개 리듬이나 운문Vers, 운율Metrum, 구절Strophe 등으로 이루어진다. 노래를 하는 대상에 따라 연애 서정시Liebeslyrik, 정치 서정시Politische Lyrik와 예술서정시Kunstlyrik로 구분된다. 연애 서정시는 남녀간의 애정이나 사랑을 주제로 하고 있으며 정치 서정시는 정치적인 내용을 주제로 하고 있다. 예술 서정시는 서정적인 이야기나 사건을 예술적으로 승화한 경우를 말한다. 서정시는 서사시보다 늦게 등장한 장르이다. 서정시는 그리스 중심의 헬레니즘의 영향을 받아 로마시대에 처음으로 등장하였다. 당시에 서정시는 오늘날과 같이 정형화된 것이 아니라 비가나 송가, 경구의 형식으로 이루어진 것이 대부분이었다. 중세에 이르러 서정시는 기독교적인 교리와 교양을 토대로 이루어졌다. 특히 서정시는 9-10세기 이후 교회의 찬송가 또는 기독교적인 교훈문학의 형식으로 유지되었다. 독일에서는 이 시기에 다른 나라와 마찬가지로 종교적인 내용을 노래하는 서정시가 발달하였다. 독일의 서정시는 궁중문화의 영향을 받아 기사계급의 민네장Minnesang이란 형식으로 발전되었다.

바로크 시대에 이르러 사회적인 문제와 종교적인 내용을 노래하는 서정시가 발달하였으며, 18세기에서는 경건주의의 영향을 받아 등장한 감상시와 함께 명맥을 유지하기도 하였다. 18세기의 독일의 대표적인 서정시 작가로는 클롭프슈토크, 괴테 그리고 쉴러가 있다. 그리고 낭만주의 시대에 이르러 등장한 대표적인 작가는 노발리스와 슐레겔, 브렌타노와 아이헨도르프 등이 있다. 노발리스와 슐레겔은 주로 관념적이고 종교적인 내용의 서정시를 썼으며 브렌타노와 아이헨도르프는 자연환경을 소재로 하는 서정시를 많이 썼다. 19세기 말에는 호프만스탈과 게오르게가 대표적인 서정 시인이며, 20세기에 들어서는 브레히트와 벤, 엔첸스베르거 등이 유명하다.

성격드라마Charakter Drama

행위드라마Handlungsdrama와 이념드라마Ideendrama 등과 대조된다. 행위드라마와 이념드라마는 외적 사건이 중요한 반면, 성격드라마는 개인적인 특성, 흔히 모순적이며 복합적인 성격의 주인공을 등장시킨다. 갈등은 외부 세계보다는 주로 개인의 내면세계에서 기인한다. 성격드라마는 인간의 개성과 자율이 중시되는 근세의 문예부흥 및 인문주의 시대에 주목을 받게 되었다. 대표적인 희곡작품으로는 괴테의 『괴츠』 와 『에그몬트』 등이 있다.

성격배우character actor

독특하고 개성적인 등장인물을 연기로 표현해 내는 사람을 말한다. 성격배우는 무엇보다 연기력이 뛰어나야 할 뿐만 아니라 독특한 개성을 가지고 있어야 한다. 다양한 연기 경험을 쌓은 연기자가 성격배우인 경우가 많으며 일부에서는 아주 특별한 유형에 속하는 연기자도 있다. 성격배우는 연기파 배우와 거의 비슷한 의미를 지니지만, 연기파 배우가 폭넓은 연기를 소화해 내는 반면 성격배우는 독특한 개성을 지닌 역할만을 소화해 내는 경우에 한한다.

성격부여

배우가 자신이 맡은 역의 등장인물을 창조하는 과정, 또 배우와 작가가 관객에게 이 과정을 알려 주기 위해 사용하는 방법을 말한다. 성격부여에는 다음과 같은 방법들이 있다: (a) 이름의 선택 (b) 대사의 질과 양식, (c) 배우의 풍채와 연기 (d) 방백이나 독백같이 관객에게 직접 말 걸기 (e) 다른 등장인물들이 그 등장인물에 관해서 말을 주고받는 일 등이다.

성극장城劇場 / Schloßtheater

궁정 극장Hoftheater의 전신인 '성극장'은 영주나 귀족이 정주하는 성에 극장을 만들어 놓고, 연극에 취미를 가진 귀족들이나 순회극단(유랑극단) 배우들이 극을 상연했다. 연극에 관심을 둔 장교들과 관리들도 '성극장' 운동에 참여했다. 18세기에 대부분의 성극장들이 '궁정 극장'에 흡수되었다. 오늘날까지 '성극장'의 전통을 이어오고 있는 도시로는 슈베찡겐 Schwetzingen, 루드비히스부르크Ludwigsburg, 첼레Chelle, 고타Gotha, 바이로이트 Bayreuth 그리고 에어랑겐Erlangen 등이 있다.

성사 사이클극성사극 / 聖史劇 / 성체극

인간의 타락·속죄·최후의 심판을 제재로 한 중세의 서사 연극으로 성체 축일(부활제 후의 제8일요일삼위일체의 주일 뒤의 목요일)에 공연되었다. 시장 네거리나 그 밖의 열린 공간과 같은 적당한 '체류지'에 머무는 일종의 야외극인데 수레 행렬의 형식을 취하여, 성서 이야기의 삽화들을 상연했다. 영국에서는 정규적으로 직업 길드가 자신의 직업에 어울리는 삽화들을 상연할 책임이 있었으며, 행렬이 체류지에서 체류지로 이동해 감에 따라, 당일 중에도 그것들을 여러 번 상연하곤 했다. 요크 사이클 극에는 48개의 야외극 삽화들이 포함되어 있었는데, 단 하루 코스에도 행렬이 들르는 각 체류지마다 48개의 삽화들 전부를 다 상연하는 것이 보통이었다. 상연에 소요되는 비용은 고가였고 의상이나 볼거리는 화려했다.

전체의 패턴도 또한 복잡했다. 아담은 그리스도와, 이브는 마리아와 대비되고 지혜의 나무는 칼바리 언덕(그리스도가 십자가에 못박힌 장소)의 예고이며, 노아의 홍수는 최후 심판의 날과 상응했다. 중심이 되는 것은 부활제의 사건들로서, 그리스도의 예루살렘 입성, 빌라도 앞에서의 재판, 십자가에 못 박힘, 선서 증언, 지옥의 수난, 부활 등이다. 출연한 사람들은 주로 남성으로 아마추어였으나 약간의 보수는 받았으며, 여성도 이따금 이브나 밧세바솔로몬의 어머니를 연기한 듯하다. 성체축일이 제도화된 1311년부터 상연되어 16세기 중반까지 지속되었으며 그 인기도 대단했다.

성서극bible drama / Biblisches Drama

일명 성사극聖史劇이라고도 한다. 성서의 내용을 주제로 한 드라마로서 16세기 마르틴 루터의 종교개혁 시대에 등장했다. 따라서 중세의 기독교

종교극과는 그 근원에서부터 무관하다. 즉, 예수의 수난을 신도들에게 보여줄 목적으로 만든 중세초장기 전성기의 수난극Passionsspiel의 의식행위인 목적극적인 행위를 거부하면서 새로운 개혁적인 종교극을 만들 목적으로 루터가 권장해 쓰여진 드라마를 말한다. 또한 오토대제의 조카이자 수녀 출신의 여류 드라마 작가인 로스비타로부터 받은 영향은 간과할 수 없다. 성서극은 합창으로 막과 막 사이를 가른다. 극의 서막과 폐막은 신교에서 부르는 찬송가로 시작하고 끝맺는다. 18세기부터는 문학성을 지닌 작품 등이 나타나기 시작했다. 그 대표적인 것으로는 클롭슈토크의 비극『다윗』, 헵벨의 비극『유디트』그리고 슈테판 쯔바이크의 드라마『예레미아』등이 있다.

성우radio actor

라디오 방송에서 목소리만으로 연기하는 배우를 말한다. 특히 이들은 라디오방송 드라마의 줄거리를 목소리로 낭독하거나 인물들의 성격을 표현하는 배우들이다. 성우의 활동은 라디오방송의 등장과 함께 시작되었다. 이들은 라디오 방송의 드라마뿐만 아니라 주요 프로그램에서 개성 있는 목소리로 방송의 발달에 견인차 역할을 했다. TV방송이 시작되면서 이들의 활동이 다소 위축되었다. TV방송에서는 목소리보다 신체에 의한 연기가 요구되기 때문이다. 과거에는 방송이 청각을 위주로 이루어졌다면 현대에는 시청각을 위주로 이루어기 때문에 방송에서 성우가 차지하는 비중이 감소했다.

성우들은 TV방송 시대를 맞아 새로운 역할을 맡기도 한다. 라디오방송의 드라마는 물론 TV방송의 더빙이나 다큐멘터리의 나레이터, DJ, 사회자 등으로 활동하기도 한다. 성우가 들려주는 '좋은', '들을만한' 혹은 세상 적인 목소리는 인간에게 '귀 기울여 들음' 곧 경청의 소중함이 무엇인지 일깨워준다. 세상에서 일어나는 일들을 잘 들을 수 있는 자는 동시에 잘 볼 수 있기 때문이다. 성우의 목소리는 단순히 라디오에서 들려오는 기계음을 넘어서서 인간의 실존 세계를 반영하는 상징적 울림으로 이해할 수 있다.

성탄극christmas drama

성서에 나오는 그리스도의 거룩한 탄생과 현현일크리스마스에서 12일째에 관한 사건을 극화한 것이다. "동방에서 온 세 명의 박사들의 여행", "세 사람의 양치기", "그리스도의 강탄", "헤롯왕과 유아학살", "이집트의 피난" 등의 이야기는 각기 독립적으로 상연되다가 나중에 성서의 전체 이야기를 담은 성사극으로 통합된다.

세계극 세계 극장 Welttheater

마르틴 루터가 "인간사와 세계사는 신의 인형극"이라고 말했듯이, 인간은 이 세계에 존재하는 시간까지 신 앞에서 인형극을 하거나 각자가 맡은 역을 상황에 맞게 즉흥적으로 연기해 나간다는 신학적·철학적 해석이다. 인간이 사는 세계는 신의 각본과 연출에 의해 조종되는 극장의 무대로 비유될 수 있다는 것이다. 이러한 해석은 플라톤, 호라쯔, 세네카, 어거스틴 등 그리스·로마 시대부터 이어져 왔으며, 바로크 시대에 이르러 스페인의 칼데론이 이런 견해를 정리하여 그의 『대세계극』을 세상에 내놓았다. 이것은 19세기 말과 20세기 초에 후고 폰 호프만슈탈에게 직접 영향을 주어 『잘쯔부르크의 대세계극』과 『소세계 극장』을 잘쯔부르크 대축제 때 성당 앞 광장에서 상연케 했다. 호프만슈탈은 종래의 전통적 견해와는 달리 '신 중심적 비유'에서 벗어나 사회·윤리적 측면에서 동기와 주제를 전개시켜 나갔다. 그의 『대세계극과 소세계극』은 인간들이 신으로부터 배역의 역할을 분담 받았으나, 그것의 수행은 각 연기자의 자유의지에 귀속된다는 것을 암시하고 있다.

세네카 비극senecan tragedy

로마의 극작가 세네카의 비극들을 가리킨다. 또한 세네카의 영향을 받은 극, 특히 엘리자베스 시대의 복수 비극들도 여기에 포함된다. 세네카의 극은 상연보다는 읽기에 적합한 드라마이다. 합창대의 등장으로 인해 5막으로 나뉘며, 테마를 그리스극과 신화에서 구한다. 또 정적이며 긴 수사적 독백과 잔악한 묘사(『파에드라 Phaedra』 의 히폴리투스의 죽음처럼)가 특징이다. 유령이나 마녀도 많이 등장한다. 엘리자베스 시대의 작가들은 이러한

유령이나 유혈 싸움의 묘사를 차용해서 극을 대단히 효과적으로 변형시
켰다. 영국의 정치가이자 극작가인 노턴과 영국의 정치가이자 작가인 색
빌의 초기 작품『고버덕』, 영국의 극작가인 토머스 키드의『스페인 비
극』은 세네카의 영향을 많이 받았다. 세네카에 관한 중요한 논문 두 편
이 엘리엇의『비평선집』에 들어 있는데『엘리자베스 시대의 번역에서
의 세네카』와『세네카의 스토아 철학과 셰익스피어』가 그것이다.

세속극

  교회가 선교와 교육을 목적으로 연극을 공연했고, 재래적인 토속적 연
극이 교회에서 새로운 희극으로 변모했다. 이러한 희극 정신은 라틴어의
연구를 위해 플라우투스 등의 연극을 상연했던 신학생들이나 일반 승려
들의 호응을 받아 소극笑劇이라는 형식으로 발전되어 나갔다. 소극은 원
래 중세의 대 장편 관람시 지루함을 없애기 위해서 막간에 삽입되었던
'막간소극幕間笑劇 The farcical Interlude'이었다. 이 소극은 많은 교회극 중에서
도 주로 기적극 등에 짧게 삽입되었다. 민중적인 색채가 강하고 고위 성
직자 앞에서 직접 상연되기도 했고, 출연 인물들은 주로 바보나 술주정뱅
이로 등장하여 성서와 교회는 물론 교황까지도 풍자했다. 이처럼 풍자를
과감하게 행할 수 있었던 것도 이 소극의 기본 정신이 교회와 교훈과는 거
리가 멀었고, 오로지 인간의 약점과 위선을 풍자하는 데 그쳤기 때문이다.
  소극은 '바보 축제'라는 과정을 거쳐 '바보극'으로 그 형태를 다져 나
가기 시작했다. 이 '바보극'은 처음에는 왕족, 귀족, 거부巨富를 비판하는
정치 풍자극으로 발전하였으나, 1541년에 이르러서는 루앙에 본거지를
두고 꽁나르 조합組合 Las Connards을 결성하여 프랑스뿐만 아니라 전 유럽
에 걸쳐 확산되어 나갔으며, 그들 나름대로의 강령을 가지고 본격적으로
연극 활동을 시작했다. 그 내용은, 그들 조합원들은 자신들도 바보이면서
'같은 바보'인 왕이나 귀족들 그리고 또 다른 바보들의 지배를 받는 것이
가소롭다는 것이다. 그들은 '바보'로 자처하여 관객들 앞에 등장할 때에는
조합에서 정해진 바보의 의상을 입었으며, 이렇게 함으로써 그들은 그 시
대의 모든 정치적·사회적인 비판도 아무런 제한 없이 가할 수 있었다는
것이었으며, 아울러 이것이 바로 소극과의 차이라면 차이라고 볼 수 있다.

극들이 이단적으로 흐르고 왕권을 모독하는 상황에까지 이르자 교회
와 국가는 종교회의와 어전회의를 통해 이들을 경고했고, 16세기에는 연
극 공연에 대한 금지령이 내렸다. 이러한 강권 발동에도 불구하고 중세
말의 연극에서는 새로운 것이 꿈틀거리고 있었다. 교회와 국가의 종교적
필연성에 의한 연극에서 일반 민중을 위한 민중의 연극을 창조하는 데로
방향을 돌리기 시작한 것이다. 이런 세속적 민중극은 중세 말부터 일기
시작한 그리스·로마의 고전 작품에 대한 동경과, 그리고 중세의 전례
극·반전례극·기적극·수난극·도덕극 등의 중세적 전통 및 연극 형식
과 조화되어 새로운 희곡과 연극을 탄생시킬 채비를 갖추게 되었다. 인간
성에 호소했던 세속극들은 고대문화의 전통과 중세를 소화하면서 교회와
국가적인 차원을 넘어, 자국의 역사와 전통을 밑받침으로 한 국민극을 잉
태하는 가운데 르네상스의 연극기를 맞이하게 된다.

센세이션극sensation drama

일종의 대중적인 멜로드라마를 말하는데 이 극은 무거운 기계장치를
사용해서 호화로운 장면을 상연했다. 기계장치가 작동하면 지진·난파
선·열차충돌 등이 일어나서 극적 긴장이 고조되었다. 이런 효과를 이용
한 연극은 큰 인기를 얻어서, 극 전체에 볼거리를 줄 뿐만 아니라 각 막마
다 볼거리를 제공하고, 그 각각의 막은 종막보다도 더 선풍적 인기를 끌었
다. 이런 극은 비용이 많이 들어 런던의 대극장에서만 상연할 수 있었다.

셔터shutters

이탈리아의 르네상스 무대에서 유래하는 장치. 윙과는 달리 장면의 뒤
공간을 확보하기 위해서 완전히 닫는다. 장면전환에서는, 셔터를 무대 좌
우로 밀어젖혀서 뒤의 가림 판을 드러내 보이거나 셔터를 닫아서 가림
판을 보이지 않게 하거나 한다. 이 장치를 이니고 존스가 제임스 1세를
위해 고안한 궁정 가면극에서 도입했다.

소극笑劇 / farce

라틴어 파시레farcire / 채워 넣다에서 어원을 찾을 수 있다. 중세 프랑스의

기적극에 삽입된 막간극으로서 천한 희극을 말한다. 본래의 '희극'보다는 이 소극이 더 천하고 그 분량이 적다는 점으로 구분된다. 소극은 어디까지나 웃기기 위한 짧은 극으로, 그 주제는 전혀 문제가 되지 않는다. 소극은 대사에 의존하는 회수에 비해 동작을 통해 웃음을 자아내는 수가 많기 때문에 언어의 지장을 비교적 적게 받는다. 소극에도 격정적인 사건이 있으며, 경우에 따라서는 한 인물이 육체적인 고통을 받는 경우가 있지만, 그 도가 지나쳐 관객의 마음에 동정심을 일으킨다든가 관객에게 정신적인 고통을 주어서는 안 된다. 왜냐 하면 웃음이 감소하기 때문이다.

소극의 기원은 희극의 기원과 맥을 같이 한다. 그리스의 아리스토파네스의 희극에 이미 그 소극적 요소가 있었고, 로마의 희극에도 이 소극적 요소가 끼어 있었다. 이 소극적 요소는 희극의 본질이기 때문에 희극 치고 소극이 들어 있지 않은 경우는 없었으며, 중세의 막간극은 바로 이 소극이 발전·변용된 것이다. 프랑스의 기적극뿐만 아니라, 독일의 수난극과 사육제극에도 유사한 막간극이 삽입되어 있었다. 그리고 이 막간극은 포르투갈의 시인인 질 비센트와 스페인의 작가 세르반테스에게 수용되었다. 16세기 말 영국의 시인인 존 헤이웃은 이 막간극으로 명성을 떨쳤으며, 소재는 바보스러운 공처가 이야기나 목사가 남의 유부녀를 겁탈하는 일, 거짓말 내기에서 목사가 이긴다는 이야기 등이었다.

르네상스 때 '즉흥 연희극Commedia dell' arte'이 생겼는데, 이것 역시 소극의 한 형태라고 볼 수 있다. 셰익스피어와 몰리에르의 희곡에서도 소극적 요소를 찾아볼 수 있고, 바로크 이후 독일의 렌쯔, 클링거, 바그너, 괴테, 티이크 에게서도 그 요소를 찾을 수 있다. 19세기 초반에는 빈Wien의 민중극장에서 활동한 네스트로이의 희극『그는 말장난을 하고 싶어한다』에서 찾아볼 수 있다.

20세기에 이르러 이오네스코, 베케트, 프리쉬, 뒤렌마트 등의 현대극에서 소극이 차지하는 비중은 대단하다. 이들 현대 극작가들은 난해한 극작품에 흥미와 웃음을 주기 위해 소극적 요소를 사용했다. 그러나 보다 더 중요한 것은, 모든 사건이나 현상이 논리에 의해 이루어지는 것이 아니라 부조리하고 비논리적인 상황에서도 일어날 수 있기 때문에, 소극은 이러한 일을 표현하는 가장 적절한 수단이라는 데 있다. 특히 기계화되고 물질화 된 현대의 인간들이 무력해지는 상황에서 소극은 가일층 관심의 대상이 되지 않을 수 없다.

소극장 little theatre

흥행을 목적으로 한 대극장의 상업주의에 반발해서 생긴 규모가 작은 극장을 말한다. 뚜렷한 이념을 가진 소수의 연극인들이 특수한 관객들을 상대로 실험적인 작품을 공연하는 것이 보통이다. 소극장의 이러한 일련의 움직임을 소극장운동이라고 한다. 연극사상 최초의 소극장 운동은 배우이자 연출가인 앙드레 앙또와느에 의해 1887년 파이에 세워진 자유극장에서 비롯된다. 상업적이며 이념이 없는 당시의 극계에 반발하여 세워진 이 극장에서는 당시 실험적이면서도 문제성을 내포하고 있는 수많은 작품을 공연하여 근대극 형성에 큰 역할을 하였다. 2년 후 독일에서도 세러독문학에 실증적 연구방법을 도입했고 빈·슈트라쓰부르크·베를린 대학 교수를 역임의 제자로 문학사가이자 극장 감독이었던 오토 브라암이 동료들과 함께 1889년에 베를린에 자유무대 Freie Bühne를 설립했다. 영국에서는 1891년에 독립극장이, 아일랜드에는 아비극장이 세워졌다. 그 후 1946년 영국에서는 소극장 길드가 설립되었다. 1910년에는 미국 전토에 소극장 운동이 퍼져 외국의 전위적 연극과 국내의 실험적 작품을 공연하여 극계에 큰 공헌을 하였다. 현재 미국의 소극장은 '공동체극장'이라 일컬어진다.

소나타 sonata

소나타의 어원은 이탈리아어 sonare다. 소나타는 성악곡인 칸타타와 대립되는 기악곡을 뜻한다. 18세기에 소나타는 특정한 형식을 갖추게 되면서 몇 개의 악장으로 이루어진 기악의 독주곡이 되었다. 소나타는 원래 16세기 중엽 바로크 시대에 유행하던 곡이다. 보통 소나타라고 하면 바로크시대의 소나타와 고전주의 시대의 소나타로 구분 짓는다. 고전주의 소나타는 주로 다 악장의 악곡을 지니고 있으며, 특히 1악장에 소나타 형식의 악장을 포함하고 있다. 고전주의 시대의 악곡에서는 대개 4개의 악장으로 이루어져 있었다. 18세기 중엽부터는 2악장 내지 4악장으로 구성되었다. 특히 이때의 대표적인 소나타로는 하이든이나 모차르트, 베토벤의 소나타가 유명하다. 이들의 소나타의 경우 제 1악장은 알레그로의 빠른

악장소나타 형식, 제 2악장은 느리고 서정적인 리트형식, 제 3악장은 미뉴에
트 또는 스케르초 형식, 마지막 곡인 제 4악장은 소나타 또는 론도형식으
로 구성되어 있다.

소도구 property

　일반적으로 무대장치를 만드는데 쓰이는 기구들 및 의상 등을 말한다.
즉, 극의 액션에 필요해서 무대에서 사용하는 것을 총괄적으로 말한다.
죽은 갈매기, 총, 식탁용 마개병, 담배 한 갑, 부채, 가발, 팔목시계, 장화,
탄약대, 그리고 모조품으로 된 무대용 갓난아기 같은 것이다. 스타니슬라
프스키와 앙드레 앙투안이 사회적 리얼리즘을 특별히 강조한 이래 소도
구의 사용은 무대에서 계속해서 증가해 왔다. 배우는 무대 위에서 자연스
럽고 편리한 연기를 하기 위해 소도구를 사용한다. 소도구를 사용하는 관
습은 스타니슬라프스키의 영향을 받아 자연주의 영화에서 왕성해졌다.
브레히트의 극에서는 노동이나 그 밖의 신체활동과 관련이 있는 소도구
들이 등장한다. 『억척어멈과 그녀의 자식들』에서 빨랫줄이나 대포, 도끼
등이 등장한다. 극에서 도끼는 목사가 "자신은 평화를 사랑하는 인간이라
고 말하면서" 난폭하게 장작을 팰 때 사용하는 도구이다. 이런 도구들은
결국 극에서 사회를 비판하는 장치들로 인식된다. 소도구는 최근의 연극
이나 소극의 전통에서 매우 중요한 역할을 한다. 또한 소도구는 극의 볼
거리와 흥미를 더해준다.

소설 novel

　영국출신 소설가인 포스터가 내린 광의의 정의에 따르면 소설은 "일정
한 길이의 산문으로 기술된 허구"이다. 소설은 많은 점에서 극과는 다르
다. 소설은 서사 구조에 따라 진행되고, 극은 공연을 목적으로 기술된다.
소설에서는 무대장치와 등장인물을 묘사하지만, 극에서는 무대장치와 등
장인물을 구체화한다. 기술되어지는 소설은 등장인물의 사고 과정에 독
자가 '귀를 기울일 수 있게' 하지만, 극은 그런 사고나 무의식의 과정에
대해 보통 말하지 않는다. 물론 두 장르들은 공통적으로 대화를 사용한
다. 두 형식은 각각 장점이 있다. 다루는 시간이 길고 사적으로 즐기는

소설은 그만큼 자유롭다. 왜냐하면 독자는 그러고 싶을 때에는 언제라도 소설을 옆에 놓을 수 있으며, 극과 마찬가지로 시종일관 계속적으로 흥미를 지속시켜야 한다거나 관심을 집중시킬 필요도 없다. 등장인물의 범위도 보통 훨씬 넓으며 장면도 자유롭게 전환될 수 있다. 소설은 독자의 머리속에 허구의 세계를 구축시키지만, 극특히 자연주의 극은 보통 그것을 연출하고 연기한 예술가들이 선택한 것들을 표현한다.

극에 있어서 장면은 이미 설정되어 있으며 배우는 배역을 부여받고 있다. 등장인물들과 그 등장인물들 사이의 관계가 관객에게 설명되고, 배우에게 있어서 중요한 것들이 강조된다. 반면에 소설은 극이 연출가를 향해 표현하는 것처럼 독자를 향해서 표현한다. 그러나 극은 이 점에서도 소설만큼 자유롭지 못하다. 희곡이 상연되지 않고 읽히는 경우에는 독자에게 소설보다도 훨씬 풍부한 상상력을 요구한다. 독자는 극의 대화와 무대지시만으로 허구의 세계를 만들어 내지 않으면 안 되기 때문이다. 소설이라면 담겨져 있을 장면들이 극에는 상당히 부족하다. 극은 공공연하게 사람들 앞에서 연기되는 것이다. 극에는 일종의 직접적인 공격의 요소가 있으며, 또한 직접적으로 주는 시각적·청각적 충격으로부터 생기는 흥분이 있다. 반면 소설은 강력한 효과를 내기위해 천천히 그리고 연속적으로 스토리를 구성한다.

소시오드라마 sociodrama

인간의 사회적 관계를 다루는 극이다. 등장인물들은 특정 사회 집단을 대표하고, 계량사회학적 방법에 의해서 측정되기도 한다. 공연의 흥행보다는 사회 집단을 연구하거나 비판의식을 성장시키는데 목적이 있다. 소재는 중세의 농민생활, 종교개혁기의 농민전쟁, 바로크시대의 풍자시, 18세기 영국·프랑스·독일에서의 귀족계급과 시민계급의 갈등, 입센, 졸라, 하우푸트만의 자연주의 문학, 막심 고리키를 중심으로 하는 러시아의 프롤레타리아 문학, 표현주의, 신즉물주의 그리고 동독문학 등에서 찾을 수 있다.

소연극 / 실내극 Kammerspiel / Zimmerspiel

대극장에서 공연되는 대연극과 반대되는 개념인 소연극은 300명에서 500여 명을 수용할 수 있는 작은 규모의 소극장에서 상연된다. 상징주의나 신낭만주의 극에서 볼 수 있는 형태로서 등장인물들의 사생활을 오붓하고 친근감있게 표현한다. 소연극이 공연될 수 있는 대표적인 극장으로는 스타니슬라브스키의 모스크바 예술 극장, 막스 라인하르트의 베를린 독일 극장 내의 소극장, 오스트리아의 요세프 슈타트 소극장 등을 들 수 있다. 소연극의 대표적 작품으로는 괴테의 『자매』, 스트린드베리의 『번갯불』, 『화재 현장』, 『유령 소나타』, 『장작가리』 그리고 베데킨트, 슈닛쓸러, 호프만슈탈, 막스 라인하르트 등이 연출한 아리스토파네스의 『여자들의 평화 Lysistratē:'군을 해산시키는 여자'라는 뜻』가 있다. 19세기 이후의 소연극은 단막극 형식을 취하며, 20세기에 더욱 애호를 받았다.

소티 Sotie / sottie

15세기 후반에서 16세기에 걸쳐 프랑스에서 상연된 프랑스 희극의 한 장르로, 앙팡상수시와 바조쉬 등의 극단이 즐겨 상연된 희극적 풍자극을 말한다. 바보극, 도덕극, 소극과 유사하다. 우의적寓意的 인물을 등장시켜서 그의 우열한 언행을 조소했다. 사회적·정치적 문제를 풍자했으며 교회와 정부의 관리, 의회의원 등을 조소하는 경우가 많았다. 초기의 가면극이나 가장 무도회를 암시해주는 스펙터클한 요소도 있었다. 걸작으로는 『바보왕의 극』이 있다.

소품 hand-props

무대장치의 일부로서 이미 무대에 있는 도구가 아니라 배우가 공연 중 사용하기위해 개별적으로 무대에 가지고 들어오는 소도구.

속크 sock

희극을 의미하는 옛말이다. 고대 로마의 희극 배우가 신었던 신발을 의미하는 라틴어 소쿠스soccus가 어원이다. 밀턴의 『쾌활한 사람 L'Allegro, 1631-1632』이라는 시에서 '속크'에 관해 언급되고 있다. 희극 배우의 신발이 희극을 상징하게 된 것으로 보아 신발은 인간의 심리 작용과 세상살이를 대변해주는 도구로 볼 수 있다. 신발이 희극이라면 하이데거의 예술론에서는 현존재의 신발에 관한 명상을 강조한다. 신발이 남긴 흔적에서 곧 인간의 실존을 발견할 수 있기 때문이다.

쇼show

　구경거리를 말한다. 관객에게 뭔가 볼 만한 것을 보여주는 것이다. 쇼는 무대에서 시각적인 요소를 통해 일반인들에게 즐거움을 제공하는 무대예술이다. 쇼는 무대 장식을 배경으로 인물들의 춤과 노래, 코미디 등이 복합적으로 구성해 펼쳐진다. TV방송의 버라이어티쇼는 연예인들이 등장하여 노래는 물론 유희를 펼치면서 각종 볼거리를 제공한다. 20세기 초 유럽에서 생겨난 쇼는 무용과 노래를 곁들인 레뷔revue였다. 당시 레뷔는 일반 관객들을 대상으로 볼거리와 웃음거리를 제공하면서 커다란 호응을 얻었을 뿐만 아니라 참신하고 획기적인 오락물로 인정을 받았다. 레뷔는 미국에서는 코미디와 개그가 가미된 대중 오락물인 쇼로 발전하였다. TV수상기가 보급되면서 쇼는 전 세계적으로 파급되었다. 오늘날 쇼는 TV방송 프로그램편성에서 인기 프로그램으로 자리 잡았다. 20세기 이래 현대사회는 쇼의 대중화가 이루어졌다. 몰락한 주체를 감당할 수 없는 현대인은 오락과 풍자·해학이 넘쳐나는 다양한 쇼들을 통해 일정한 거리를 두고 세상을 바라볼 수 있는 기회를 갖는다.

수난극 / 受難劇 / Le Mysfere de la Passion

　부활극Osterspiel에서 발전한 거대한 극으로 처음에는 예수의 수난으로부터 부활까지를 취급하였으나, 점차적으로 대규모화하여 『구약성서』에 나오는 사적事績을 총망라하여 세계의 창조로부터 성심강림까지를 그 소재 범위로 하고 있다. 1370년부터는 프랑스 음유시인들이 읊었던 수난에 관한 서사시를 극화하여 상연할 목적으로 여러 지역에 연극조합이 생겼고, 1402년 샤를 VI세의 칙령에 의해 '수난연극조합'이 결성되어 수난극을 상연했고, 파리에 처음으로 상설극장이 들어섰다. 15세기를 거쳐 16세기에 이르러 대단히 많은 수난극이 유럽 전 지역에서 상연되었다. 연극의 내용이 너무나 방대하고 길어서 연극 자체로서의 극적인 구성과 긴장도가 결여되어 있는 것이 흠이었다. 그 중에서도 망소Mangso 출신의 소년 성가대 지휘자인 그레반 형제Arnoul Gréban, Simon Gréban의 대장편 『종도從徒 수난극 Le Mystere des Apotres』 과 같은 것은 여러 날 동안 연속상영을 요하는 6,198행의 대장편 서사시였으니, 그리스 비극의 길이가 2,000행을 넘지 못했던 것과 비교하면 엄청난 길이의 극이다. 여러 개의 주제를 집적해 대규모 교향악으로 편성했다. 특히 구약성서의 주제에다 여러 가지 단막극들을 삽입했고, 사육제극에 나오는 "천사의 장면"이나 "마귀의 장면" 등은 관객의 흥미를 더해주었다. 극적 효과와 정화작용을 위해 무대 위에서 서스펜스와 드릴 있는 무시무시하고 비참한 장면들을 보여주기도 했다. 수난극은 프랑스에서 제일 많이 성행했으니, 1420년에 나온 '수난극의 라프소디'라고 할 수 있는 『아뜨라스의 수난극』 은 극적 구성이 통일되어 있고 상상의 범위도 넓으나 서정적 표현이 결여된 것이 흠이다.

　서정적 수난극이라고 할 수 있는 1450년에 초연된 『수난의 성사극』 은 인류 최초의 인간인 아담과 이브를 신이 창조한 시기부터 두 인간이 사망할 때까지의 원죄를 희곡화한 것으로서, 서곡을 제외하고도 3일 간이나 연속 상연된 작품이다. 프랑스 '앙레'의 한 의사인 '장 미셀'이 1486년에 내놓은 『수난극』 은 10일 간의 상연을 요하는 운문극으로 이 작품에서 가장 특이한 것은 세속적인 일반 생활을 운문으로 묘사한 것이다. 문체는 폭발할 듯 충만 되어 있는 소위 화염식에 남아 있는 수난극은 그때의 것과는 매우 성질이 다르지만 세계적인 것이다. 그 연원은 1634년 페스트가 전 유럽에 만연하여 사람들이 공포와 불안에 시달릴 때, 이 지역만은 전염병을 면하게 되었다. 그래서 매년 10월마다 수난극을 상연하기로 서약하고 오늘날까지도 상연하고 있다. 또한 예수회의 주선으로 알프스산에서는 『브릭스록, 에를, 티어제 Brixlogg, Eel, Thiersee』 등의 수난극이 성행했지만, 독일 수난극으로서 가장 극적 통일성을 기한 것은 『티롤 수난극』 이다. 이 밖에도 1493년에 나온 『프랑크푸르트 수난극』 그리고 1501년에 나온 『알스펠더 수난극』, 1513년에 나온 『하이델베르크 수난극』 등이 있다.

　수난극의 무대는 '장경場景 Mansions'이라는 무대 장치로서 여러 개의 칸막이 무대들이 객석에서 한 눈에 전개되는 병렬식 무대 장치이다. 성체행렬의 가제관仮祭官처럼 각 칸막이 속에서 배우들의 연기가 차례차례 순서에 따라 연출되곤 했다. 막과 장의 구별이 없었으며, 며칠 동안 계속되는 장편의 경우에는 필요에 따라서 마음대로 극을 중단하거나 계속했다. 배우는 조연을 포함하지 않는 150명의 주연급 배우들이 70여 장면을 연속적으로 꾸며댄다. 배우들의 연기는 지극히 사실적이었고 관객은 집의 유리창 가의 난간 위에서, 집들 사이의 중간 건축물 사이에서, 그리고 이것들과 무대 사이에 있는 나무로 된 계단식 객석에서 보았으니 지극히 자연스러운 원형극장이었다. 연극적 구성상의 특징으로는 서곡이 있었는데, 이 서곡의 낭독은 일정하지 않아 극작가가 하기도 했고 배우들 중 한 사람이 하기도 했다. 이 극에서의 등장인물의 성격은 제1급에 속하는 신, 기독교, 성모, 종도 등의 신앙심이 있고 근엄성이 있으면서도 현명한 사람들이고, 제2급은 사환, 농부, 형리 등의 수다스럽고 능동적이면서도 희극적인 인물이고, 제3급은 장님, 벙어리, 절름발이, 바보, 미치광이, 저능아 등으로서 항시 관객의 흥미 본위였다. 악마의 역은 항상 공포의 대상으로 등장했다. 수난극은 1548년 파리 고등법원에 의해 상연금지령이 내려져 중단되었다. 그 이유로는 첫째 신교도들의 항의로 인해, 둘째는 16세기 말 직업 배우들의 등장으로 인해, 셋째 라틴어로 된『예수회의 학교극』으로 인한 것이었다. 지방에서는 고전주의 시대가 끝날 무렵까지 이 수난극이 계속되었으니, 종교곡례宗敎曲禮 의 기원을 떠나서 국민적 서사시로 재생하려는 모습이 보였다. 수난극의 극작술은 셰익스피어에게까지 그 영향력을 미치고 있다.

수도승극단Cofŕerie de la Passion

1402년 종교극 상연을 위해서 성직자들이 설립한 극단이다. 1518년 파리에서 독점 상연권을 얻었고 이후 유명한 오뗄 드 부르고뉴를 세웠지만 이후에 방랑배우들의 극단에 흡수되었다.

수사적 어구Trope

이 용어의 어원은 그리스어 트로프스Trópus에서 유래한다. 그 뜻은 <덧붙여진 멜로디>를 의미한다. 이 용어는 뒤에 의미가 변하여 짧은 라틴어

의 교창성가는 미사예식 때 삽입된 그레고리안 성가 텍스트에서 나온 것
이다. 초기의 교창성가에서는 독창자와 합창단이 기도문을 교차하다가
10세기 중반에 이르러서는 둘로 갈라져 상대편을 바라보면서 합창을 주
고받았다. 10세기 말경부터는 성직자로 구성된 두 개의 연기 그룹으로 바
뀌어 본격적으로 극적인 행위를 보여주었다. 이때 성직자와 배우는 동일
한 인물이 된다. 이 텍스트는 처음에는 산문으로 작성되었으나 후에는 운
율과 리듬이 있는 시행으로 변형되었다가 연극적 성향의 시가로 독자적
발전을 이룬다. 이런 드라마적인 '교창성가로 인해 엄격했던 미사의식은
훨씬 부드러워졌고 신을 보다 더 자유롭고 더욱 더 열성적으로 찬양하게
되었다. '교창성가극이 생성되고 애호된 곳은 성 갈렌 수도원과 리모게스
Limoges 수도원에서였다. 성 갈렌 수도원의 수사인 투틸로Tutilo / Toutilo에 의
해 그리스의 합창극을 뛰어넘는 종교극으로 완벽하게 다듬어져 나갔다.

수사학 rhetoric / Rhetorik

　설득력 있는 효과적인 표현을 한 문체와 언어의 사용법 등을 연구하는
학문이다. 아리스토텔레스의 『수사학』이나 키케로의 『웅변에 관하여』
같은 그리스·로마의 고전적 저작에 바탕을 두고 있다. 이 저서들은 1)
좋은 제재를 찾아내기, 2) 그 제재의 구성, 3) 표현의 방법 혹은 양식, 4)
연설의 암기, 5) 말하기의 기교 등 일반적인 규칙에 관한 이론들을 제시
하고 있다. 중세의 대학에서는 문법, 논리학과 함께 3학學의 하나로서 간
주되었다. 수사학은 르네상스의 교육 커리큘럼 중에서 대단히 중요한 과
목이 되었으며, 그 규칙은 16세기의 극작가나 배우들에게 강한 영향을 끼
쳤다. 수사학은 주로 역사극이나 연대기극에 나오는 등장인물들이 행하
는 대중 연설을 통해 나타난다. 셰익스피어의 『줄리어스 시저』의 브루
투스와 마크 안토니와 같은 정치가들은 연설 속에서 수사적 양식을 사용
하고 있다. 『헨리 4세』 제1부1196-1197에서 '명예'에 관해서 긴 대사를 말하
는 폴스태프와 같은 사적인 평범한 등장인물도 수사를 사용하고 있다. 셰
익스피어가 왕이나 정치가의 '공적인' 말과 사인의 사적인 말을 미묘하게
혼합해 수사적 말씨를 강조한다. 근대 교육에서는 수사학이 차지하는 위
치가 이전처럼 중요시되지는 않으나 문장연마와 변론의 수단으로 가르치

고 있다. 셰익스피어는 무대에서 수사적인 몸짓이나 과장된 얼굴표정을
자연스러운 태도와 부자연스러운 태도 등으로 구분했다. 최근에는 디자
인과 수사학을 접목시킨 디자인 수사학 등이 주목을 받고 있다. 디자인
수사학은 주어진 사물을 보고 말하는 것의 본질을 찾아내 도시 건축 디
자인, 공공 디자인 등의 방향을 설정하고 세상을 더욱 살 만한 공간으로
만들어 나가려는 의지의 표명이다. 전통 수사학이 생각과 말을 통해 설득
방법을 찾았다면 디자인 수사학은 현상을 '보는 것'과 바르게 '세워 나가
는 것'에 관한 실존적 접근 방법이다. 볼 만한 디자인은 쓸 만해야 하고
동시에 도시민의 애환과 욕구를 반영해야 도시 디자인이라고 말할 수 있
다. 여기서 디자인과 말의 관계는 마치 불완전한 언어를 도구로 인간의
사유를 유희하는 것과 같다.

수용 reception

개개의 작품에 대한 관객 혹은 비평가의 반응이다. 이 반응이 어떠한
심리적·사회적 요인에 의한 것인가를 분석하는 일이다. 특히 텍스트 혹
은 상연에서 표출되는 코드나 관습의 분석은 '수용이론'이라 일컬어지고
있다. 수용이론에서 분석의 대상이 되는 것은 모두 텍스트로 명명되어진
다. 텍스트의 수용은 열린 해석과 닫힌 해석으로 구분되는데, 열린 해석
에서는 텍스트 수용자의 자의적 해석이 가능하고 닫힌 해석에서는 텍스
트 생산자의 정해진 의도나 기존의 이론들에 따라 텍스트를 분석하는 것
이다. 형식주의와 해체주의의 논의 및 아리스토텔레스의 시학이론과 반
아리스토텔레스 시학이론 등은 수용이론을 잘 설명해 준다.

순회극단 touring company / Wanderbühne / Wandertruppe

상설 극장이 세워지기 이전에 장소를 옮겨가면서 가설무대를 설치하
고 연극을 공연하던 방랑극단을 말한다. 극단의 원조는 16세기에 등장한
영국의 '희극 순회극단'이고, 그 다음이 이탈리아의 '즉흥 연희극단'과 프
랑스의 '순회 배우극단'이다. 독일을 중심으로 전 유럽으로 확산되었고,
각 국가 간 연극의 소재와 형식을 교류함은 말할 것도 없고, 문화를 결집
시키는 데 결정적 역할을 했다. 순회 극단의 연극은 거칠고 조야하고 몸

집이 과장되고 말투가 지나치게 격정적이지만, 여기에서 처음으로 직업 배우의 의식이 생겨났다. 상연 목록에는 영국이나 네덜란드의 것이 대부분이었으나, 후에는 프랑스 고전주의의 작품들도 무대에 올렸다. 독일 순회 극단은 영국을 모범으로 하여 17세기에 벨텐이 주도했다. 19세기에는 궁정 극장과 국립 극장에 흡수되고, 20세기에는 일정한 장소에 상설 극장을 갖고 지방을 순회하거나 다른 도시 혹은 다른 나라의 도시에서 '객연客演'도 했다.

슈투름 운트 드랑Sturm und Drang

이성을 전경에 내세운 합리주의적 계몽주의 정신은 18세기 중엽에 이르러 그 절정에까지 도달하지만, 18세기 후반에 접어들어 독일의 젊은 세대는 계몽주의라는 오성悟性 만능의 사상에 대해 심각하게 환멸을 느끼기 시작했다. 루소는 '감성은 이성보다 우위'라는 명제를 내세웠다. 루소는 오성을 근거로 하여 구축된 사회의 타락과 문명의 해악을 지적하고 자연으로 복귀할 것을 요청했다. 단지 숲과 산 속으로 돌아가라는 것이 아니라 미지의 자아 속에 잠들어 있는 자연스러운 감정 상태에 도달할 것을 촉구했다. 이러한 그의 주장으로 인해 프랑스에서는 훗날 군주 체제가 무너지고, 자유·평등·박애를 국시國是로 하는 민주공화국이 탄생한다.

독일에서의 그의 영향력이 정치에까지는 미치지 못하고 정신계에 작용하여 헤르더, 하만, 괴테, 쉴러 등의 천재가 이것을 오성의 전제에 대한 반역, 자연적 감정의 해방으로서 사색의 원천으로 삼았다. 감정의 해방, 자유 관념 그리고 자아의식등을 강조한 이 사상은 독일의 청년 문인들에게 지대한 영향력을 미쳐, 1770년부터 1790년까지 약 20여년간 소위 독일 문학사상 '슈투름 운트 드랑'이라는 문학 혁명의 시대를 탄생시켰다. '슈투름 운트 드랑'의 명칭의 기원은 클링거의 희곡 『슈트름 운트 드랑Sturm und Drang』의 표제이다. 계몽주의가 독일 중원에서 발생한 데 대해서 '슈투름 운트 드랑' 운동은 독일의 변경에서 발생했다는 데 그 의의가 있다. 18세기 후반의 모든 문학 운동과 같이 이 운동도 독일의 변경, 특히 북독의 하만, 헤르더로부터 발생하여 괴테와 더불어 슈트라스부르크를 거쳐 프랑크푸르트에서 개화한 후 쉴러와 더불어 남독의 슈바벤으로 확산되었다. 18세기 전반을 지배한 계몽주의는 인간이 이성에만 편중하여 인간 감정의 근원을 돌보지 못한 데 반하여, 슈트름 운트 드랑은 합리주의의 무미건조한 형식과 외면적인 도덕률을 타파하고 진실로 독일적인 생명과 개성을 해방하려는 데 그 운동의 목적이 있었다. 이 운동을 일으킨 청년들에게는 신화 속의 초인적 프로메테우스가 그들의 신이었고 상징이었다. 18세기 중엽과 그 후반기는 독일 문학이 문화적 광란의 격동기를 거쳐 외국의 정신적 지배를 타파하고 독립을 획득한 중대한 시기였다. 그때까지는 독일 문학이 대개 전체로서의 서유럽 문학의 규범과 풍조의 지배하에 있어서 하나의 지방적 존재였던 것이, 그 이후부터는 진실로 독일 문학의 명칭에 해당하는 자기 자신의 문학을 창조해 냈다.

　독일은 유럽의 '슈투름 운트 드랑' 운동을 주도할 수 있었다. '슈투름 운트 드랑'운동은 독일 문학이 18세기 말엽으로부터 19세기에 걸쳐 거의 전 유럽을 풍미하다시피 한 독일 낭만주의 정신의 전구前驅라고 할 수 있을 것이다. 이 운동은 일명 천재 시대라고 호칭된다. 그들이 찬미한 것은 18세기의 소위 성실한 인간Honnete Homme이 아니었다. 그들은 인간 내부에 마적魔的 / dämonisch 요소가 있다는 것을 강조했다. 천재는 그들에 대하여 보편적 이성의 일편이 아니라 자연의 요소로서, 본능에 의하여 능동적으로 행동하는 힘이며 조화신이었다. 괴테의 파우스트는 적극적인 거인주의를 대표하게 되었고, 독일적인 영혼의 성격과 뿌리를 형성했다. 인간을 구성하고 있는 각 요소의 수학적 비율 같은 것은 문제가 되지 않고, 오히려 강력하고 특징 있는 개성만이 천재의 목표가 된다. 계몽주의자들이 생활 목표로 삼았던 공리와 향락도 그들의 관심사가 되지 못했다. 자연과 천재에 대한 이런 사고방식은 단지 문학상의 사상운동이 아니고 '생'의 운동이라고 볼 수 있다. '생의 인간'은 니체적인 끊임없이 초월하는 '초인超人 / Übermensch'이 되고자 하는 것이다. 무한을 향해 자기를 끊임없이 초월하는 과정에서 자기를 절제할 줄 모를 때, 초인은 결국 자기 한계를 추월하여 자기 자신의 생명을 파멸하기까지 한다. 예컨대『젊은 베르테르의 슬픔』에서 애인 로테에 대한 자포자기적인 사랑에 의하여 자기 스스로의 생명을 끊는 베르테르의 운명은, 이러한 의미에서 '슈투름 운트 드랑'적인 본질을 잘 상징해 주고 있다. 또 연구실에서 대석학으로서의 학자적 생활을 청산하고는 새로운 '생'을 획득한 파우스트가, 새로운 생명을 표출함과 동시에 자기를 전 우주까지 확대하고자 시도한 그의 거인적 충동은 베르테르와 같이 파멸적 비극성을 내포하고 있다. 이러한 위험한 무한추구의 충동을 유한한 인간성과 어떻게 조화시키느냐 하는 일은 괴테 생애의 과제였으며, 이것은 고전주의로 계승된다.

이 운동은 괴테가 『베를리힝겐의 괴쯔Götz von Berlichingen』를 발표한 1773년부터 쉴러가 『간계와 사랑Kabale und Liebe』을 완성한 1784년까지 약 10년에 걸쳐 그 전성기를 형성하며, 일반 문학 장르와 마찬가지로 희곡에 있어서도 이 시대를 천재 시대라고 불렀다. 당시의 청년 희곡 작가들은 자신들을 스스로 천재적 극작가로 자부했으며, 기성 문단을 경멸하는 한편 자기 나름대로의 감정에 따라 행동했고, 극작품을 만드는 데에 있어서도 모든 일체의 법칙을 무시했다. 상연에 따르는 종래의 모든 약속을 무시하고 극작가의 주관을 중시했다. 그들은 뷔일란트가 산문으로 번역한 셰익스피어의 희곡 작품들을 애독하면서 산문극을 서술할때는 삼통일원칙시간·장소·줄거리도 완전히 무시했다. 청년 작가들은 레싱 이후 또 하나의 새로운 희곡 건설에 전위적인 역할을 하게 되었다.

천재적인 격정과 그 운동은 간혹 희곡의 범위 안에서부터 외부의 세계로 돌출구를 찾아나가려는 서정적인 극 이야기, 다시 말해서 극시에 가까운 것마저 창작하기에 이르렀다. 레싱의 국민극에 대한 열망이 훌륭하게 결실을 맺었다. 이 시대의 희곡 정신은 이제 본격적으로 합리주의에서 비합리주의로, 섭리의 질서에서 파괴적 카오스로, 프랑스의 꼬르네이유, 라신느의 고전 비극에서 셰익스피어적인 성격 비극의 방향으로 그 전환을 이룬다. 독일 희곡은 프랑스의 고전극의 영향을 벗어나 그리스의 고대 정신이 독일의 근대정신 속에 반영되었다. 레싱이 제시한 독일 국민극은 괴테와 쉴러의 청년기인 '슈투름 운트 드랑'에서 탄생되어 세계 연극으로 확대해 나갈 채비를 갖추고, 마침내 괴테와 쉴러의 전성기인 고전주의 시대에는 세계 희곡을 주도한다. '슈투름 운트 드랑' 시대에 있어서의 작품의 내용은 주로 클링거나 라이제비쯔, 레오폴드 바그너의 희곡 작품들과 괴테의 『파우스트 초고Urfaust』에서 볼 수 있는 영아살해, 그리고 괴테의 『베를리힝겐의 괴쯔』 나 쉴러의 『피에스코의 반란Die Verschwörung des Fiesco zu Genua』 에서 나타난 것 같은 모략, 중상 같은 감정적인 소재를 다루었으며, 사회 부조리와 인권 탄압에 시달리는 인간의 처절한 모습 등을 묘사했다.

슈필트레페Spieltreppe

레벨이 각기 다른 무대들을 잇는 계단이다. 레오폴드 예스너가 제1차 대전 후 독일 표현주의 연극 시대에 발전시켰다. 조명과 그림자 효과, 군중 장면의 동작들과 배치 효과 등을 인상적으로 처리했다. 아돌프 아피아와 고든 크레이그의 이론과 실천으로부터 발전했다.

스타니슬라프스키 시스템

콘스탄틴 스타니슬라프스키는 20세기 연극에 지대한 영향을 끼친 러시아의 배우, 연출가, 제작자였다. 네미로비치단첸코와 모스크바 예술극장을 창설하여 스타니슬라프스키 시스템연기법을 수립한 것 외에 혁명 후까지 소련연극의 진로를 결정하는 많은 중요한 일을 했다. 뛰어난 배우이기도 했던 스타니슬라프스키는 연출자가 배우의 감정을 강요하는 것이 연출의 전부였던 이전의 풍토를 뒤엎고 배우의 능력을 극대화하는 연출가로서의 시스템을 주창하고 실천한 혁명가였다. 전 세계 연출가들과 연기자들이 스타니슬라프스키 방식의 배우수업을 교과서로 채택할 만큼 그의 영향은 크다. 그의 무대양식은 오늘날까지도 모범이 된다. 1922년부터 1924년까지 모스크바예술단을 이끌고 유럽과 미국 순회공연을 할 때 자서전 『나의 예술인생My Life in the Art(1925)』을 영어로 출판했다. 그는 자서전에서 유년시절부터 1924년까지의 생활을 단순한 회상을 떠난 예술적 탐구를 중심으로 연기방법론을 체계적으로 서술했다.

『나의 예술인생』은 전체적으로 4부로 나누어지는데 제1부 "배우의 유년시대"는 서커스, 인형극, 이탈리아 가극, 소극장의 연극 등에서 예술적 감각을 쌓으면서 성장하는 과정과 아마츄어 연극의 무대를 밟고, 연극학교에서 당시의 유명한 여배우 페드로바에게서 수업을 받은 20세 전후까지의 생애를 다루었다. 제2부 "배우의 소년시대"에서는 '알렉세프 서어클'알렉세프는 스타니슬라프스키의 본명을 조직하여 오페라, 발레 등에도 관여하면서 아마추어 연극에 열중하던 시기를 논하고 있다. 제3부 "배우의 청년시대"에서는 예술극단의 전신이던 모스크바 예술문학협회1888-1898의 설립, 그곳에서 여러 차례의 공연을 통해 성자하는 자신의 배우, 연출가로서의 경력, 네미로비치단첸코와의 유연한 상봉과 모스크바 예술극단의 발족, 예술극단의 상연경향의 변천, 체호프, 고리키 희곡의 상연, 연출가인 메이예드홀리드 등과 더불어 행한 실험극장의 시도 등에 과하여 언급하였고 아울러 자신의 연극관과 체호프에 대한 고찰 등이 잘 서술되어 있다. 제4부 "배우의 성숙기"에서는 체호프극이후, 예술적인 장애에 부딪친 제자가 뒤에 '스타니슬라프스키 시스템'이라 불리게 될 배우기술의 체계를 완성하려고 노력하는 과정, 그 과정에서 일어난 여러 가지 실험과 실패, 10월 혁명을 맞이하여 새로운 예술의 길을 모색하지 않으면 안 되었던 어려운 작업들이 서술되어 있다. 스타니슬라프스키는 19세기 말 연극의 관례였던 연설조의 장광설과 과장되고 가상적인 매너리즘에 반대해 모두가 공감할 수 있는 사실적인 연기방법을 찾았다. 연출가로서 그는 배우들을 혹독하게 훈련시키는 '군주'였지만, "무대의 유일한 황제는 뛰어나 배우"라고 강조했다.

그의 배우론을 요약하자면, 위대한 배우는 천부적인 재능만으로, 또 오랫동안 연마한 테크닉만으로도 결코 만들어질 수 없다는 것이다. 배우는 쉼 없는 훈련과 노력을 통해 이루어진다는 것이다. 배우는 자신을 단련시키기 위해 희곡에 대한 분석, 발성연습, 심리학 연구에 이르기까지 끊임없이 연구하고 도전하고 경험해야 한다는 것이다. 스타니슬라프스키는 다음과 같은 명언을 남기고, 세계라는 연극무대에서 사라졌다. "예술에는 우연이 없다. 오직 오랜 작업의 열매가 있을 뿐이다."

스탠드 바이stand by

TV방송에서 주로 사용하는 용어로서 출연자들이나 스텝들에게 실제의 방송이나 녹화를 시작하기 전에 마음의 준비를 미리 하라는 의미에서 보내는 신호이다. 출연자들에게 주의를 환기시켜 방송 진행 또는 녹화에서 차질이 빚어지는 것을 방지하기 위한 것이다. 근래에는 이러한 음성신호가 출연자들에게 잘 인식되지 않을 경우에 대비해 스튜디오에 청색램프를 통해 알리는 경우도 있다.

스탠드 인stand in

대역을 의미한다. 연극이나 TV드라마 그리고 영화에서 배우의 연기를 대신해 주는 사람을 대역이라고 말한다. 대역은 연극 따위에서 사람을 대신해서 출연하는 경우다. 조연이나 엑스트라보다는 주로 주연배우의 역할을 대신한다.

스탭step

연극이나 영화, 방송 프로그램을 제작하는데 있어서 연기자와 연출자를 제외한 모든 제작인력을 일컫는다. 이 용어는 방송에서 많이 사용된다. TV방송에서는 하나의 프로그램을 제작하기 위해서 수많은 제작인력이 필요하다. 촬영기사뿐만 아니라 조명기사. 무대 장치자, 미술담당자. 방송기술담당자, 녹화담당자 등이 동원되고, 이들을 모두 스텝이라고 말한다. 연극과 영화에서도 마찬가지이다. 무대 설치가를 비롯해 분장사, 의상담당자 등 영화와 연극을 공연하는데 필요한 인력들을 스텝이라고 한다. 방송에서 스탭과 출연자를 구분하기가 애매한 경우도 있다. 일부 스탭들이 출연자의 상대인물로 부적합할 때에는 이들의 파트너로 잠시 출연하기도 한다.

스턴트맨stuntman

단어적인 의미로는 건장한 사람을 뜻한다. 스턴트맨은 TV나 영화에서 위험한 장면을 연기하는 배우를 일컫는다. 폭력영화에서 고난도의 기술을 요구하거나 난폭한 장면을 많이 촬영할 때, 특히 자동차로 과속 질주하거나 높은 절벽에서 뛰어내리는 장면 등을 대신 연기하는 배우가 스턴트맨이다. 주로 주연배우의 역할을 대신한다. 생명을 담보로 하는 위험한 연기를 하기 때문에 특수훈련을 받는 경우가 많다. 최근 들어 고난도의 영화촬영이 증가하면서 스턴트맨들의 인기가 날로 높아가고 있는 실정이다. 일부 스턴트맨의 경우에는 아예 주연배우로 등장하는 사례도 있다.

스테레오타입stereotype

인쇄해서 되풀이 사용되는 주형이 그 어원이다. 연극에서는 되풀이해서 나오는 전형적인 인물을 의미한다. 약삭빠른 하인, 어리석은 노인, 방심 상태의 학자, 건방진 하녀, 수염을 비틀어 돌리고 있는 악역, 순진한 젊은 주인공 등이다. 언어·몸짓·극적 상황도 스테레오타입화 한다. 스테레오타입의 사용이 반드시 극작가의 약점은 아니다. 스테레오타입은 패턴이나 반복을 구하는 관객의 요구를 만족시키며, 고전적 소극·도덕극·신고전주의·희극·서사극과 같은 극 형식에서도 쓰이고 있다. 영국 연극의 가장 복잡한 인물상의 이면에도 스테레오타입이 존재한다. 이를테면 리어왕에서는 어리석은 늙은이, 맥베스에서는 비겁한 병사, 햄릿에서는 어릿광대 흑은 바보의 존재가 느껴진다.

스튜디오 studio

일정한 설비를 갖춘 촬영장소를 말한다. 영화나 TV방송의 프로그램을 제작하는데 있어서 야외촬영은 물론 스튜디오 촬영도 필요하다. 스튜디오 촬영은 이미 세트화 되어있는 장소에서 이루어지는 경우가 대부분이다. 스튜디오는 대부분 실내에 위치해 있다. 이는 무엇보다 촬영을 쉽게 하기 위한 것이다. 촬영이나 사용목적에 따라 다르게 설비된다. 영화의 경우에 스튜디오는 촬영스튜디오와 녹음스튜디오로 구분된다. 촬영 스튜디오는 작품의 내용을 촬영하기 위한 것이고, 녹음 스튜디오는 촬영한 필름을 녹음하기 위한 것이다. TV의 경우는 전용 프로그램을 위한 스튜디오가 따로 마련되어 있기도 하다.

스토리와 플롯 story and plot

포스터의 평론 『소설의 여러 양상 Aspects of the Novel(1927)』 에서 내린 정의에 의하면, "왕이 죽고, 왕비가 죽었다. 그것은 스토리이다. 왕이 죽자, 왕비가 슬픔에 겨워 죽었다. 그것이 플롯이다" 이 정의는 스토리와 플롯의 관계를 명쾌하게 구별하고 있다. '스토리'는 삽화적이다. 갖가지 사건들이 하나하나 독립해 있어서, '왜냐하면'보다도 '그리고'로 이어진다. 따라서 브레히트의 서사극은 삽화가 느슨하게 연결되어 있으므로 스토리이다. 다시 삽화를 덧붙이는 것도 빼는 것도, 극중의 삽화를 자유롭게 이동시키는 것까지도 가능하다. 그러나 입센의 자연주의 연극은 플롯으로 성립해 있다. 긴밀한 인과관계에 바탕을 둔 통일의 법칙이 있으며, 사건의 서열을 바꿀 수 없기 때문이다.

스트립쇼striptease

배우가 의상을 벗어버림으로써 관객에게 성적 흥분을 일으키는 구경거리를 말한다. 그 극적인 긴장감이 영화나 연극에서 효과로서 이용된다. 스토파드의 『대익살』이 그 예이다. 브레히트는 비극의 효과를 스트립쇼와 신랄하게 비교했다. 『오이디푸스왕』의 관객은 이 비극의 주인공이 가지고 있는 모든 것이 하나씩 서서히 벗겨져 가는 것을 보면서 "벗어라! 벗어라!"라고 외치고 자신도 "작은 오이디푸스들"로 되어 간다고 브레히트는 말한다. 『억척어멈과 그녀의 자식들』의 패턴도 그것과 다르지 않다고 여겨진다. 스트립쇼와 정통 연극의 관객의 반응을 어느 정도까지 비교할 것인지는 또 다른 문제이다. 훔쳐보는 취미와 남의 불행을 기뻐하는 기분Schadenfreude은 비극적 반응의 요소가 될 수 있지만 다른 한편 논의의 여지도 있다.

스펙터클 극장spectacle theatres

호화로운 스펙터클을 상연할 수 있는 설비가 잘 갖추어진 극장을 말한다. 일반적으로는 유럽의 오페라 하우스의 모델이 되었던 16세기의 파르마의 테아트로 파르네제와 같은 이탈리아 초기의 화려하고 장비가 잘 갖춰진 상설 극장을 가리킨다. 스펙터클을 중시하게 된 것은 로마 연극에서 비롯되었는데, 아리스토텔레스의 전통과는 정반대의 입장을 취하고 있다. 반아리스토텔레스적 전통은 액션과 배우를 중시하고 장치가 없는 빈 무대의 가치를 강조한다.

스포트라이트spotlight

한 점에 강하게 집중하는 조명을 말한다. 무대의 일부나 배우의 얼굴 등에 초점을 맞추기 위해서 사용된다. 또한 그 조명의 광원을 가리키기도 한다.

스끼지 소극장築地小劇場

1923년 독일에서 귀국한 하지까다 요시가 오사나이 가오루와 함께 1924년 동경의 스끼지에 세운 일본 최초의 신극 전문 극장을 말한다. 규모는 작지만 훌륭한 무대기구를 갖추어 <연극의 실험실, 연극의 상설기

관, 민중으로 극장>으로 큰 역할을 했다. 그들은 신극배우의 육성, 비 상
업주의극의 공연, 해외근대극의 번역극 및 일본창작극 등을 공연했다. 이
소극장을 통해 도모다 교오스께, 야마모또 야스에, 다무라 아끼꼬, 아오
야마 스기샤꾸, 마루야마 사라오 등의 유명한 배우를 육성하고 신극의 기
술적 기초를 다졌다. 그러나 이 소극장은 아깝게도 1945년 공습으로 인해
소실되었다.

슬랩스틱 코미디slapstick comedy

배우의 행동을 과장해서 표현하는 희극을 말한다. 영어의 단어적인 의
미로 슬랩slap은 뭔가를 마구 때린다는 것을 뜻하며 스틱stick은 막대기 또
는 몽둥이를 뜻한다. 이 코미디는 몽둥이로 마구 때리는 희극을 지칭한
다. 슬랩스틱 코미디는 일반 희극과는 달리 배우의 연기가 과장되거나 우
스꽝스러울 뿐만 아니라 소란스러운 것이 특징이다. 내용은 주로 사회적
인 풍자로 이루어진다. 사회적인 비리나 부패를 풍자적으로 그려 관객들
의 불만 등을 해소한다. 독일에서는 상황희극Situationskomik, 소동희극
Radaukomödie, 소극골계극 Schwank으로 해석된다. 슬랩스틱 코미디는 1910년경
미국에서 유행하였으나, 영화의 등장과 함께 곧바로 쇠퇴하고 말았다. 최
근 들어 사회 병리현상이 심화되면서 일부 극단에서는 이 극을 공연해
인기를 얻기도 한다.

슬로트sloat / slope

19세기에 보편적으로 사용한 장치로 배우를 천정 위에서 무대로 내리
거나 플라이즈 속으로 급히 끌어올리거나 할 때 사용한 장치를 말한다.

시극극시 / poetic drama

대사가 시형으로 꾸며진 연극을 시극이라 한다. 운문 형식을 띠는 것
이 통례이지만 산문이 섞여 있는 경우도 있다. 그리스, 로마의 고전극, 유
럽의 고전주의, 낭만주의 시대의 거의 모든 극은 시극이다. 특히 이 시극
은 영국에서 발달했으며 셰익스피어가 최고봉이다. 독일의 괴테와 쉴러
의 슈트름운트 드랑까지의 대부분의 극은 시적인 형식을 띤다. 셰익스피

어 이후 영국에서는 17세기의 시인이자 극작가인 드라이든을 거쳐 19세기에는 바이런, 셸리, 테니슨, 브라우닝 등 뛰어난 극작가가 나왔는데, 이들의 시극들은 극시들이라고 할 만한 것으로 상연하기보다는 읽기 위한 극시들이었다. 20세기에는 산문과 일상용어를 중요시한 자연주의에 대한 반동으로 새로운 운문극이 등장했다. T.S. 엘리어트, 오오든, 이셔우드, 마크니스, 크리스토퍼, 플라이 등이 활발히 시극을 썼고, 미국에서는『정복자』로 퓰리처상을 받은 머클리쉬가 방송시극의 분야에서 두드러진 역할을 했다.

시나리오scenario

영화각본을 말한다. 작품의 주제, 사건, 상황과 장면전환, 플롯의 간단한 개요, 대사 등을 일정한 영화적 구성 아래 기술한 것으로, 처음에는 단순한 의견이나 희망 등을 상대편에게 전달하려고 작성한 문서정도의 것이었으나 오늘에 와서는 잘 짜여진 산문형식을 가지게 되었다. 또 영화 제작상의 기술에 관한 지시를 포함하는 것도 있는데, 이것을 콘티뉴이티 Continuity / Kontinuität / 영화: Drehbuch / 라디오: Manuskript라 한다. 시나리오는 희곡처럼 문예의 한 장르로 발전될 수도 있다.

시나리오 작가

영화의 대본인 시나리오를 직접 집필하는 사람을 뜻한다. 시나리오 상에 나타나는 모든 것, 즉 작품의 내용에서부터 인물들의 묘사, 배경 등을 직접 글로 쓰는 작업을 하는 사람이다. 시나리오 작가는 방송의 대본을 집필하는 사람과 동일한 의미를 지닌다. 방송의 대본을 집필하는 사람은 일반적으로 스크립터라고 부르고 영화의 대본을 집필하는 사람을 시나리오 작가라고 부른다. 혼자서 독창적으로 집필하는 경우도 있지만 여러 사람이 공동으로 집필하기도 한다. 시나리오는 영화의 가장 핵심적이고 기초가 되는 작업이고, 영화의 흥행여부와 밀접한 관련이 있다. 할리우드나 유럽에서는 영화 제작시 감독 못지않게 시나리오 작가를 높이 평가해 준다. 한국에서도 시나리오 작가들의 중요성이 점차 부각되고 있다.

시네마cinema

시네마는 원래 그리스어 키네시스kinesis에서 유래한다. 그 뜻은 움직임을 의미한다. 영화 분야로 유입되면서 시네마는 영화의 전체적인 의미를 통칭하는 개념으로 사용되고 있다. 시네마는 초기에 영화의 전체적인 개념을 통칭하는 것으로 사용되지 않았다. 영화의 카메라나 영사기를 지칭하는 개념으로만 사용되다가 전체적인 영화를 의미하는 개념으로 바뀌었다. 일부 영어권에서는 시네마를 일반적인 영화를 의미하는 개념뿐만 아니라 영화관을 뜻하는 말로도 사용하기도 한다.

시네마 기법cinefication

소련의 연출가이자 모스크바 예술좌藝術座의 일원이었던 메이에르홀트가 사용한 용어로 "영화의 기술적 재원을 모두 갖춘 극장의 설비"를 가리킨다. 무성 영화 시대의 영화는 연극이 대항할 수 없는 수준의 스펙터클을 제공했다. 그리피스의 영화『국가의 탄생』이나 폰 스트로하임의『그리드』는 야외 촬영과 군중을 리얼리즘의 한 형식으로 사용했다. 발성 영화 시대가 되자 영화는 더욱 격렬하게 연극에 대항했다. 메이에르홀트는 반격을 위해서 빠른 장면전환을 행하고, 정교한 기계장치를 사용하고, 영화관과 같은 큰 홀에 '동적인' 무대구조를 갖춤으로써 영화와 겨뤄야 한다고 생각했다. 이러한 이론은 메이에르홀트의 "비오메카니즘"라는 연극 이론에 잘 나타나 있다.

시민극bourgeois drama

중산 계급 관객의 인생 경험과 심리를 제시·검토·반영한 다양한 종류의 연극으로 중산층에 대한 호소를 목적으로 하다. 시민계급의 발흥을 배경으로 삼고 시민을 주인공으로 하여 계급의식과 문화를 명료하게 반영시킨다. 이 극은 사회 일반의 엘리자베스 시대 연극, 귀족 영웅의 초기 왕정복고기 연극, 노동자 계급의 순회극 연극이나 19세기의 멜로드라마 등에는 해당되지 않는다. 18세기 영국, 프랑스, 독일에서 유행했다.

시민 극장civil theatres

제2차 대전이래 영국의 도시나 거리에 설치되어 발전한 극장을 말한다. 보통은 지방 재정의 원조를 받아서 신탁관리 되기도 하지만 때로는 지방정부가 직접 운영을 맡는 수도 있다. 가장 유명한 극장은 노팅험 플레이하우스와 코벤트리의 벨그레이드 시어터다. 이러한 극장들을 중심으로 한 시민 극장이 1950년대 후반 이후 런던 이외의 각지에서의 진지한 연극의 발전에 크게 자극을 주었다.

시민 비극Bürgerliches Trauerspiel

18세기 중반부터 시민 계급의 인권이 상승됨과 함께 나타난 문학 양식이다. 왕족, 영주, 귀족 계급의 압박에 대한 시민 계급의 투쟁, 시민과 시민 간의 갈등, 시민 계급과 노동자·농민 간의 충돌을 주제로 한 비극이다. 영국 작가 리리오의 『런던의 상인The London Merchant(1731)』, 리차드슨의 도덕적 풍속 장편 소설대표작으로는 클래리사 할로우 C. Harlowe, 1747-1748, 그리고 프랑스의 고전주의 희극의 영향을 받아 생겼다. 그리피우스의 『카르데니오와 쎌린데』에서 시민 희극의 원천적 분위기를 감지할 수 있으나, 이 시민 비극이라는 장르를 본격적으로 수용하여 정착시킨 사람은 레싱이었다.

레싱의 시민비극으로는 『미스사라 삼프손Miss Sara Sampson(1755)』, 『민나 Minna von Barnhelm(1767)』, 『에밀리아 갈로티Emilia Galotti(1772)』를 들 수 있는데, 대표적인 것은 『에밀리아 갈로티』이다. 여기에서는 절대적 권력으로 짓누르는 귀족과 시민 계급 간의 충돌이 극명하게 표출되고 있다. 19세기 전반기에는 뷔히너의 『보이체크Woyzeck(1836)』와 헵벨의 『마리아 막달레나 Maria Magdalena(1844)』가 시민 비극의 성격을 취했는데, 전자에서는 상관과 부하라는 시민 계급간의 인간성의 문제가 다루어졌고, 후자에서는 계층 간의 충돌이 아닌 시민계급 내에서의 도덕적·윤리적 갈등의 문제가 부상되고 있다. 시민을 주인공으로 하되, 시민이 지닌 타락한 도덕적·윤리적 개념에 비판을 가함으로써 본래의 시민 비극과 현저한 차이점이 나타나고 있다. 19세기 후반기의 입센과 하우프트만의 자연주의 희곡 작품에서는 신흥 귀족으로 등장한 시민 계급과 노동자·농민 간의 새로운 시민 비극의 갈등이 사회 문제로 논의의 대상이 되었다. 이런 변형된 시민 비극은 브레히트를 주축으로 한 협의의 사회주의 문학과 연계되어 나간다.

시사풍자극follies

1907년부터 해마다 뉴욕에서 『지그펠드 폴리즈』를 상연한 플로렌츠 지그펠드와 특히 관련이 있는 레뷰Revue: 노래와 춤을 곁들인 풍자적인 희극의 한 형식의 일종이다. 시사풍자극에는 노래·춤 ·희극적인 연예물·장면의 다채로움 등의 볼거리가 포함되었다.

시소무대scissor stage

연극무대의 한 형식이다. 일반적으로 두 개의 연단이 있고, 그 각각은 아래쪽 무대 좌우 구석에 붙여진 회전축으로 회전시킬 수 있게 되어 있는 무대로 되어있다. 시소무대의 목적은 신속한 장면전환으로 무대연단으로 무대 뒤에 있는 배경을 실어 무대 위로 회전시키는 경우가 일반적이다.

시스템system

소련의 연출가이자 배우인 스타니슬라프스키의 이론으로 스타니슬라프스키 시스템은 '스타니슬라프스키 방식의 연기법'이다. 스타니슬라프스키의 생애는 그 유년시절부터 1924년까지 4부로 나누어지는데 제1부는 『배우의 유년시대』, 제2부는 『배우의 소년시대』, 제3부는 『배우의 청년시대』, 제4부는 『배우의 성숙기』이다. 스타니슬라브스키 시스템연 기법은 제4부에 나오는 '배우수업'·'성격구축'·'역할창조'에 상세하게 설명되어 있다.

시트콤sit com

'situation comedy'의 약자이다. 사전적인 의미로는 상황적인 희극을 가리키고, 코미디 드라마를 의미한다. 그때그때 벌어지는 상황에 따라 웃음을 제공한다. 일반 드라마와는 달리 무겁고 육중한 내용을 다루는 것이 아니라 흥미 있고 가벼운 소재를 취하는 것이 일반적이다. 내용 전개가 단발성으로 끝나는 것이 아니라 하나의 상황을 토대로 매주 또는 매일

계속해서 연이어 드라마형식으로 방영되고 시사성도 겸하고 있다. 1970
년대 미국의 TV방송에 처음 도입되었다. 가벼운 일상생활을 소재로 웃음
을 제공하였는데 의외로 시청자들의 인기가 좋았다. 그 후 유럽뿐만 아니
라 동양권의 방송에서 이를 도입하였다. 한국에서도 일상생활을 소재로
시트콤을 많이 방송하고 있다.

시학詩學 / ars poetica / poetics / Poetik

문학특히 운문 창작의 본질, 형식, 장르, 원리 그리고 방법 등을 연구하
는 학문을 말한다. 최초의 시학은 아리스토텔레스의 『시학에 관하여』 이
다. 그리고 유럽문학사에서는 로마의 대 시인인 호라치우스, 프랑스의 시
인인 브왈로의 그것을 비롯하여 바로크 시대의 문학이론가인 마르틴 오
피쯔의 『독일 시학의 서 Buch von der deutschen Poeterey』 가 있다. 바로크의 시
학은 문학에 대한 규칙과 지침에 관한 것이었고 레싱과 질풍노도 이후부
터의 시학은 문학의 본질과 의미가 중요 관심사가 되었다.

신 scene

신은 영화를 제작할 때 내용을 담아내는 장면을 뜻한다. 러브신 또는
야외신 등 영화의 촬영장면들을 일컫는다. 신은 일반적으로 여러 개의 숏
이 합쳐져서 만들어진다.

신고전주의 극 neoclassical drama

고대 그리스·로마극을 찬미하는 연극을 일컬어 신고전주의극이라고
한다. 프랑스에서는 라신의 비극이 신고전주의극에 속한다. 영국의 신고
전주의는 벤 존슨으로부터 시작해서 드라이든·콩그리브를 거쳐서 골드
스미스·세리든에까지 이어졌다. 이 극은 주로 고전적 형식의 연구와 엄
격한 규칙인 삼일치 법칙의 준수가 강조되었다.

신극

갑오경장 이전의 고전연극인 산대도감, 인형극, 판소리 등은 구극舊劇
이라고 총칭하는데, 그 이유는 유럽 근대극의 영향으로 이루어진 새로운

연극을 총칭하는 말이다. 신극은 1908년 이인직이 원각사에서 자기의 작품『은세계』를 상연한 것이 그 효시이며 그 후 극단의 창립, 극연구회의 구성 등으로 신극은 고전극을 물리치고 발전해왔다. 보통 개화기의 신극은 그 연극적인 특색으로 보아 신파 또는 신파극이라고 부르고, 토월회 이후의 연극으로부터 서극의 근대극을 계승하는 참다운 신극으로 보고 있다.

신성한 연극holy theatre

피터 브룩이 그의 영향력 있는 저서『빈 공간』에서 정의하고 있는 네 가지 연극 범주 중의 하나가 신성한 연극이다. 그는 극의 성스런 기원들을 끌어내어, "연극은 소리 · 형식 · 리듬 · 색채 · 동작을 사용하여 눈에 보이지 않는 것을 보이게 한다"고 주장하고 있다. 이 신성한 연극은 보통의 세계를 부수고 나와서, 배우를, 어쩌면 관객까지도 '마음을 빼앗기는' 혹은 '마음을 사로잡히는' 아득한 저편의 세계피안의 세계 로 데리고 간다. 이러한 신성한 연극은 시 · 고귀성 · 미 · 마술과 같은 말들을 우리의 일상 생활에다 환원시켜 줄 수 있다고 브룩은 암시하고 있다. 이러 암시는 그가 연출한 셰익스피어의『한 여름밤의 꿈』의 상연에서 잘 나타나 있다.

신조극creed play

16세기 종교극의 한 종류로 마르틴 루터의 종교개혁에 맞서 카톨릭 교의를 옹호했다. 이 극은 도덕극과 비슷한 점이 많다.

신즉물주의新卽物主義극

신즉물주의는 제1차 세계대전 이후 표현주의적 주관의 격렬한 절규와 도취에 대한 반동작용으로 나타난 사조로서, 나치스가 자신의 위치를 완전히 장악할 때까지 약 10년 간 독일 문단을 지배했다. 신즉물주의라는 표현 이외에도 신사실주의 또는 신비적 사실주의라고 불리는 이 사조는, 패전의 쓰라림을 겪고 난 독일이 다시 한 번 스스로를 반성하면서 냉철하게 세상을 살펴볼 계기를 마련한다. 표현주의와는 달리 사물을 객관적으로 정확히 판단하고 냉철하게 묘사하려는 경향이 있어, 이 문학 사조는 하이데거나 하르트만의 존재론과 관계가 있다. 자연주의적 요소까지 포함하는 폭넓은 현실주의로 볼 수 있다.

전쟁고발문학 내지 객관적 기록문학적인 경향이 나타나는데, 그들의 다수가 반전反戰과 인권 옹호적 태도를 보였기 때문에 나치스에 의해 탄압을 받았고, 이로 인해 망명과 저항의 문학 내지 사회주의 문학으로 변질된다. 전쟁문학작가로는 손꼽히는 렌과 레마르크를 들 수 있고, 베르펠, 되블린처럼 표현주의 작가였던 사람이 나중에 신즉물주의적 경향을 보인다. 희곡 작가들은 표현주의 희곡에서 출발하여 신즉물주의 시대를 걸쳐 나치스의 탄압으로 인해 망명과 저항 내지 사회주의 극작가로 전향한 쭈크마이어, 브레히트, 브루크너, 볼프 등이 있다.

신파극新派劇

갑오경장 이전의 연극을 총칭하여 구극이라고 하는데 반하여 그 이후의 연극을 총칭하여 신극이라고 한다. 신파극은 개화기에 주로 상연되었던 연극인 신극이전의 연극이다. 관중의 취향에 영합하려는 의도에서 연극본래의 예술성보다는 흥행을 위주로 한 연극을 신파극이라고 한다. 구극을 구파라 하는데 반하여 신파극을 신파 또는 신파연극이라고도 부르며 저속한 흥미본위의 극이라는 뜻에서 신파조新派調라는 말까지 파생하게 되었다. 오늘날 신파극은 민중극의 하나로 재평가 받고 있다.

신화myth / mythe / Mythos

고대인의 민족이나 국가의 민간신앙을 근원으로 한 작자미상의 전승된 이야기로 초자연적 에피소드에 의지해 자연계에서 일어난 일을 해석하고 인간관과 우주관을 구체적으로 파악하려고 했다. 원시시대의 인간은 신이라는 상징을 만들어내고 신들의 이야기를 통해 세계 질서를 창조하려고 시도했다. 신화는 이처럼 원시종교적으로 인간 세계를 해석한다. 문학과 신화의 관계는 언어와 신의 관계처럼 밀접한 연관관계에 놓여있다. 문학에서 신화가 탄생하고 신화에서 문학이 이루어지는 순환관계를 이룬다. 또한 신화는 인간의 낭만적 상상력을 기초로 이루어진다. 프로이드는 문학과 신화의 순환 관계를 잘 설명하고 있다. 신화가 전설과 다른 것은 역사적 배경보다는 초자연적인 면이 강조 된다는 것, 또 우화와 다른 것은 단순히 교화적인 목적만을 추구하지 않는다는 데 있다. 신화는 개인적이기 보다 민족적이다. 문화 인류학자인 레비스트로스는 인간의 인간다움은 신화적 사고를 복원할 때 가능하다고 말한다. 그는 인간 내면에 잠재된 원시성의 비밀을 손재주와 자연 친화력을 통해 발견해내기를 원한다.

신기희극new comedy

그리스 희극은 고기희극古期戲劇, 중기희극 그리고 신기희극으로 나눠진다. 신기희극은 펠로폰네소스전쟁 다음으로부터 기원전 4세기경까지의 것으로서 고기희극이 주제로 삼았던 종교, 정치, 사회 등의 시사문제를 떠나 시정市井의 다반사적인 풍속과 관습을 다루고 있다. 이 시기의 대표적 작가로는 메난드로스와 디필로스 등을 들 수 있다. 고기희극은 기원전 5세기에 성행된 희극으로 극작가로는 그리스 최대의 희극작가인 아리스토파네스를 들 수 있다. 중기희극은 기원전 3세기경까지 신기희극이 등장하기 이전에 일어난 과도기의 희극을 말하며 이 시기의 대표적 작가로는 알렉시스를 들 수 있다. 메난드로스나 기원전 4세기에서 3세기까지의 그리스 극작가의 작품에 대해서 사용된 용어이다. 도시를 무대로 하고 노인들의 세대사회적 권력을 쥔 사람들가 젊은이들의 사랑을 방해하려고 하지만 결국에는 실패하는, 스테레오타입의 줄거리가 많다. 방탕자 노인·기지에 넘치는 노예가 전형적인 등장인물이다. 신기희극의 양식은 로마의 플라우투스·테렌스를 거쳐서 코메디아 델라르테·벤 존슨·몰리에르의 신고전주의 그리고 18세기의 후계자들에게 이어져 나갔다.

실내극Kammerspiel

실내음악Kammermusik을 본떠서 만든 작은 드라마형태로 작은 공간에서 소수의 배우들에 의해 주로 대화체로 공연된다. 사건진행을 이끌어나가는 등장인물들의 사생활을 친숙하게 표현하기 때문에 관객은 편안한 마음으로 연극을 감상할 수 있다. 등장인물들 사이의 갈등을 대부분 심미적인 수법으로 표현한다. 1907년 실내극이라는 이름을 최초로 명명한 사람

은 스웨덴의 극작가인 스트린드베리이다. 만년에 그는 실험적 소극장을
만들어 실내극『번개』, 『화재현장』, 『유령곡』 등을 상연했다. 독일고전
극에서는 괴테의『형제자매』가 그 대표적인 예다. 19세기 이후 실내극
은 단막극 형식을 취하며 슈니쯜러가 대표적인 작가이다. 20세기의 실내
극은 독일어 사용지역에서 더욱 사랑 받는 장르로 등장했다. 실내극을 상
연하는 극장을 독일어로는 '캄머테아터Kammertheater'나 '침머테아터
Zimmertheater'로 부른다.

실존주의 연극existential drama

실존주의는 파스칼이나 아우구스티누스의 이론을 언급하기도 하지만,
보통은 키에르케고르를 시조로 삼는다. 키에르케고르는 인간의 실존을
특징짓는 불안, 두려움, 죽음, 사랑 등에 관해 논한다. 헤겔 변증법에 영
향을 받은 그는 인간 세상의 '결핍 경험'을 극복할 수 있는 대안으로 종
교적 구원을 제시한다. 그의 사상은 하이데거, 야스퍼스 등의 실존철학에
영향을 미친다. 실존철학은 실존주의 문학의 이론적 바탕을 이룬다.

인간 세상의 '결핍 경험'에 관한 논의는 독일 현대 소설가인 마르틴
발저의 작가론에서 '고향', '과거', '인간다움'의 발견으로 이어진다. 실존
주의 문학은 특히 2차 대전 후 사르트르의 작품을 통해서 널리 파급된다.
실존적 사유는 극과 소설에서 찾아낼 수 있다. 이것은 실존주의가 개인의
독자성과, 개인의 선택 과정을 강조하기 때문이다. 무신론적 실존주의나
기독교적 실존주의는 초월적인 '본질'보다 현세적 존재에 우위를 둔다.
실존주의는 고전 비극과 기독교의 영향을 받는다. 19세기 실존주의 작가
키에르케고르, 도스토예프스키, 니체는 극에 깊은 관심을 기울였고, 20세
기 프랑스의 실존주의 철학자 사르트르나 카뮈 역시 실존주의 연극의 초
석을 다졌다.

실존주의는 부조리극과 불가분의 관계에 놓여있다. 부조리극은 삶의
근본적 의문에는 결코 해답이 주어지지 않는 막막하고 결핍된 세계를 반
영하고 있기 때문이다. 아일랜드 출신의 프랑스 극작가인 베케트의『마
지막 경기』, 『고도를 기다리며』와 같은 작품은 인간 세상의 부조리한
삶과 막막함을 잘 묘사하고 있다.

심리극psychodrama

일명 사이코드라마라고 말한다. 사회에 잘 적응하지 못한 자들의 인격
장애를 치료하기 위해 정신과 병원에서 환자들에게 행하는 극형식이다.
대개 정신과 의사와 환자가 동시에 참여해 공연하고 공연하는 가운데서
정신과 의사가 환자들의 심리상태를 파악하고 환자들의 효과적인 치료를
유도하기 위해 행한다. 루마니아 태생의 심리학자인 미국의 모레노가 창
안해 낸 일종의 정신요법이다.

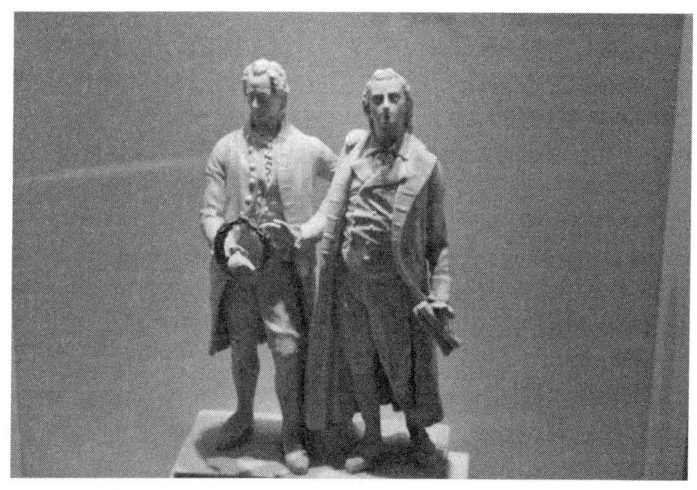

네카 강변에 위치한 마바흐의 쉴러 생가에 전시되어 있는 괴테와 쉴러의 동
상. 독일 문학을 대표하는 이들은 각각 고전 정신과 낭만 정신을 작품화 했고,
두 문인들 간의 서신 교류 문헌이 전해지고 있고, 문학적 동지로서 충고와 격려
를 통해 훌륭한 작품들을 저술할 수 있었다.

아리스토텔레스 드라마

그리스의 철학자이며 문학이론가로 소요학파Peripatētikoi의 창설자인 아리스토텔레스의 문학이론서인 『시론Peri Poētikēs/ poetics/ Paētique/ Poetik』 8장에 명시된 드라마 이론에 근거를 둔 드라마 형태, 즉 고전적 극작이념으로서 줄거리, 장소, 시간 등 세 가지 통일론을 말한다. 줄거리, 시간, 장소의 삼일치와 드라마 작품이 지녀야 할 정화작용淨化作用 / Katharsis, 즉 정신의 정화 기능을 갖추어야 한다는 전통적인 폐쇄형 드라마이론이다. 이와 반대되는 개방형 드라마를 서사극, 혹은 반 아리스토텔레스극이라고 한다. 이러한 명칭폐쇄형 드라마와 개방형 드라마은 브레히트의 서사극에서 유래한다.

아담성극Le Mystère d'Adam

12세기 후반에 등장한 프랑스 극작품 중 하나로 앵글로 로망스어로 된 운문극이다. 『원죄』, 『아벨의 죽음』, 『예언자의 행렬』의 3부로 되어 있다.

아이로니irony/ Ironie

반어反語라고도 하며 그리스극에서 등장하는 인물인 능청떠는 사람에서 유래되고 있다. 말하고자 하는 것이나 의도되어진 것과 반대로 말하는 것을 의미한다. 효과적인 표현을 하기위해 일부러 어떤 말을 실제와는 반대로 사용하는 경우를 말한다. '살갗이 검다'는 것을 강조하기 위하여 일부러 흰색이라고 비꼬아 말하거나, '울고 있다'라는 사실을 강조하기 위하여 '왜 안 우니?'라고 부정하여 반문하는 투로 말하는 것과 같은 따위를 말한다. 어떤 대상과 내적 거리를 취하면서도 외적으로는 아주 가깝게 진지한 태도를 보여 어떤 일이나 인간, 혹은 자신을 조소하는 반어 형식이다. 표현되는 바가 정반대의 뜻을 나타내는 문체로서 완곡법, 과장법, 곡언법과 유사하다. 희곡에서 비극적 반어는 비극적 효과를 높이는 작용을 한다. 작가와 관객은 이미 그 비극적 운명을 감지하고 있으나, 주인공은 그것을 전혀 알지 못하고 있는 경우이다. 등장인물은 실제 상황에 전혀 맞지 않는 행동을 하거나, 앞으로 다가올 운명과 정 반대되는 것을 기대하거나, 실제결과를 예기하는 말을 하지만, 결과는 그가 뜻하는 바와는 전혀 다르다. 스토리가 이미 관객에게 잘 알려진 전설 등에 그 구성의 바탕을 두었던 그리스 비극 작가들은 아이러니 기법을 자주 사용했다. 소포클레스의 『외디푸스 왕』은 비극적 아이러니를 보여준다. 왕은 테베에 전염병을 내리게 한 죄인을 찾아 나서는데, 그가 찾는 대상은 결국관객이 이미 알고 있었던 대로 바로 주인공 자신임이 판명되자, 왕은 숙명 앞에 절규하고 참회하는 마음으로 자기 눈을 멀게 한다.

소크라테스는 토론을 벌일 때 자신이 무지해서 상대의 견해에 일방적으로 따르는 것처럼 보이도록 하지만, 진리를 깨우쳐 가는 과정 중에 결국 상대는 진리 앞에 선 자신의 왜소한 모습과 약점을 발견한다. 그와 같은 것을 소크라테스적 아이러니라고 한다. 아이러니는 셰익스피어의 『줄리어스 시이저』에서 안토니우스가 시이저를 위한 추도 연설을 하는 것에서도 잘 알 수 있고, 『걸리버 여행기』의 작가 스위프트 등도 아이러니의 명수로 일컬어지고 있다. 낭만주의 작가들에게도 이러한 낭만적 반어가 현실과 갈등의 인식에서 자주 나타난다. 쉴러의 『발렌슈타인』, 하이네 그리고 토마스만의 글에서 아이러니 문체를 많이 발견할 수 있다.

아카데미 academy

그리스의 아테네 근교에 있는 숲을 가리킨다. 이곳이 그리스의 대표적인 희곡 작가 아리스토파네스 시대에 연극 상연을 위한 연습장소로 이용되면서 상징적인 개념으로 바뀌었다. B.C. 385년경 플라톤은 이곳에 '철학 아카데미'를 세워 학문을 탐구했다. 플로렌스의 '플라톤 아카데미'가

전 유럽으로 확산되면서 아카데미는 현재 사용되고 있는 학문의 전당을 가리키는 말이 되었다. 근래엔 미술학교뿐만 아니라 철학, 음악, 영화학교 등에서 아카데미란 명칭을 사용한다.

아카데미상academy awards

미국의 영화예술과학아카데미에서 수여하는 영화상으로서 영화계의 가장 권위 있는 상이다. 1년 간 상영된 영화들을 대상으로 매년 4월에 수여되며, 영화의 각 부분 즉 감독상, 작품상, 남우주연상, 여우주연상, 남우조연상, 여우조연상, 촬영상, 각본상, 음악상, 주제가상 등 모두 30개 부분에 걸쳐 수여된다. 아카데미상이 일반 영화상과 다른 점은 수상하기 한 달 전에 후보작품을 발표해 충분한 심사와 검토를 한 끝에 수상작품을 선정하는 것이다. 아카데미상은 1927년 미국의 영화아카데미에서 영화의 질적인 향상을 도모하기 위해 만들었다. 이 상은 수상자에게 사람의 입상을 본뜬 트로피가 수여된다는 점에서 일명 오스카상이라고 칭하기도 한다.

아뜰리에 극단

프랑스의 연출가이자 배우인 1913년에 꼬뽀가 창립한 전위파 극단이다. 그는 여기서 희곡『생가』를 발표했다. 그를 이어 그의 제자인 뒬렝이 극단을 몽마르트로 옮겼고 신인 발굴, 참신한 각본, 외국작가의 소개, 연출, 연기 면에서 대혁신을 이룩하였다. 프랑스 현대극의 개화에 크게 공헌했다.

아텔라나 연희fabula atellana

사투라는 나폴리 근교 아텔라나에서 고대 이탈리아 민족인 오스키스 사람들에 의해 창안된 '오스키스 놀이Oskisches Spiel'에 의해 많은 영향을 받는다. 사투라는 기원전 1세기경 해학적인 즉흥 가면소극Stegreif-Masken-lustspiel인 아텔라나 연희로 변신된다. 아텔라나 연희는 다시 로마로 역수입되어 로마 청년들의 인기를 독점한다. 이 연희는 직업 배우들이 비극을 상연하고 난 뒤, 그 비극 상연 중 슬퍼서 울어버린 관객의 눈물을 웃음으로 말리기 위해 마지막으로 상연되는 종극終劇 / Exodia/ Nachspiele으로서 관객에게 주는 역할이 대단했다. 이 아텔라나 연희에 나오는 배우들은 처음에는 아마추어 배우였으나 점차적으로 직업 배우로 바뀌어져 가면을 쓰고 자유롭게 연기를 했다. B.C. 90년 폼피누스와 노비우스에 의해 예술적 차원에까지 승화된다. 아텔라나 연희에서는 고정된 4명의 성격 배우가 등장하는데, 일단 역이 정해지면 바뀌지 않는다. 내용은 지극히 간단하고 단순하여 예기치도 못한 상태에서 이상한 소리로 떠들기도 하고, 착각을 일으켜 멀쩡한 사람에게 화도 내고 몽둥이로 때릴 듯 휘두르기도 하면서, 상황에 따라서는 정치 풍자로 방향을 바꾸기도 한다.

이런 소란스럽고 우스꽝스러운 연희를 행하는 배우들의 성격을 구분해 보면 마쿠스는 혹이 셋 달린 귀머거리 인물로, 본성은 착하나 음란하고 무리한 포식가로서 주관이 없는 한스부르스트 형의 바보이다. 부코는 욕심이 없지만 수다스러운 허풍선이고, 파푸스는 심술스러운 구두쇠 영감으로 항시 폭리를 취하려고 하며 중년의 자기 처가 감추어 둔 돈 꾸러미를 훔치려고 하다가 가정불화를 일으킨다. 도쎄누스는 꼽추로서 소매치기를 일삼으며 항시 간계를 꾸민다. 이 밖에 이 4명의 배우를 중심으로 해서 이들의 가족과 노예, 그리고 도깨비와 사사들의 영혼이 등장한다. 이 연희극은 무뚝뚝하면서도 단호한 소시민적 세계의 해학적 즉흥극으로서의 단순하고 성급한 로마 시민들의 취향에 잘 영합되었다. 중세 말기의 파르스와 이탈리아의 코메디아 델 아르테Commedia dell' arte와도 유사한 점이 보인다. 아텔라나 연희는 기원전 1세기경에 그 전성기를 이루었고, 키케로 시대에 들어와서는 점차 인기를 잃었다. 로마 연극은 전반적으로 그리스극의 지배하에 들어가게 되었다. 기원전 300년경에 노예에 의해 전수되었던 그리스의 마임극의 일종인 『유쾌한 비극 Hilarotragodia』 과 모방극이 본격화되었고, 기원전 3세기경 제1차 포에니전쟁 종결 후 기원전 240년의 개선제凱旋祭에서 리비우스가 그리스의 비극과 희극을 라틴어로 번역하여 상연했다.

앙상블ensemble

프랑스어로서 음악용어로 사용되었다. 여러 사람들이 어울려 조화를 이뤄 하나의 화음을 만들어 내는 것을 뜻한다. 앙상블은 연극에 도입된

후로 배우의 연기 형태를 일컫게 되었다. 연극에서는 음악에서와 유사하게 배우의 연기가 전반적인 통일과 조화를 이루는 것을 의미한다.

애드립ad lib

라틴어의 애드 리비툼ad libitum의 준말이다. 단어적인 의미로는 임의를 뜻한다. 연극에서 배우가 임의적으로 하는 행동을 말하며 특히 배우가 대본에 없는 대사를 즉흥적으로 만들어 말하거나 연기하는 것을 말한다.

애비극장abbey theatre

아일랜드의 수도 더블린에 있는 극장으로 1904년 이래 아일랜드 연극 운동의 중심지이다. 예이츠, 그레고리 부인, 신지 그리고 오케이시 등 뛰어난 극작가를 배출했다.

액션action

동작을 의미한다. 영화에서 배우들의 움직임이나 동작을 말한다. 영화나 TV 프로그램을 제작하는데 있어서 감독과 연출자가 배우 또는 출연자들에게 행동을 시작하라고 신호하는 지시어로도 사용되고 있다.

엔지No Good

단어적인 의미로는 '좋지 않다'는 것을 말한다. 일반적으로 엔지는 영화나 TV 방송에서 촬영하거나 녹화를 하는 과정에서 정상적으로 이루어진 것이 아니라 잘못 진행되어 실패한 경우를 말한다. 기술상 또는 연출상의 문제로 발생하는 경우가 있으나 연기자의 연기나 실수로 인해 빚어지는 경우가 더 많다. 배우가 연기하는 과정에서 대사를 잘못 말하거나 실수하는 경우 엔지를 냈다고 말한다. 연기자들의 엔지 장면들은 연기자들의 실제 촬영 현장의 모습을 생생하게 그대로 전달해 준다. 그래서 일부 방송에서는 프로그램의 생동감을 주기 위해 연기자들의 엔지를 모아 프로그램의 마지막 부분에 방영하기도 하고, 작품 제작 과정상의 현장감을 전달할 목적으로 일부러 쉴러 장면들을 부각시켜 관객의 인식 전환을 유도하기도 한다. 현대의 관객에게 엔지는 더 이상 엔지가 아닐 수도 있다.

야외장면exterior

야외에서 촬영한 장면을 말한다. TV의 드라마나 영화를 촬영할 때 실내가 아닌 옥외에서 자연스런 환경을 배경으로 배우들의 연기를 담아내는 것을 의미한다. 옥외의 배경이 작품의 내용과 맞지 않을 경우 실내에서 야외의 분위기를 연출해 촬영하는 경우도 있다. 이때 대부분 무대 배경의 구성상에 있어서 어려움이 있어 이를 해결하기 위한 수단으로 흔히 사용되고 있다. 사실 TV드라마나 영화의 경우 장면은 크게 실내장면과 야외장면으로 나눈다. 실내장면은 야외장면과는 반대로 실내에서 무대를 인공적으로 꾸며 촬영되어지는 장면을 의미한다.

양식무대Stilbühne

환상 무대Illusionsbühne에 대한 반대 개념이다. 무대 배경과 같은 사실주의적이고 자연주의적인 예술 수단을 회피한 상징적 무대로서, 오직 막, 조명, 효과 그리고 셰익스피어 무대와 유사한 암시적이고 단순한 무대로 이루어졌다. 1908년 뮌헨의 '예술가 극장'에서 최초로 시도되었다. 1920년대 표현주의 시대부터 오늘날까지 계속 애호 받는 무대 양식이다.

언더그라운드 영화

실험적이고 비상업적인 영화를 말한다. 일반적으로 영화는 상업적인 이익을 위해 제작되지만 언더그라운드 영화는 상업적인 목적을 떠나 순수 아마추어리즘에서 제작된다. 언더그라운드 영화는 의식이 있는 개인이나 단체들에 의해 주로 만들어지며 반체제적인 성격을 지니는 경향이 강하고, 대부분 사회 고발적인 내용을 다룬다. 1960년대 미국에서 많이 제작되었고, 한국에서는 1980년대까지 언더그라운드 영화에 대한 일반인들의 관심이 고조된 후 지금은 소수 영화인들에 의해 명맥이 유지되고 있다.

언어극 이론

한트케는 브레히트의 서사극 이론을 통해 연극의 기법 및 형식에 관한 방법론을 익혔다. 브레히트의 극이론은 사회적 실재가 의식의 실재를 규정한다는 칼 마르크스의 유물론적 명제에 기초하고 있지만, 한트케는 이와는 반대로 의식적 실재가 현실적 실재를 규정한다는 반(反)유물론적 명제를 따른다. 따라서 한트케는 의식을 비판하고, 동시에 언어를 비판한다. 한트케는 언어 문제를 제기한 호프만슈탈, 칼 크라우스, 바흐만 그리고 비트겐슈타인의 전통을 계승하여 언어에 대한 회의적·부정적·비판적 태도를 취한다. 인습적인 전통적 언어 사용과 그러한 언어로 이루어진 연극 무대를 부정하고, 언어를 지금까지 사용했던 것과 다르게 사용함으로써 세상을 다른 눈으로 보아야 한다고 말한다. 그는 기존의 언어로 묘사되는 드라마가 너무 단조롭기 때문에 '언어 자체'를 희곡 작품의 소재로 다룰 필요가 있다고 본 것이다. 새로운 이야기를 창조하기보다는 이미 존재하고 있는 이야기를 다른 형태로 만드는 작업이 중요한 것이다.

한트케의 연극은 모두가 말하기 위한 언어극이다. 이 언어는 창작해 내거나 기록될 수 있는 어떤 사건의 진행을 무대 위에서 연출하는 데 필요한 말이 아니라, 우리가 일상생활에서 수없이 사용하는 언어인 것이다. 이런 말들을 아무런 연관성 없이 마구 배열하기 때문에, 비논리적이고 의사 전달이 불가능하고 소외 현상이 일어나 언어를 불신하게 된다. 이 언어들을 무대 위에서 몸을 통해 관객들에게 잘 보여주어, 언어가 곧 희곡 작품들을 더욱 분명하게 해주는 데 절대적으로 필요한 핵심적 요소라는 것을 인식시킨다. 곧 언어는 단지 개념이나 소리를 표현하는 일방적인 도구에 그치지 않고, 주변 공간 및 육체와 동화되는 다원적 성격을 띤다. 언어극이 의사를 표명하는 한, 충분히 극적 행위의 요소를 지녔다고 볼 수 있다. 욕설은 욕설하는 말투로, 고백은 고백의 말투로, 변명은 변명의 말투로 상대자를 대하기 때문에 언어극은 어디까지나 연극 작품이다.

한트케 언어극에서 또 하나 빼놓을 수 없는 것은 무대 위에서 벌어지는 연극에 대한 토론이다. 연극은 배우만 하는 것이 아니라 관객들도 마찬가지로 언어극 토론에 직접 참여하도록 요청받는다. 관객은 객석에서 마치 배우처럼 실지로 연기를 하며, 연극 테마를 이루는 중요한 부분임을 의식하게 된다. 한트케는 연극에서 관객들이 보여주는 예기치 못한 다양한 반응들과 생생한 언어들을 작품 제작에 반영해 한층 더 다각적인 언어극을 이룬다. 언어극에 대한 이런 혁신적 실험은 이미 빈에 있는 콘제

르바토리움 소극장에서 50년대 초반 빈 그룹이라 불리던 청년 작가들이
보여주었다.

에미상emmy awards

미국의 영화 아카데미상과 비견되는 TV 방송상이고, TV아카데미상이
라고도 부른다. 미국에서 한 해 동안 TV를 통해 방송된 모든 프로그램을
대상으로 수여하는 상으로 미국의 TV 예술 아카데미에서 관장한다. 수상
부문은 최우수 작품상을 비롯해 편집상, 기획상, 프로듀서상, 남녀 탤런
트상 등이 있다. 에미상은 1949년 1월 미국에서 처음으로 시상되었다.

에스에프SF영화

영어로는 science fiction film이다. 우리말로 번역하면 공상 과학 영화이
다. 공상 과학 영화는 인간의 무한한 상상력과 과학기술의 발달로 인해
생겨난 영화 장르이며, 내용은 주로 다가오는 미래의 인간사회에서 일어
날 수 있는 공상적인 것을 다룬다. 공상 과학 영화는 첨단 과학 기술력을
동원해 특수한 구성과 기술을 바탕으로 촬영된다. SF영화는 미래에 대한
관심이 증가하면서 더욱 자주 제작되고 있고, 'ET'를 비롯해 조지 루카소
의 '스타워즈', '쥬라기 공원' 등이 있다.

에이디AD: assistant director

감독을 보조하는 사람이란 뜻이다. 방송 프로그램을 제작하는데 있어
서 감독이 총괄적으로 지휘하는 사람을 말한다면 AD는 이러한 감독을
보조해 주는 역할을 한다. AD는 일반적으로 방송 프로그램 제작에서 감
독을 대신해 사무적인 일을 주로 한다. AD는 연기자들이 연기를 시작하
거나 방송 출연자들에게 방송의 시작을 지시하기도 한다.

에피소드episode

사전적 의미로는 어떤 이야기나 사건의 줄거리 사이에 끼어든 토막이
야기를 말한다. 에피소드라는 용어는 원래가 고대 그리스 비극에서 합창
사이에 끼워지는 대화를 에피소디온epeisodion이라고 한데서 시작된다. 드

라마에서 에피소드는 일반적으로 주된 줄거리에 부수적인 작은 줄거리(쉴러의 『발렌슈타인』에서 막스와 테클라의 에피소드)를 의미하거나, 또는 주된 줄거리와 크게 관계없이 삽입되어 있는 이야기(괴테의 『괴쯔』의 헬펜스타인 장면)를 의미한다. 에피소드 그 자체로도 완결되고 통일된 이야기가 되며, 작품의 기본구조를 결정하는 경우도 있다. 근대 희곡에서나 소설에서도 에피소드를 사용하는 경우가 많다.

연극의 새로움 Théatre Libre/ Die Meiningen/ Deutsches Theater

에밀 졸라는 실증주의적 예술론을 연극에도 적용하기 시작했다. 그는 1881년 『우리들의 극작가』라는 연극론에서 "나는 무대를 과학적으로 분석한, 아무런 거짓 없는 피와 살을 가진 실제의 인간이 등장하는 그 날을 고대하고 있다. 허구적 등장인물들은 선과 악을 구별하는 단순한 상징적인 수단에 불과하다. 따라서 인간의 자료로 쓸 아무런 가치도 없는 등장인물들은 무대에서 추방되어야 한다"라고 했는데, 이는 저속한 통속극으로 타락해 가고 있던 프랑스 연극을 혁신하라는 절규라고 볼 수 있다. 그리고 19세기 말에 나타난 이런 프랑스 연극의 혁신은 배우이자 연출가였던 앙드레 앙또와느의 극장운동을 통해 무대상의 완성을 기한다.

앙드레 앙또와느는 1887년 동년배의 아마추어들과 함께 이 근대극장운동을 통해 매월 1회의 공연을 계획했으니, 이것이 소위 '자유 극장(Théatre Libre)'운동의 효시였던 것이다. 자유 극장 운동은 유럽의 어느 나라보다도 독일에 그 영향력을 끼친다. 프랑스와 마찬가지로 독일 연극계에서도 헵벨, 뷜덴부르크, 루드비히 안젠그뤼벨 등의 사실주의 희곡이 지난 후 프랑스와 마찬가지로 통속적 상업주의 연극이 번창했다. 연출가이자 비평가였던 브라암은 1889년 그의 동료들과 함께 앙또와느의 자유 극장 운동에 자극되어, 베를린에 처음으로 '자유무대'를 창설하여 독일 자연주의 연극 운동을 이끌기 시작했다. 처음에는 회원 제도로 운영하여 비영리적인 새로운 극운동을 지향했으며, 제1회 공연 작품은 입센의 『유령』이었고, 제2회의 자연주의 희곡은 독일 자연주의 문학의 거장인 하우프트만의 처녀 희곡 『해뜨기 전』을 상연했다. 그 후 하우프트만의 작품을 계속 상연함으로써 자연주의 문학 발전에 크게 공헌했을 뿐 아니라 『자유

극장』이란 잡지까지 발행하여 독일 문단에 크게 이바지했다. 그리고 이 잡지는 브라암의 동료인 출판업자 피셔가 발행함으로써, 그 후 독문학 학술지인 『신전망』으로 개칭되어 독일 문학 발전에 크게 공헌하게 된다. 이런 자유 무대 이외에도 독일 게오르그 Ⅱ세가 직접 지도하던 '마이닝겐 극단'의 활동도 높이 평가할 만한 것이다. 이 마이닝겐 극단은 독일의 주요 도시는 물론 유럽 각 국의 도시들을 순회 공연하면서 연출, 연기, 무대 미술 등에 걸쳐 많은 혁신을 가져왔다. 아울러 프랑스의 자유 극장 운동에도 직접 혹은 간접으로 많은 영향을 주었다. 이러한 자유 무대와 마이닝겐 극단의 영향 하에서 1894년 '독일 극장'을 탄생시키기에 이르렀으니, 그 이후 이 극장은 자연주의 연극의 아성으로 군림하게 되며 세계 연극사상 불후의 이름을 남기게 된다. 이 밖에 이 시대에는 새로운 형태의 배우를 육성하는 데도 성공했으니, 베를린 극장의 명우 바써만과 자유 민중극장의 카이슬러, 그리고 한 시대를 풍미한 천재적 연출가인 라인하르트 등을 배출하였다.

연극의 인상Impressions de Théâre

르메뜨르의 극평론집으로 11권으로 되어 있다. 11권은 사후 1920년에 출판되었다. 꼬메디 프랑세즈의 극평을 비롯하여 「데바」지紙와 「양세계평론」에 실린 10년 동안의 관극 인상기 및 극문학론을 수록한 것이다. 프랑스 고전극에의 애착이 현저하게 나타나 있다.

연극학/ 무대(예술)학Theaterwissenschaft

20세기 초 하르만에 의해 창안된 새로운 학문 분야로서 테아터비센샤프트Theaterwissenschaft라는 용어를 우리말로 번역할 경우 그 개념이 명확히 이해되지 않는다. 우리나라의 연극·영화학과 유사하다고 볼 수 있다. 연극·영화뿐만 아니라 방송·TV·오페라·발레도 연구 대상이 되므로 '무대 예술학'이라고도 불린다. 연극학은 원래가 19세기 말부터 독문학과 문예학Literaturwissenschaft의 한 영역으로 연구·강의되었다. 20세기 초 본격적으로 학술지에 발표되면서 독자적 연구 영역으로 부상하기 시작했다. 1902년에 최초로 베를린에서 연극학회가 발간되었다. 이어 1923년에는 베를린에 최초로 '연극학 연구소'가 창설되었다.

연극학의 연극 분야는 대개 크게 두 부분으로 나누어진다. 그 첫 부분에는 연극술, 무대 미술, 연출, 의상이 속하고, 둘째 부분에는 연극사가 연구 대상이 된다. 여기에 첨가하여 관객, 예술 보호, 무대 예술 단체에 관해서도 연구가 시도된다. 현재 독일어 사용 지역에서 연극학 을 강의하고 있는 대학교는 베를린, 그라이프스발트, 쾰른, 보훔, 라이프찌히, 뮌헨, 빈 등이다. 이 중에서도 하인쯔 킨더만과 그의 제자 마르그레트 디트리히가 이끌었던 빈 대학교가 가장 유명하다. 특히 킨더만 교수의 『유럽 연극사Theatergeschichte Europas(1966년부터 잘쯔부르크 Salzburg에서 출판되기 시작함)』 는 연극사를 다룬 책으로는 세계에서 가장 방대한 것으로 불후의 업적이다. 이 책은 킨더만 교수의 사망이후 '제3제국 시대의 연극' 이전에서 미완성으로 끝났지만 마가레트 디트리히를 중심으로 한 제자들에 의해 끊임없이 계승될 것이다.

연기

연기자가 대본에 나타난 인물들의 행위나 움직임을 무대에서 행동으로 보여주는 행위를 말한다. 연기는 주로 이러한 행동을 하는 것을 직업으로 하는 사람에 의해 행해진다. 연기는 대본에 나타난 인물들의 행위를 따라하는 능력에 따라 연기의 우월성이 가려진다. 연기의 범위는 통상 밖으로 드러난 연기자의 쉴러내는 행위로 구분되지만, 좋은 연기는 배우가 대본에 담긴 대사뿐 만 아니라 대본 전체의 내용을 전달하기에 좋은 특색있는 연기를 보여줄 때 좋은 연기라고 말할 수 있다.

연기자 actor/actress

연극과 영화, TV 드라마 상에서 대본의 배역에 맞는 행위를 보여주며 쉴러를 내는 사람이다. 영화에서는 '배우'라고 말하고 TV · 방송에서는 '탤런트', 연극에서는 '연기자'라고 말한다. 연기자는 물론 연기를 직업으로 하는 사람으로서 작품상에 기술된 인물들을 관객들에게 실제로 보여준다. 방송에서 흔히 연기자를 '탤런트'라고 한정해 사용하는 경향이 있는데, 탤런트는 재능이 있는 사람을 일컫는 말로 연기자뿐만 아니라 가

수, 무용수, 연주자 등 일반 예술가들을 통칭한다. 작품의 작품성외에 연기자의 인기와 연기 능력, 캐릭터 등에 의해 작품의 흥행과 평가가 결정되므로 연출자는 작품의 배역에 가장 잘 어울리는 연기자를 선택해야 한다.

연기파 배우

오직 자신의 개성적인 연기를 인정받아 인기와 연기생명을 유지하는 배우를 일컫는다. 외모를 통해 인기를 얻는 것이 아니라 자신만의 연기력을 통해 대중들에게 어필해 인기를 얻는다. 연기파 배우는 일반 연기자들에 비해 독창적이고 개성적이며, 다양한 역할을 소화할 수 있는 뛰어난 재능이 있다.

연속극

매체를 통해 연속적으로 방송되는 드라마를 말한다. 연속극은 특히 TV 방송이나 라디오에서 매주 또는 매일 일정한 시간대에 방송하는 드라마를 일컫는다. 전날 방송된 분량에서 시청자와 청취자들의 긴장과 궁금증을 불러일으켰던 내용이 다음날 이어서 방송된다. 드라마의 줄거리가 꾸준히 전개 · 발전하면서 새로운 상황들이나 내용들이 이어진다. 일일연속극은 매일 동일한 시간대에 방송되고, 주말연속극은 매 주말 동일한 시간대에 방송된다. 연속극은 TV 시청자나 라디오 청취자들의 지속적인 관심을 요구한다. 현대 자본주의 사회에서는 대부분 광고 수익률 및 방송 프로그램 편성 계획에 따라 연속극의 방송 여부가 결정된다. 결국 TV 연속극의 시청률이나 라디오 방송극의 청취율을 수시로 조사해, 그 결과에 따라 작품의 방영 계획을 쉽게 바꾸는 경향이 있다. 이와 반대로 공공의 이익을 목적으로 제작된 다큐멘터리나, 특정 목적을 홍보하는 성격을 띤 연속극은 시청률과 상관없이 방송된다.

연출演出/ directing/ Inszenierung

한 공연을 전체적으로 디자인하고 연기, 장치, 조명, 의상, 분장, 효과 등 제반 요소를 종합하여 공연의 총체적 효과를 창출하는 행위를 말한다. 과거에는 연출이라는 뚜렷한 분야가 없었으나 19세기 말엽 독일의 작센 마이닝겐공이 이끈 극단에서 처음으로 연출이라는 분야가 독립했으며 연출자가 탄생했다.

연출가

영화나 연극, TV에서 작품 전체를 연출해 내는 사람이다. 영화에서는 흔히 ‘감독’으로 불리고 연극에서는 ‘연출가’로, 방송에서는 디렉터 또는 흔히 PD라고 말한다. 하나의 작품을 토대로 배우들의 선정뿐만 아니라 연기, 무대조명, 배경, 장치, 의상, 음악 등 모든 부분을 유기적으로 종합하여 공연이라는 하나의 총체적인 효과를 창조하는 사람이다. 작품의 선정에서부터 배우들의 선정과 연기에 이르기까지 작품이 완성되는 전 과정을 총지휘하고 감독하는 일을 한다.

영상image

원래 단어적인 의미는 상 또는 심상을 뜻한다. 영상이라고 하면 스크린에 나타나는 모든 요소를 일컫는다. 영상은 초기에는 시각적인 것을 가리켰으나, 복합적인 이미지 시대에 접어들면서 영상은 음향적인 것도 가리킨다. 영상에 나타나는 예술적인 표현은 모두 영상예술이라고 하고, 영화뿐만 아니라 TV, 비디오, 사진 등이 포함된다. 백남준의 비디오 아트는 대표적 영상 예술이고, 그의 예술은 기계 문명에 의해 소외된 현대인의 자아 상실과 탈자연화된 모습들을 보여준다.

영웅비극heroic play/ heroic tragedy

영웅시형을 띤 비극으로 영웅시와 같이 연애와 무용담을 보여준다. 일상에서 일어나는 사건들을 일상용어를 사용해 기술하기 때문에, 널리 인간성을 대표하는 일반 비극과는 다르다. 셰익스피어의 비극이 영웅비극으로 취급되지 않는 것도 이러한 이유 때문이다. 영국에서는 17세기 초 계관시인이자 극작가인 대비넌트가 프랑스 고전극의 영향을 받아 영웅비극을 완성했다. 또한 계관 시인, 극작가, 비평가인 드라이든은 대표적인 영웅비극『스페인의 그라나다정복』의 서문에서 영웅비극 이론에 대해 잘 기술했다. 그의 다른 영웅비극작품들에는 『인도의 왕 The Indian

Emperor(1665)』, 『오랭 지브』 등이 있다. 영웅시형은 약강오시각弱强五詩脚 2행 압운의 영웅 대 운구英雄對韻句/ Heroic Couplet로 되어 있다.

영화등급film rate

영화를 분류하는 것으로 심사를 거쳐 영화의 질에 따라 등급을 정하는 것을 의미한다. 등급기준은 예술성보다는 선정적인 부분의 묘사 양식에 중점을 둔다. 영화등급 기준을 마련한 것은 성장기에 있는 청소년들을 선정적인 영화들로부터 보호하기 위한 목적을 갖고 있다. 미국에서 영화등급심사 위원회는 영화인협회, 영화관협회, 시민단체 등으로 구성되어 있다. 미국에서는 영화등급을 크게 G급과 PG급, R급, X급의 4가지로 구분한다. G급general audience은 관람연령에 제한을 두지 않는 영화이며, PG급parental guidance은 관람객의 연령에 제한은 없으나 자녀들은 부모의 허락을 받아야 한다. R급registricted, under 17s require accompanying parent of guardian은 17세 이하의 청소년이 관람하게 될 경우 반드시 부모 또는 보호자의 동반 하에 관람할 수 있는 영화이며, X급none under 17 admitted은 17세 이하의 청소년은 절대로 관람을 허용하지 않는 영화이다. 특히 X급의 영화는 청소년의 정서 활동을 매우 해치는 지극히 선정적인 내용들로 구성되어 있다.

예술극사藝術劇社

1929년 중국의 문예단체인 창조사와 태양사를 중심으로 결성된 예술단체이다. 중심인물로는 심단선, 도정손, 풍내초, 양촌인, 정백기 등이 있으며, 많은 회원을 두고 <예술월간>을 출간했다. 이듬해에 상해에서 외국 희극을 상연하여 연극계에서 확고한 위치를 구축하였고, 신극의 혁명적인 세력이 되었으나, 곧 정부의 탄압을 받아 해산되었다. 그 진보적인 제재題材와 연출은 많은 공명을 얻었고, 중국의 신극운동에 큰 영향을 남겼다.

예수회극Jesuitendrama

16세기에서 18세기 바로크 시대 카톨릭 교회의 예수회에 의해 창안된 연극 형태이다. 루터의 종교개혁으로 인해 약화된 구교의 교권을 되찾기 위해 생긴 반종교개혁 운동이다. 일반 민중을 개화시키기 위한 종교적·

교육적 성격을 띠고 있어서 문학성이나 예술성이 결여될 수밖에 없었다. 소재는 세계문학, 구약성경, 교회사, 성인 및 순교자 전설에서 구했다. 연극 대본은 예수회 신부들이 라틴어로 썼고, 연기자들은 예수회 신학생들을 중심으로 한 아마츄어 연기자들이었다. 장소는 신학교 강당, 궁정, 공터들이었고, 처음에는 입체식 연립무대Die kubische Simultanbühne였으나, 후에는 투시 무대로 바뀌었다. 공연할 때 관객의 이해를 위해 독일어 번역본을 배부했다. 대표적 작가들은 비더만, 아반치니, 레텐바히, 알러, 그레쩌 등이 있다.

영국배우단

1586년 독일 신교지역으로 건너와 제후의 궁정, 특히 드레스덴, 카셀, 브라운슈바이크 등지에서 대단한 인기를 끈 영국의 순회극단을 말한다. 초기에는 비속한 음악 등을 곁들인 약식 상연이 이어졌으나 각지에서 환영이 대단했기 때문에 후에는 제대로 격식을 갖춘 극단이 건너왔다. 배우들은 모두 영어를 사용했고, 언어 장벽을 넘기 위해 과장된 몸짓으로 관객의 이해를 도왔다. 영국 배우단은 당시 연기술이 초보 단계에 놓였던 독일 연극계에 좋은 자극을 주었다. 영국 배우단은 희곡이 갖는 문학적 가치보다는 관객에게 극을 재미있게 보여주려는 목적을 갖고 있었다. 때문에 세익스피어의 작품 등도 저속한 것으로 개작되어 상연되어지곤 했다. 이후 독일어판 각본도 생겨나고, 한스부르스트와 인형극 등의 영향으로 하인리히 율리우스 브라운 슈바이크공 등의 극작가를 배출했다. 1650년대부터는 독일 배우단으로 교체되었고, 특기할만한 일은 세익스피어가 이때 처음으로 독일연극계에 소개되었다.

오광대五廣大

산대도감극의 하나로 경남지방 일대에 분포되어 있는 오광대 탈놀이는 초계밤마리草溪栗旨에서 시작되었다고 하나, 그 모체는 어디까지나 산대고감극 계통이다. 진주, 창원, 고성, 통영에서는 '오광대'라고 하고 동래지방에서는 '들놀음野遊'이라고 한다. 통영의 오광대를 예로 들어보면 제1과장 '문둥탈' 이하 제5과장으로 구분되며 양반계급에 대한 풍자를 주된 내용으로 하고 있어 양반의 하인 말뚝이의 재담이 큰 비중을 차지하고, 탈놀이에 사용되는 20여 개의 가면 중 말뚝이탈이 제일 크며 특색이 있다. 재담과 춤, 가면, 의상, 반주음악에 이르기까지 향토색이 짙으며 '떳배기' 춤은 오광대 특유의 춤이다. 문둥탈의 병신춤과 사자춤은 이 놀이에서 가장 볼만한 대목이다.

오데옹 극장Théâre de l'Odéon

뿌빠르 도르퐈이유가 1797년에 창설한 빠리의 극장. 몇 차례 화재를 당했고, 1819년 이래 프랑스 극장 제2호로 불리어 많은 작품들이 상연되었다. 상연된 작품들의 작가들에는 들라비뉴, 뽀르또리쉬 등이 있고, 배우들은 딸마, 무네쉴리등이 있다.

오디션audition

영화나 TV드라마, 연극에서 주인공이나 등장인물들을 공개적으로 선발하는 것을 말한다. 오디션은 주로 새롭고 참신한 인물을 발굴하기 위한 목적을 갖는다. 배우의 외모뿐만 아니라 연기, 발성법, 감정표현 등 철저한 심사를 통해 이루어진다.

오락문학

광범위한 독자층을 즐겁게 해주기 위해 만든 문학을 말한다. 통속문학보다 주제의 선택이 다양하고 언어와 형식면에서 통속문학과 구분되는 점이 있지만, 두 문학은 상호 연관관계에 놓여있다. 오락문학은 독자가 가볍게 읽어 내려갈 수 있도록, 제기된 문제에 대해 근본적인 분석을 시도하지 않는다. 통속문학과 고상한 문학 사이에 놓일 수 있는 오락문학의 대표적인 예로는 베스트셀러가 있다. 대표적인 오락문학 작가로는 극작가이자 신문의 문예란 작가인 강호퍼, 여류작가인 말리트, 모험과 자기체험을 주제로 해서 쓴 마이 그리고 이스라엘 출신의 극작가이자 시나리오 작가인 짐멜 등을 들 수 있다.

오브랩overlap

영화나 TV드라마에서 사용되는 장면전환기법이다. 오브랩은 한 장면이 서서히 사라지면서 다음 장면이 겹쳐서 나타나는 것을 말한다. 작품의 앞뒤 장면이 내용상으로나 표현상으로 상호 연관되는 경우에 주로 행해진다. 일부에서는 시간의 경과와 장소의 전환을 나타낼 때, 사건이나 인물들을 소개할 때 사용한다. 영화나 TV드라마에서 오브랩을 사용하는 것은 무엇보다 화면의 내용을 돋보이게 하거나 미학적으로 장면을 전환하기 위해서다.

오버암머가우Oberammergau

성가극인 오버암머가우 수난극Oberammergauer Passionsspiel이 매 십 년마다 상연되는 독일 남부 바이에른 주의 작은 도시이다. 1632년 페스트로 마을 주민의 절반가량이 목숨을 잃은 후 1634년부터 예수 수난극을 상연해왔다. 대부분의 주민들이 직접 참여해 이루어지는 이 행사는 질병으로부터 마을을 보호하고 마을 주민의 공동체 의식을 함양하는 등 축제를 통한 도시 가꾸기 행사로 마을의 좋은 전통이 되었다. 5월에서 10월 사이 수십만명의 관광객들이 공연을 보러 이 도시를 찾는다. 이곳은 여름에는 피서지로 겨울에는 스키장으로도 유명하다.

오월제

중세 토속극土俗劇에서 연유한다. 중세시대 농민들은 봄이 가장 중요한 시기였다. 그들은 봄의 회기를 축복하는 5월의 토속극을 '5월의 여왕제 May Queen'라고 불렀다. 영국에서 유래한 이 토속극은 5월의 봄을 상징하는 남자와 여자를 선발하여 그들에게 봄을 상징하는 옷을 입히고, 오월의 여왕·흔들목마·연등·로빈후드 이야기 등은 이 오월제와 관련이 있다.

오페레트Operetta/ Opérette

'작은 오페라'라는 뜻이다. 희극적이거나 낭만적인 줄거리를 가진 근대극의 한 형태로 가벼운 코미디에 독창이나 합창의 통속적인 노래나 춤을 넣고 대사를 섞은 오락성이 풍부한 음악극이다. 18세기 말 소규모 오페라로 출발했으나, 19세기 중엽 파리와 빈을 중심으로 현재의 형태로 변화 되었다. 작품『천국과 지옥』,『보카치오』,『박쥐』등이 유명하다. 경가극·소가극·오페레트·오페라 코미크·희가극이라고도 한다.

오프 브로드웨이off broadway

브로드웨이 연극의 반대개념이다. 일반적으로 브로드웨이 연극이라고 하면 뉴욕 맨허턴 지역에 있는 브로드웨이 극장가에서 공연되는 연극을 말한다. 브로드웨이 극장에서 공연되는 상업적인 연극을 반대하는 뉴욕의 지하 연극운동을 일컫는다. 주로 오락성을 강조하는 브로드웨이 연극과는 달리 문학적인 요소나 사회적인 요소를 강조하는 경향이 강하고 기술적인 측면에 있어서도 완벽함을 추구하기보다는 실험적인 성격이 강한 것이 특징이다. 제2차 세계 대전 후 브로드웨이의 상업 연극에 진지하게 대신할 연극을 제공하고자 뉴욕에서 발달한 아방가르드 연극을 가리키는 용어이다. 초기에는 유럽의 부조리 연극이 중요한 구실을 했다. 에드워드 올비의『동물원 이야기(1960)』등 미국의 새로운 극들도 지속적으로 상연되었다. 1947년에 줄리앙 베크와 쥬디스 말리나가 창설한 리빙 시어터는 가장 급진적인 극단이었다. 케네스 브라운의『영창』이 세무당국에 의해서 종연된 뒤, 이 극단은 유럽을 유랑하는 판국으로 몰렸다. 1960년대 중엽에 이르러서는 이 오프 브로드웨이가 사회적인 지위를 확립하게 되어, 새로운 아방가르드 운동을 고무하기에는 너무나 보수적이 것이 되었다.

오픈 세트open set

영화나 TV드라마를 제작하는데 있어서 옥외에 설치해 만든 스튜디오를 말한다. 영화나 TV드라마를 제작할 때에는 일반적으로 실내 스튜디오와 외부 현장에서 이루어지는 경우가 대부분이다. 현장에서 직접 촬영하기에는 기술적인 어려움이 있거나 제작 경비의 부담이 너무 큰 경우에 오픈 세트가 만들어져 사용된다. 현장의 실제적인 모습을 그대로 모형으로 만들어지는 경우가 대부분이다. 예를 들자면 현장의 실제적인 길거리나 건축물, 가옥들, 거리의 간판들을 옥외에다 실제의 모습 그대로 재현해 만든다.

오케스트라

　그리스 및 로마 극장의 '무용장'을 말한다. 원래는 원형으로 그 중심에 연극제의 신 디오니소스에 대한 제단이 있었다. 평평하고 대단히 컸으며 (아테네에서 처음 무대가 만들어졌을 때 직경이 24m나 되었다) 보통은 2개의 경사면이 만나는, 편리하게 패어진 곳에 놓여 있었다. 그 후 어느 시기에 와서 오케스트라는 스케네보다도 낮은 위치에 놓이게 되었다. 후기의 바닥을 포장한 오케스트라는 더욱 작은 것이 많았다. 아테네의 아크로폴리스 남동쪽의 경사지에 있는 최초의 석조 극장은 직경 19m였다. 합창대가 어떻게 오케스트라 위에서 연기했던가, 언제 무용수가 관객 쪽에 서서 배우와 마주 섰던가, 언제 원형의 오케스트라에다 그들의 외관을 맞춘 형태를 취하고 있었던가 하는 것 등을 생각해 보는 것은 흥미롭다. 확실한 것은 관중들이, 가지각색의 리듬과 박자에 맞추어진 변화가 풍부하고 힘찬 합창단의 동작을 내려다보고 있었다는 것이었다. 후기 그리스와 로마의 극장에서는 크세네가 오케스트라에 침입하기 시작하였고, 고대 로마 시대에 와서는 오케스트라가 반원형으로 되고 있었다. 이것은 의심할 바 없이 무대 연기의 중요성이 증가했다는 것을 보여 주고 있다.

오토클레시스

　등장인물이 말하고 싶지 않은 척 위장하면서 어떤 화제를 꺼내는 수사적인 책략이다. 셰익스피어의 『줄리어스 시저』의 3막에서 마크 안토니가 <말할 생각은 없다...>라고 말하면서 시저의 유연에 대해서 언급하는데 이러한 상황을 '오토 클레시스'라고 한다.

　　만약 시민 여러분이 이 유언장의 내용을 듣는다면
　　용서하시오, 나는 이것을 읽을 생각은 없습니다.
　　그러나 그 내용을 들으면 여러분은 틀림없이 시저의 주검에 달려가
　　입맞추고(3막 2장 13-79행)

오페라 opera

　극적 요소를 지닌 음악 형식이다. 오페라를 애호하는 사람들은 오페라를 극의 주요한 형태로 간주한다. 보통 몇 개의 막으로 구분되고 극적인

클라이맥스가 있다. 그리스 비극처럼 개개의 등장인물·합창대가 있으며, 때로는 춤도 삽입되고 이탈리아 연극의 강력한 스펙터클적 요소도 있다. 의상과 배경이 화려하며, 흔히 화려한 조명이나 그 밖의 무대 효과들을 사용한다. 멜로드라마나 합창대가 있는 고대 비극과 밀접한 관련이 있지만, 기본적으로 오페라는 관현악단의 음악이 지배적이고, 대사와 행위가 유려한 오페라 가수의 노래를 중심으로 전개된다. 또한 오페라는 가극의 구성과 리브레토가 비교적 단순하다. 이러한 특징들은 대사를 흉내 내는 연극과 다른 점들이다.

오페라 부프/오페라 부파

오페레타에 해당되는 프랑스어와 이탈리아어. 18세기 중엽, 파리에서 인기를 얻었다.

오페레타 operetta

길이가 가지각색인 가벼운 오페라(경가극)이다. 일반적으로 풍자적이며 노래와 합창대뿐만 아니라 극적인 대사도 사용한다. 길버트와 설리번의 <사보이 오페라>, 존 게이의 『거지오페라』, 오펜바흐의 가극 『지옥의 오르페우스』와 『아름다운 엘렌』은 모두 이 범위에 든다.

오프 스테이지 off stage

'윙에서'의 뜻. 관객의 눈에는 보이지 않지만 목소리는 들린다. 오프스테이지 영역에서는 상연 중에 관객들의 정숙이 요청된다.

오프-오프 브로드웨이 off-off broadway

1960년대 초기 라 마마 실험극 클럽을 말한다. 커페 씨노 등의 출현으로 뉴욕에 등장한 새로운 급진적인 연극이다. 이 운동을 시작한 사람들 중에는 연극 전문가들 이외에 연극계 밖의 정치에 관심을 가진 사람들도 있었다. 그리하여 깊은 개인적 체험과 동시대의 사회적·정치적 문제 양쪽을 두루 탐구하는 경향을 가지는 그룹이 형성되었다. 그 목적은 상업적이라기보다는 예술적·정치적이며, 개인 방에 있는 작가들이 생산한 대본의 무대화보다는 창조적인 그룹 활동에 초점이 놓여 있었다. 조셉 체이킨의 오픈 시어터는 집단적인 즉흥으로부터 극을 창조한 한결같은 앙상블 연기의 유명한 예이다.

오픈 시어터open theater

1963년에 조셉 체이킨이 결성한 그룹이다. 초기의 상연은 시험적인 즉흥에서 발전한 짧은 작품이었다. 최초의 장막극『베트 룩』은 베트남 전쟁에 자극을 받은 것이다. 춤ㆍ마임ㆍ합창대의 수법을 사용해서 폭력과 공포를 강조했다. 다음 작품『뱀』에는 케네디 대통령과 마틴 루터 킹 목사의 죽음의 이미지가 있으며, 여기에 금단의 사과를 먹는 일이나 아벨 죽이기 등 성경의 창세기에 나오는 장면들이 교차한다.『종착역』에서는 죽음이,『변천 쇼』에서는 인간의 적응성이, 그리고 이 그룹의 마지막 작품이『몽유병』에서는 잠과 꿈이 주된 관심사였다. 오픈 시어터의 양식에 영향을 끼쳐 준 것에는 스타니슬라프스키와 메소드파, 아르또의 잔혹 연극, 리빙 시어터, 그로토프스키의 연극실험실 등이 있다. 오픈 시어터는 점차 집단 활동과 집단의 연극적 존재에 중점을 두게 되었다.

옥외극장

건축 기술이 진보해서 큰 공간을 지붕으로 덮고 그 속의 공간에서 조명이 사용되기 전까지는, 비를 맞는 극장에서 공연하는 것이 보통의 일이었다. 그리스의 반원형 극장, 중세의 시장, 콩월 원형극장, 엘리자베스조의 극장, 코메디아 델라르테 등에서는 햇빛을 이용했으며 악천후에서도 상연되었다. 날씨가 흐려 해가 가려진다거나 비나 외부로부터의 소음 등의 문제가 따르고, 목소리를 투사하는 것도 침묵이나 서스펜스의 효과를 내는 것도 어려웠다.

온쿠스

그리스의 가면의 머리 모양. 비극 배우의 신장을 높게 보이도록 해주고 위엄을 부여해 주었다.

올드 빅 극장old vic

런던에 있는 극장 이름이다. 1818년에 개관하여 처음에는 코버그 극장이라고 했으나 빅토리아 여왕의 관극을 기념하여 <old vic>이라고 개칭되었다. 1880년 이래 대중에게 고급 오락을 제공해왔으나 1941년부터는 셰익스피어의 극을 계속 상연해 오고 있다.

옴니버스 영화

옴니버스 형식으로 만든 영화를 말한다. 각각의 에피소드를 하나의 줄거리로 묶어 만든 영화를 뜻한다. 문학의 옴니버스 형식처럼 다양한 이야기들을 하나의 주제로 엮어 만들기 때문에 일반 관객들에게 다양한 경험을 전달할 수 있다. 관객이 작품을 지루해하지 않고 흥미롭게 감상할 수 있고, 천편일률적인 내용을 탈피할 수도 있다.

옴니버스 형식

작품의 스토리를 구성하는 하나의 형식을 말한다. 각각 독립된 줄거리들을 서로 연결해 하나의 테마로 엮어 일관된 분위기를 만들어내는 드라마나 쇼의 형식이다. 옴니버스는 원래 '합성버스'라는 의미에서 유래했다. 합성버스는 하나의 버스에 다양한 부류의 사람들이 탑승하는 시내외버스를 말한다. 옴니버스형식은 바로 이러한 버스형식의 내용을 빗대어 사용하는 말로, 각각의 버스 승객들처럼 하나의 주제를 중심으로 여러 개의 짧은 이야기들을 앞뒤를 고려하지 않고 이어놓은 작품의 형식을 의미한다. 옴니버스 형식은 몇 개의 다른 이야기들을 하나의 주제로 묶기 때문에 관객들이 흥미를 갖고 작품을 대할 수 있다.

와이프wipe

영화나 TV드라마에서 행해지는 장면전환 기법의 하나이다. 앞의 화면이 서서히 사라지면서 다음 화면이 겹쳐서 나타나는 오브랩과 달리 와이프는 하나의 장면이 완전히 사라지고 난 뒤 다음 장면이 나타나는 것을 말한다. 와이프는 오브랩의 기법이 비교적 단순한 것과는 달리 다양한 기법이 행해진다. 와이프는 일반적으로 평면적으로 행해지지만, 수직이나 원형 또는 다이아몬드 형으로 행해질 때 입체적 영상을 만들 수 있다. 와이프는 무엇보다 앞 장면에 이어서 전개되는 장면에 관객의 시선을 집중적으로 유도할 수 있다.

왕

고전 비극으로부터 중세의 연대기극, 엘리자베스조 연극, 프랑스의 신고전주의 비극에서 군주 또는 사회적인 힘을 가진 주인공 역할을 말한다. 희극은 전통적으로 그와 같은 권력을 갖지 않은 '평범한 인간'을 보통 주인공으로 해왔다. 점차 연극에서 이러한 명확한 구별이 의도적으로 흐려졌다. 왕과 평범한 인간이 서로 대립할 때 또는 같은 인물 속에 융합될 때, 희극과 비극은 결합하는 듯하다. 인간은 모두 죽는다는 점에서는 같다. 왕도 각인各人/ Everyman/ Jedermann과 마찬가지로 최고의 심판관인 신 앞에 나아가지 않으면 안 되는 것은 중세의 상식이었다. 왕과 각인은 도덕극에서는 자주 융합되어 있다. 또한 바보역도 왕과 밀접히 관련되어 왕을 패러디한다. 셰익스피어의 『헨리4세』 제1부와 『리어왕』 은 바보와 왕을 대치시키고 있으나, 이것은 궁정의 익살꾼과 무질서의 왕이라는 사회자의 성격에 그 기원이 있다. 제임스 프레이저가 『황금가지』 속에서, 가짜 왕이 진짜 왕 대신 어느 기간 동안 지배하는 것을 허용하는 의식을 설명하고 있는 것도 상기해 볼 수 있다. 회생양의 기능, 권위의 죄, 웃음의 기능에 관련이 있는 복잡한 문제들이 여기서 생겨난다.

왕실 향연장관

영국에서 1494년에 처음으로 임명된 관직명. 궁내장관 밑에서 궁정의 오락을 관리했다. 이러한 직함은 1737년의 연극 검열 령으로 폐지되었으며, 이 때 극의 관리와 검열의 책임은 궁내장관이 맡았다.

왕정복고기 연극

주로 찰스 2세가 왕정 복고할 때에 인가한 두 칙허극장에서 상연된 1660년 이후에 나온 영국의 연극을 말한다. 다베난트와 킬리그루는 당시의 가장 유력한 연극인이었으며, 에서리지·위철리·드라이든은 당대를 석권한 최고의 작가였다. 극장이 폐쇄된 공화제 시대 이전의 제임스조 연극이나 찰스조 연극에 비하면, 왕정복고기의 연극은 궁정의 풍족한 후원 하에 있었으며, 한정된 귀족 계급의 관객에게 수용되었다. 그리고 이 시대에는 여배우가 무대에 등장했다. 찰스 2세는, 망명 중 파리의 극장에서 관극한 경험을 통해 호화찬란하고 장대한 이탈리아 오페라의 전통을 수용했다. 다베난트는 원근법의 효과를 이용한 르네상스 무대를 사용했다. 오케스트라는 무대 옆에 있거나, 듀크스 극장에서처럼 무대 안쪽에 있었다. 배경은 관객의 목전에서 바뀌고, 음악이 액션에 힘을 주었다. 앞무대는 머리 위의 가지촛대들에 의해서 비춰졌는데, 조명 효과를 한층 강화하기 위해서 스포트라이트가 설치되었다. 초나 기름 램프는 스테인드글래스의 사용으로 채색되어 무대 효과를 높였다.

왜건 스테이지

오프 스테이지에서는 배경 전체가 조립되는 반면, 왜건 스테이지는 윙으로부터 활차에 올려놓고 끌거나 무대 밑으로부터 들어 올려 신속하게 장면전환을 할 수 있다.

외연

함의나 연상의 영역과 대조적으로 말의 '핵심', 즉 중심적 의미를 말한다. 말을 촛불에 비유한다면, 외연은 불꽃이고, 함의는 불꽃이 비추는 곳이다. 이를테면 '장미'라는 말에는 사랑, 가시, 아픔, 고딕 양식의 창 등의 함의가 있다. 그러나 이것의 외연은 바로 꽃 그것이다. 외연의 언어는 더욱 평범하며 기능적이다. 산문극에서 등장인물은 흔히 외연적으로 말을 사용하지만 극의 문맥상 등장인물이 알아차리지 못하는 함의가 있다. 입센의 『들오리』 의 기나 에그달은 평범한 인간이다. 하숙인이 불을 태워서 방에 연기가 그득해지자 그는 불평을 한다. 그 말은 외연적인 것 같으나 이 극의 문맥에 의해서 하숙인이 그 자신을 포함해서 많은 사람들의 마음을 혼란시키는 정신적인 큰 화재를 일으키려 하고 있다는 것을 관객은 알아차린다. 극에 함의가 더해지므로 관객은 산문적인 동시에 시적인 대사를 듣게 된다.

요쿠스

라틴어의 본래 뜻은 '농담' 혹은 '말놀이'였다. 중세 프랑스어는 루두스, 즉 몸을 움직이는 놀이를 의미한다.

요쿨라토레스

중세의 무대에서, 영웅의 행위나 성장, 생애 및 그 밖의 주제들을 노래한 연예인이다.

요크사이클극

현존해 있는 중세의 네 가지 성사극들 중의 하나이다.

우촌곡화雨村曲話

중국의 희곡평론집으로 2권으로 되어 있다. 저자는 청시대 건륭, 경의학자이며 장서가이기도 한 이조원이다. 원·명 시대의 희곡에 대하여, 주로 곡사曲辭에 대해 비평한 것이다. 그 비평은 비교적 온건하고 합리적이다.

우화寓話/ fable/ Fabel

우언寓言이라고도 하며, 문학 장르로서 대부분 동물에 인간의 특성을 부여한 산문이나 운문으로 된 교훈적이고 풍자적인 내용을 지닌 짤막한 이야기다. 영어로 알레고리라고 하고 그 어원인 그리스어allēgorein는 '다른 표현으로 이야기하다'라는 뜻이다. 우화의 목적은 그 밑바닥에 감춰진 참다운 의미를 통해 도덕이나 교훈 혹은 보편적인 진리를 깨닫게 하는데 있다. 일종의 메타포를 이야기 형식으로 늘린 것이라고 생각할 수 있다. 영국의 종교 문학가이자 목사인 존 번연의 『천로역정』과 영국의 시인 스펜서의 미완성 작품 『선녀의 왕』 등이 있다. 무늬가 너무 노골화되지 않고 문학적으로 뛰어난 작품은 단테의 『신곡』이나 미국의 작가 호손의 장편소설 『주홍글씨』 등이 있다. 한국문학에는 『장끼전』, 『토끼전』 등의 작품이 있다.

운명극

인간사를 운명 비극으로 풀이하는 극이다. 쉴러의『메시나의 신부』에서는 운명을 과장해서 숙명적인 사건으로 주인공을 파멸시켜 극적 효과를 얻는다. 운명극은 고대 그리스의 비극, 특히 소포클레스의『오이디푸스 대왕』에 잘 기술되어 있다. 19세기 그릴파르처의 운명비극『조비』역시 대표적인 작품이다. 19세기 독일어 사용지역의 정치적 혼돈을 비극으로 잘 묘사했다.

운문드라마 Versdrama

산문드라마에 대립되는 문학 장르로 운율형식에 따라 작품을 전개한다. 운문드라마는 격정적 장면을 잘 처리할 수 있는 장점이 있는데, 그것은 사물의 음악적 속성과 운문의 특성인 언어의 운율에 기인한다. 독일은 물론 유럽의 고전주의 이전의 드라마는 예외 없이 운율드라마이다. 18세기에서 19세기에 이르는 기간에 드라마에 산문형식이 유입되자 이와 대칭되는 개념으로 '운문드라마'라는 명칭이 생겨났다. 자연주의적 환경드라마가 등장했던 20세기 전환기에 산문드라마가 크게 부상했으며 자연주의 사상이 퇴조하면서 운문드라마가 다시 성행했다. 19세기에서 20세기로 넘어오는 과정에서 대표적인 운문드라마 작가로는 하우프트만의『침종』, 호프만슈탈의『모험가와 여가수』, 베르펠의『트로야의 여인들』등이 있고 20세기에는 바이스와 뒤렌마트 등이 있다.

원각사

광무光武 6년(1902)에 고종황제의 등극 40년 예식을 거행하기 위해 로마의 콜로세움을 본받아 건립한 국립극장으로, 내부는 무대, 층단식層段式 삼방三方 관람석, 인막引幕, 준비실의 설비 등을 갖춘 한국최초의 현대식 극장이다. 훗날 신극의 최초작품인 이인직의『은세계』도 이 극장에서 처음으로 각광을 받게 되었다.

원본院本

　중국 금金왕조 시대에 성행한 연극이다. 금이 변량을 공략하였을 때 (1126)에 북송의 잡극을 이어받아서 발흥시켰고, 행원(行院: 배우가 있던 곳)에서 사용하는 각본이므로 원본院本이라고 한다. 완전한 극본이 현존하지 않기 때문에 상세한 것은 알 수 없으나, 명왕조 시대에 잡극의 제1인자인 주헌왕의 잡극『여동빈화주신선회 呂洞賓花酒新仙會』중에 삽연揷演된 것으로 추측된다. 대아응수에 노래를 섞은 만담과 같은 것이다. 그러나『철경록 輟耕錄』에 인용된 원본 명목에 의하면, 후에는 어느 정도 극적인 구성을 갖추었음을 알 수 있다. 원극 발생 직전의 연극으로 원극에 많은 영향을 미쳤다.

원형야외극장Amphitheater

　암피Amphi는 그리스말로 '사방팔방에서'란 말로, 사방팔방에서 관람할 수 있는 원형 극장을 말한다. 이 극장의 반대 형은 '투시 무대' 형태의 무대를 갖춘 집회소 스타일의 현대식 극장이다. 원형 극장의 무대는 반원 형태 혹은 서커스의 마장이나 투기장 형태이다. 관객석은 무대를 중심으로 하늘을 향해 태양 광선처럼 설치되었다. 그리스시대와 로마의 시저 시대까지는 고위층의 좌석은 맨 아래층이었다. 오늘날까지 보존되고 있는 유명한 원형 극장으로는, 디오니소스신이 춤을 추다 하늘로 향했다고 전해지는 아크로폴리스 신전 밑에 세워진 디오니소스 원형 극장과 기원 80년에 세워진 로마에 있는 5만명 수용의 타원형 형태의 콜로세움, 니메스, 베로나 극장이 있다. 콜로세움은 극장 이외에 노예 투사와 맹수를, 노예 투사와 노예 투사를 결투시키는 투기장으로, 또는 기독교인들을 맹수에게 던져준 순교장의 역할을 했다. 베로나극장은 오늘날에도 유명한 오페라 극장으로 인기를 모으고 있다.

위트wit/ Witz

　기지, 재치, 익살 등을 말한다. 위트의 소유자는 우선 특수한 정신적인 능력을 지니고 있으며 사물이나 사건과 개념간의 관계를 솜씨있게 놀라운 상태로 만들어 낼 줄 아는 능력을 가지고 있다. 위트는 웃음을 유발하고, 가장 중요한 위트의 종류들로는 정치적인 위트, 에로틱한 위트, 말장난 등으로 구분할 수 있다. 소위 민중들이 말하는 '초현실주의적인' 위트는 무미건조한 논리적인 사고를 비꼰다.

윙 wing

무대 양 옆에 있는 빈 곳을 말한다.

이념극

이념을 예술적으로 표현해 이념을 제시하거나 암시하여 관객들에게 사고의 전환을 유도한다. 소재는 주로 신화나 역사에서 구한다. 줄거리, 성격, 소재 그리고 언어는 극의 중심사상, 이념, 혹은 세계관을 드러낸다. 레싱의 『현자 나탄』은 관용의 이념이 중심을 이루고, 괴테의 『이피게니에』에서는 인본주의 사상을 다룬다. 이념드라마는 프랑스와 독일 고전주의 드라마의 전통이 되었고, 19세기 그릴파르처와 헵벨을 통해 더욱 발전된다. 20세기에는 호프만슈탈, 쇼, 엘리엇, 사르트르, 까뮈 등에 의해 철학적 기반을 마련했다. 이념극은 역사극으로도 이해될 수 있다. 대부분의 역사극이 이념을 중심으로 전개되기 때문이다. 문제극이나 경향드라마도 역시 이념극으로 볼 수 있다.

이인직

신문학 초기의 소설가이자 언론인으로 1862년 경기도 음죽에서 태어났다. 일본 도쿄 정치학교를 졸업하고 러일전쟁 시 일본 육군성의 한어(韓語)통역을 맡아 제1군 사령부에 부속되어 종군했다. 국민신보 및 만세보의 주필을 거쳐 대한신문 사장 등을 역임했다. 한일합방 후 경학원(經學院: 成均館)에서 사성(司成)으로 재직하다가 1916년 세상을 떠났다. 1906년 최초의 신소설 『혈의 누』를 만세보에 발표한 이후 계속해 『귀의 성』, 『치악산』, 『은세계』, 『모란봉』 등의 작품을 발표하여 재래의 고대소설과 완전히 구별되는 신소설의 새로운 분야를 개척했다. 1908년 『은세계』를 자기의 손으로 무대에서 상연하여 이 땅에서 최초의 신극운동을 일으켰다.

이중 전개二重展開/ double deployment/ Doppelentwicklung

사건 진행의 한 방법으로 복잡한 인간의 심리를 묘사하거나 긴 세월에 걸친 이야기를 집중적으로 전개할 때 사용한다. 영국 엘리자베스 왕조 때 '이중 전개'가 문제시되다가 입센시대에 이르러 정립되어 나가기 시작했다. '이중 전개'에서는 현재의 사건과 과거의 사건이 자연스럽게 어울린다. 극이 시작되기 이전에 비밀이었던 과거의 어떤 사건이 극 진행 중 자연스럽게 그 비밀이 밝혀지고, 동시에 과거의 사건이 현재의 극 진행에 절대적 영향을 미친다. 입센의 『인형의 집』에서 노라의 인간적 자각과 함께 과거의 비밀이 폭로되고 '이중 전개'가 이어진다. 『인형의 집』 이후 발표된 『유령』에서는 이중 전개가 더욱 두드러지게 나타난다. 체홉(A. Chekhov)의 『벚꽃 동산』도 대표적인 작품이다.

익살 Schwank

남을 웃기는 재미있고 우스운 말이나 몸짓이다. 익살이란 단어는 중고지독일어로 타격이나 비난의 의미를 가지고 있지만 해학을 뜻한다. 저속한 표현을 쓰거나 야비한 웃음거리를 만들며, 온갖 나쁜 장난들이 여기에 속한다. 일화나 전설처럼 특정한 인물들을 중심으로 구성된다. 중세 후기 오일엔슈피겔Till Eulenspiegel: 14세기 장난꾼의 이름에 관한 통속서적이 등장했고, 한스 작스와 빅크람 등은 대표적인 작가들이다.

익살 광대극 burlesque

이탈리아 말의 'burlesco'에서 유래했고, 회화적 과장법으로 조소하기 위해 거칠게 내뱉는 소극의 일종이다. 풍자satire와는 달리 익살 광대극은 윤리적 동기가 결여되어 있다. 아리스토파네스의 고대 희극에서 그 뿌리를 찾아볼 수 있으며, 이탈리아의 작가 골도니와 고찌, 독일의 피샤르트 등의 사육제극, 엘리자베스왕조의 희극, 죤 게이의 『거지 오페라』 등의 작품들에서 그 요소가 발견된다. 문체는 패러디하고 또한 그로테스크하다.

익살극Posse

희극의 한 형태로서, 우스꽝스러운 위트·풍자·반어 등을 중심으로
육체적 익살스러움, 거친 기지, 계략 등을 사용해 관객에게 웃음을 준다.
요란한 희극이라고도 한다. 등장인물들은 강탈당한 구두쇠, 사기당한 남
편, 우매한 농부들이 등장한다. 고대극에서도 이런 익살극적 요소가 있었
지만, 본격적으로 부상된 것은 비더마이어Biedermeier시대의 빈에서였다. 대
표적인 작가로는 스트라니쯔키Stranitzky, 크르쯔베르나르돈, 라로쎄, 하젠후
트, 스테그마이어, 보이에를레, 글라이헤, 라이문트, 네스트로이 등이 있
었는데, 이들 중에서도 라이문트는 마술 희극혹은 마술 익살극, Zauberposse을
통해 종래의 통속성을 탈피하고, 자신의 작품을 최고의 문학적 내지 예술
적 경지로 순화·향상시킨다. 대표작으로는 『백만장자 농부』, 『알프스
왕과 인간 혐오자』, 『낭비자』 등이 있다. 또한 익살극에서 출발하여 민
중극의 개척자로 군림한 네스트로이Nestroy에 대한 연구가 활발해지고 있
다. 대표작으로는 헵벨의 『유디트』를 야유하여 희화화戲畵化한 『유디트
와 홀로페르네스』, 『그는 장난을 하려고 한다』, 『부랑자』 등이 있다.
오늘날에도 익살극은 대도시의 '순수 담화극'이나 지방의 '향토 익살극'
으로 전해져 내려온다.

인서트insert

영화나 TV방송에서 사용하는 용어로 사전적 의미로는 '끼워넣다, 끼
우다, 삽입하다'는 뜻이다. 영화나 TV에서 장면들 사이사이에 다른 장면
이나 글자 또는 사진을 끼워 넣는 '삽입화면'을 말한다. 영화에서는 내용
의 이해를 돕기 위해 주로 촬영된 장면들 사이에 글자를 삽입한다. TV방
송에서는 프로그램의 생방송 도중이나 녹화 방송에서 미리 촬영해 둔 장
면들을 삽입해 현장감을 살린다. 토크쇼에서도 출연자들의 이야기 도중
에 시청자들의 이해를 돕기 위해 출연자들의 가정생활이나 활동에 관해
미리 촬영한 장면을 방송 도중에 부분적으로 끼워 넣는 방법을 사용한다.
인서트는 동양 문화권에서는 예술장르로서 인정받고 있으며 오늘날 중요
한 극예술로 간주된다.

인터넷극

인터넷으로 방송되는 연극이다. 인터넷극은 오프라인상의 닫힌 공간을 온라인상의 열린 공간으로 확장해 극을 수시로 반복해서 보고 들을 수 있으며 제작자와 수신자간의 피드백이 용이하다. 제작의 용이함 때문에 누구나 편리하게 인터넷극을 제작할 수 있고, 개인 홈페이지나 블로그를 활용하기도 한다.

인터넷 방송 internet broadcasting

인터넷으로 제작 및 배포되는 방송이다. 생방송과 녹화방송으로 구분되고, 개인용 및 사업용 컴퓨터에 방송 시청에 필요한 하드웨어와 소프트웨어를 설치해야 볼 수 있다. 오프라인의 규범적이고 제약적이던 방송의 한계를 벗어나, 온라인의 장점인 임의적 제작 및 유포 기능 등을 활용할 수 있다. ‘인터넷 온라인 방송’은 누구나 편리하게 즐길 수 있고, 방송 제작 및 유포 과정에서 경제적이며 신속하고 창의적인 발상들을 즉시 실험할 수 있으며, 댓글을 통해 대중들의 호응을 즉시 확인할 수 있다. 와이브로와 DMB등 인터넷 기술과 핸드폰 기능의 발달로 인해 현재는 손 안에서 인터넷 방송을 즐길 수 있다. 변화와 간편함을 추구하는 현대인들은 인터넷 방송을 즐겨 찾으며, 미래에는 인터넷 방송 비중이 더욱 확산될 것으로 기대된다.

단점은 정보 통제 능력 및 믿을만한 정보 생산 능력의 한계, 정보처리 과정에서 주관적이며 개별적 판단 개입의 가능성, 비전문적 시각의 반영, 영세적 운영 등에 따른 불성실한 방송, 공익 기능 상실, 개인의 사생활 침해 등을 들 수 있다. 현대인의 권익을 보호하기위해 제정된 정보통신법은 개인 및 단체의 정보 이용 과정 중 발생하는 단점들을 보완하고, 스팸 및 인터넷 보안 문제 등을 해결할 방안들을 새롭게 모색한다. 인터넷에서 신뢰할 만한 정보를 교환하고, 에티켓을 지킨 댓글문화를 정착시키는 문제는 온라인 인터넷 방송의 중요한 테마이다.

인터메르조intermerzzo

　연극의 휴식시간에 코믹한 춤이나 판토마임을 삽입하는 짤막한 막간 극이다. 인터메르조는 무엇보다 극적 긴장을 풀고 극의 분위기로부터 벗어나 관객의 색다른 사유를 유도하기 위한 것이다. 인터메르조는 중세 세속극에서 15세기 이탈리아의 연극에서 많이 사용되었으며 엘리자베스 왕조에서는 독립극으로 발전한 희극이 등장했고 현재도 많이 사용되고 있다. 이 막간극은 희극적이고 과장적이며 화려한 사실적 연기를 요구하며 오페라 발전에 많은 영향을 끼쳤다. 인터메르조는 관객에게 반성적 거리를 갖고 극을 관람하기를 요청한다.

인형극人形劇/ Puppenspiel/ Marionette

　배우가 육체적 감정 표현, 표정 등으로 직접 연기하는 것과 달리 인형극은 인형을 매개로 배우의 심리를 전달하는 '간접적인 연극'이다. '꼭두각시놀음'이라고도 부른다. 사람의 손이나 끈으로 인형을 조종하면서 대화하는 형식인데, 대사는 조종하는 사람이 직접 전달하거나, 대사를 전문으로 하는 사람이 따로 있다. 무언으로 공연하거나, 해설자가 변성으로 해설을 곁들이기도 한다. 어린이를 위해 주로 교육적인 목적으로 공연되지만, 경우에 따라서는 이념적인 논쟁수단으로 인형극을 동원하기도 한다. 민속적인 요소를 지니고 있어 대중극예술에 속한다.

　인형극의 기원은 이집트·고대 인도·그리스·중국·미얀마 등에서 볼 수 있었으며, 중세에는 종교극에 이용되었다. 유럽에서는 독일에서 1450년경에 시작되었고, 처음에는 마리오네트Marionette라 일컬어졌으며 18세기 말 경부터 성행하여 희극적인 인형극이 많이 생겼다. 현재는 이탈리아·오스트리아·독일·프랑스 등에서 인형극단을 조직하고 있다. 독일에서는 보쿰Bochum에 인형극연구소가 1949년에 설립되어 관계서적을 발행하며 인형극 주간이나 국제회의를 주관하고 있다. 한국에는 강원도 춘천에 전문 인형극장들이 있고, 정기적으로 국제 인형극 축제도 열린다.

일화逸話/ anecdote

희랍어anékdota에서 유래한 말로 문자 그대로의 의미는 '출판되지 않은 것'을 뜻한다. 이 말은 6세기 유스티니아누스 황제에 관한 이야기 가운데 공식적으로 발표되지 않은 이야기만을 모아 '아넥도타Anekdota'라는 제목을 붙여 발간한 데에서 유래한다. 일화는 특정한 이유 때문에 출판되지 않았던 이야기 감이라는 원래의 뜻에서 출발하여, 오늘날에는 역사적으로 일어난 개인적인 사건, 특징적인 인물, 어느 계층의 사회 혹은 괴상한 사건을 두드러지게 밝히기 위한 짧은 이야기Kurze Erzählung를 말한다. 훌륭한 일화는 처음부터 핵심적인 요소만 진술하고자 노력한다. 하인리히 클라이스트나 프리드리히 헵벨은 훌륭한 일화를 썼다. 일화는 달력화Kalendergeschichte로 많이 사용된다.

읽는 희곡Lesedrama

공연을 주목적으로 저술된 희곡이 아니라 주로 읽기위해 저술된 희곡을 말한다. '읽는 희곡'은 연극이 요구하는 모든 조건이나 제약의 구속이 없는 독립적인 순수한 문학 형식이다. 많은 학자들은 또한 관객 앞에서 공연된 희곡만이 특별히 감상할 만한 가치가 있는 드라마라고 말한다. 반면 연출된 연극은 언어적 공상이 없고, 무대를 너무 의식해 작품의 범위나 내용이 제한 당한다는 이유로, 연출된 희곡이 언어 예술 중 가장 저급한 예술이라고 보고 '읽는 희곡'을 장려한다. 셰익스피어 연구가인 브레들리Bredley, 1851-1935, 영국의 학자 겸 비평가, 주저:『셰익스피어 비극론, shakespearean tragedy』)도 '읽는 희곡'에 대하여 동감하고 있다. 즉 셰익스피어 희곡은 무대에서 공연되기에는 난점들이 많이 있다고 말한다. 또 헵벨 역시 연극 평론집『숄쯔』편에서 "희곡의 최후의 운명은 반드시 읽기 위한 희곡이 될 것"이라고 말했다. 사실 19세기 이전에는 '읽는 희곡'이 많이 대두했었다. 첫째로 손꼽히는 '읽는 희곡'으로는 괴테의 유명한『파우스트』로서, 이 작품은 '읽는 희곡'으로서는 완전하지만 무대 위에서 공연하기 위해서는 많은 난점들을 극복해야 한다. 특히『파우스트 Ⅱ부』는 충분한 무대 이론을 가지고 상연한다 해도 제약을 가질 수밖에 없다. 그러나 1980년 초 동·서독 합작으로 함부르크에서 상연된『파우스트 Ⅱ부』는 대성공을 이루어 학자들의 고정관념을 타파해 버렸다. 영국의 '읽는 희곡'으로 대표적인 작품은 바이런의 시극『만프레드』를 들 수 있는 데 이 작품은 괴테의『파우스트』에서 암시를 받았다.

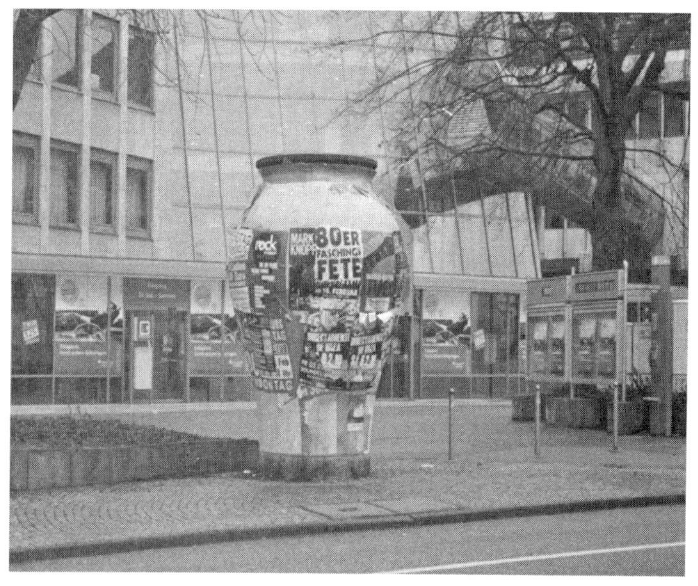

　독일 도시들의 거리에서 흔히 볼 수 있는 광고 기둥으로 원통형이 가장 많고, 간혹 이처럼 동양의 자기를 형상화한 광고 기둥들을 볼 수 있다. 행인들은 연극 공연이나 연주회, 전시회 등에 관한 중요한 정보들을 이 기둥에서 얻을 수 있다. 사진 속 광고 기둥은 독일 남부 루드비히스부르크 시내에 있다.

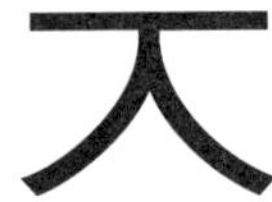

자막subtitles

　영화나 TV방송에서 배우의 대사를 몇 초 동안 화면의 상하 혹은 좌우에 문자로 표시해서 관객들이 내용을 잘 이해하도록 돕는 것을 말한다. 관객은 자막을 통해 작품의 제목 · 감독 · 제작자 · 출연자들의 이름을 알 수 있다. 자막은 내용에 따라 다양하게 분류되는데, 작품의 제목을 알리는 글자를 제목자막, 출연자와 제작자의 이름을 알리는 글자를 인물자막, 작품의 내용이 전개되고 있는 장면의 장소나 시간을 나타내는 글자를 안내자막 그리고 작품의 마지막을 나타내는 글자의 자막을 종영자막이라고 한다. 이들 자막들은 모두 관객들이나 시청자들에게 작품의 제작이나 내용에 대한 설명을 덧붙이기 위해 사용된다. 물론 이들 자막 외에도 다른 목적을 위해 자막을 처리하는 경우도 있다. 최근에 일부 TV방송의 프로그램에서 자막처리를 함으로써 청각장애인들에게 편의를 제공한다. 작품의 신속한 수입 · 배급을 위해 국내에 상영되는 외국영화의 대사는 곧바로 번역되어 한글자막으로 보여주는데, 이것은 대사자막이라고 부른다. 최근에는 TV 오락프로그램의 진행을 돕는 수단으로 자막이 등장하기도 한다. 프로그램의 특정 내용이나 장면을 강조하거나 반복할 때 자막은 유용하게 사용될 수 있지만, 지나치게 자막 사용빈도가 많으면 오히려 불필요한 광고처럼 여겨질 수도 있다.

자유무대Freie Bühne

　프랑스의 배우이자 무대감독이었던 앙또안느에 의해 1887년에 설립된 자유 극장théatre libre을 모범으로 하여 1889년 4월 5일 베를린에 하르덴 ·

볼프·슈렌터·피셔·슈테렌하임·요나스·슈톡하우젠·오토브람에 의해 세워졌다. 그 당시 자연주의를 추구한 진보적 작가와 예술인들을 중심으로 조직된 무대예술 동인회이다. 비공개된 회원제를 활용하여 무대를 운영했고, 대부분의 자연주의 극작품은 일반에 공개되지 않은 채 상연되었는데, 그 이유는 진보적인 자연주의 극작품들은 당국의 검열에 의해 상연 금지되었기 때문이다. 이 당시 비공개로 상연된 극작품은 입센의『유령Gespenster』, 하우프트만의『해뜨기 전Vor Sonnenaufgang』·『평화제Das Friedensfest』, 안쩬구루버의『제 4계명Das 4. Gebot』, 홀츠와 슈라프의 공동 작품인『젤리케 일가Die Familie Selike』, 톨스토이의『어둠의 힘Die Macht der Finsternis』등이며, 그 외에도 뵤른손·공꾸르·슈트린트베리의 극작품들이다.

베를린 '자유무대'를 시발점으로 하여 이와 유사한 성격의 동인회가 생겨났다. '자유 민중무대Freie Volksbühne' 등을 비롯하여 뮌헨·빈·코펜하겐·런던독립 극장Independent Theater 등지에서 자유 무대 동인회가 창설되었다. 자유 무대 운동의 동인지로는 1890년에 창간된『자유무대Freie Bühne』가 있으며, 이것은 1897년에는『신독일 평론Neue Deutsche Rundschau』으로, 1904년에는『신평론Neue Rundschau』으로 개명되어 발간되었다.

작업조 일기作業組日記/ Brigadetagebuch

2차 대전 이후 구 소련군 점령 지역인 구동독에서는 생산성 향상을 위해 각 공장마다 최소 단위로 된 수많은 노동 집단들을 조직했다. 이들의 상호 유기적 관계를 통해 생산성이 향상되었고, '작업조 일기'라는 문학 운동이 확산되었다. '작업조 일기'는 생산 과정의 다반사를 다루지만 인간과 인간의 관계·작업조들간의 상호 관계 등을 기술한다.

잡극雜劇

중국 희곡의 한 종류로 원 시대(13-14세기 경)에 성행한 북곡계北曲系의 가극을 말한다. 몽고인이 화북華北을 평정한 뒤 얼마 후 금金 왕조의 원본院本 및 제궁조諸宮調를 골자로 해서 창시되었다. 처음에는 수도인 대도大都를 중심으로 상연되다가, 남송南宋이 멸망(1276)한 후에는 그 중심이 항주抗

州 일대로 옮겨져서 음곡音曲을 애호하는 이민족의 지배하에 전후 백여 년에 걸쳐 중국 연극사가 시작된 이래 처음으로 현란한 잡극무학의 꽃을 피웠다. 이것은 중국에서 완전한 형태를 갖춘 최초의 희곡으로 최고의 문학적 평가를 받을 수 있다. 아울러 이것은 원나라 초창기를 대표하는 문학이기 때문에 원곡元曲이라고 불리며, 더욱이 작품이 양적 · 질적으로 뛰어나 최초의 우수한 구어문학口語文學으로 중요시된다. 이 잡극은 남희南戲와 달리 형식면에서 규칙이 엄격하다. 이 잡극은 송宋 왕조 시대(10-13세기경)의 풍자극에도 애용되었다.

장場/ Szene/ Auftritt

막Akt/Aufzug을 세분하면 여러 개의 장들로 구분된다. 장은 그리스어인 스케네에서 유래하는데, 스케네는 고대 그리스 극장에서 배우가 등장하는 장소로 합창단 뒤쪽 상단에 위치한다. 원래 이것은 천막Zelt 또는 오두막집Hütte의 의미가 있다. 독일어 'Auftritt'는 배우가 높은 무대 위에 등장하는 것을 의미한다.

장르genre/ Gattung

예술작품 특히 문학작품의 종류를 의미한다. 장르는 일반적으로는 소설 · 시 · 희곡 등 문학의 형식과 양식을 의미하며, 구체적으로는 상위 장르와 하위 장르로 구분한다. 문학에서의 상위개념의 장르를 일반적으로 3등분하여 서정시 · 서사시 · 희곡으로 나눈다. 이러한 구분은 문학형식면에서 구분된 것이다. 형식과 내용을 혼합하여 구분하는 4분법이 있는데, 이것은 앞에서 언급한 3분법의 세 가지 외에 교술교수법Didaktik을 첨가시키고 있다. 하위 장르는 각 상위 장르에서 다시 분류되어 나온 소형식小形式을 의미하는데 비극 · 희극 · 소설 · 담시 · 비가 · 장편소설 · 단편소설 · 노벨레 · 기록극 · 민중소설 방송극 · 우화소설 등 다수가 있다.

장면전환

하나의 장면에서 다른 장면으로 전환하는 것을 말한다. TV드라마나 연극의 경우 하나의 장면으로 구성되는 것이 아니라 수많은 장면들이 전

환되면서 줄거리가 전개된다. 전체 줄거리는 물론 극적인 사건이나 내용
들이 대립되거나 조화를 이루어 나가는 과정에서 장면들이 삽입되거나
바뀌는 것을 장면전환이라고 한다. 장면전환 기법은 커팅·페이드인·페
이드아웃·와이프·디졸브·퀵 팬이 있다. 이 가운데 가장 기본적인 장
면전환 방법인 커팅은 장면 하나 하나를 잘라서 다음 장면으로 이어지게
만드는 것이다. 영상에 변화를 주거나 인물들의 행위를 나타내거나 줄거
리를 구성하기 위한 수단으로도 사용된다. 페이드인은 하나의 화면이 어
둠에서부터 점점 밝아지면서 장면이 전환되는 것을 말하고, 페이드아웃
은 페이드인과는 반대로 화면이 점점 어두워지면서 장면이 전환되는 것
을 말한다. 이들은 주로 줄거리의 전개에서 시간의 경과를 나타내기 위해
사용되는 경우가 일반적이다. 대부분의 드라마는 주로 페이드인에서 시
작하고 페이드아웃으로 끝나는 경우가 많다. 와이프는 자동차에서 사용
되는 와이프처럼 앞의 장면을 깨끗이 쓸어내리면서 다음 화면으로 연결
되는 기법을 말하며, 주로 시간의 경과나 장소의 이동을 나타내는 기법으
로 사용된다. 일부에서는 화면의 속도감을 주기 위해 사용하기도 한다.
디졸브는 와이프와 유사한 형식이지만 하나의 화면이 다음 화면과 겹치
면서 장면이 전환되는 것을 말한다. TV드라마에서 흔히 볼 수 있듯이 하
나의 장면의 마지막 부분이 희미하게 사라지면서 다음 장면이 겹쳐서 나
타나는 것을 말한다. 이 기법은 시간의 경과나 회상을 표현하기 위해 주
로 사용된다. 퀵 팬은 화면을 마치 훑어 내리듯이 급속하게 장면이 전환
되는 것을 말한다. 이 기법은 주로 빠른 템포를 가지는 드라마나 추격전
이 펼쳐지는 서스펜스 드라마에 많이 사용된다.

전달자 보고 Botenbericht

　극작법상의 보조 수단으로 사건 진행의 단절을 막기 위해 사용된다.
희곡에 제시된 장소와 시간을 무대에서 표현하기 어려울 때, 혹은 해상
전투 장면이나 여객선의 침몰 장면 등 기술적인 문제들을 표현할 수 없
을 때 한 보고자가 무대에 등장해서 사건을 높은 탑이나 언덕에 오르거
나, 담 너머로 또는 창문 너머로 관찰하고 보고하면서 문제를 해결하는
기법이다. 다른 말로 '조망대 관찰 보고 Teichoskopie' 또는 '담너머 보기

Mauerschau'라고도 한다. 이 기법은 주로 반전Peripetie이나 파국Katastrophe의 장면에서 주로 사용한다. 그리스나 고전주의 연극에서 종종 애용되는데, 대표적으로 쉴러의 『발렌슈타인의 죽음Wallensteins Tod』 제 4장과 10장에서 사용했다.

전례극典禮劇/ Leiturgeia/ Liturgie/ Kirchendrama

다른 말로는 '성찬비적극聖餐秘蹟劇/liturgical mystery' 내지 '예배극liturgical play' 이라고 하며, 원래 라틴어인 놀이Luai(라)/Spiel(독)/ Jeu(프)/Play(영) 내지 이야기Historiae(라)/Geschichte(독)/Historie(프)/Story(영)의 의미다. 이 극은 중세 교회에서 예배(성찬식예배의 일부로 교회 내에서 성직자들에 의해 성탄절 · 부활절 날에 상연했던 성서연쇄극circle drama/Zyklusdrama으로서 일종의 뮤지컬 드라마였다. 이 전례극은 그 당시 모든 중세 국가의 공용어인 라틴어만으로 연출되었다. 이 극은 영국 베네딕트 수도원Benedictine Monasteries에서 최초로 시작되어 1300년까지 계속 공연되었고, 심지어 스페인에서 1865년까지 성행했다. 이 극이 처음에 시작되었을 때 그 당시 수도승들은 이 극적인 행위를 연극이라 생각하지 않고 오히려 합창기도Officium라고 부르다가, 10세기경부터는 교창성가Tropus로 부르기 시작했다. 초기의 교창성가에서는 독창자와 합창단이 기도문을 교차하다가, 10세기 중반에 이르러서는 둘로 갈라져 상대편을 바라보면서 합창을 주고받았다. 그러다가 10세기 말경부터는 성직자로 구성된 두 개의 연기 그룹으로 바뀌어 본격적으로 극적인 행위를 보여주었다. 그래서 성직자와 배우는 동일한 인물이 된다. 극의 소재는 신약성서에서 구했으며 주로 예수의 죽음과 부활이 주제가 되고 있다. 이 전례극의 예로서는 베네딕트 수도회의 수사修士인 이르세월의 다음과 같은 기록을 보면 자세히 알 수 있다.

성직자들은 부활절 전야 8시경에 미리 제대祭臺의 한 부분에 구멍 같은 것을 만들고 그 주위에다 막을 친 다음 그 위에다 십자가를 세워둔다. 이는 곧 예수의 무덤을 상징하는 무대 장치의 일종이다. 그 다음날 부활절에는 전례극이 실제로 시작되는데, 성직자들은 먼저 십자가를 치우고 그 자리에다 십자가를 감았던 성의聖衣 한 벌을 둔다. 이 때 제의祭衣를 입은 한두 명의 성직자가 천사의 행세를 하며 무덤으로 접근하여 제대 옆

에 앉는다. 그런데 이 때 마리아를 상징하는 세 명의 성직자들이 무엇인
가 찾는 듯한 자세를 취하면서 등장하는데, 이들은 장백의長白衣를 입고
향로를 흔든다. 그리고는 이 두 그룹의 부활절 교창성가대원Paschatriopus들
은 교대로 다음과 같이 합창한다.

> 제의의 천사 : 그대들은 무엇을 찾고 있습니까?
> 세 명의 마리아 : 나사렛의 예수를 찾고 있소
> 제의의 천사 : 예수는 부활하셨소. 다시는 여기에 오시지 않소

라고 교창을 한 다음 무덤 위의 성의를 가리키면서 세 명의 마리아는
합창대 쪽으로 가서 "할렐루야! 예수는 부활하셨네!" 하고 다시 교창을
하면서 예수의 부활을 주제로 한 전례극은 더욱 정점Höhepunkt/Climax을 향
해 전진한다.
　　세월이 흐름에 따라 점차적으로 큰 첨례의 날이 오면 교구와 수도원
소속의 학교나 수도원의 안뜰에서 인근의 주민들에게 공개되어 일반 평
민들에게도 연극에 참여할 기회가 부여된다. 이러다가 13세기 이후부터
전례극은 점차적으로 자취를 감추기 시작했는데, 왜냐 하면 승려를 제외
한 일반 민중들에게는 라틴어가 너무 난해한 관계로 대사의 내용을 이해
하기란 너무나 어려웠기 때문이다. 그래서 12세기 후반부터는 중세의 각
국이 각각의 국어로 된 전례극에서 극적 행위를 표현하기 시작했다. 이처
럼 각기 자국어로 극적 행위를 표현한 전례극이 바로 반半전례극이다. 이
반전례극에 관한 여러 편의 자료는 19세기 후반과 20세기 초반 사이에
헤르만 코헨에 의해 수집되었는데, 그 대표적 작품으로는 작가 미상의
『아담극』이 있다. 3부작으로 된 이 희곡은 제 1부는 『아담과 이브』
의 낙원으로부터의 추방, 제 2부부는 『아벨의 피살』, 제 3부는 『예수의
강림』 등으로 구성되어 있다. 이 극은 프랑스 최고의 희곡으로서 앙그로
노르만 방언으로 기록되었다. 그리고 이 『아담극』의 특징은 주로 신 위
주의 성서만을 다룬 것이 아니라 인간 심리의 변화를 단계적으로 다룬
데에 있다. 또 다른 특징은 무대는 천당 · 지상 · 지옥의 3단계로 구분되
는데, 지상을 평면구도로 하고 한 단계 위는 천국이고 한 단계 아래는 지
옥으로 되어 있다. 무엇보다도 중요한 것은 이 반전례극에 이르러서 무대

는 성당의 내부나 수도원의 안뜰을 벗어나서 밖으로 나오는, 다시 말해서 민중에게 안기는 연극적 행위가 벌어진다. 그러니까 서곡序曲에 해당되는 강론講論이나 합창은 성당 안이나 수도원 안뜰에서, 나머지 본극은 밖에서 행해진다.

절정絶頂/ climax/ Höhepunkt

극은 도입부와 상승부를 거쳐 절정에 도달한다. 두 인물간의 대결 · 인물 내부의 갈등 · 인물과 사회 간의 투쟁이든 어느 한쪽이나 양쪽 모두 갈등이 붕괴되어 절정에 이른다. 절정에서는 극 전체의 맥락을 알 수 있고 간단한 대사 한 마디로 클라이맥스climax를 나타낼 수도 있다. 『오이디푸스 왕』에서는 오이디푸스가 부지불식간에 자기 부친을 죽이고 모친과 간음한 장본인이 바로 자기 자신임을 알았을 때 절망하고 전율하는 장면이 극의 클라이맥스이다. 클라이맥스는 또한 의외적인 요소를 내포하고 있다. 의외성이란 관객이 예기하지 못했던 결과를 말하는데, 위기의 갈등이 절정에 도달할 때 전혀 알 수 없는 위기가 엄습해 관객의 상상력을 자극한다. 『오이디푸스 왕』에서 오이디푸스 왕은 의외로 국내의 새로운 질병의 문제에 직면한다. 모친과의 근친상간 · 부친 살해라는 주제이외에도 예기치 못한 의외의 사건이 발생한다. 의외성은 새로운 행위를 통해 위기로 치닫는 극적 효과를 더욱 극적인 상황으로 전개시킨다. 클라이맥스 직전에 등장하는 의외성은 극의 본질에 해당하고, 긴장과 이완관계를 통해 극의 효과를 증대시킨다.

정치 · 역사극

1685년부터 1720년까지 성행했던 독일 순회극단의 극작품들의 형식을 말한다. 계몽주의시대의 대표적 문학이론가이며 라이프치히 대학교 형이상학 교수인 고트셰트는 이러한 극을 저질스런 '장기자랑극Repertoirestück'이라고 비판했다. 본극Hauptaktion이란 말은 그 당시 성행했던 '희극적 종극喜劇的 終劇(Lustiges Nachspiel: 대작이 끝난 후 덧붙여 상연되는 짤막한 극 혹은 음악극)'과 대립해서 사용된 말이다. 정치극Staatsaktion이란 말은 순회극이 의도한 역사적 · 정치적 내용에서 나온 말이다. 주로 그리피우스와 로엔슈타인 등의 희곡들과 오페라를 개작해서 상연했다. 이 극의 주제는 엿듣는 것 · 살인 · 사형 등이며, 무대 장치는 대단히 화려하고 자극적이었으며, 선동적이고 무시무시한 분위기가 감돈다. 배우들의 의상 · 몸짓 · 소도구 등은 지극히 과장되었다. 진지한 장면에서는 텍스트를 가지고 연기를 했고, 희극적인 장면에서는 즉흥적으로 연기를 했다. 전해 내려오는 텍스트로는 비인 대학에서 문학사를 강의한 투른의 『빈의 역사와 정치극Wiener Haupt- und Staatsaktion(1908-10)』이 있다.

재방송

TV · 라디오 방송국에서 이미 방영된 프로그램을 다시 방송하는 것을 말한다. 시청률 상승효과를 기대할 수 있고, 프로그램이나 드라마의 작품성이 뛰어난 경우 재방송을 한다. 아울러 인기 프로그램을 홍보하기 위한 목적도 있다.

제 3제국시대 희곡

1933년 1월 30일 아돌프 히틀러는 정권을 장악하고 베를린에 있는 국회 의사당을 방화하며 제 3제국 시대를 열었다. 전권위임법全權委任法/Ermächtigungsgesetz이 통과되어 민주주의 · 공산주의 · 자유주의적 이념을 표방하는 문학 작품들은 모조리 금서로 취급되었고, 이것의 결과로 일어난 사건이 소위 1933년 5월 10일에 있었던 '분서(焚書)사건Bücherverbrennung'이다. 이것은 전국의 주요 대학도시에서 나치스 이념에 위배되는 모든 책을 모아 일정한 의식을 통해 광장에서 불태운 사건이다. 나치스 이전 바이마르 공화국 시대(1918-1933)의 자유로운 분위기 속에서 다양하게 전개되던 문학과 예술이 일시에 수난을 당한 것이었다. 대담하고 독자적인 실험적 성격의 작품 · 유태계 작가의 작품 · 비非독일적이라고 규정된 모든 서적들이 분서의 대상이었다. 이로써 자유사상 속에서 다양하게 전개되던 바이마르 공화국 시대의 문학과 예술은 불타 버린 것이다. 이런 과정을 통해 나치스는 그들 나름의 문화 정책을 수립해 나갔다. 제 3제국의 문화와 교육 이념을 주도하던 로젠베르크는 '독일문화 투쟁연맹Kampfbund für Deutsche Kultur'을 결성하여 '저작물보호원Das Amtschrifttumspflege'을 관장했다.

그 외에도 선전부장관Propagandaminister'인 괴벨스는 '독일 예술원Deutsche Akademie der Künste'를 창설하고 그 산하 단체로 '작가협회Dichterakademie'을 두어 모든 작가의 작품을 검열하였고, 불온한 글이라고 판단하면 분서 처리했고 나치스 이념에 부합하는 글은 진흥자금을 통해 창작활동을 장려했다. 이와 함께 보이멜베르크 · 브룽크 · 요스트 · 베스퍼 · 콜벤하이어 · 쉐퍼 등에 의한 어용문학御用文學이 인위적으로 형성되었다. 히틀러의 저서 『나의 투쟁Mein Kampf』은 누구나 읽어야 할 나치스의 이념서로 등장되었다. 로젠베르크의 저서인 『20세기의 신화Mythos des 20. Jahrhunderts』에서는 문학 · 예술과 현실간의 불가피한 상관관계의 필연성이 역설되면서 칸트와 쇼펜하우어의 예술론은 비판의 대상이 되었다. 더욱이 로젠베르크는 정치를 최고의 예술이라고 정의하면서 정치성을 문학 · 예술의 중요 본질로 강조하면서 낭만주의적 혁명 이론을 전개했다. 제 3제국의 성서로 알려진 저서 『20세기의 신화』에서 그는 "모든 예술 작품 속에는 혁명의 의지가 근원적으로 깃들어 있어야 하며, 이러한 의지는 심령과 정신의 투쟁력을 각성시켜 주는 목적을 지녀야 한다"고 역설한다. 특히 게르만 민족을 신격화시킨 그의 '인종 학설Rassentheorie'이 확산되기 시작했다. 이 학설이 태동한 배경은 다음과 같다. 제 1차 세계대전 이후 독일은 정치 · 경제 · 문화적으로 극한 상황에 처하게 되었는데, 이런 상황 속에서 1917년 소비에트 혁명을 성공적으로 이끈 공산주의가 독일 땅으로 침투해 들어왔다. 이에 대한 상대적 힘으로서 '독일국가사회주의 노동당'이 민족적 사회주의를 선포하기에 이르렀다. 그런데 이 두 체제는 각자 그 때까지 서양사 형성에 결정적인 영향을 준 '교회의 권위'를 대치하려고 했다. 그후 공산주의는 노동자의 집단 · 사회 문제 등에만 공공연하게 집착하였지만, 국가사회주의 노동당은 이러한 문제들에 집착하면서도 이러한 것들 위에 형이상학적인 것을 가설하기 시작했다. 지금까지의 교회가 인간들에게 세계관을 부여하였듯이 나치스당도 교술 · 교육 · 유희적遊戲的 축제를 통해 국민들에게 새로운 세계관을 부각시키려고 했다. 이러한 세계관은 자연히 종교적 성격을 띠게 되었으니, 과거 유태 민족이 신에 의해 선택된 민족으로 자처했듯이 국가사회주의 노동당도 생물학적 실험을 통해 "게르만 민족은 신에 의해 선택된 민족"이라고 주장하게 되었다. 이것이 이른바 게르만 민족은 타민족을 지배하도록 소명되었다는 '인종 학설'이다.

이처럼 새로운 학설·사상·이념 등을 초석으로 나타난 나치스의 문화 정책에서는 희곡과 오페라도 예외가 아니어서, 그들의 정책에 부응하는 작품들만 무대에서 상연되었다. 또한 문화 정책의 일환으로서 창안된 게르만 국풍國風운동인 '집단 합창극Thingspiel'에 무수한 인원을 동원하여 베를린의 그뤼네발트Grünewald라는 숲에서 집단적인 문화예술 행사를 성공리에 개최했다. 이 행사 이후 나치스는 반대적 입장을 취하는 작가와 예술인에게 무자비한 탄압은 물론 그들의 작품을 분서하기에 이른다. 이 때문에 표현주의와 신즉물주의 시대의 무수한 작가들은 망명길에 오른다. 18세기 이래 역사와 전통을 자랑하는 '예술원'도 마침내 전 회원이 경질되는데, 하인리히 만·토마스 만·카이저·베르펠·운루흐 등 13명이 제명된다. 이와 같은 불안한 시기에 독일 문단의 일각에서는 민족적인 분위기를 자아내는 '향토문학Heimatkuns)'이 부흥하게 되었고, 아울러 하우프트만과 같이 국내에 남아서 작품을 계속 창작한 작가들도 있었지만, 이들은 전후에는 한때 나치스를 선전하는 어용작가로서 평가받기도 했다. 그러나 이런 작가들도 1970년대부터 고전과 낭만의 위대한 유산을 연결시킨 향토문학 작가로서 재평가 되었다. 하지만 향토 문학에서는 장편소설이 주종을 이루고, 희곡 분야에서는 하우프트만 이외에는 그렇게 주목할 만한 작가가 없었다.

조명감독lighting director

방송·영화에서 무대나 촬영현장의 조명을 총지휘하고 감독한다. 영화·TV방송에서는 보통 30명 이상 80명 내외의 조명 팀이 있고, 작품의 규모와 중요도에 따라 조명 팀의 규모가 결정된다. 조명에 따라 작품의 명암·분위기·전재 양상 등이 달라질 수 있다.

조선연극사朝鮮演劇舍

1929년에 창립된 극단으로 대중적인 연극을 주로 공연했고, 왕평王平·이애리수李愛利秀·변기종卜基鍾·이종철李鍾哲·지계순池季順 등 당시의 대중의 심금을 울리던 연기자들은 거의 이 극단 출신이었다.

조연 minor role

영화 · TV드라마 · 연극에서 주연보다 비중이 낮은 배역을 맡은 사람
들을 말하며, 주로 주연의 연기를 돕거나 보조한다. 조연은 주연보다는
주목을 덜 받지만 주연보다 연기비중이 낮거나 연기력이 떨어지는 것은
결코 아니다. 오히려 조연의 역할이 뛰어나 작품을 살아나는 경우가 많
다. 특히 조연의 경우 주연과는 달리 연기자들의 외모를 떠나 연기력을
지닌 연기자들을 발탁한다.

조연출 assistant director

연극 · TV방송에서 연출자를 보조하는 업무를 맡은 사람을 말한다.

주요인물 major character

희곡에서 등장하는 인물 가운데 극적인 비중이 가장 큰 인물들을 말한
다. 주인공이나 그에 상응하는 역할을 맡은 인물이다.

주제음악

영화나 TV방송에서 프로그램의 주제가 되는 음악을 말한다. 흔히 주
제곡이라고 한다. 주제음악은 작품의 전체 내용을 음악에 담아 작품의 전
체 분위기에 어울리게 내용을 전달한다. 주제음악은 작품에 맞게 새로 작
곡되는 경우가 일반적이지만 기존의 음악을 사용하는 경우도 있다. 주제
음악은 작품의 시작부분과 끝 부분에 들려주는 것이 일반적이지만 드라
마나 영화의 주요 장면이나 인물들의 극적인 상황을 묘사할 때 반복해서
들려주기도 한다. TV방송에서 주제음악은 드라마뿐만 아니라 쇼 프로그
램 · 코미디 · 생활정보 프로그램에서도 사용한다.

즉흥 연희극 卽興 演戲劇/ commedia dell'arte/ Komödie der Kunst

16세기 후반 북부 이탈리아 지역에서 생겨난 매우 특이한 민중 희극의
변형인 '즉흥 연희극'은 권선징악을 주요 내용을 담고 있다. 이 연희극은
이탈리아의 소극 및 통속적인 방언 희극에서 그 뿌리를 찾고 있으며, 직
업 배우들의 조직체가 중심이 된 '즉흥 희극 Stegreifkomödie'이다. 한국의 오

광대놀이와 매우 유사하며 가면을 쓴 광대들이 일정한 사건 진행과 연속에 따라 웃음을 선사한다. 일정한 대사가 있지만 배우들이 극 진행 상황에 따라, 연기자의 기분에 따라, 독백의 상황에서 따라 즉흥적으로 적절한 대사를 꾸밀 수 있는 것이 특징이다. 장Auftritt/Szene의 순서와 거기에 등장하는 인물들만 미리 정해졌을 뿐 그 밖에는 즉흥적으로 연극이 진행된다. 여기에 등장하는 광대들은 다음과 같다.

(1) 알레키노Arlecchino: 나폴리 출신으로 모든 것을 웃음거리로 만들거나 격하시키는 주역 배우이다. (2) 판탈로네Pantalone: 베니스 출신으로 단순하지만 의심이 많고 자랑을 일삼는 구두쇠이지만, 고상한 측면도 있다. 현대 여성들이 즐겨 입었던 판탈롱 바지는 이 광대가 입었던 의상에서 유래되었다고 한다. (3) 도토레Dottore/ Doktor: 볼로니아 출신으로 학식이 풍부하고 수다스러운 법학자이지만 현실과는 거리가 먼 현학자이다. (4) 콜롬비나Colombina: 판탈로네의 딸로 배역은 시녀이지만 주역이다. 교태를 일삼는 여자로서 알레키노의 애인이 된다. (5) 카피타노Capitano: 허풍장이 역할로 이 연희극의 분위기를 즐겁게 만들어 준다.

이런 희극의 대가로는 이탈리아의 고치 백작이다. 이 즉흥 연희극은 '순회집단Wandertruppe'을 통해 마드리드, 코펜하겐, 페터스부르크에 이르기까지 유럽 희극 발전에 대단한 영향을 끼쳤다. 셰익스피어나 몰리에르의 희극은 물론 스트란이츠키 · 라이문트 · 네스트로이에 이르는 빈 민중극Volkstheater에 결정적 영향을 주었고, 그릴파르처 · 에른스트 · 호프만슈탈 등의 작가에서도 그 흔적이 남아 있다. 이 밖에도 독일어 사용 지역의 무수한 골계극Schwank과 해학극Posse은 이 즉흥 연희극을 모범으로 삼고 있다.

지문

드라마 상에서 등장인물들의 동작이나 연기 패턴을 묘사하는 글이다. 지문은 작품 연출시 촬영 카메라의 앵글이나 위치를 암시하는 경우도 있다. 지문은 대개 문장이 짧고 간결하며 객관적이다. 연기자의 동작이나 심리상태를 알리는 것이 목적이기 때문에 불필요한 미사여구는 삼가는 것이 원칙이다. 현대극은 일부러 지문의 비중을 높여서 독자와 관객이 극에 쉽게 빠져들지 못하도록 방해하기도 한다. 이때의 지문은 단순한 무대 설명이나 역할 지시가 아니라 배우와 관객에게 일정한 거리를 둘 것을 요구한다.

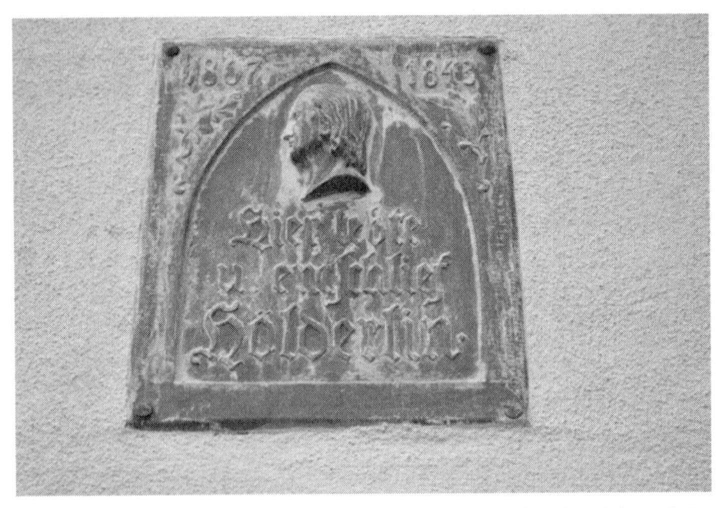

　횔덜린이 소포클레스의 비극 "안티고네"를 고대 그리스어에서 독일어로 번역할 당시 거주했던 네카 강변에 위치한 튀빙엔의 탑. 횔덜린은 정신적 고통을 감내하며 이 탑에서 1807년부터 1843년까지 살았다.

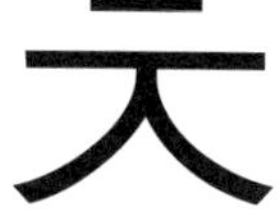

촌극charade

에스파냐의 시이네테sainete/소희극 에서 유래된 용어로 오늘날에는 주로 10분 내외 분량의 에피소드로 구성된 아주 짧은 단막극을 말한다. 촌극의 종류는 무언극 · 대사극 · 무용극 · 가면극 · 풍자극 · 동물극 · 오페라극 · 민속극 · 동화극 등 다양하다.

촬영대본shooting script

영화나 TV드라마에서 작품을 촬영하기 위해 제작된 대본을 말한다. 촬영대본에는 연기자들의 연기뿐만 아니라 촬영장소 · 연출 · 표현 · 카메라의 위치선정과 각도 · 의상 · 소품 등 촬영에 필요한 모든 사항을 완벽하게 표현한 대본을 일컫는다.

처간극/ 장면극/ 정거장식 드라마處間劇/ 場面劇/ Stationendrama

성당 안에는 그리스도의 출생 ·수난 · 부활에 이르는 성로선공聖路善功의 발자취가 14 처로 구분되어 벽면에 표현되어 있다. 신자들은 이 14 처를 돌며 기도한다. 바로 여기에서 기원한 처간극은 중세 종교극에서 최초로 연극 형태를 이룬다. 사건 진행의 일관된 긴장성을 요하는 '폐쇄형'과 반대되는 개념으로 서사극의 '개방형'과 유사하다. 1처에서 14처에 이르기까지 기도를 하며 옮겨 다니면서 중간 중간 기도의 흐름을 차단하듯이 처간극에서도 여러 연극적 수단, 즉 서사적 수단을 통해 사건 진행의 긴장감을 격감시킨다. 그 대신 진행되고 있는 사건 자체를 상황에 맞게 여러 가지 새로운 관점에서 조명·비판하고 있다. 뷔히너·스트린드베리·베데킨트·카이저·브레히트 등의 작품에서부터 현대에 이르기까지 여러 드라마 작품에서 처간극의 특징이 발견된다.

축제극 Festspiel

원래는 제신諸神을 기념하는 날이나 성인들을 위한 첨례날에 행해진 극 형태로서 종교적 양식의 성격을 띤다. 16세기에 접어들면서 이탈리아 궁정을 필두로 세속화되면서 종교적 의식은 없어지고, 궁정 향연의 여흥을 위한 스펙터클극·무용·행렬·불꽃놀이 등으로 변형되었다. 17세기 후반부터는 전 유럽에 전파되기 시작하여 전승 기념일·군주의 결혼식·예수회 기념일·역사 및 전설 기념일에 축제극이 상연되었다. 1876년 이후 오페라·드라마·발레 등을 공연하는 축제극으로 발전하였다. 대표적인 실례가 바그너의 바이로이트 축제극의 탄생이다. 1876년 그의 유명한 오페라 『니벨룽겐의 반지Ring des Nibelungen』는 며칠에 걸쳐 상연되면서 19세기 축제극의 역사적인 전기를 마련했다. 바이로이트 축제의 전통을 이어받아 1920년에는 호프만슈탈에 의해 잘츠부르크 축제가 창설되었다. 이 밖에도 바이마르·잘츠부르크·보훔·하이델베르크·브레겐츠·에든버러 등을 중심으로 수많은 대규모 축제가 열렸다. 베를린·칸느·베니스·모스크바 등의 영화제도 이 축제극에서 파생된 것이다.

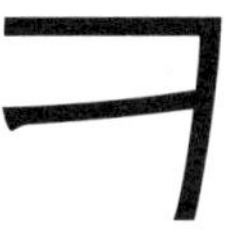

칸 영화제cannes film festival

프랑스의 남부 휴양도시 칸(칸느)에서 거행되는 국제영화제이다. 매년 사오월 경에 개최되는 이 영화제는 세계 각국의 감독들뿐만 아니라 유명 배우들이 참석해 세계 영화의 질적인 발전을 도모하는 축제이다. 이 영화제의 수상부문은 일반 국제영화제에서와 마찬가지로 그랑프리인 대상을 비롯하여 감독상 · 남녀주연상 · 여우주연상 · 각본상 등이 있으며, 특히 심사위원 특별상이 따로 주어진다. 칸 영화제는 1946년 프랑스 중앙영화센터에 의해 영화산업의 발전을 위해 창설되었으며, 해마다 세계적인 영화감독들의 작품들이 출품되어 치열한 각축을 벌인다. 한국 영화『밀양』의 여주인공 전도연은 2007년 칸 영화제에서 최우수 여우주연상을 수상한바 있다.

카바레cabarett

프랑스어 카바레cabarett에서 유래된 말로 '작은 예술무대Kleinkunstbühne)'가 있는 주점을 말한다. 상송chanson · 패러디극 · 무언극pantomime · 강연 · 무용 그리고 산문이나 운문 형식의 작품이 공연되고 낭독된다. 직업 배우 · 아마추어 · 작가 등이 등장하여 당면한 정치 · 사회 · 예술 문제 등을 예리한 위트와 풍자로 조소하고 비판한다. 1881년에 화가인 사리가 파리 몽마르트의 보헤미안들과 진가를 인정받지 못한 천재들을 위해 카바레 '검은 고양이chat noir'를 설립한 것이 그 시발점이다. 이에 독일에는 볼프초겐이 1901년에 최초로 베를린 출신의 시인이자 학술지「자유무대Freie Bühne」의 발행인인 비어바움의 장편소설 『슈틸페Stilpe(1897)』의 제목에서 착안해 카바레 '슈틸페'를 설립했다. 그 후 계속해서 뮌헨의 '폭소와 사격회Lach- und Schießgesellschaft' · 취리히의 '볼테르Voltaire' · 뒤셀도르프의 '코메디' · 함부르크의 '쥐덫Mausefall' · 빈에 '짐플리시시스무스Simplicissimus' 등이 세워졌다. 이 카바레에 즐겨 참여한 작가로는 리리엔크론 · 브레히트 · 데멜 · 케스트너 · 보르헤르트 · 비어바움 · 테마 · 메링 · 베데킨트 등을 꼽을 수 있다. 한국의 카바레는 흔히 음악과 춤을 위한 무대를 갖춘 서양식 술집을 말한다.

캐스팅 casting

영화 · TV드라마 · 연극에서 작품상에 나타난 인물을 표현하는 배우나 연기자를 선발하는 것을 말한다. 캐스팅은 주로 보조 인물들보다 작품의 주인공 역할을 할 주연 배우나 연기자들을 선발하기 위해 실시하는 경우가 일반적이며, 연기뿐만 아니라 외모도 함께 겸비한 인물을 선발하는 경향이 많다. 무엇보다 캐스팅을 잘 하느냐 못하느냐에 따라 작품의 성패가 좌우되는 경향이 있기 때문이다. 캐스팅은 새로운 인물들을 대상으로 행해지는 경우도 있지만 대부분의 경우에는 기존에 인기 있거나 연기력이 뛰어난 배우나 연기자들을 대상으로 한다. 이때 배우나 연기자의 인기나 지명도에 따라 거액의 비용을 지불하기도 한다. 신인배우들을 대상으로 할 때에는 작품의 참신성을 보여주기 위해 이루어지는 것이 일반적이다.

커튼 curtain

연극 무대나 극장의 막을 의미한다. 일반 연극에서 주로 막이 끝날 때 내리거나 공연 도중에 막간의 무대를 감추기 위해 사용한다. 물론 무대의 장면전환 때에도 커튼을 사용하는 경우도 있다. 연극에서 커튼을 사용한 것은 엘리자베스 왕조 시대 이후인 복고시대에서였다. 처음에는 프롤로그가 끝남과 동시에 올리고 에필로그가 끝날 때 내려진다. 그 후 18세기 중반에 커튼은 이러한 목적 외에 공연도중 무대상의 효과와 막간에 무대를 가리기 위해 사용하였다. 1895년경 이후에는 커튼은 일반 극장에서 상시적으로 사용되었으며, 지금은 연극 무대에서 다양한 목적으로 사용하고 있다. 극장의 커튼은 주로 전면커튼을 사용하는 것이 일반적이지만 시각적인 효과를 위해 수직으로 오르내리게 하거나 옆으로 열거나 닫기도 한다. 일부에서는 커튼의 윗부분을 주름을 잡아 시각적인 효과를 노리는 경우도 있다.

컬트영화 cult film

원래 사전적인 의미로 종교적인 예배 · 제사 · 예식을 말한다. 또는 유행 · 사람 · 물건 · 사상 등에 깊이 빠져 그것을 숭배하거나 예찬하는 것을 말한다. 컬트영화는 이러한 컬트적인 의미를 영화에 도용해 사용하는 용어로서 일반 관객들로부터 열렬히 예찬되고 숭배되는 영화를 일컫는다. 특히 컬트영화는 일반 관객층 가운데 학생들과 젊은이들의 우상이 되는 영화를 말하는 경우가 많다. 그것은 무엇보다 이들이 컬트영화에 나타나는 현상들이나 행동들을 모방하는 경향이 많기 때문이다. 일부 청소년들의 경우 컬트영화에 등장하는 배우의 액세서리 · 의상 등을 직접 구입해 실제 영화에서 등장하는 배우와 동일한 행동을 하기도 한다. 컬트영화는 특정한 형식을 갖추기 보다는 젊은이들의 의식을 잘 반영하고 읽어내는 영화형태라고 할 수 있다. 컬트영화는 1960년대 미국에서 시작되었다. 당시 미국에서는 도심의 심야 극장가를 중심으로 컬트영화가 많이 상영되었으며, 젊은 관객들이 이 영화를 여러 번 반복해 보면서 영화 속에 등장하는 실제 주인공들의 행동을 모방하는 경향이 많았다. 미국에서 컬트영화를 상영한 대표적인 극장은 뉴욕의 웨이벌리 영화관이었다. 이 영화관에서는 1975년부터 15년간 단 한 작품만을 상영했다.

코디네이터 coordinator

TV방송 · 패션 · 영화분야에서 활동하는 직업인인데 사전적 의미로는 '진행계' · '조정자' · '동격으로 하는 사람'을 말한다. 코디네이터는 방송 프로그램을 진행하는데 있어서 소품을 설정하거나 전체 스튜디오를 방송의 내용에 맞게 꾸미는 것을 주 업무로 하는 사람을 말한다. 코디네이터는 방송의 내용을 파악하고 그것에 맞는 주변 환경을 만들어 내는 역할을 하며, 독단적으로 하는 것이 아니라 연출자와 직접 호흡을 맞춰 행한다. 영화에서 코디네이터는 배우들의 의상이나 머리 스타일을 작품의 분위기에 맞게 연출하는 역할을 담당한다.

코미디comedy

사전적 의미로 코미디는 비극과tragedy 반대되는 개념이다. 코미디는 노래를 부르거나 말과 몸짓으로 웃음을 만들어 내는 극을 말한다. 코미디는 일반적으로 TV방송에서 웃음을 주제로 하는 모든 프로그램을 말하기도 한다. 코미디의 주목적은 일반인들에게 웃음을 제공하는 것이다. 아무리 가벼운 내용을 소재로 하더라도 관객으로부터 웃음을 자아내게 하지 못한다면 코미디로서 실패작이라고 할 수 있다. 코미디의 소재는 주로 일상생활에서 일어나는 주변 이야기들이며, 시사적인 내용이나 정치적인 문제를 소재로 삼기도 한다. 시사적이고 정치적인 내용을 소재로 하는 코미디는 시사풍자코미디라고 한다. 코미디를 펼치는 연기자를 코미디언이라고 한다. 코미디 릴리이프Comedy relief라는 것이 있는데 이것은 연극·영화·TV에서 긴장된 대목에 우스운 장면을 섞어 지나친 긴장감을 늦추는 것을 말한다. 긴장된 상황situation과 희극적인 상황의 대립적인 발전을 보여주기 위한 목적이 아니라, 앞의 상황보다 한층 더 효과적인 장면을 묘사하기 위한 수법이다.

퀵 팬quick fan

영화나 TV드라마에서 사용하는 장면 전환기법으로, 마치 하나의 화면을 훑어 내려가듯이 급속히 장면을 전환한다. 이 기법은 주로 빠른 템포로 진행되는 드라마나 추격전이 펼쳐지는 서스펜스 드라마에 많이 사용된다.

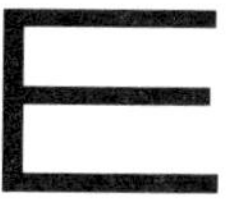

타이틀 **title**

영화나 TV드라마의 제목을 말하는데 사전적 의미로는 제목 · 자막 ·
제명 · 책이름이다. 무엇보다 일반인들이 쉽게 이해할 수 있어야 한다. 타
이틀은 소설이나 희곡의 제목처럼 작가나 작품의 내용을 잘 전달하는 기
능이 한다.

탤런트 **talent**

원래 재능이 있는 사람들을 의미하는데 고대 그리스 및 히브리에서는
형량衡量 또는 화폐의 단위를 뜻했다. 방송의 아나운서뿐만 아니라 뉴스
해설자 · 사회자 · 연기자 · 가수 · 작가 등을 모두 총칭하는 말이다. 그러
나 한국에서는 탤런트를 TV연기자들에 한정해 사용하고 있다.

테마

TV드라마 · 문학작품 등에서 작가가 전달하는 사상이나 철학 등의 주
제를 말한다. 주제는 추상적이거나 체계적인 이론보다는 구체적이며 일
상적이다. 작가는 테마를 통해 작품을 쓴 의도를 일반 독자나 시청자들에
게 전달할 수 있다. 테마는 작가가 표현하고자 하는 의도나 주장이 분명
하고 구체적으로 제시되는 것이 원칙이다. 작가의 의도가 일목요연하게
나타나지 않는 경우 작가의 메시지가 불투명해 보인다.

토니상 tony awards

미국의 브로드웨이에서 연극인들과 극장 관계자들에게 수여하는 상이다. 미국의 영화인상인 아카데미상과 비견하여 연극의 아카데미상이라고도 불린다. 매년 봄에 개최되며 드라마와 뮤지컬의 두 영역을 합쳐 모두 18개 부분에서 상이 수여된다. 1947년 브로드웨이의 연출가 앙트와네트 페리를 기념하여 제정된 상으로 토니는 그의 애칭이다.

토월회 土月會

1921년에 창립된 극예술단체로 창립회원으로는 그 당시 도쿄 유학생인 김을한 · 박승희 · 김기지 · 이서구 · 안석주 · 원우전 · 김복진 등이다. 대중의 저속한 취미에 영합하는 신파극新派劇에서 벗어나 예술성 있는 유럽 근대극을 모방한 신극新劇을 수립하려는 의도로 일어선 동인제同人制의 극단이다. 당시 고등교육을 받은 인텔리 청년들로 구성된 토월회는 주로 번역극을 상연하여 87회의 공연기록을 남겨 신극발전에 공헌한 바 크다.

토속극 土俗劇

연극의 형식으로 볼 때에는 연극 이전의 단순한 원시적 행사에 지나지 않지만 중세에 살던 평민들의 연극 표현을 가장 단적으로 나타낸 극적 수단이라고 볼 수 있다. 토속극은 고대 농경과 관련된 주술적 주제에서 출발했고, 기독교적인 의식을 가장했기 때문에 교회 내의 놀이도 가능했다. 토속극 중의 하나인 '요한네스제Feast of Johnnes'에서 주민들은 한 여름에 불을 밝혀 기분을 고양시키고 마음을 정화하기 위하여 불 위를 뛰어넘는 관습이 있었다. 한국의 무당들이 칼 위에서 춤을 추는 것과 유사하게 고대의 주술이 가미되었다. 이런 분위기에 자연히 기독교의 하급 승려들도 참여했다. 종교 회의나 국왕의 칙령, 심지어는 로마 교황의 금지령도 토속극과 교회가 혼연 일체된 민중의 놀이를 제지하지 못했는데, 왜냐하면 예수도 민중의 한 사람이었기 때문이다. 농경에 의존하는 고대 시대의 농민들에게는 봄의 회귀가 가장 중요한 것이었다. 그래서 그들에게는 봄의 회귀를 축복하는 5월의 토속극이 있었으니, 이것이 이른바 '5월의 여왕제May Queen'이다. 영국에서 나온 이 토속극은 5월의 봄을 상징하는 남자와 여자를 선발하여 그들에게 봄을 상징하는 연두색 옷을 입히고 봄을 맞이하는 민중의 놀이이다. 토속극으로 '5월의 여왕제' 이외에도 '연두색의 재크Jack in the green'와 같은 연희도 있다. 지난해 있던 죽음과 같은 과거사와 결별하고 앞으로 다가올 1년의 재앙을 퇴치할 목적으로 벌이는 토속극인 '성 조지극St. georges play'도 있다. 이 극은 바로 우리나라의 입춘대길立春大吉의 정신과 그 맥락을 같이한다. 토속극의 주제로는 항상 죽음과 부활이다. 이 토속극은 그 당시 유럽의 여러 나라에서 유행되었는데, 이 중 활발했던 지역은 영국을 중심으로 한 스코틀랜드·아일랜드 지역이었다. 이 극은 중세인의 수호신인 조지가 용을 쫓아 버린 전설을 내용으로 한 극으로 여기에 나오는 겨울과 봄은 이 극의 주제인 죽음과 부활을 의미한다. 이 극의 등장인물 가운데 한 사람이 죽게 되면 다시 의사가 등장하여 죽은 사람을 소생시키고, 거기에서 환희의 노래와 춤을 벌인 뒤 '성 조지극'은 막을 내린다. 이 밖에 중요한 토속극으로는 프랑스에서 시작해서 전 유럽으로 전파된 '당나귀제The Feast of Asses'와 '도화제道化祭/ The Feast of Fools'가 있다. 이 두 토속극은 승려들이 주축이 되어 일반인을 이끌고 연출했다는 점이 의의가 있다. 또한 이것이 성탄전야와 신년 초에 행해졌다는 데 그 의의가 더욱 크다. '당나귀제'는 동쪽에서 왔다고 하는 주인공인 당나귀 한 마리가 교회 안으로 끌려오고, 합창단이 이를 둘러싸고 술을 마시며 성가를 합창한다. 그 다음에는 다시 기독교화 한 당나귀를 교회 앞마당을 거쳐 마을로 끌고 나와서 밤을 새워 그 다음날까지 노래와 춤을 추면서 즐긴다. 일종의 혁신극으로서 이때부터 교회의 미사극은 본격적으로 토속극과 제휴하기 시작한다. 또 다른 토속극인 '도화제'에서는 연기자들이 도화대주교Archbishop of Fools·도화주교Bishop of Fools·도화왕(King of Fools)·도화교황Pope of Fools 등으로 분장하여 술을 마시며 음탕한 노래를 부르고 춤을 추다가 장터로 쏟아져 나온다. '디오니소스제'의 초기 현상을 재탕한 느낌을 준다. 이 토속극은 혁신적인 젊은 하급 승려들에 의해서 상연·연출되었으니, 이는 교회양식과 교회제도에 대한 신랄한 패러디며 풍자였다. 아울러 그리스와 로마의 희극 정신과 토속적인 희극 정신을 교회적 패러디와 풍자 정신에 조화시켜 나갔다. 이러한 하급 성직자들의 교회에 대한 패러디와 풍자는 11세기 내지 12세기 이후부터는 교회의 엄격한 탄압으로 금지령이 포고되었지만, 민중에 뿌리박

은 토속적인 연극은 어떠한 통제나 탄압으로 인해 말살될 성질의 것이
아닌 민중적 희극 정신이었다.

특수촬영

영화나 TV에서 촬영 장비와 컴퓨터 기술 등 특수한 기술로 촬영하는
것을 말한다. 특히 특수촬영은 SF영화를 촬영할 때 많이 사용되는 기법
이다. SF영화는 인간의 무한한 상상력과 과학적인 기술을 바탕으로 제작
되는 영화이기 때문에 일반적인 영화촬영으로는 그 효과를 나타낼 수 없
다. 컴퓨터 그래픽이나 영화장치의 특수한 기술을 동원해 촬영하는 경우
가 대부분이다.

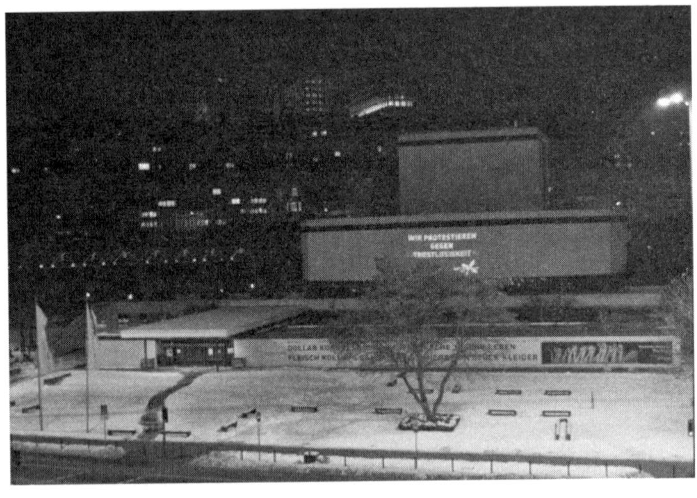

독일 중서부 산간에 위치한 부퍼탈(Wuppertal)의 샤우스필하우스(Schauspielhaus)
의 야경

ㅍ

패러디parody

장중하고 진지한 내용 및 작품 등을 일순간에 조소하는 문학양식이고, 대상의 외적인 양식을 패러디하면서 우스꽝스럽게 만든다. 문학 작품의 외형, 특히 운율이나 문체 등을 교묘하게 모방하면서 그 내용을 우스꽝스럽게 개작해 풍자한다. 패러디는 형식과 내용의 불일치를 통해 어떤 작가나 작품 및 사실을 비방하고 조소할 의도로 쓰인 글이고, 그로테스크Groteske의 문체와 유사하다. 패러디에 반대되는 개념으로서 트라베스티Travestie가 있다. 이는 내용은 그대로 두고 형식만 바꾸어 창작하는 수법이다. 호머는 패러디를 잘 사용했다. 아리스토스파네스의 코메디, 유리피테스의 비극에서도 패러디가 잘 나타난다. 독일 패러디의 전성기는 인문주의와 바로크시대였다. 니콜라이의 『젊은 베르테르의 기쁨Freuden des jungen Werthers(1775)』은 괴테의 『젊은 베르테르의 슬픔Die Leiden des jungen Werthers』을 패러디한 것이다. 영국에서는 라차드슨의 『패멀러Pamela(1741)』와 조이스의 『율리시스Ulysses(1922)』에 패러디가 많이 등장한다. 특히 『율리씨스』는 영국의 산문작가들 및 고대 작가들의 문체를 패러디한다. 패러디는 시트콤이나 코메디 프로그램 등에서도 도덕적으로 타락한 세태를 경계하고, 올바른 가치관 정립을 목적으로 자주 사용된다. 패러디 가운데 가장 큰 패러디는 동시대를 살아가는 각각의 개인들의 불완전한 모습들을 묘사하는 것이다.

페이드인fade-in

장면전환기법의 하나이다. 페이드인은 어두웠던 화면이 점차 밝아지면서 장면이 전환되는 것이다. 줄거리를 전개할 때 시간의 경과를 나타내기 위해 주로 사용된다. 페이드인과 대립되는 장면전환 기법으로 페이드아웃이 있다.

페이드아웃fade-out

화면이 점차 밝아지면서 장면이 전환되는 페이드인과는 반대로 화면이 점차 어두워지면서 장면이 바뀌는 것을 말한다. 페이드아웃도 페이드인처럼 시간의 경과를 나타내기 위해 주로 사용된다. 대부분의 드라마는 페이드아웃으로 끝나는 경우가 많다. 또한 와이프는 자동차에서 사용되는 와이퍼처럼 앞의 장면을 쓸어내리면서 다음 화면으로 들어가는 기법을 말하며, 주로 시간의 경과나 장소의 이동을 나타내는 기법으로 사용된다. 일부에서는 화면의 속도감을 주기 위해 사용하기도 한다.

패러디 영화parody movie

내용이 과장되고 익살스러운 영화이다. 대부분 정치적 현실이나 사회 현상들을 풍자적으로 묘사한다. 관객들에게 가벼운 영화라는 느낌을 주며 원작을 적절히 모방 및 개작해 웃음을 유발하고 조롱한다. 풍자를 얼마나 잘 하느냐에 따라 작품의 승패가 좌우되지만, 단지 관객들에게 가벼운 웃음만을 제공하려고 한 나머지 작품의 가치가 상실되기도 한다.

페스켄니아 연희fescennia licentia

로마의 '디오니소스제' 이외에 자연 발생적인 토속적 연희가 있었다. 이러한 연희는 그리스처럼 종교적 및 국가적인 의의를 지니지 못했고, 구송(口誦)되어 영웅시나 소극 등으로 전해져 내려왔다. 로마인들은 상대적으로 토속적이고 민속적인 종교적 놀이를 예술적 차원의 연극으로 승화시킬만한 예술적이고도 철학적인 재능을 갖추지 못했다. 호라티우스가 로마 연극의 기원을 페스켄니아 연희에서 찾기도 했으나, 이 연희는 로마 연극의 전통을 구축하는 뿌리가 되지 못해 키케로 시대에 들어와서 외면

된다. 로마의 가장 원초적이고 종교적인 연희의 하나로서 연극 놀이인
'무대의 루디Ludi Scaenici/Bühnenspiel 라는 것이 있었는데, 그 발단은 그 당시
페스트가 만연했을 때 신의 노여움을 진정시키기 위해 피리의 취주에
맞추어 마임춤Mimische Tänze을 추기 시작한 데서 비롯되었다. 이 연극은 로
마 남부 에트루리아Etruria 지역의 페스켄니움Fescennium이라는 곳에서 성행
했다. 그리고 이 지방에서 생긴 이 페스켄니아 연희는 에트루리아 지방축
제인 결혼식 전야제, 포도 수확제, 목양신제, 농업신제에서 일정한 운율
이 없는 해학Scherz · 조롱Spott을 내용으로 한 대화나 가무로 변질되었다.

포르노 영화pornographic film

　연인 간의 에로스적 행위 및 상상을 다루는 영화를 말한다. 에로틱한
분위기만을 연출한 영화와 연인들의 성행위를 보여주는 영화로 구분한
다. 성의 도구적 측면이 강조되며, 일부에서는 몸의 해방차원에서 새로운
시각으로 접근하기도 한다. 성 도덕적 차원에서 청소년들에게 해악을 줄
수 있고, 인간의 감성 세계를 조망할 수 있는 방법으로 인식되기도 한다.

표현주의 희곡表現主義戱曲

　자연주의의 사상적 빈곤 · 인상주의의 수동적 감각주의 · 신낭만주의
의 모호한 정서 · 신고전주의의 고답적 형식미 등의 단점에 대한 반동으
로 제1차 세계대전 전후에 일어난 이 문학 운동은 1910년부터 1925년까
지 계속되었고, 낭만주의처럼 독일에서 출발하여 세계 희곡에 지대한 영
향을 끼쳤다. 처음에는 회화 부분의 마르크 · 고흐 · 마티스 · 칸딘스키 ·
뭉크 · 클레와 이탈리아의 미래파예술 · 프랑스의 입체주의 · 다다이즘 또
는 초현실주의가 선구적 역할을 했으며, 넘쳐흐르는 주관이 객관적 형태
를 압도했고, 그들은 작품을 '표현적expressionistisch'이라고 불렀다. 특히 내
면세계의 감정을 억제 못해 젊은 나이에 자결한 반 고흐가 선구적 인물
이다. 반 고흐는 내면생활을 표현하는 것을 곧 예술의 사명으로 삼고, 주
관적인 새로운 예술을 창조한다. 이러한 경향이 문학 및 예술에 영향을
미쳤고 인간의 기계화 및 노예화 · 정신의 창조적 상실 · 경제적 혼란과
사상적 혼란 · 대도시 문명의 질식 상태와 절망적 상태 등에 빠져 있던

현대인들은 영혼과 정신의 절대적 자유를 고창함으로써 새로운 세계의 창조를 정열적으로 요구했다.

표현주의 정신은 니체의 유럽 문화 비판 정신을 계승하여 실증주의적 세계상에 대해 도전하였고, 세기 말 이후 억눌려 온 인간성을 회복하려고 시도·자본주의와 기계 문명에 대해 도전·사회적 모순·위기의식·불안·공포·초조 등 일체의 고통으로부터 인간 자아를 해방시키려고 시도했다. 독일 작가들의 생활 속에는 절망적, 염세적 기운이 팽배했으며, 권위와 전통에 대한 회의는 불신·부정적 태도·주관 및 자아도취 등에 이르게 했다. 문학 작품은 더욱 추상화되면서 독백 문체를 사용했고, 이것은 희곡의 두드러진 특성이 되었다.

근대극에서 추방당했던 독백과 방백은 추상적 성격의 표현주의에서 다시 등장한다. 인간의 무의식적 욕망과 내적 심리를 독백을 통해 강력하게 표출하면서 관객을 자신의 격정 속으로 몰아넣는다. 무대와 관객석을 밀접히 연결하는 등의 새로운 시도가 있었으며, 특히 당대의 천재 연출가 라인하르트의 노력으로 새로운 연출법이 시도되었다. 라인하르트는 무대의 시각적 요소를 통해 희곡 작품을 전도, 과장하면서 인물의 내적 심리를 표출했다. 무대 장치는 물론 음악과 조명 등의 효과를 통해 표현주의 작가들의 주 무기가 된다. 희곡 언어를 표현할 때 열광적이며 중첩적이었고, 언어 리듬이 자유스러운가 하면, 반면에 모든 수식적이고 설명적인 첨가어는 떼어버리고 주어만 나열하며, 정상적인 대화 형식보다는 작가의 내심의 고백·단편적인 어귀의 나열·문법에 어긋나는 용어 등이 더 많이 사용된다. 문법을 무시한 단어의 축약과 생략, 도치법에 의한 독특한 문체는 전신문체電信文體라고도 불리며 대화는 템포가 빨랐다. 노호·절규·신음·비평·환성 등의 낱말로 구성된 극은 특히 절규극Schreidrama이라고도 불린다. 다만 대부분의 극작가들은 부정적인 면만을 공격하면서 지나치게 직관적이었고, 사회 개혁을 위한 메시지 전달에만 치중하였기 때문에 극중 인물들은 작가에 의해 조종되는 꼭두각시형 인물로 등장한다. 표현주의 극운동이 초기의 강력한 움직임에도 불구하고 단명으로 끝난 이유는 곧 이러한 과도한 주관성에 있다.

풍습희극comedy of manners

17세기말 영국에서 완성된 희극의 한 유형이다. 이것은 에써리지(풍습희극의 시조로 대표작으로『익살스러운 복수The Comical Revenge, or Love in a Tub(1864)』가 있다)에서 시작하여 콩그리부(영국의 극작가로 풍습희극의 최고 걸작『세상사의 풍습 The Way of the World(1700)』을 상연했다)에 의해 완성되었다. 상류사회의 삶의 권태 위에 전개되는 유희적 상황을 묘사하는 것으로 불륜행위를 제재로 하고 있다. 경쾌하고 미묘한 뉘앙스를 풍기는 대화의 묘미는 그 유례를 찾아볼 수 없으며, 주지적 · 도회지적 궤변이 뚜렷하게 표현된 희극이다. 에써리지, 콩그리브 이외의 대표적 작가로는 위철리, 패커, 그리고 18세기의 셰리단, 세기말에는 와일드, 현대에 이르러서는 모옴 등이 있다.

풍자諷刺/ satire

사전적 의미로 일반적인 뜻은 남의 결점을 빗대어 공격하는 것을 말한다. 문학에서는 세계관 · 인생관 · 사건 · 인물 · 사회의 부조리를 문학적인 수법으로 조소하는 문체양식으로 유쾌한 조소 및 침울하고 음울한 조소가 있다. 풍자의 목적은 잘못된 세계를 드러내 왜곡된 인간 사회의 사악한 것들을 비판한다. 문학 사조나 문학작품을 조소하는 문예비평 및 풍자문학도 있다. 풍자문학의 전성기는 인문주의, 종교개혁시대였다. 대표작으로는 초기인문주의 시대의 도덕적 풍자작가인 브란트의『바보의 배 Das Narrenschiff』이다. 이 작품은 한국어를 비롯해 유럽의 거의 모든 언어로 번역되었다.

프레임frame

사전적인 의미로는 틀 또는 테두리를 뜻한다. 그러나 프레임은 영화나 TV방송의 장면 한 컷을 일컫는다. 특히 TV의 경우 프레임은 시청자들이 눈으로 볼 수 있는 TV화면 자체를 의미한다. 영화에서는 완성된 개별 장면들을 말한다. 화면의 프레임에서 피사체가 빠져나가는 것을 프레임 아웃이라고 하고 피사체가 들어오는 것을 프레임 인이라고 한다.

프레임 아웃frame out

영화나 TV화면의 컷을 의미한다. 프레임 아웃은 하나의 화면을 하나의 프레임으로 보았을 때 화면에서 피사체가 빠져나가는 것을 말한다.

프레임 인frame in

프레임 아웃의 반대되는 개념이다. 프레임 인은 화면에서 빠져나가는 프레임 아웃과는 반대로 화면으로 피사체가 들어오는 것을 말한다.

프로듀서producer

방송 프로그램을 기획 · 예산 · 제작하는 사람이다. 예산은 작가의 고료 · 연기자의 출연료 · 인건비 · 기계사용료 · 출장비 등을 말한다. 방송 프로그램을 총괄하는 프로듀서의 역량에 의해 인기 있는 프로그램들이 제작되기 때문에 방송사는 유능한 프로듀서들을 확보하기 위한 경쟁을 한다. 반면 시청자들은 방영된 프로그램의 질 · 신뢰도 · 사회적 파장 등에 대해 담당 프로듀서에게 방송 제작의 책임을 물을 수 있다. 프로듀서는 공중파 방송의 공공 기능을 숙지하고 이를 프로그램 제작시 반영해야 한다.

프롬프터prompter

연극이나 TV드라마에서 관객에게 잘 보이지 않는 곳에서 연기자에게 대사나 동작을 일러주는 역할을 하는 사람을 말한다. 즉 대사나 동작, 위치 등이 틀리지 않도록 가르쳐 주는 사람이다. 프롬프터는 배우나 출연자가 대사를 말하기 전에 시간에 맞춰 작은 목소리로 대사를 읽어주는 역할을 한다. 프롬프터가 읽는 대사는 관객들에게 들리지 않아야 하지만 너무 작은 목소리로 읽어도 안 된다. 또한 프롬프터가 대사를 읽는 속도가 너무 빠르거나 느려서는 안 되고 배우가 연기를 하는데 지장이 없도록 배우의 행동에 맞춰야 한다. TV의 경우에는 연극과는 달리 프롬프터가 소리 내어 대사를 읽어주는 것은 사실상 불가능하다. TV드라마에서는 대사를 큰 글자로 적어 모니터를 보여주면서 프롬프터를 대신한다. TV의 경우 프롬프터는 생방송에 한해서 배치하는 것이 일반적이고, 녹화방송

일 경우에는 거의 프롬프터를 두지 않는다.

프리랜서 freelancer

자유계약자 혹은 자유 직업인을 말한다. 영화나 TV방송에서 하나의 회사나 조직에 고용되어 있지 않고 자유롭게 출연을 하거나 일을 할 수 있는 배우나 연기자를 말한다. 또한 프리랜서는 이들 외에 일정한 직장이나 회사에 소속되어 있지 않은 연출가 · 광고의 카피라이터 · 기고가 등을 일컫기도 한다. 외부의 구속 없이 창의적 작업 수행을 원하는 사람들은 일부러 프리랜서를 자처하기도 한다.

플로팅 ploting

작가가 하나의 소재를 선택해 작품 전체 스토리의 골격을 짜내는 일을 말한다. 즉 작가가 일정한 소재를 토대로 작품을 구상하고 완성해내는 과정을 말한다. 작가는 이러한 과정 속에서 작품의 전체적인 줄거리는 물론 인물들의 성격 · 갈등 · 언어의 표현 · 사건의 전개 및 상황 설정 등 작품에 필요한 제반적인 구성요소를 보다 효과적이고 구체적으로 표현한다. 플로팅에는 단순 논리형과 복합 논리형이 있다. 단순 논리형은 이야기를 단순하게 직선적으로 전개시키는 것을 말하고, 복합 논리형은 줄거리를 복합적으로 전개시키는 것을 말한다. 여기에는 이야기가 진행되는 동안 다른 에피소드나 이야기가 삽입되기도 하고, 하나의 에피소드가 전개되는 과정에서 여러 가지 다른 에피소드와 혼합돼 일정하게 전개되는 형식을 말한다. 복합 논리형은 단순 논리형과 달리 여러 가지 에피소드가 삽입되는 과정에서 이야기의 흐름이 단절되는 느낌을 주기도 한다. 복합 논리형은 궁극적으로 하나의 에피소드가 주를 이루면서 하나의 주제를 설정한다. 단순 논리형은 주로 어린이들이 즐겨보는 동화나 만화에 많이 사용되고, 복합 논리형은 드라마나 소설에 많이 나타난다.

필름 film

영화의 총체적인 개념인 필름은 영화 예술 뿐만 아니라 영화 자체를 지칭한다. 필름은 영화를 제작하고 촬영하는 것을 말하기도 한다. 필름

기술의 발달에 힘입어 현대인들은 세상의 '세상다움'과 '낭만적 상상력' 등을 손쉽게 영상에 담아 타인들과 공유할 수 있다. 영화는 세상을 보고 들으며 생각할 수 있는 대중 매체이다. 영화는 곧 대중의 욕구를 직접 수용하는 매체이며, 대중의 유행·사고방식·비전 등을 제한된 시공간에서 재현해내는 기술이다. 영화가 대중의 인기를 차지하는 이유는 무엇보다도 누구나 쉽게 보고 듣고 판단할 수 있는 해석 도구이기 때문이다.

발터 벤야민은 필름 및 사물의 대량 복제 기술이 전통적인 '제의적' 기능을 해체하고 '전시적' 기능을 부가했다고 말한다. 영화는 도시 문화와 자본의 발달과 직접 연관되어있고, 대량 생산과 소비의 특성이 반영되어 있다. 영화는 마치 장난감을 늘어놓듯이 필름을 마구 늘어놓는 것으로 이해할 수 있다. 영화는 혼돈과 무질서 속에 놓인 세상을 보여주며 새로운 가능성을 모색하는 과정을 보여준다. 영화『밀양』은 세상의 세상답지 못함을 묘사하고 있고, 안과 밖의 대비를 통해 사람들이 세상의 세상다움을 닮아가는 과정들을 보여준다. 영화는 '보여주기'이면서 동시에 '감추기'이다.

필름은 투명한 고급 셀룰로이드의 거죽에 감광막을 붙인 건판이다. 필름은 원래 사진 제작용으로 사용되었고, 영화산업이 발달하면서 양질의 필름이 제작되었다. 필름은 규격에 따라 8mm·16mm·35mm·65mm·70mm 등이 있다. 이들은 모두 사용목적에 따라 달리 사용되고 있지만 일반영화에서 사용되는 필름의 규격은 38mm가 표준형이다. 16mm 필름은 하나의 프레임마다 하나의 필름구멍이 나 있고, 35mm는 각 프레임마다 양쪽에 4개의 구멍이 있다. 35mm에는 프레임의 한쪽 가장자리와 필름구멍 사이에 음대가 위치해 있다. 70mm는 한 프레임마다 양쪽에 5개씩의 필름 구멍이 있고 양쪽에 음대가 위치해 있어 입체음향 효과가 가능하다. 컴퓨터 기술의 발달로 디지털 카메라가 많이 보급되면서 소형 이동 디스크가 고가의 소형 필름을 대체해 가고 있다.

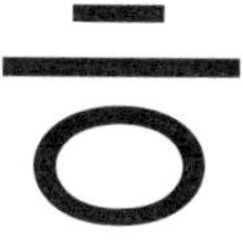

하강부下降部/ fallingaction/ Fall

　하강부에서는 클라이맥스에서 고조된 극적 행위가 내면적인 필연성에 의해 반전되는데, 클라이맥스에서 하강부로 방향을 정하는 데 따라 그 극은 행과 불행으로 끝나게 된다. 하강부에서 극은 급전 하강하여 파국 및 대단원에 도달한다. 반전은 다른 부분에 비하여 극히 간결해야 한다. 극에 따라서 하강부가 설정되기도 하고 절정에서 곧바로 결말이 올 수도 있다. 작은 사건은 큰 사건이 발생한 이후 나타날 때 대수롭지 않게 여겨진다. 극의 하강부를 두는 이유는 고조되었던 공포감이나 감정이 작은 사건들을 통해 서서히 여과되어야 하기 때문이다. 하강부의 설정은 '정화catharsis효과'의 일부분이다.

한국예술문화단체 총연합회

　한국문화의 창조발전에 기여하며 예술인의 권익을 옹호할 목적으로 1962년 1월 5일 기존의 예술문화단체를 통합하여 설립된 단체이다. 산하에 한국연극협회, 한국문인협회, 한국미술협회, 한국음악협회, 한국영화인협회, 한국무용협회, 한국국악협회, 한국연예협회, 한국건축가협회, 한국사진가협회 등 10개 단체가 있고, 본부에는 이사장 1명 · 부이사장 3명 · 이사 30명 · 감사 3명 · 사무처장이 1명 등이 있다. 기간지로서 종합 예술지「문화예술文化藝術」이 발간된다.

한국의 가면극

　한국의 가면극에는 모두 네 가지가 있으니, 산대山臺 · 해서海西 · 야유

野遊 · 오광대五廣大 · 성낭신제城隍神祭 가면극이다. 문헌상에 나타난 한국가면극의 최초의 가면놀음은 『삼국사기』에서 전해오는 최치원의 향악오수鄕樂五首중 대면大面 · 속독束毒 · 산예狻猊 등이며, 이런 가면극 놀음은 7세기에 등장했다. 한국의 가면극은 종류에 따라 5막(과장), 7막, 12막 등으로 구성되어 있으나 몇 개의 막을 제외하고는 한국 인형극과 같이 각 막이 독립성을 띠고 있다. 가면극에 나타난 주류 사상은 신사가면무神事仮面舞를 제외하고는 그 모두가 파계승에 대한 반감과 증오 · 특권계급인 양반에 대한 조롱과 모욕 · 가정의 비극인 처첩妻妾의 삼각관계 · 늙은이의 무상관無常觀 등이다. 가면극의 특징은 해학극으로 무용을 주로 하고 음악 반주가 붙어있으며 연출시간이 길고 여자광대가 없다는 것이다. 가면극은 원래 야외극野外劇이었으므로 무대는 1934년 전까지 없었다. 다만 광대들의 개복청(開腹廳: 일종의 배우들의 화장실)이 있었을 뿐이다. 이는 옛날엔 입장료를 받지 않았기 때문에 자연히 막도 가옥도 필요 없었다. 한국의 가면극은 1950년대 이전까지만 해도 각 지방에 남아있었지만, 6 · 25전쟁 이후 미국 문화에 휩쓸려 인멸직전까지 이르렀다. 하지만 1980년대의 민족, 민주항쟁 이후 대학가에서 문화의 주체성을 찾으면서 다시 성행되기 시작했다.

한국의 인형극

한국의 인형극은 『꼭두각시놀이』 · 『만석중놀이』 · 『장난감 인형놀이』 · 『각시놀이』 · 『그림자놀이』 등 다섯 가지가 있다. 이 중에서 『꼭두각시놀이』는 인형극의 전형으로 간주된다. 나머지 '놀이'들은 각본도 없이 다만 장난감 반주에 맞추어 움직일 뿐이다. 『꼭두각시놀이』는 상당히 체계가 탄탄하고 각본이 있는 완전한 하나의 인형극으로 오늘날 그리 흔하게는 볼 수 없지만 아직도 시골에서 행해지는 것을 가끔 볼 수 있다. 문헌상으로 보면 한국의 인형극은 고려 때부터 존재했다고 보는 것이 타당할 것이다. 고려 시대에 시정市井에서 성행한 것으로 보아 인형극의 기원은 삼국시대로 볼 수 있다. 삼국시대 이전의 한국인형극은 중앙아시아에서 유예표류민遊藝漂流民의 이동으로 그 일부분이 중국으로 들어온 뒤 다시 우리나라에 들어와서 그것이 다시 일본으로 들어갔다는 설도 있다.

현존하는 『꼭두각시놀이』는 한국유일의 인형극으로서 모두 8막으로 구
성되어 있으나, 제1막에서부터 제8막까지 내용이 서로 일관된 연결성이
있는 것이 아니라, 1, 2막을 제외하고 각각의 막이 모두 독립성을 띠고
있다. 한국인형극의 주류사상은 파계승에 대한 풍자 · 특권 계급인 양반
에 대한 조롱과 모욕 · 가정비극인 이부二夫에 대한 처첩妻妾의 삼각관계 ·
망령亡靈에 대한 축원 등을 취급했다.

한스부르스트Hanswurst

독일연극에서 등장하는 어릿광대를 지칭하는 것으로 이 이름이 처음
으로 사용된 것은 세바스티안 브란트의 『바보의 배Das Narrenschiff(1494)』를
1519년 저지독어로 번역한데서 비롯된다. 연극에서 어릿광대 역으로 등
장한 것은 1573년 이후다. 18세기 초에는 거대한 역사극 속에 틀에 박힌
익살광대로 등장했으며, 특히 비엔나 민중극의 창시자이자 배우였던 슈
트라니츠키에 의해 독일연극에서 빼놓을 수 없는 배역이 되었다. 계몽주
의 시대의 대표적 문학이론가인 고트셰트는 이것을 무대로부터 축출하려
고 노력했지만 아무런 효과를 거두지 못했다. 이와는 반대로 레싱은 『함
부르크 희곡론』에서 이 한브부르스트 역할을 옹호했다.

함부르크 희곡론Hamburgische Dramaturgie

레싱은 1758년에 이미 『연극총서演劇叢書』를 간행했고, 1759년부터
1765년까지 『최근문학서간Briefe, die neueste Literatur betreffend』을 발표함으로써
고트셰트가 독일극계에 도입했던 프랑스 고전극을 공격했으며, 시대와
국가를 불문하고 우수한 작품을 받아들여 독일 연극의 혁신을 시도했다.
그의 본격적인 혁신 · 공격 · 이론 정립은 독일 함부르크에 최초로 국립
극장이 건립된 당시 극장 고문 겸 연출가로 근무하면서 발표한 『함부르
크 희곡론』을 통해서 이루어졌다. 이 희곡론에서는 레싱은 자신이 제직
시절 공연된 52편의 희곡 작품과 배우들의 연기를 비평하고, 아울러 연극
과 문학의 본질에 대해 논하고 있다. 특히 연극과 문학의 본질에 대해 논
한 분분은 오늘날까지 대단한 생명력을 지닌 것으로 평가된다.
『함부르크 희곡론』에서 레싱은 비극의 본질을 새롭게 규정하고 있

다. 레싱은 새로운 법칙에 의해 극작가의 자유를 구속하려는 것이 아니라, 극 자체의 본질에서 생기는 자연의 요구를 변호했다. 레싱은 고대 그리스극·아리스토텔레스의 『시학』·프랑스 고전주의극의 권위를 인정하지만, 여기서 나온 삼일치법Dreieinheiten은 오류라고 단정했으며, 프랑스 고전주의 작가들은 이 삼일치법을 오인했다고 주장한다. 아울러 이렇게 오인된 삼일치법을 아무런 비판 없이 독일 연극계에 도입한 고트셰트를 맹렬히 공격한다. 또한 프랑스 고전주의 작가들이 즐겨 쓴 알렉산드리아Alexandrine 운율韻律의 시법은 독일어에는 맞지 않은 것으로 인식하고 그 대신 셰익스피어의 연극을 세계근대극의 진정한 규범으로 간주하고 있다. 다시 말해서 레싱은 고트셰트 이후 독일 연극에서 삼일치법을 엄수하는 전통을 배격하고 줄거리의 통일만을 인정했다. 문학의 본질이 시간의 경과 속에서의 동작의 발전을 표현하는 것이기 때문에 무대에서 극의 줄거리와 인물의 성격이 하나의 완성품으로 나타나는 것이 아니라, 관객이 관람하면서 점차적으로 관객의 공감을 일으키면서 발전시켜 나가야 한다는 것이다. 레싱은 아리스토텔레스의 비극론에서 제기한 연민Mitleid과 공포Furcht를 통한 카타르시스 이론을 수용한다. 여기서 카타르시스는 절대적인 선과 악에 직면해서 일어나는 것이 아니라 진실한 인간성 및 그 인간적 성격에 기인한다. 이것은 라이프니츠의 세계 질서를 문학 분야로 확대 해석한 이론으로 계몽주의적 이상을 종합한 것이다. 레싱의 계몽주의적 시민비극정신은 코르네유·볼테르·고트셰트와는 거리가 있으며, 오히려 셰익스피어·몰리에르·디드로·리처드슨, ·릴로·스테느 ·라쇼쎄 등에서 영향을 받았다.

　레싱은 역사극의 소재 선택 방법에 있어 줄거리와 성격의 일치·사건의 개연성과 동기의 일치·사건 경과와 자율성의 일관성 등을 주장하고 있다. 관객은 극장에서 연극의 주인공들이 행한 것을 배우는 것이 아니라, 각각 다른 성격의 소유자가 어떤 주어진 상황에서 무엇을 어떻게 행하는가를 배운다. 다시 말해서 '인간 형성력Die Menschliche Gestaltungskaft'에 주안점을 두고 있다. 뷔일란트 역시 이런 희곡 정신을 그의 장편 교양소설 『아가톤 이야기Geschichte des Agathon』에 삽입하고 있다. 이러한 『함부르크 희곡론』의 영향은 뷔일란트에서 멈추지 않고 그 이후 나타난 독일 고전주의 작가들의 창작 원리가 되었고, 특히 쉴러의 역사극은 『함부르크 희곡론』의 이론에 바탕을 두고 있다고 해도 과언이 아닐 것이다. 또한 이 이론서에서 레싱은 파우스트 전설에 관해서도 주의를 환기시키고 있다. 이렇게 레싱의 선각자적인 개척 정신과 탄탄한 이론적 준비 과정이 없었다면 아마도 현대 독일 연곡의 진정한 발전은 없었을 것이다. 그만큼 레싱의 『함부르크 희곡론』 통해서 진정한 의미로 독일 희곡의 개화기가 도래했던 것이다.

합창 Chor

합창은 그리스어로 코로스Choros이고 라틴어로 코루스Chorus라고 한다. 합창은 디오니소스Dionysos 신전에서 노래를 부르던 전통에서 그 기원을 찾을 수 있다. 이것은 그 후 그리스 비극에 전수되어 오늘날까지 그 명맥을 이어오고 있다. 최초의 그리스극은 서정, 서사시적 부분인 합창과 설명 부분인 대화로 구성된다. 합창대는 전체 인원의 5분의 3을 차지하며, 대화대對話隊는 5분의 2를 차지한다. 합창단의 인원은 처음엔 50명이었지만 그들을 훈련하고 충원하기가 힘들어 12명으로 줄었다가 그 후 다시 15명으로 확정되었다. 비극이 보다 더 비극적일수록 합창의 용도는 점점 그 쓰임이 줄었으며, 급기야 유리피데스 시대에 와서 막간의 간주곡을 부를 정도로 합창의 역할이 대폭 축소되었다. 그 후 합창의 역할은 한 특정 인물의 역할로 국한되어 어떤 때는 마을의 노인들 혹은 여인들로 구성되기도 했다. 우선 합창의 역할은 극의 배경을 관중에게 알려주고, 극장의 분위기를 잡아주기도 했다. 또한 합창은 극중 일어난 사건들에 관해 해석을 붙여 작가의 의도나 생각을 전하거나, 주인공의 생각을 말해 주는 독백이나 방백의 역할을 했고, 때로는 주인공을 걱정하고·꾸짖고·칭찬하는 역할도 담당했다.

아이스킬로스의 『아가멤논Agamemnon』 에서는 아가멤논이 10년 전쟁을 승리로 마치고 집으로 돌아옴을 알려주는 역할을 한다. 또한 그 동안 그의 부인 클리타임네스트라Klytaimnestra가 부정한 생활을 한 것도 알려주며 그녀에 관해 걱정도 한다. 세네카의 로마 시대에 들어와서 합창은 막간에서만 제구실을 했으며, 사건진행에는 아무런 역할을 하지 못했다. 중세의 종교극에서는 기도적 요소를 지닌 성가곡이 합창을 대신했고, 르네상스 시대의 학교극Schuldrama에서는 막을 구분하는 데만 사용되었다. 이후 독일 고전주의 시대까지는 별 역할을 하지 못하다가 쉴러가 그의 비극『메시나의 신부Braut von Messina』에서 그리스 비극의 합창을 의도적으로 도입했다. 그 후 사실주의와 자연주의 연극에서 합창은 그 자취를 감추고 되는데, 왜냐하면 합창은 극중 사건의 환상적 진행을 파괴하기 때문이다 그러나 현대에 이르러 상징주의 · 표현주의 · 실존주의 연극 등에서 합창의 삽입이 다시 선호되었다. 브레히트는 '소외효과Verfremdungseffekt'를 잘 드러내는 수단으로 합창을 자주 사용했다.

해석 · 해석학解釋 · 解釋學/ interpretation/ Hermeneutik

본래 해석이란 문학작품을 효과적으로 이해하기 위한 방편이고, 분석 · 석의釋義/Paraphrase · 논평 등의 수법이 사용된다. 해석은 흔히 작품의 의미가 모호하거나 상징적 기능이 강한 부분에 초점을 둔다. 넓은 의미의 해석이란 작품의 총체적 의미를 파악하는 일인데, 이때의 해석은 작품의 장르 · 구성요소 · 구조 · 주제 · 효과 등 여러 국면에 관한 설명을 포함한다. 본래 해석학이란 성경을 효과적으로 이해하는 방편이었고, 성경의 주석과 논평을 포함한 설명, 이해가 이 범주에 속한다. 해석학은 19세기 이후 그 개념이 변화하여 법률 · 문학 · 성서 등 모든 문자화된 원전의 의미를 올바르게 밝히는 일에 관련된 일반 이론의 도출이나 절차를 다루는 것이 되었다.

독일의 신학자 슐라이어마허는 1891년에 행한 강의에서 일반 해석학이란 곧 모든 종류의 텍스트를 '이해하는 기술'로 정의했다. 그의 입장은 딜타이 · 하이데거 · 가다머에 의해 계승, 발전되었다. 그는 문학 · 인문학 · 사회과학 등을 포괄하는 개념인 인문과학을 모든 형식의 저술을 해석할 수 있는 기반이 되는 학문으로 간주하면서 해석학의 위상을 정립했다. 우선 그는 인문과학을 구체적이며 '몸소 겪은 경험'을 다룰 수 있는 방법으로 보았다. 그에 따르면 자연과학은 정지되어 있고 환원적還元的인 카테고리를 적용함으로써 '설명'을 목표로 할 뿐이다. 그러나 해석학은 이해에 관한 일반이론을 수립하는 것을 목표로 한다. 딜타이는 더 나아가 슐라이어마허가 개척한 해석학적 순환解釋學的 循環의 개념을 정립했다. 한 작품의 특정 부분이 지니는 결정적 의미를 이해하기 위해서 먼저 그 전체의 의미를 이해해야 한다. 또한 한 작품의 여러 구성 부분에 대한 의미를 모르고 전체의 의미를 파악해 낼 수는 없다. 이와 같이 작품 이해의 원리를 가리켜 해석학적 순환이라고 한다. 해석학의 이론은 언어의 용도와 의미 쪽으로 방향전환을 한다. 2차 세계대전 이후 미국에서 신비평주의가 대두되어 많은 주목을 받았다. 이때부터 문예비평 분야에서는 문학작품을 언어적 대상으로 보고, 비평의 일차적 과제는 문학작품을 언어적인 실제로 해석하고 설명하는 것이라고 생각하는 견해가 주류를 이루기 시작했다. 그러한 주류의 해석학은 크게 두 가지 유형으로 구분될 수 있다.

첫 번째 유형에 속하는 해석학은 에밀리오 베티와 허어쉬에 의해 대변된다. 이들은 딜타이가 설정한 대전제 가운데 하나인 객관적 해석이 가능하다는 이론에서 출발한다. 허어쉬는 『해석의 목표Aims of Interpretation(1976)』와 『해석의 타당성Validity in Interpretation(1967)』을 통해 해석의 개념을 작가의 의도에 직결시키고 있다. 그에 따르면 '텍스트는 작가가 노린 바를 의미하는 것a text means what its author meant'을 가리킨다. 이때 의미는 '작자가 의도한 언어적 의미'를 뜻한다. 이 언어적 의미는 원칙적으로 결정적이며 시간의 흐름에 관계없이 일정하다. 한편 작가의 '언어상 의도'란 작품을 쓸 당시의 의식이나 정신상태만을 가리키지 않는다. 그것은 언어상의 관습이나 규범을 사용함으로써 말로 표현된 부분을 가리킨다. 작품을 효과적으로 해석하는 실마리는 언어에 대한 관점에서 출발한다. 이때 해석은 텍스트 내적인 것만을 뜻하지 않는다. 거기에는 작가의 의도를 명시화 할 수 있는 문화적 환경·개인적 선입견·작품을 쓰는 데 원용된 양식·형태상의 관례가 등이 함께 고려된다. 또한 허어쉬는 딜타이의 '해석학적 순환'의 개념에 대해서도 재해석을 하는데, 그에 따르면 우선 작품을 대하는 유능한 독자는 텍스트의 부분 또는 전체에 대해서 '수정이 가능한 하나의 가설'을 설정해야 한다. 그리고 이 가설을 텍스트에 대조시켜 봄으로써 그 확정 가능성이 타진한다. 이때 가설이 빗나가게 되면 텍스트의 부분과 전체에 보다 잘 들어맞는 '대안적 가설'이 다시 제시되어야 한다. 이런 절차를 거쳐 독자는 텍스트의 정확한 의미에 도달할 수 있다. 허어쉬는 전통적인 해석학의 입장을 계승해서 '언어의 어휘상 의미verbal meaning'·'의의significance'를 구별한다. 여기서 의의란 언어의 어휘상 의미

에 개인적인 교양·취향·시대·사회의 분위기·문화 등의 개념이 추가
된다. 어휘적 의미란 작품 그 자체에 직결된 것으로 결정적이며 불변하는
성격을 지닌다.

　해석학의 두 번째 유형은 하이데거와 가다머에 의해서 전개된다. 텍스
트의 진정한 이해는 텍스트가 표현하고 있는 '내적 생활'을 독자가 '재경
험'하는 데서 가능하다는 딜타이의 생각에 출발점을 두고 있다. 『존재와
시간Sein und Zeit(1927)』에서 하이데거는 해석 행위를 하나의 현상학적 철
학, 또는 실존철학實存哲學/Existenzphilosophie에 수렴시키고 있다. '세계 안에
존재In-der-Welt-Sein'하는 현존재Dasein는 세상에서 '인간다움'과 '세상다움'을
발견하며 지속적으로 존재를 찾아나서는 과정에 동참한다. 하이데거의
제자인 가다머는 『진리와 방법Wahrheit und Methode』에서 철학적 전제를 시
간성과 역사성으로 설정한다. 시간성과 역사성이란 과거를 돌아보고 미
래를 내다보는 현재의 자세를 가리킨다. 텍스트를 읽을 때뿐만 아니라 모
든 개인적 경험에서 그 무엇을 이해한다는 것은 해석의 행위를 포함하고
있고, 언어는 시간성과 마찬가지로 경험의 모든 국면에 적용된다고 본다.
가다머는 이런 전제 하에 해석학적 순환을 '대화와 융합'의 메타포로 이
해한다. 그에 따르면 독자는 자신의 일시적이고 개인적인 '지평선에 따라
구성된 '선이해先理解'를 텍스트 이해에 적용한다. 자율적 객체인 텍스트를
분석하거나 분해할 때 제한적으로 분석하지 않는다. 하나의 '나와 또 다
른 '너'의 관계처럼 독자는 텍스트에게 말을 걸고 질문을 한다. 공통적인
언어 유산에 기초해 텍스트의 내용에 대해 독자와 문답식 대화를 나누고,
그 스스로 독자에게 질문을 던질 수 있게 만드는 '수용적 개방성受容的 開
放性'이 강조된다. 이런 의미에서 텍스트의 의미를 이해한다는 것은 독자
가 텍스트에 보내며, 텍스트가 독자에게 가져다주는 '지평선의 융합'의
산물인 하나의 사건이다. 가다머는 해석학이 정확한 해석 규범을 제시하
는 것이 아니라고 규정한다. 단지 텍스트 이해의 과정에 대한 기술로 충
분하다. 그에 의하면 텍스트의 결정적이고 정확한 의미 탐구는 비해석적
이다. 텍스트의 의미란 독자의 일시적이고 개인적인 특정한 지평선에 의
해서 결정되기 때문이다. 유일한 '옳은 해석'이란 때로는 단지 주관적이
거나 모순에 가득 찬 것으로 이해될 수 있다. 텍스트의 의미는 언제나 현
재 여기에 처한 '내'게 있어서의 의미로 이해된다.

허어쉬는 약간 다른 견해를 제시한다. 의미의 역사적, 개인적 상대성에 관한 가다머의 견해에 대해 허어쉬는 현재의 독자는 작가의 언어적·문학적·문화적 제 조건을 재구성함으로써 과거에 기술된 텍스트가 지닌 불변하는 언어적 의미를 결정할 수 있다고 본다. 또한 그는 텍스트의 과거 의미와 현재의 의미 사이에 깊은 간극이 가로 놓여 있다고 본 가다머의 견해를 수긍한다. 그는 텍스트의 불변하는 언어상의 의미에 대해 독자가 처한 시간 및 개인적 상황이 빚어내는 항상 변화할 수 있는 '의의'에 관해서 말한 것이라고 풀이한다. 텍스트와 작가의 관계에서 개별적, 외적 의미를 발견한 이러한 이론들을 토대로 독자지향 이론이 발생한다. 이 이론은 작가 의도적 의미와의 관련성으로 여러 제약으로부터 텍스트를 독립시킨다. 또한 의미 결정이나 정확한 해석의 가능성에 대해서도 회의적이다. 여기서는 텍스트의 의미가 개개의 독자에 의하여 작용하는 '생산적' 또는 '창조적'인 기능 내지 '전략'과 상대적인 관계를 갖는 것이라고 규정한다. '독자반응비평讀者反應批評' 또는 '수용이론受容理論'이 여기에서 도출된다.

해피엔딩 happy ending

소설·연극·영화·TV드라마에서 행복한 결말을 짓는 것을 말한다. 대부분의 홈드라마는 이러한 결말을 가지는 경우가 많다. 해피엔딩으로 끝나는 드라마나 소설들은 줄거리의 전개에 있어서 충격적인 사건이나 불행한 일을 도입하더라도 결국 이를 극복하게 만든다.

행극 幸劇/ Schauspiel

넓은 의미로 드라마 전체를 뜻하며, 비극·희극·전원극Schäferspiel의 개념으로 사용되고, 좁은 의미로 비극과 희극의 중간 형태를 뜻한다. 비극적인 갈등이 있거나 주인공이 예지와 통찰력을 통해 갈등을 극복하여 행복한 결말을 이루는 대단원극大團圓劇을 말한다. 여기에 속하는 희곡으로는 레싱의 『현자 나탄Nathan der Weise』·괴테의 『타우리스의 이피게니에Iphigenie auf Tauris』·『괴츠 폰 베를리힝겐Götz von Berlichingen』·클라이스트의 『프리드리히 폰 홈부르크 왕자Prinz Friedrich von Homburg』·『케에트헨 폰 하

일부론Käthchen von Heilbronn』 등을 꼽을 수 있다. 그러나 이미 소포클레스의
『필록테트Philoktet』·유리피데스 의 『헬레나Helena』와 『이피게니Iphignie auf
Tauris』· 셰익스피어의 『침벨린Cymbeline』 과 『베니스의 상인Kaufmann von
Venedig』 등에서 그 원형을 찾아볼 수 있다. 샤우슈필Schauspiel이란 용어는
하르스되르퍼가 그의 문학이론서인 『문예입문Poetischer Trichter』 에서 최초
로 사용했다.

허구虛構/ fiction

　문학과 예술의 범주에 드는 모든 작품은 사실을 1:1의 차원에서 묘사
하지 않는다. 어차피 문학예술이 되기 위해서는 거기에 꾸며 넣기가 이루
어진다. 이때 꾸며 넣기의 단면을 이루는 것을 우리는 '허구' 또는 '픽션'
이라고 한다. 작가의 입장에서 허구라는 개념은 작가가 상상을 통하여 실
제로 있을 수 있는 일처럼 꾸며낸 작품이나 그 구성을 말한다. 따라서 허
구의 세계란 한 예술가의 상상 속에서 만들어진 새롭고 가공적인 것을
의미하는데, 소설을 창작이라고 하는 이유도 여기에 있다.

헵벨의 범비극론汎悲劇論/ Pantragismus

　낭만주의 사상과 헤겔 철학의 영향을 받은 헵벨은 『나의 극에 관한 견
해Mein Wort über das Drama』 에서 밝혔듯이, 비극이란 인간의지와 세계의지
간의 갈등, 또는 개인의 의지와 '전체성'이라고 할 수 있는 '우주의 의지'
간의 갈등에서 일어날 수 있는 변증법적 대립이라고 말한다. 헵벨은 비극
이 발생하기 위한 원인으로서 특정한 비극적 동기, 즉 죄과Tragische Schuld가
있어야 하는데 '개個'의 존재 그 자체만으로 이미 '전全'에 대한 반항이기
때문에 그것은 도덕적으로나 종교적으로 아무 잘못이 없으면서 항상 죄
가 되는 비극의 요소라고 주장하는데, 이것이 소위 헵벨의 범비극론이다.
이러한 헵벨의 극작 이론에 의하면 다른 작가들이 즐겨 다루는 선善하거
나 악惡한 인간들이 갈등을 하다가 마지막에 가서 그 행위에 따라 응분의
대가와 벌을 받는 단순한 인물들이 아니라, 역사와 사회의 흐름인 세계
의지 내지 우주정신과의 투쟁 속에서 파멸되는 인물들이다. 다시 말해서
새로운 역사, 새로운 사회의 출현을 위해 적극적으로 투쟁함으로써 변증

법적 발전을 가져오는 인물이다. 한 인물이 심한 재난 속에서 단순히 세계와 우주라는 톱니바퀴 속에 매몰되어 파멸된다는 자체가 곧 비극이 될 수 없으며, 어디까지나 변증법적 사회 발전의 한 인자로서 역할을 할 수 있는 인간의 재난만이 비극적이라는 것이다.

실례로 소크라테스의 죽음이 단순한 사적인 죽음이 아니라 당시 그리스 사람들과 상반되던 사상적 갈등과 모순이 그의 죽음을 통해 해결의 실마리를 찾게 되고 역사적 발전을 이룩하게 된다는 데서 그 원인을 찾게 된다는 것이다. 이러한 비극의 주인공들은 막연한 운명에 맹목적으로 희생되는 존재가 아니라 이성적이며 현실적이고 도덕적인 가운데 인류와 우주 질서를 위해 아낌없이 희생되는 존재이어야 한다. 헵벨은 이처럼 '승화된 비극'을 연극이라는 예술 형식에 담아야 한다고 주장한다. 왜냐하면 연극은 최고의 양식을 갖춘 표현 예술임은 물론 역사의 변천과 밀접한 관계를 맺고 있는 문제를 제기할 수 있기 때문이다.

혁신단革新團

1911년에 임성구林聖九가 창립한 신극新劇 초기의 극단이다. 서울 공연 이외에 지방에서 순회공연을 갖기도 했다. 중요한 연기자로는 김도산 · 김소랑 · 박창한 등이며, 여성연기자의 역할을 남자가 대신했다고 전해진다. 대표적 상연목록으로는 『법지법法之法』 · 『육혈포강도肉穴砲强盜』 · 『의형살해義兄殺害』를 비롯한 여러 레퍼토리가 있었으며 1921년까지 존속했다. 혁신단은 이인직의 원각사 공연과 더불어 초기의 신극을 개척한 연극단체로 많은 업적을 남겼으나 신파극의 테두리를 크게 벗어나지 못했다.

협률사

1902년에 최초의 국립극장인 원각사가 건립됨에 따라 이 사무를 소관하기 위하여 궁내부宮內府 관할아래 설치한 기관이다. 처음에는 고종의 등극을 기념하기 위한 칭경예식稱慶禮式 행사에 활용되다가 후에는 영업용 극장으로 변신하여 이것저것 잡극 등을 상연하는 한편 기생, 창우 등의 관리기관 노릇을 겸하다가 1909년에 칙령으로 폐지되었다.

홈드라마home drama

일반 가정에서 일어나고 있는 일상사를 소재로 제작된 드라마를 말한
다. 일반적으로 홈드라마는 한 가정을 중심으로 가족 구성원들 간의 사랑
· 미움 · 증오 등의 여러 가지 에피소드로 보여준다. 홈드라마의 주제는
우리가 흔히 겪고 고민하는 고부간의 갈등 · 자녀들의 문제 · 형제 자매
간의 갈등 · 신혼부부의 생활 등이다. 그 외에도 사회적인 실업문제 · 직
장인들의 고뇌 · 직장여성들의 육아문제 등 당시의 사회적인 이슈 등도
다루어진다. 홈드라마는 주요 시청 대상이 특정 계층의 사람들이 아닌 일
반 가정의 가족 구성원들이며, 화목한 분위기 속에서 시청할 수 있게 연
출하는 것이 무엇보다 중요하다.

환상幻想/ fantasy

그리스어 파이네인phainein(보인다)와 라틴어 판타스마phantasma(환영)가 그
어원이다. 중세시대에는 상상력과 혼동되었지만 근대에 이르러 모든 예
술작품의 조건이 되는 상상력과 순수한 의미의 몽상에 속하는 환상이 구
별된다. 환상은 잠재의식의 표현이며, 잠재의식을 개입시켜 외부사실을
일그러뜨리거나 비합리적인 연상 작용을 자극하는 낱말 · 심상 · 운율의
사용 · 병치 등이 환상의 범주에 든다. 또한 환상은 실제 경험상의 사실에
서 자유로운 유희적 정신작용의 결과이다. 문예사조 상 표현주의나 초현
실주의가 원용하는 기법은 이와 일맥상통한다. 영국에서는 환상 또는 공
상과 상상 사이의 구별이라든가 상관관계가 매우 중요한 문제로 다루어
져 왔다.

19세기 영국의 저명한 문예 이론가이자 칸트의 독일관념론과 낭만주
의의 영향을 받은 콜리지는 공상과 상상은 감각을 토대로 이루어지기 때
문에 차이가 없다고 보았다. 그러나 이미지를 형성하는 과정에서 공상은
고정된 심상들을 이리저리 뜯어 맞추는 유희의 단면을 지니는 저급한 것
이라고 보았다. 그에 비해 상상은 감각의 심상들을 새로 조직 · 편성 ·
통합하여 변모시키는 경우이다. 공상은 다분히 표면적이며 기계적인 작
용에 속한다. 콜리지에 따르면 공상에 의한 작품은 경쾌하고 익살스러운
경향이 있다. 그에 반해 상상력에 의거하는 작품은 깊이가 있고 심각한

문제들을 다룬다. 프로이드에 의해 심층심리의 이론이 개발되자 환상에도 새로운 의미가 부여되었다. 이때 환상은 인간의 잠재의식에 바탕을 두고 나타나는 것으로 비사실적이며 비합리적인 특징을 지닌다. 만약 환상이 사라진다면 여러 가지 문예양식들이 설자리를 잃어버린다. 일부의 만화·동화·공상과학소설·유토피아문학·초현실주의·표현주의 문학 등이 이에 속한다. 이들 문예양식들은 시간이 흐를수록 그 비중을 크게 차지하는 추세이다. 환상의 역할은 20세기 문예비평에서 그 비중이 더욱 커지고 있다.

환상 무대Illusionsbühne/ Kulissenbühne

르네상스 시대의 '투시 무대Guckkastenbühne'에 대한 반작용으로 생긴 무대로 관객이 실제의 장소로 착각할 정도로 사실적으로 완벽하게 꾸민 무대를 말한다. 원근법을 철저하게 도입한 배경·실제로 일상생활에서 사용하는 소도구·세심하게 치장된 실내 장식·실제 음향과 조명 효과·역사적으로 고증된 의상 등 가능한 모든 무대 자료를 총동원한다. 환상 무대는 17세기 바로크 무대·19세기 바그너의 가극 무대에서·자연주의적이고 실증주의적인 무대를 개혁한 작센 마이닝겐Sachsen Meiningen(1826-1914) 극단의 무대·라인하르트의 '자연수무대自然樹舞臺(숲에 있는 실제의 나무를 뽑아다가 무대에 그대로 옮겨 심는 기법)' 등에서 절정을 이룬다. 환상 무대는 20세기 초기 라인하르트에 의해 양식 무대Stilbühne로 바뀌었다.

후원자sponsor

영화의 제작이나 방송 프로그램의 제작을 후원하는 개인이나 단체를 말한다. 후원자는 특히 상업방송에서 제작된 라디오나 TV방송 프로그램의 광고주를 지칭한다. 이들은 자신들의 광고를 내주는 대가로 프로그램을 제작하는데 금전적 지원을 한다. 영화 제작자는 제작비가 많이 소요될 경우 일정한 금액을 지원하는 후원자의 도움을 받아 영화를 제작하고, 흥행에 성공한 후 그에 대한 대가를 지불한다.

휴머니즘humanism

　인간주의 · 인본주의 · 인문주의 등으로 번역된다. 인간의 인간다움을 찾고 인간성을 발현하려는 정신적 경향이다. 인간이 이루고 사는 사회나 역사에서는 언제나 인간의 자유를 억압하고 비인간화하려는 경향이 있기 마련이다. 사람들은 중세 문예부흥 시대에서 신 중심적 세계관에서 벗어나 인간성을 회복하고 인간의 인간다움을 발견한다. 대표적으로 에라스무스와 몽테뉴 등은 휴머니즘 운동을 적극적으로 전개했다. 에라스무스는 종교 분쟁이 심했던 16세기 유럽에서 초당파적인 입장을 취했고, 인간의 인간다움과 인간성을 옹호했다. 현대 사회에서는 기계문명의 부작용과 상업주의, 기능주의가 범람하여 인간이 주체성을 상실하고 익명의 사회에서 비인간화 되는 경향이 많이 나타난다. 20세기의 대표적인 휴머니스트로는 토마스 만 · 지드 · 슈바이처 등을 손꼽을 수 있다.

희비극Tragikomödie

　일반적인 개념으로 멜로드라마Melodrama에 해당되는 감상희극感傷喜劇이다. 스토리의 흥미에 도덕미道德味를 혼합해서 관객에게 감상적인 눈물을 요구하며 사건의 귀결을 행복스럽게 끝맺는 극으로서 18세기 프랑스의 ‘Comodie Larmoyante’ · 영국의 ‘sentimental comedy’ 등이 대표적 예이다. 또한 이런 유형의 극을 ‘조화로운 희곡Das harmonische Drama’이라고 하는데, 이는 ‘희극적 요소’와 ‘비극적 요소’의 두 요소가 조화되어 있다는 의미이다. 희비극은 희극과 비극의 물리적인 혼합형이 아니고 자연스러운 조화이기 때문에 그 내용은 비극적이지만 문체 양식은 희극적이다. 희비극은 현대문학에서 중요한 장르로 부각되었다.

　희비극이라는 용어를 최초로 사용한 작가는 로마 시대의 희극 작가 플라우투스인데, 그는 그의 희곡 『암피트루오Amphitruo』를 희비극이라고 명명한 데서 유래한다. 플라우투스는 이 희곡에서 신과 왕이 등장하는 장엄한 무대에 신분이 낮은 노예를 등장시켰기 때문에 희비극적 요소를 보여준다. 르네상스 시대의 문예 이론가인 스카리거는 희비극을 “장중한 연극이 웃음으로 끝나는 희곡”이라고 정의했다.

　17세기의 오피츠와 18세기 초엽의 고트셰트는 희비극을 진정한 문학 장르로 인정하지 않았다. 레싱은 그의 『함부르크 희곡론』 제 55장에서

"희비극은 신분이 높은 사람들의 장엄한 사건이 웃음을 자아내게 하는 것 또는 그 반대로 웃음이 장엄함을, 기쁨이 슬픔을 일으키게 하는 것"이라고 정의했다. 19세기 이전 희비극적 요소가 가장 뚜렷한 작품으로 셰익스피어의 『베니스의 상인The Merchant of Venice』을 들 수 있다. 그 이유는 이 작품에서 신분이 높은 사람들과 비천한 사람들(샤일록, 광대 란슬릿 고보)이 동시에 등장하고, 안토니오에게 닥친 죽음의 위협이 재판 장면에서 포쉬어의 교묘한 궤변으로 결국 갑자기 역전되기 때문이다. 19세기 말에서 20세기 초에 이르러서는 고대 인문주의와 기독교에 의해 형성된 유럽 문화의 합일적인 세계상이 150년 사이에 해체·붕괴되기 시작함에 따라 순수 비극 대신에 비극과 희극의 중간 형태인 또 하나의 희비극이 나타나게 되었다. 이 희비극을 간략하게 정의해 보면 다음과 같다.

첫째로 희비극의 주요 등장인물들은 신분이 높은 사람들과 신분이 낮은 사람들을 모두 포함한다. 그 당시에 군림하고 있던 비평 이론에 따르면 상류 사회 인물들만 비극에 적격이었고 하류 사회의 구성원들은 희극에 적합한 존재였다.

둘째로 희비극은 주인공에게 비극적 재앙이 내릴듯하다가 갑자기 상황이 역전되어 행복한 결말을 맺는 진지한 플롯으로 구성되어 있다. 현대의 희비극은 아리스토파네스의 풍자적 희극요소와 현대의 기괴한 범죄적인 비극 요소를 변증법적으로 종합한 뒤렌마트의 극에서 찾을 수 있다. 그에 의하면 과거에 비극으로 의식되었던 요소들이 오늘날에는 하나의 희극으로 수용되고, 현대의 희극은 과거의 비극으로 해석될 수 있는데, 이는 세계가 변천했다기보다는 우리의 의식구조가 변했기 때문이다. 뒤렌마트에 따르면 우주 질서의 가치관이 붕괴될 때 비극이 탄생하기 마련인데, 오늘날의 세계는 그 질서이나 가치관이 노출되지 않은 빙산처럼 윤곽이 분명하지 않기 때문에 이러한 세계를 표현하는 데는 희비극의 장르가 불가피하다는 것이다. 그는 비극과 희극의 두 장르가 주객이 전도되고 혼합되어 혼란을 빚은 현대에서는 여러 관점을 동시에 수용하고 소화할 수 있는 희비극 장르가 최적이라고 본다. 이런 희비극적 요소가 뚜렷하게 나타난 작품은 『노부인의 방문Der Besuch der alten Dame』인데, 범죄 소설과 연애소설이 결합되어있고, 전원적인 요소와 비전원적인 요소 등이 무대에서 그로테스크Grotesk하게 묘사된다.

괴테(Johann Wolfgang von Goethe,1749-1832) 8 11 21 22 28 30 39 48 49
53 60 65 96 103 139 141 158 169 190 204 207 213-215 221 224 231-233
248 258 277 282 283 307 324
괴츠(Curt Götz,1888-1960) 76 203
게스킬(William Gaskill,1930-) 122
게오르그 II세(Georg II. von Meiningen,1826-1914) 259
게오르게(Stefan George,1868-1933) 214
게오르크 2세(Georg II,1826-1914) 131
게이(John Gay,1685-1732) 19 146 269 279
겔러르트(CHristian Furchtegott Gellert,1715-1769) 22
기번(Edward Gibbon,1737-1794) 136
기요(Jean-Marie Guyau,1854-1888) 166
긴즈버그, 알렌(Allen Ginsberg,1926-1997) 28
까뮈(Albert Camus,1913-1960) 277
꼬르네이유(Pierre Corneille,1606-1684) 20 21 203 233
꼬뽀(Jacques Copeu,1879-1949) 252

ㄴ

나이비우스(Naevius,B.C 270-201) 119
넌(Trevor Robert Nunn,1940-   ) 121
노발리스(Novalis,1772-1891) 39 103 151 214
노튼(Thomas Norton,1532-1584) 31
뉴턴(Isaac Newton,1642-1727) 23 142
네미로비치단첸코(Vladimir Danchenko,1858-1943) 144 234
네스트로이(Johann Nestroy,1801-1862) 167 221 279 295
니콜라이(Friedrich Nicolai,1733-1811) 307
니체(Friedrich Wilhelm Nietzsche,1844-1900) 111 112 141 184 232 248 310

ㄷ

디브와르(Fernand Divoire,1883-1951) 100
다빈치(L. da Vinci,1452-1519) 1
다우티(Charles Montagu Doughty,1843-1926)) 136
다윈(Charles Robert Darwin,1809-1882) 141 198

다이히만(Friedrich Wilhelm Deichmann,1909-1993) 97
단테(Allghieri Dante,1265-1321) 50 200 275
달랑베르(Jean Le Rond d'Alembert,1717-1783) 23 336
달리(Salvador Dali,1904-1989) 52
던(John Donne,1572-1631) 9 136 172
도스토예프스키(Fyodor Mikhaylovich Dostoevski,1821-1881) 141 188 248
되블린(Alfred Döblin,1878-1957) 74 246
드라이든(John Dryden,1631-1700) 9 11 12 31 113 183 240 244 262 272
드레이퍼(Ruth Draper,1884-1956) 140
드뷔시(Achille-Claude Debussy,1862- 1918) 125
들라비뉴(Casimir Delarigne,1793-1843) 165
듀이(John Dewey,1859-1952) 69 165
뒤렌마트(Friedrich Dürrenmatt,1921-1990) 137 184
뒤마(Alexandre Dumas,1824-1895) 220 275 329
뒤샹(Marcel Duchamp,1887-1968) 78
뒤자르댕, 에두아(Edouard Dujardin,1861-1949) 74
데멜(Richard Fedor Leopold Dehmel,1863-1920) 300
데카르트(Rene Decartes,1596-1650) 22
덱스터(John Dexter,1925-) 121
디드로(Denis Diderot,1713-1784) 9 22
디바인(George Devine,1910-1966) 121
디킨즈(Charles John Huffarm Dickens,1812- 1870) 26 35 52 121
디트리히(Margret Dietlich,1920-2004) 260
디필로스(Diphilos, ?-?) 247
딜타이(Wilhelm Dilthey,1833-1911) 38 320 321 322
딩겔슈테트(Franz von Dingelstedt,1814- 1881) 49

ㄹ

라로쉐(Laroche, Sophie von,1730-1807) 279
라롱쥬(Adolf L'Arronge,1838-1908) 97
라블레(François Rablais,1483-1553) 51 52
라베(Wilhelm Raabe,1831-1910) 39 73 200
라신(Jean-Baptiste Racine,1639-1699) 20 31 190 203 233 244

레마르크(Erich Maria Remarque,1898-1970) 246
레비스트로스 (Claude Levi-Strauss,1908-2009) 44 67 247
레싱(Gotthold Ephraim Lessing,1729-1781) 8 19 21 22 23 24 28 47 71 106
    157 190 202 202 233 233 242 244 277 317 318 319 323 329
레오노프(Leonid Maksimovich Leonov,1899-1994) 100
렌츠(Jakob Michael Reinhold Lenz,1751-1791) 106 243
리딘(Vladimir Germanovich Lidin, 1894-) 100
리처드슨(Samuel Richardson,1689-1761) 8, 11 121 207 318
리처즈(Ivor Armstrong Richards,1893-1979) 69
리틀우드(Joan Littlewood,1914-2002) 193
릴로(George Lillo,1693-1739) 318
릴리(John Lyly,1554-1606)) 137
릴케(Rainer Maria Rilke,1875-1926) 37
립스(Theodos Lipps,1851-1914) 165

ㅁ

마로(Marcel Marreau,1923-2007) 132 133
마르크(Franz Marc,1880-1916) 309
마르크스(Karl Marx,1818-1883) 128 129 141 180 256
마리네티(Emilio Filippo Marinetti,1876-1944) 161 162
마리아 테레지아(Maria Theresia,1717-1780) 49
마블(Andrew Marvell,1621-1678) 68 146
마스턴(John Marston,1576-1634) 137
마야코프스키(Waldimir Majakowski,1893-1930) 162
마이(Karl May,1842-1912) 265
마이센(Heinrich von Meißen,1250-1318) 131
마테를링크(Maurice Maeterlinck,1862-1949) 151
마티스(Henri Matisse,1869-1954) 309
만(Thomas Mann,1875-1955) 39 51 52 74 293 328
만(Heinrich Mann,1871-1950) 293
말라르메(Stéphane Mallarmé,1842-1898) 42
밀러(Arther Miller,1915-2005) 182
말로(Christopher Marlowe,1564-1593) 145
말레비치(Kasimir Malewitsch,1878-1935) 162

말리나(Judith Malina,1926-) 267

말리노프스키(Bronislw Kasper Malinowski,1884-1942) 37

말리트(Eugenie Marlitt,1825-1887) 265

모레노(Jacob Levy Moreno,1892-1974) 249

모레토(Agustin Moreto y Cavana,1618-1669) 50

모르겐슈테른(Johan Simon Karl Morgenstern,1770-1852) 38

모리츠, 칼 필립(Karl. Philipp Moritz,1756-1793) 38

모옴(William Somerset Maugham,1874-1965) 187 311

몰나르(Ferenc Molnár,1878-1952) 151

몰리에르(Jean-Baptiste Poquelin Molîere,1622-1673) 20 60 142 203 221 247
 295 318

몰턴(Richard Green Moulton,1849-1924) 142

몽테뉴(Michel Eyquem de Montaigne,1533 -1592) 328

몽테스키외(Charles Montesquieu,1689- 1755) 22

뫼리케(Eduard Friedrich Mörike,1804-1875) 38

메링(Walter Mehring,1896-1981) 300

메난드로스(Menandros,B.C.342-292)) 132 146

메테르니히(Klemens Metternich,1773-1859) 18

메테를링크(Maurice Maeterlinck,1862-1949) 204

맬러리(Thomas Malory,1408-1471) 119

맥니스(Frederick Louis Macneice,1907-1963) 115

맥퍼슨(James Macpherson,1736-1796) 8

무네쉴리(Jean Mounet-Sully,1841-1916) 265

무질(Robert Musil,1880-1940) 39 184 272 314

뭉크(Edvard Munch,1863-1944) 309

뮬러(Herbert J. Müller,1905-1980) 18

미켈란젤로(Michelangelo Buonarroti,1475-1564) 136

밀튼(John Milton,1608-1674) 9 27

ㅂ

바그너(Richard Wagner,1813-1883) 76 106 116 132 171 221 233 298 327

바르트(Roland Barthes,1915-1980) 44 68

바사리(Giorgio Vasari,1511-1574) 136

바써만(Albert Bassermann,1862-1925) 259

비트겐슈타인(Ludwig Wittgenstein,1889-1951) 256
빈클러(Josef Winckler,1881-1966) 31
빌란트(Christoph Martin Wieland,1733-1813) 37 38
빙켈만(Johann Joachimm Winckelmann,1717-1768) 28 29

ㅅ

사로얀(William Saroyan,1908-1081) 151
사르트르(Jean Paul Sartre,1905-1980) 129 184 205 248 277
사리(Jean Rudolf von Salis,1901-1996) 299
설리번(Arthur Seymour Sullivan,1842-1900) 269
샤기난(Marietta Sergeevna Shaginyan,1888-1982) 100
샤미소(Adelbert von Chamisso,1781-1838) 103
소쉬르(Ferdinand de Saussure,1857-1913) 44 66 67 68 116
소포클레스(Sophocles,B.C.496-406) 29 30 53 55 86 111 119 147 179 186 190 197 198 205 251
275 296 324
슈니츨러(Arthur Schnitzler,1862-1931) 18 74 203
슈바이처(Albert Schweitzer,1875-1965) 328
슈밥(Gustav Schwab,1792-1850) 170
슈트라니츠키(Joef Anton Stranitzky,1676-1726) 317
슈티프터(Adalbert Stifter,1805-1868) 39
슈페르(Martin Sperr,1944-) 167
슈피스(Johann Spies,1540-1623) 170
슐라이어마허(Friedrich Schleiermacher,1768-1834) 320
슐레겔 형제(August Wilhelm Schlegel,1767-1845; Friedrich von Schlegel,1772-1829) 88 106
213
쇼(Bernard Shaw,1856-1950) 193
쇼펜하우어(Arthur Schopenhauer,1788-1860) 71 165 292
색빌(Thomas Sackville,1536-1608) 30 156 219
세네카(Lucius Annaeus Seneca,B.C. 4-A.D. 65) 30 118 134 218 219 319
세르반테스(Miguel de Cervantes,1547-1616) 212 221
세를리오(Sebastiano Serlio,1475-1554) 176
섹스톤(Ann Sexton,1950-) 27

258 275 288 318 320
싱(John Millington Synge,1871-1909) 82

○

아다모프(Arthur Adamov,1908-1970) 142 184
아덴(John Arden,1930-   ) 121
아라공(Louis Aragon,1897-1982) 78
아놀드(Samuel James Arnold,1774-1852) 115 200
아르킴볼도(Giuseppe Archimboldo,1526-1593) 51
아르토(Antonin Artaud,1896-1948) 149 163 164 189
아르프(Hans Arp,1887-1966) 77
아리스토텔레스(Aristoteles,BC 384-322) 21 23 30 46 71 106 111 113 162
163 190 201 202 208 229 230 238 244 250 319
아리스토파네스(Aristophanes,BC 445-BC385) 13 47 132 221 225 247 251
278 329
아반치니(Nicolaus von Avancini,1611-1686) 264
아우구스티누스(Aurelius Augustinus,354-430) 248
아이스킬로스(Aeschylos,B.C. 525-456) 29 55 147 155 190 198 200 319
아이히(Günther Eich,1907-1972) 175
아인슈타인(Albert Einstein,1879-1955) 141
아키우스(Lucius Accius, B.C.170-86) 119
아폴리네르(Guillaume Appollinaire,1880-1918) 42
안데르센(Hans Christian Anderson,1895-1875) 103
안드로니쿠스(Livius Andronicus,B.C. 284-204) 119
안첸그루버(Ludwig Anzengruber,1839-1889) 167
알렉시스(Alexis,BC 378-270) 247
앙투안(André Antoine,1858-1943) 131 223
어빙(Henry Irving,1838-1905) 115 133
오즈번(John James Osborne,1929-1994) 121
와일드(Oscar Wilde,1856-1900) 311
영(Edward Young,1683-1765) 8
운루(Fritz von Unruh,1885-1970) 293
워즈워스(William Wordsworth,1770-1850) 59
워핑턴(Peg Woffington,1720-1760) 72

엘그레코(El Greco,1541-1614) 136
엘뤼아르(Paul Eluard,1895-1952) 78
엘리엇(Thomas Stearns Eliot,1888-1965)
엠프슨(William Empson,1906-1984) 80 146
예스너(Leopold Jessner,1878-1945) 234
예이츠(William Butler Yeats,1865-1939) 59 68 101 121 181 204 254
이셔우드(Christopher William Bradshaw-Isherwood,1904-1986) 240
이오네스코(Eugene Ionesco,1912-1994) 37 82 137 142 173 184 188 221
입센(Henrik Johan Ibsen,1828-1906) 3 33 59 87 92 93 96 121 134 141 158 174 186 193 194 198 200 208 224 237 241 258 273 278 285

ㅈ

작스(Hans Sachs,1494-1576) 6 31 123 132 195 278
장 파울(Jean Paul,1763-1825) 38
조이스(James Aloysius Joyce,1882-1941) 74 79 137 148 212 307
존슨(Ben Jonson,1573-1637) 1 24 30 41 52 65 92 244 247
존스(Inigo Jones,1573-1652) 2 177 219
졸라(Emil Zola,1840-1902) 52 163 224 258
주네(Genet,1910-1986) 52 121 142
지그펠드(Florenz Ziegfeld,1869-1932) 117 242
지드(Andre Gide,1869-1951) 206 328
짐멜(Johannes Mario Simmel,1924-2009) 265

ㅊ

차라(Tristan Tzara,1896-1963) 77 78
초서(Geoffrey Chaucer,1343-1400) 27 50
촘스키(Avram Noam Chomsky,1928-) 100
체이킨(Joseph Chaikin,1935-) 270
체호프(Anton Chekhov,1860-1904) 3 82 87 93 105 140 144 154 208 235
첼리니(Benvenuto, Cellini,1500-1571) 136

탈마(François-Joseph Talma,1763-1826)
터너(Cyril Tourneur,1575-1626) 52
테니슨(Alfred Tennyson,1809-1892) 118 132
테레시아(Marie Theresia,1717-1780) 183
테렌티우스(Publius Terentius,BC 195-159) 118 130 132
테오크리토스(Theocritos,?-?) 145
테이트(John Orley Allen Tate,1899-1979) 68 69
텐느(Hippolyte Taine,1828-1893) 165
토렐리(Giuseppe Torelli,1658-1709) 177
톨스토이(Lev NIkolaevich Tolstoi,1828-1910) 144 198 285
톰슨(James. Thomson,1700-1748) 8
퇴링(Josef August von Törring,1753-1826) 64
투르게네프(Ivan Sergeevich Turgenev,1818-1883) 14
투른(Rudolf Payer von Thurn,1867-1932) 291
트르와(Chrétien de Troyes,1140-1190) 50
티베트(Michael Tippett,1905-1998) 125
티크(Ludwig Tieck,1773-1853) 103 166 170 209
틴토레토(Jacopo Tintoretto,1518-1594) 136

ㅍ

파스빈더(Rainer Werner Fassbinder,1946-1982) 167 173
파운드(Ezra Loomis Pound,1885-1972) 43
파쿠비우스(Marcus Pacuvius,B.C. 220-130) 119
파쿼(George Farquhar,1677-1707) 72
퍼스(Charles Sanders Pierce,1839-1914) 66 92 110 248
퍼시(Thomas Percy,1729-1811) 85
포우(Edgar Allan Poe,1809-1849) 120
포겔바이데(Walter won der Vogelweide,1179-1230) 40 160
포스터(Edward Morgan Forster,1879-1970) 222 236
포크너(William Cuthbert Faulkner,1897-1962) 26 52 74
포프(Alexander Pope,1688-1744) 12 24 41 90 146
폴켈트(Johannes VoIkelt,1848-1930) 165
폴츠(Hans Folz,1435-1513) 31 195
푸코(Michel Paul Foucault,1926-1984) 67

ㅎ